ग्रेट इंडियन फ्रीडम फायटर हिन्दी

मनोज डोळे

महान भारतीय स्वतंत्रता सेनानी हिन्दी पाठकों के लिए विकसित एक पुस्तक है जो इतिहास, व्यक्तित्व, प्रसिद्ध स्थानों या मानव जिज्ञासा को आकर्षित करने वाली किसी भी चीज़ को जानने के इच्छुक हैं। पुस्तक को वर्तमान पीढ़ी के बीच भारत और दुनिया की प्रसिद्ध संस्कृति और उपलब्धियों के बारे में जागरूकता पैदा करने के लिए डिज़ाइन किया गया है। इस पुस्तक में आप उन महान भारतीय स्वतंत्रता सेनानियों के बारे में जानेंगे जिन्होंने अपनी मातृभूमि के लिए संघर्ष किया और इतिहास में अपना स्थान बनाया।

भारतीय इतिहास प्रतिशोध और विद्रोह की प्रसिद्ध घटनाओं से भरा हुआ है, जिसने अंततः 200 वर्षों के शासन के बाद अंग्रेजों को बाहर कर दिया और 15 अगस्त 1947 को पूर्व वायसराय लॉर्ड माउंटबेटन द्वारा भारतीयों को सत्ता हस्तांतरण का आदेश देने के बाद भारत को आज़ादी के लिए मजबूर किया। स्वतंत्रता दिवस हमारे वीर स्वतंत्रता सेनानियों के बलिदानों को याद करता है जो उपनिवेशवादियों के खिलाफ खड़े हुए और यहां तक कि सबसे कठोर परिणाम भी झेले, ताकि आने वाली पीढ़ियां मुफ्त हवा में सांस ले सकें।

भारतीय स्वतंत्रता संग्राम में स्वतंत्रता सेनानियों के योगदान को इतिहास ने याद किया है। उत्पीड़ित जातियों के संघर्ष पर ध्यान देना भी जरूरी है, जिसने भारत को एक लोकतांत्रिक और स्वतंत्र देश बनाने में मदद की। भारतीय स्वतंत्रता संग्राम आंदोलन स्वतंत्रता सेनानियों द्वारा किए गए योगदान के लिए इतिहास, पॉप संस्कृति और शोध में प्रसिद्ध है।

कार्य गांधीवादी अहिंसक विचारधारा और गैर-गांधीवादी हिंसक कार्यों के माध्यम से भारत को औपनिवेशिक शासन और ब्रिटिश शासन से मुक्त करना था, जहां कुछ ने अपने जीवन का बलिदान दिया और अन्य ने भारतीय राष्ट्रीय कांग्रेस (आईएनसी) और मुस्लिम लीग की राजनीति के माध्यम से योगदान दिया।

अपने प्राणों की आहुति देने वाले भगत सिंह, मंगल पांडे और सुकदेव थापर जैसे स्वतंत्रता सेनानी प्रतिष्ठित क्रांतिकारी राष्ट्रवादी थे और लोग उनकी जयंती मनाकर और लोकप्रिय संस्कृति को देखकर उन्हें याद करते हैं। हालाँकि, इतिहास ने दलित स्वतंत्रता सेनानियों के योगदान को मिटा दिया है जिन्होंने भारत को एक लोकतांत्रिक देश बनाने में समान योगदान दिया।

क्रम-सूची

1

विनायक दामोदर सावरकर

विनायक दामोदर सावरकर

Freedom Fighters

Scan for Story Videos - www.itibook.com

विनायक दामोदर सावरकर (उच्चारण (सहायता•जानकारी), मराठी उच्चारण: ?ina?j?k sa????k?? ; 28 मई 1883 - 26 फरवरी 1966), उपसर्ग वीर द्वारा उनके अनुयायियों द्वारा जाना जाता है। एक भारतीय राजनीतिज्ञ, कार्यकर्ता और लेखक। 1922 में रत्नागिरी में कैद रहते हुए, उन्होंने हिंदुत्व की हिंदू राष्ट्रवादी राजनीतिक विचारधारा विकसित की। वह हिंदू महासभा में एक प्रमुख व्यक्ति थे।

सावरकर हिंदू महासभा में शामिल हो गए और भारत (भारत) के सार के रूप में एक सामूहिक "हिंदू" पहचान बनाने के लिए पहले चंद्रनाथ बसु द्वारा गढ़े गए हिंदुत्व (हिंदुत्व) शब्द को लोकप्रिय बनाया। सावरकर एक नास्तिक थे लेकिन हिंदू दर्शन के व्यावहारिक अभ्यासी थे।

सावरकर ने हाई स्कूल के छात्र के रूप में अपनी राजनीतिक गतिविधियों की शुरुआत की और पुणे के फर्ग्यूसन कॉलेज में पढ़ाई जारी रखी। उन्होंने और उनके भाई ने अभिनव भारत सोसाइटी नामक एक गुप्त समाज की स्थापना की। जब वे कानून का अध्ययन करने के लिए यूनाइटेड किंगडम चले गए, तो उन्होंने खुद को इंडिया हाउस और फ्री इंडिया सोसाइटी जैसे संगठनों में शामिल कर लिया। उन्होंने क्रांतिकारी तरीके से अखिल भारतीय स्वतंत्रता की वकालत करने वाली पुस्तकें भी प्रकाशित कीं। 1857 के भारतीय विद्रोह के बारे में उन्होंने प्रकाशित भारतीय स्वतंत्रता संग्राम पुस्तकों में से एक को ब्रिटिश औपनिवेशिक अधिकारियों द्वारा प्रतिबंधित कर दिया था। 1910 में, सावरकर को क्रांतिकारी समूह इंडिया हाउस से उनके संबंधों के लिए गिरफ्तार किया गया और भारत में प्रत्यर्पित करने का आदेश दिया गया।

भारत की वापसी यात्रा पर, सावरकर ने फ्रांस में शरण लेने और भागने की कोशिश की, जबकि जहाज मार्सिले के बंदरगाह में डॉक किया गया था। हालाँकि, फ्रांसीसी बंदरगाह अधिकारियों ने अंतर्राष्ट्रीय कानून का उल्लंघन किया और इसे ब्रिटिश सरकार को वापस

सौंप दिया। भारत लौटने पर, सावरकर को कुल पचास साल के आजीवन कारावास की सजा सुनाई गई और उन्हें अंडमान और निकोबार द्वीप समूह में एक सेलुलर जेल में स्थानांतरित कर दिया गया।

1937 के बाद, उन्होंने व्यापक रूप से यात्रा करना शुरू किया, एक विपुल वक्ता और लेखक बने, और हिंदू राजनीतिक और सामाजिक एकता की वकालत की। 1938 में, वे बॉम्बे में मराठी साहित्य सम्मेलन के अध्यक्ष थे। हिंदू महासभा के अध्यक्ष के रूप में कार्य करते हुए, सावरकर ने भारत के एक हिंदू राष्ट्र (हिंदू राष्ट्र) के विचार का समर्थन किया। तब से उन्होंने देश को स्वतंत्र बनाने और भविष्य में देश और हिंदुओं की रक्षा के लिए हिंदुओं का सैन्यीकरण शुरू कर दिया। सावरकर ने 1942 के वर्धा अधिवेशन में ब्रिटिश औपनिवेशिक सरकार को कांग्रेस कार्यकारिणी द्वारा पारित प्रस्ताव की खुले तौर पर आलोचना की: "भारत छोड़ दो, लेकिन अपने सैनिकों को यहाँ रखो", जिसका उद्देश्य संभावित जापानी आक्रमण से भारत की रक्षा करना था। हमला; सावरकर भारत में किसी भी तरह की ब्रिटिश उपस्थिति के खिलाफ थे। जुलाई 1942 में, उन्होंने हिंदू महासभा के अध्यक्ष के रूप में अपने कर्तव्यों का पालन करने का तनाव महसूस किया और पद से इस्तीफा दे दिया क्योंकि उन्हें आराम की आवश्यकता थी, जो गांधी के भारत छोड़ो आंदोलन के साथ मेल खाता था।

1948 में, सावरकर पर महात्मा गांधी की हत्या में साजिशकर्ता के रूप में आरोप लगाया गया; हालांकि सबूतों के अभाव में कोर्ट ने उन्हें बरी कर दिया। 1998 में भारतीय जनता पार्टी (भाजपा) के सत्ता में आने के बाद और फिर 2014 में केंद्र में मोदी के नेतृत्व वाली भाजपा सरकार के साथ सावरकर ने फिर से लोकप्रियता हासिल की।

विनायक दामोदर सावरकर का जन्म 28 मई 1883 को एक मराठी चितपावन ब्राह्मण हिंदू परिवार में दामोदर और राधाबाई सावरकर के यहाँ नासिक शहर के पास भागुर गाँव में हुआ था। उनके तीन अन्य भाई-बहन थे, गणेश, नारायण और मैना नाम की एक बहन। 19 सावरकर ने हाई स्कूल के छात्र के रूप में अपनी सक्रियता शुरू की। जब वह 12 वर्ष का था, तो उसने हिंदू-मुस्लिम दंगों के बाद अपने गांव की मस्जिद पर हमले में साथी छात्रों का नेतृत्व करते हुए कहा: "हमने अपने पूरे दिल से मस्जिद में तोड़फोड़ की।" 1903 में, नासिक में, सावरकर और उनके बड़े भाई गणेश सावरकर ने भूमिगत क्रांतिकारी संगठन मित्र मेला की स्थापना की, जो 1906 में अभिनव भारत सोसाइटी बन गया। अभिनव भारत का मुख्य उद्देश्य ब्रिटिश शासन को उखाड़ फेंकना और हिंदू गौरव को पुनर्जीवित करना था।

सावरकर ने पुणे के फर्ग्यूसन कॉलेज में एक छात्र के रूप में अपना राजनीतिक कार्य जारी रखा। कट्टर राष्ट्रवादी नेता लोकमान्य तिलक का सावरकर पर काफी प्रभाव था। तिलक युवा छात्र से प्रभावित हुए और 1906 में उन्हें लंदन में कानून का अध्ययन करने के लिए शिवाजी छात्रवृत्ति दिलाने में मदद की। 11 लंदन में, उन्होंने खुद को इंडिया हाउस और फ्री इंडिया सोसाइटी जैसे संगठनों में शामिल किया। उन्होंने क्रांतिकारी तरीके से अखिल भारतीय स्वतंत्रता की वकालत करने वाली पुस्तकें भी प्रकाशित कीं। 1857 के भारतीय

विद्रोह के बारे में उन्होंने प्रकाशित भारतीय स्वतंत्रता संग्राम पुस्तकों में से एक को ब्रिटिश औपनिवेशिक अधिकारियों द्वारा प्रतिबंधित कर दिया था। सावरकर इतालवी राष्ट्रवादी नेता ग्यूसेप मैज़िनी के जीवन और विचारों से प्रभावित थे। लंदन प्रवास के दौरान। सावरकर ने मैज़िनी की जीवनी का मराठी में अनुवाद किया। उन्होंने मदनलाल ढींगरा नामक एक साथी छात्र की सोच को भी प्रभावित किया। 1909 में, ढींगरा ने एक औपनिवेशिक अधिकारी कर्जन-वाइली की हत्या कर दी। मार्क जुर्गेंसमेयर ने आरोप लगाया कि सावरकर ने ढींगरा द्वारा इस्तेमाल की गई बंदूक की आपूर्ति की कर लिया है जुर्गेंसमेयर ने आगे आरोप लगाया कि सावरकर ने ढींगरा के अंतिम बयान के लिए उन्हें हत्या के आरोप में फांसी दिए जाने से पहले शब्द प्रदान किए थे। कर्जन के कुछ समय बाद सावरकर पहली बार लंदन में मोहनदास गांधी से मिले। -विली की हत्या। अपने प्रवास के दौरान, गांधी ने लंदन में सावरकर और अन्य राष्ट्रवादियों के साथ आतंकवाद और गुरिल्ला युद्ध के माध्यम से औपनिवेशिक राज्य से लड़ने की निरर्थकता पर चर्चा की।

भारत में, गणेश सावरकर ने 1909 के मॉर्ले-मिंटो सुधारों के खिलाफ एक सशस्त्र विद्रोह का नेतृत्व किया। अपराध करने की साजिश के लिए भारतीय इंपीरियल पुलिस द्वारा सावरकर की जांच की गई थी। गिरफ्तारी से बचने की उम्मीद में सावरकर पेरिस में भीकाजी कामा के घर गए।

मार्सिले में सावरकर की गिरफ्तारी ने अंग्रेजों के खिलाफ फ्रांसीसी सरकार के विरोध का नेतृत्व किया, यह तर्क देते हुए कि अंग्रेज सावरकर को तब तक बरामद नहीं कर सकते जब तक कि उनके प्रत्यर्पण के लिए उचित कानूनी कार्यवाही नहीं की जाती। यह विवाद 1910 में अंतरराष्ट्रीय मध्यस्थता के स्थायी न्यायालय के समक्ष आया और 1911 में अपना निर्णय दिया। मामले, जैसा कि फ्रांसीसी प्रेस द्वारा व्यापक रूप से रिपोर्ट किया गया था, ने काफी विवाद उत्पन्न किया और शरण के अधिकार के एक दिलचस्प अंतरराष्ट्रीय प्रश्न को शामिल करने के लिए माना गया।

अदालत ने पहले यह माना कि चूंकि मार्सिले में सावरकर के संभावित पलायन के संबंध में दोनों देशों के बीच सहयोग का एक पैटर्न था, और फ्रांसीसी अधिकारियों को सावरकर को वापस करने के लिए राजी करने में कोई जबरदस्ती या धोखाधड़ी नहीं थी, ब्रिटिश अधिकारियों ने नहीं किया था। आगे की प्रत्यर्पण कार्यवाही के लिए उसे वापस फ्रांस को सौंप दिया। दूसरी ओर, ट्रिब्यूनल ने यह भी देखा कि सावरकर की गिरफ्तारी और भारतीय सेना के सैन्य पुलिस गार्डों को सौंपने में "अनियमितताएं" थीं।

मुंबई आने पर, सावरकर को पुणे के यरवदा सेंट्रल जेल ले जाया गया। 10 सितंबर, 1910 को विशेष न्यायाधिकरण के समक्ष परीक्षण शुरू हुआ। सावरकर पर एक आरोप यह भी है कि उन्होंने नासिक के कलेक्टर जैक्सन की हत्या के लिए उकसाया था। एक अन्य भारतीय दंड संहिता 121-ए के तहत राजा के खिलाफ साजिश रच रहा था। 35 36 दो परीक्षणों के बाद, सावरकर, जो उस समय वृद्ध थे, को दोषी ठहराया गया और 50 साल की जेल की सजा

सुनाई गई और 4 जुलाई 1911 को अंडमान और निकोबार द्वीप समूह की कुख्यात सेलुलर जेल में ले जाया गया। उन्हें ब्रिटिश सरकार द्वारा एक राजनीतिक कैदी माना जाता था।

सावरकर ने अपनी सजा के संबंध में कुछ रियायतों के लिए बंबई सरकार को आवेदन दिया। हालाँकि, सरकार के पत्र संख्या 2022 दिनांक 4 अप्रैल 1911 द्वारा, उनके आवेदन को अस्वीकार कर दिया गया था और उन्हें सूचित किया गया था कि जीवन के लिए निर्वासन की दूसरी सजा की छूट के प्रश्न पर उचित समय पर विचार किया जाएगा। जिंदगी सावरकर ने सेल्युलर जेल, अंडमान और निकोबार द्वीप समूह पहुंचने के एक महीने बाद 30 अगस्त 1911 को अपनी पहली क्षमा याचिका प्रस्तुत की। यह याचिका 3 सितंबर 1911 को खारिज कर दी गई थी।

सावरकर ने अपनी अगली माफी 14 नवंबर 1913 को प्रस्तुत की और व्यक्तिगत रूप से इसे गवर्नर जनरल की परिषद के गृह सदस्य सर रेजिनाल्ड क्रैडॉक को प्रस्तुत किया। अपने पत्र में, उन्होंने खुद को "सरकार के माता-पिता के दरवाजे" पर लौटने के लिए उत्सुक "उल्टा लड़का" बताया। साथ ही, उन्होंने कहा, "इसके अलावा, संवैधानिक आधार पर मेरा धर्मांतरण भारत और विदेशों में उन सभी गुमराह युवाओं को वापस लाएगा, जो एक बार मुझे अपने गुरु के रूप में देखते थे। वे जिस भी क्षमता में फिट होते हैं, मैं सरकार की सेवा करने के लिए तैयार हूं।" धर्मांतरण सच्चा है, मुझे उम्मीद है कि मेरा भविष्य का आचरण ऐसा होगा। अन्यथा जो हुआ होता, उसकी तुलना में मुझे जेल में रखने से कुछ भी हासिल नहीं होगा।

1917 में, सावरकर ने सभी राजनीतिक कैदियों के लिए एक सामान्य माफी के लिए एक और माफी याचिका पेश की। 1 फरवरी 1918 को, सावरकर को सूचित किया गया कि ब्रिटिश औपनिवेशिक सरकार के समक्ष माफी मांगी गई थी। दिसंबर 1919 में, राजा-सम्राट जॉर्ज पंचम ने शाही उद्घोषणा की। इस उद्घोषणा के अनुच्छेद 6 में राजनीतिक अपराधियों के लिए शाही क्षमा की घोषणा शामिल थी। इंपीरियल डिक्लेरेशन के संदर्भ में, सावरकर ने 30 मार्च 1920 को ब्रिटिश औपनिवेशिक सरकार को अपनी चौथी क्षमायाचना प्रस्तुत की, जिसमें उन्होंने कहा कि "बुकानन प्रकार के उग्रवादी स्कूल में विश्वास करने से दूर, मैं शांतिपूर्ण और दार्शनिक विचारों की सदस्यता नहीं लेता कुरोपाटकिन सिक या यहां तक कि टॉल्स्टॉय का अराजकतावाद। और मेरा अतीत क्रांतिकारी प्रवृत्तियों के रूप में: - यह न केवल अब, बल्कि दयालुता में साझा करने का इरादा है, लेकिन कई वर्षों पहले, मैंने इसे सूचित किया है। और सरकार को मेरी याचिकाओं में (1918) , 1914) संविधान का पालन करने और उसके द्वारा खड़े होने का मेरा दृढ़ इरादा, मिस्टर मॉंटेग। तब से संशोधन और बाद में घोषणा ने केवल मेरे विचारों में मेरी पुष्टि की है और हाल ही में मैंने सार्वजनिक रूप से व्यवस्थित और संवैधानिक के लिए खड़े होने के लिए अपनी आस्था और तत्परता व्यक्त की है। विकास।"

याचिका को ब्रिटिश औपनिवेशिक सरकार ने 12 जुलाई 1920 को खारिज कर दिया था। याचिका पर विचार करने के बाद, ब्रिटिश औपनिवेशिक सरकार ने गणेश सावरकर को रिहा करने पर विचार किया, लेकिन विनायक सावरकर को नहीं। ऐसा करने का तर्क इस प्रकार बताया गया

यह महसूस किया जाता है कि यदि गणेश को रिहा कर दिया जाता है और विनायक को हिरासत में लिया जाता है, तो बाद वाला कुछ हद तक पूर्व का बंधक बन जाएगा, जो यह देखेगा कि उसकी अपनी गाय इस कदम से उनके भाई की भविष्य की किसी तारीख पर रिहाई की संभावना खतरे में नहीं पड़ेगी।

सावरकर ने अपने मुकदमे, फैसले और ब्रिटिश कानून का समर्थन करते हुए एक बयान पर हस्ताक्षर किए और हिंसा को त्याग दिया, स्वतंत्रता के लिए एक सौदा।

2 मई, 1921 को सावरकर बंधुओं को रत्नागिरी जेल में स्थानांतरित कर दिया गया। 1922 में रत्नागिरी जेल में रहते हुए, उन्होंने "एसेंशियल्स ऑफ़ हिंदुत्व" लिखा, जिसने उनके हिंदुत्व के सिद्धांत को रेखांकित किया। 6 जनवरी 1924 को जारी लेकिन रत्नागिरी जिले तक ही सीमित। इसके तुरंत बाद उन्होंने हिंदू समाज या हिंदू संगठन के समेकन पर काम करना शुरू कर दिया। औपनिवेशिक अधिकारियों ने उनके लिए एक बंगला प्रदान किया और उन्हें आगंतुकों की अनुमति दी गई। नजरबंदी के दौरान उन्होंने महात्मा गांधी और डॉ. अम्बेडकर जैसे प्रभावशाली लोगों से मिले। नाथूराम गोडसे, जिसने अपने जीवन में बाद में गांधी की हत्या की, वह भी 1929 में पहली बार सावरकर से मिले। रत्नागिरी में कैद के दौरान सावरकर एक विपुल लेखक बने। हालांकि, उनके प्रकाशकों को इस बात से इनकार करना पड़ा कि वे राजनीति से पूरी तरह से अलग हो चुके हैं। सावरकर 1937 तक रत्नागिरी जिले तक ही सीमित रहे। उस समय बंबई प्रेसीडेंसी की नवनिर्वाचित सरकार ने उन्हें बिना शर्त रिहा कर दिया।

द्वितीय विश्व युद्ध के दौरान, हिंदू महासभा के अध्यक्ष के रूप में सावरकर ने "सभी राजनीति का हिंदूकरण और हिंदू धर्म का सैन्यकरण" का नारा दिया और हिंदुओं को सैन्य प्रशिक्षण प्रदान करने के लिए भारत में ब्रिटिश युद्ध के प्रयासों का समर्थन करने का फैसला किया। 1942 में जब कांग्रेस ने भारत छोड़ो आंदोलन शुरू किया, तो सावरकर ने इसकी आलोचना की और हिंदुओं से युद्ध के प्रयासों में सक्रिय रहने और सरकार की अवज्ञा न करने को कहा; युद्ध"। हिंदू महासभा के कार्यकर्ताओं ने 1944 में जिन्ना के साथ बातचीत करने की गांधी की पहल का विरोध किया, जिसे सावरकर ने "तुष्टीकरण" के रूप में निंदा की। उन्होंने सत्ता हस्तांतरण के ब्रिटिश प्रस्तावों पर हमला किया, मुस्लिम अलगाववादियों को रियायतें देने के लिए कांग्रेस और ब्रिटिश दोनों पर हमला किया। इसके तुरंत बाद आजादी के बाद, श्यामा प्रसाद मुखर्जी ने हिंदू महासभा के उपाध्यक्ष के पद से इस्तीफा दे दिया और खुद को अखंड हिंदुस्तान (अविभाजित भारत) से अलग कर लिया, जिसने विभाजन को रद्द करने का संकेत दिया।

सावरकर के नेतृत्व में हिंदू महासभा ने भारत छोड़ो आंदोलन के आह्वान का खुलकर विरोध किया और आधिकारिक तौर पर इसका बहिष्कार किया। 58 सावरकर तो यहां तक चले गए कि "स्टिक टू योर पोस्ट्स" नामक एक पत्र लिखा, जिसमें उन्होंने "नगर पालिकाओं, स्थानीय निकायों, विधानसभाओं या सेना के हिंदू सदस्यों को अपने आचरण पर टिके रहने की सलाह दी। पूरे देश में पोस्ट करें, और किसी भी कीमत पर भारत छोड़ो आंदोलन में शामिल हों।" मत बनो

भारतीय राष्ट्रीय कांग्रेस ने 1937 के भारतीय प्रांतीय चुनावों में मुस्लिम लीग और हिंदू महासभा को हराकर भारी जीत हासिल की। हालांकि, 1939 में, वायसराय लॉर्ड लिनलिथगो ने भारतीय लोगों से परामर्श किए बिना द्वितीय विश्व युद्ध में भारत को जुझारू घोषित करने के कार्य के विरोध में एक कांग्रेस मंत्री के रूप में इस्तीफा दे दिया। परिणामस्वरूप, सावरकर की अध्यक्षता में हिंदू महासभा ने कुछ प्रांतों में सरकार बनाने के लिए मुस्लिम लीग और अन्य दलों के साथ हाथ मिलाया। ऐसी गठबंधन सरकारें सिंध, NWFP और बंगाल में बनीं।

सिंध में, हिंदू महासभा के सदस्य गुलाम हुसैन हिदायतुल्लाह की मुस्लिम लीग सरकार में शामिल हो गए। सावरकर के अपने शब्दों में,

"गवाह है कि हाल ही में सिंध में, सिंध-हिंदू-सभा ने निमंत्रण पर लीग के साथ गठबंधन में गठबंधन सरकार चलाने की जिम्मेदारी संभाली।

उत्तर पश्चिम सीमांत प्रांत में, हिंदू महासभा के सदस्यों ने 1943 में सरकार बनाने के लिए मुस्लिम लीग के प्रमुख औरंगजेब खान के साथ हाथ मिलाया। वित्त मंत्री मेहर चंद खन्ना मंत्रिमंडल की महासभा के सदस्य थे।

बंगाल में, हिंदू महासभा दिसंबर 1941 में फ़ज़लुल हक की कृषक प्रजा पार्टी के नेतृत्व वाले प्रगतिशील गठबंधन मंत्रालय में शामिल हो गई। सावरकर ने गठबंधन सरकार के सफल शासन की सराहना की।

30 जनवरी 1948 को गांधी की हत्या के बाद, पुलिस ने हत्यारे नाथूराम गोडसे और उसके कथित साथियों और साजिशकर्ताओं को गिरफ्तार कर लिया। वह हिंदू महासभा और राष्ट्रीय स्वयंसेवक संघ के सदस्य थे। गोडसे पुणे में "द हिंदू राष्ट्र प्रकाशन लिमिटेड" (द हिंदू राष्ट्र प्रकाशन) द्वारा संचालित एक प्रमुख मराठी दैनिक हिंदू राष्ट्र के संपादक थे। इस कंपनी में गुलाबचंद हीराचंद, भालजी पेंढारकर और जुगलकिशोर बिड़ला जैसी प्रतिष्ठित हस्तियों ने योगदान दिया। सावरकर ने किया था निवेश? कंपनी में 15000। हिंदू महासभा के पूर्व अध्यक्ष सावरकर को 5 फरवरी 1948 को शिवाजी पार्क में उनके घर से गिरफ्तार किया गया था और उन्हें मुंबई की आर्थर रोड जेल में नजरबंद रखा गया था। उन पर हत्या, हत्या की साजिश रचने और हत्या के लिए उकसाने का आरोप लगाया गया था। अपनी गिरफ्तारी से एक दिन पहले, सावरकर ने 7 फरवरी 1948 को एक सार्वजनिक लिखित बयान में, जैसा कि द टाइम्स ऑफ इंडिया, बॉम्बे में रिपोर्ट किया गया था, गांधी की हत्या को

भ्रातृहत्या का अपराध करार दिया, जिसने एक नवजात राष्ट्र के रूप में भारत के अस्तित्व को खतरे में डाल दिया। उनके घर से ज़ब्त किए गए दस्तावेज़ों से ऐसा कुछ भी पता नहीं चला जो दूर से गांधी की हत्या से जुड़ा हो। 68 :?अध्याय 12? सबूतों के अभाव में सावरकर को निवारक निरोध के तहत गिरफ्तार किया गया था।

गोडसे हत्या की योजना और निष्पादन को समाप्त करता है रैन ने जिम्मेदारी स्वीकार की। हालांकि, एंडोर्सर दिगंबर बैज के अनुसार, 17 जनवरी 1948 को, नाथूराम गोडसे अपनी हत्या से पहले सावरकर के साथ उनके अंतिम दर्शन (दर्शकों/साक्षात्कार) के लिए बंबई गए थे। जबकि बर्ज और शंकर बाहर इंतजार कर रहे थे, नाथूराम और आप्टे ने प्रवेश किया। जब वे बाहर आए, तो आप्टे ने बर्ज को बताया कि सावरकर ने उन्हें "यशस्वी हूं या" (सफलता के साथ वापस जाओ) का आशीर्वाद दिया था। आप्टे ने यह भी कहा कि सावरकर ने गांधी के 100 साल पूरे होने की भविष्यवाणी की थी और इसमें कोई संदेह नहीं था कि कार्य सफलतापूर्वक पूरा होगा। हालाँकि, बडगे की गवाही को स्वीकार नहीं किया गया था क्योंकि अनुमोदक के साक्ष्य में कोई स्वतंत्र पुष्टि नहीं थी और इसलिए सावरकर को बरी कर दिया गया था।

अगस्त 1974 के अंतिम सप्ताह में श्री मनोहर मालगाँवकर ने दिगंबर बैज को कई बार देखा और उनसे सावरकर के खिलाफ उनकी गवाही की सत्यता के बारे में सवाल किया। 68 :?नोट्स? बज श्री। मनोहर मालगांवकर ने जोर देकर कहा कि "हालांकि उन्होंने अपने सर्वोत्तम ज्ञान के लिए साजिश की पूरी कहानी का खुलासा किया था, लेकिन बिना किसी अनुनय के, उन्होंने सावरकर के खिलाफ गवाही देने के खिलाफ बहादुरी से लड़ाई लड़ी थी"। अंत में, बज सहमत हुए। वह शपथ पर यह कहने के लिए सहमत हो गए कि उन्होंने नाथूराम गोडसे और आप्टे को सावरकर के साथ देखा था, और यह कि सावरकर ने बज की सुनवाई में ही अपने उद्यम को अपना आशीर्वाद दिया था।

12 नवंबर 1964 को पुणे में गोपाल गोडसे, मदनलाल पाहवा और विष्णु करकरे की सजा समाप्त होने के बाद उनकी रिहाई के अवसर पर आयोजित एक धार्मिक समारोह में बाल गंगाधर तिलक के पोते डॉ. जी.वी. केसरी के पूर्व संपादक और कार्यक्रम की अध्यक्षता करने वाले "तरुण भारत" के तत्कालीन संपादक केतकर ने गांधी की हत्या की साजिश का खुलासा किया, जिसकी जानकारी उन्होंने अधिनियम के लगभग छह महीने पहले दी थी। केतकर को गिरफ्तार कर लिया गया। महाराष्ट्र विधान सभा के बाहर और अंदर और भारतीय संसद के दोनों सदनों में सार्वजनिक अशांति फैल गई। संसद के सदस्यों और जनता की राय के दबाव में, तत्कालीन केंद्रीय गृह मंत्री गुलजारीलाल नंदा ने गोपाल स्वरूप पाठक, सांसद और भारत के सर्वोच्च न्यायालय के वरिष्ठ अधिवक्ता को गांधी हत्या की साजिश की फिर से जांच करने के लिए एक जांच आयोग के रूप में नियुक्त किया। केंद्र सरकार ने महाराष्ट्र सरकार के परामर्श से पुराने रिकॉर्ड की मदद से गहन जांच करने का इरादा किया। पाठक को जांच के लिए तीन महीने का समय दिया गया था; इसके बाद, भारत के सर्वोच्च न्यायालय

के एक सेवानिवृत्त न्यायाधीश जवनलाल कपूर को आयोग के अध्यक्ष के रूप में नियुक्त किया गया।

कपूर आयोग को अदालत में पेश न किए गए सबूत मुहैया कराए गए थे; विशेष रूप से सावरकर के दो करीबी सहयोगी - अप्पा रामचंद्र कसार, उनके अंगरक्षक और उनके सचिव गजानन विष्णु दामले की गवाही। मार्च 1948 में बॉम्बे पुलिस द्वारा श्री कसार और श्री दामले की गवाही पहले ही दर्ज कर ली गई थी, लेकिन जाहिर तौर पर, मुकदमे के समय इन गवाहियों को अदालत के सामने पेश नहीं किया गया था। इन गवाहियों में, गोडसे और आप्टे ने कहा है कि वे 23 या 24 जनवरी को सावरकर से मिले थे? बम कांड के बाद वह दिल्ली से लौटा था। दामले ने उल्लेख किया कि गोडसे और आप्टे ने जनवरी के मध्य में सावरकर को देखा और उनके (सावरकर) साथ उनके बगीचे में बैठे। सीआईडी बॉम्बे 21 से 30 जनवरी 1948 तक सावरकर पर नजर रखे हुए थी। सीआईडी अपराध रिपोर्ट में यह उल्लेख नहीं है कि गोडसे या आप्टे इस समय सावरकर से मिले थे।

न्यायमूर्ति कपूर ने निष्कर्ष निकाला: "ये सभी तथ्य सावरकर और उनके समूह की हत्या की साजिश के अलावा किसी भी सिद्धांत के लिए विनाशकारी हैं।"

सावरकर की गिरफ्तारी मुख्य रूप से सरकारी गवाह दिगंबर बैज की गवाही पर आधारित थी। आयोग ने दिगंबर बैज का दोबारा साक्षात्कार नहीं लिया। आयोग की पूछताछ के समय बर्ज जिंदा थे और मुंबई में काम कर रहे थे।

गांधी की हत्या के बाद गुस्साई भीड़ ने दादर में सावरकर के आवास पर पथराव किया। गांधी की हत्या और जेल से उनकी रिहाई से संबंधित आरोपों से बरी होने के बाद, सावरकर को "हिंदू राष्ट्रवादी भाषण" देने के लिए सरकार द्वारा गिरफ्तार किया गया था; राजनीतिक गतिविधियों को छोड़ने पर सहमत होने के बाद उन्हें रिहा कर दिया गया। उन्होंने हिंदू धर्म के सामाजिक और सांस्कृतिक तत्वों को संबोधित करना जारी रखा। प्रतिबंध हटने के बाद, उन्होंने राजनीतिक सक्रियता फिर से शुरू की; हालाँकि, बीमार स्वास्थ्य ने उन्हें 1966 में उनकी मृत्यु तक सीमित कर दिया। उनके अनुयायियों ने उनके जीवनकाल में उन्हें सम्मान और वित्तीय पुरस्कारों से नवाजा। सावरकर और संघ के सरसंघचालक गोलवलकर एक-दूसरे के विशेष निकट नहीं थे,77 उनके अंतिम संस्कार के जुलूस को दो हजार आरएसएस कार्यकर्ताओं द्वारा गार्ड ऑफ ऑनर दिया गया था। मैक्केन के अनुसार, सावरकर और कांग्रेस के बीच उनके अधिकांश राजनीतिक जीवन के लिए सार्वजनिक शत्रुता थी, हालांकि आजादी के बाद कांग्रेस के मंत्रियों, वल्लभभाई पटेल और सीडी देशमुख ने हिंदू महासभा और सावरकर के साथ साझेदारी बनाने की असफल कोशिश की। पार्टी के सदस्य सावरकर के सम्मान में सार्वजनिक कार्यक्रमों में हिस्सा लेंगे। नेहरू ने दिल्ली में भारत के प्रथम स्वतंत्रता संग्राम के शताब्दी समारोह में मंच साझा करने से इनकार कर दिया।

8 नवंबर, 1963 को सावरकर की पत्नी यमुनाबाई का निधन हो गया। 1 फरवरी 1966 को, सावरकर ने दवा, भोजन और पानी छोड़ दिया, जिसे उन्होंने आत्मार्पण (मृत्यु तक

उपवास) कहा। अपनी मृत्यु से पहले उन्होंने कहा "कोई आत्महत्या नहीं आत्मार "लेकिन" शीर्षक से एक लेख लिखा जिसमें उन्होंने तर्क दिया कि जब किसी के जीवन का उद्देश्य समाप्त हो जाता है और समाज सेवा के लिए कोई क्षमता नहीं होती है, तो प्रतीक्षा करने की अपेक्षा अपने जीवन को स्वेच्छा से समाप्त करना बेहतर होता है। 26 फरवरी 1966 को मुंबई में अपने निवास पर निधन हो गया (अब मुंबई) "बेहद गंभीर" हो गया था और उसे सांस लेने में कठिनाई के रूप में वर्णित किया गया था; उसे पुनर्जीवित करने के प्रयास विफल रहे और उसे उस दिन सुबह 11:10 बजे (IST) मृत घोषित कर दिया गया। अपनी मृत्यु से पहले, सावरकर ने अपने रिश्तेदारों से कहा कि केवल उनका अंतिम संस्कार संभव था और हिंदू धर्म में 10वें और 13वें दिन की रस्मों को खत्म करने को कहा। तदनुसार, उनका अंतिम संस्कार अगले दिन उनके बेटे विश्वास ने मुंबई के सोनापुर इलाके में विद्युत श्मशान में किया।

उनके अंतिम संस्कार में भारी भीड़ शामिल हुई और उन्होंने शोक व्यक्त किया। उनके परिवार में एक बेटा विश्वास और एक बेटी प्रभा चिपलूनकर हैं। उनके पहले पुत्र प्रभाकर की मृत्यु शैशवावस्था में ही हो गई थी। उनके घर, संपत्ति और अन्य व्यक्तिगत अवशेषों को सार्वजनिक प्रदर्शन के लिए सुरक्षित रखा गया है। महाराष्ट्र या केंद्र में तत्कालीन कांग्रेस पार्टी सरकार द्वारा कोई आधिकारिक शोक व्यक्त नहीं किया गया था। नोट सावरकर के प्रति राजनीतिक उदासीनता उनकी मृत्यु के बाद भी जारी रही।

अपने कारावास के दौरान, सावरकर के विचार हिंदू सांस्कृतिक और राजनीतिक राष्ट्रवाद की ओर मुड़ गए, और उनके जीवन का अगला चरण इसी कारण समर्पित रहा। रत्नागिरी जेल में बिताई गई छोटी अवधि के दौरान, सावरकर ने अपना वैचारिक ग्रंथ लिखा - हिंदुत्व: हिंदू कौन है? सावरकर के समर्थकों ने इसे तस्करी कर जेल से बाहर निकाला और 'महारता' नाम से प्रकाशित किया। इस काम में सावरकर हिंदू सामाजिक और राजनीतिक चेतना की एक दूरदर्शी नई दृष्टि को बढ़ावा देते हैं। सावरकर ने धार्मिक पहचान से परे जाकर "हिंदुओं" को भारत के देशभक्त निवासियों के रूप में वर्णित करना शुरू किया। उन्होंने सभी हिंदू समुदायों की देशभक्ति और सामाजिक एकता की आवश्यकता पर जोर देते हुए हिंदू धर्म, जैन धर्म, सिख धर्म और बौद्ध धर्म का वर्णन किया। उन्होंने "हिंदू राष्ट्र" (हिंदू राष्ट्र) के "अखंड भारत" (संयुक्त भारत) की अपनी अवधारणा पेश की, जो कथित तौर पर पूरे भारतीय उपमहाद्वीप तक फैली हुई थी। उन्होंने हिंदुओं को आर्यों या द्रविड़ों के रूप में नहीं, बल्कि "एक ही मातृभूमि की संतानों के रूप में रहने वाले, एक ही पवित्र भूमि की पूजा करने वाले" के रूप में परिभाषित किया।

सावरकर के विचारों की व्याख्या करने में विद्वान, इतिहासकार और भारतीय राजनेता विभाजित हैं। एक स्वयंभू नास्तिक, सावरकर हिंदू धर्म को एक सांस्कृतिक और राजनीतिक पहचान मानते हैं। उन्होंने अक्सर मुसलमानों और ईसाइयों को छोड़कर हिंदुओं, सिखों, बौद्धों और जैनियों के बीच सामाजिक और सांप्रदायिक एकता पर जोर दिया। सावरकर ने

मुसलमानों और ईसाइयों को भारतीय संस्कृति में "मिसफिट्स" के रूप में देखा जो वास्तव में राष्ट्र का हिस्सा नहीं हो सकते थे। उन्होंने तर्क दिया कि इस्लाम और ईसाई धर्म के सबसे पवित्र स्थल मध्य पूर्व में थे, न कि भारत में, इस प्रकार मुसलमानों और ईसाइयों की भारत के प्रति निष्ठा विभाजित हो गई।

6 जनवरी 1924 को जेल से रिहा होने के बाद, सावरकर ने हिंदू विरासत और सभ्यता के सामाजिक और सांस्कृतिक संरक्षण के लिए काम करने के उद्देश्य से रत्नागिरी हिंदू सभा एसोसिएशन की स्थापना में मदद की। 88 बार-बार और जोरदार वक्ता बनकर, सर्वकर ने हिंदी को आम राष्ट्रभाषा के रूप में इस्तेमाल करने और जातिगत भेदभाव और अस्पृश्यता के खिलाफ अभियान चलाया।

लेखन पर अपनी ऊर्जा को केंद्रित करते हुए, सावरकर ने हिंदू पद-पाड़ा-शाही - मराठा साम्राज्य का दस्तावेजीकरण करने वाली एक पुस्तक - और जीवन के लिए मेरा परिवहन - अपने शुरुआती क्रांतिकारी दिनों, गिरफ्तारी, परीक्षण और कारावास का लेखा-जोखा लिखा। उन्होंने कविताओं, नाटकों और उपन्यासों के संग्रह भी लिखे और प्रकाशित किए। उन्होंने अंडमान जेल में अपने अनुभव के बारे में माजी जन्मथेप ("माई लाइफ-टाइम") नामक एक पुस्तक भी लिखी।

वह हिंदू धार्मिक प्रथाओं के कट्टर आलोचक थे, जिन्हें वे तर्कहीन मानते थे और उन्हें हिंदुओं की भौतिक प्रगति में बाधा के रूप में देखते थे। उनका मानना था कि धर्म "हिंदू पहचान" का एक महत्वपूर्ण पहलू था। वे जाति व्यवस्था के खिलाफ थे और 1931 में उन्होंने हिंदू समाज के सात बंधनों के नाम से एक निबंध में लिखा था, "अतीत के उन आदेशों का एक महत्वपूर्ण तत्व जिसका हम आंख मूंदकर पालन करते रहे हैं और जो कूड़ेदान में फेंकने लायक है वह है कठोर जाति इतिहास की प्रणाली"।

1 अगस्त 1938 को पुणे में 20,000-मजबूत दर्शकों के भाषण में, सावरकर जर्मनी में नाजीवाद और इटली में फासीवाद के अधिकार के लिए खड़े थे; अभूतपूर्व वैश्विक गौरव की उनकी उपलब्धि और राष्ट्रीय एकीकरण की सफलता ने उन विकल्पों को सही ठहराया। सावरकर ने जर्मनी और इटली की निंदा करने के लिए नेहरू की आलोचना की और घोषणा की कि "भारत में लाखों हिंदू संघ जर्मनी, इटली या जापान के लिए कोई इच्छा नहीं रखते हैं।" उसी सांस में उन्होंने चेकोस्लोवाकिया पर जर्मनी के कब्जे के लिए अपने समर्थन की घोषणा की। 93

द्वितीय विश्व युद्ध के करीब आते ही, सावरकर ने शुरू में भारत के भू-रणनीतिक समीकरणों पर केंद्रित तटस्थता की नीति की वकालत की, लेकिन समय के साथ उनकी बयानबाजी कठोर होती गई और उन्होंने यहूदियों के प्रति हिटलर की नीति का लगातार समर्थन किया। भारतीय मुसलमानों से निपटने के लिए अक्टूबर को दिए गए एक भाषण में, यह सुझाव दिया गया कि टेलर के तरीकों को अपनाया जाना चाहिए। 11 दिसंबर को उन्होंने यहूदियों को एक सांप्रदायिक शक्ति के रूप में मान्यता दी। 93 अगले मार्च में, सावरकर

आर्यन संस्कृति के जर्मनी के पुनरुत्थान, स्वस्तिक के महिमामंडन, और अपने आर्य शत्रुओं के खिलाफ "धर्मयुद्ध" का स्वागत करेंगे - उम्मीद है कि एक जर्मन जीत अंततः भारत में हिंदुओं को प्रोत्साहित करेगी।

5 अगस्त 1939 को, सावरकर ने इस बात पर प्रकाश डाला कि कैसे "विचार, धर्म, भाषा और संस्कृति" का एक सामान्य सूत्र राष्ट्रवाद के लिए आवश्यक था जिसने जर्मनों और यहूदियों को एक राष्ट्र के रूप में सोचने से रोका। वर्ष के अंत तक, वह भारत के मुसलमानों की सीधे जर्मन यहूदियों के साथ बराबरी कर रहे थे- दोनों, चेतन भट्ट के शब्दों में, गैर-राष्ट्रीय निष्ठा रखने और जैविक राष्ट्र में अवैध रूप से विद्यमान होने का संदेह था। इन भाषणों को जर्मन अखबारों में प्रसारित किया गया और नाजी जर्मनी ने सावरकर को एक संपर्क व्यक्ति आवंटित किया, जो नाजियों के साथ कामकाजी संबंध स्थापित करने के लिए गंभीर प्रयास कर रहे थे। आखिरकार, सावरकर को मीन कैम्फ की एक प्रति भेंट की जाएगी। 93

1941 में, सावरकर ने अपनी मातृभूमि इज़राइल में यहूदियों के पुनर्वास का समर्थन किया, जिसके बारे में उनका मानना था कि यह इस्लामी आक्रमण से दुनिया की रक्षा करेगा। यह अज्ञात है कि क्या सावरकर ने नाजी जर्मनी के लिए अपना समर्थन वापस ले लिया या जब प्रलय सार्वजनिक ज्ञान बन गया। हालाँकि, 15 जनवरी 1961 को, उन्होंने नेहरू के "कायर लोकतंत्र" के खिलाफ हिटलर के नाज़ीवाद का पक्ष लिया।

राहेल मैकडरमोट, लियोनार्ड ए। गॉर्डन, एंस्ले एम्ब्री, फ्रांसिस प्रिटचेट और डेनिस डाल्टन सहित इतिहासकारों का कहना है कि सावरकर ने हिंदू राष्ट्रवाद के एक मुस्लिम विरोधी रूप को बढ़ावा दिया। विद्वान विनायक चतुर्वेदी का कहना है कि सावरकर अपने मुस्लिम विरोधी लेखन के लिए जाने जाते थे।

सावरकर ने भारतीय पुलिस और सेना में मुसलमानों को "संभावित देशद्रोही" के रूप में देखा। उन्होंने वकालत की कि भारत सेना, पुलिस और सार्वजनिक सेवा में मुसलमानों की संख्या कम करता है, और मुसलमानों को गोला-बारूद के कारखानों में काम करने से प्रतिबंधित करता है। सावरकर ने भारतीय मुसलमानों के बारे में चिंतित होने के लिए गांधी की आलोचना की। ईसाइयों और मुसलमानों से मुक्ति"। अपने 1907 के भारतीय स्वतंत्रता संग्राम में, सावरकर ने मुसलमानों को नायकों के रूप में शामिल किया। उद्धरण वांछित। अपने 1963 के छह शानदार युगों में, सावरकर का कहना है कि मुसलमान और ईसाई हिंदू धर्म को "नष्ट" करना चाहते थे।

1940 के दशक में, दो-राष्ट्र सिद्धांत को मुहम्मद अली जिन्ना और सावरकर द्वारा समर्थित किया गया था, साथ ही सावरकर ने भी सिखों से एक स्वतंत्र "सिखिस्तान" स्थापित करने का आग्रह किया था। जिन्ना ने इस सिद्धांत के हिस्से के रूप में मुसलमानों के लिए एक अलग देश की वकालत की, जबकि सावरकर दोनों धर्मों को एक देश में चाहते थे जहां मुसलमान हिंदुओं के अधीनस्थ स्थिति में रहते थे। तब से आरएसएस इस असमान

नागरिकता का पीछा करता रहा।

नागरिकता का पीछा करता रहा।

2

भगत सिंह

भगत सिंह

Scan for Story Videos - www.itibook.com

भगत सिंह को भारतीय राष्ट्रवादी आंदोलन के सबसे प्रभावशाली क्रांतिकारियों में से एक माना जाता है। वे कई क्रांतिकारी संगठनों से जुड़े रहे और भारतीय राष्ट्रीय आंदोलन में महत्वपूर्ण भूमिका निभाई। वह 23 साल की उम्र में शहीद हो गए थे। उनकी फांसी के बाद, 23 मार्च 1931 को, भगत सिंह के समर्थकों और अनुयायियों ने उन्हें "शहीद" (शहीद) माना।

भगत सिंह का जन्म 28 सितंबर 1907 को लायलपुर जिले (अब पाकिस्तान) के बंगा में किशन सिंह और विद्यावती के घर हुआ था। उनके जन्म के समय उनके पिता किशन सिंह, चाचा अजीत और स्वर्ण सिंह 1906 में अधिनियमित उपनिवेश विधेयक के विरोध में जेल में थे। उनके चाचा सरदार अजीत सिंह आंदोलन के समर्थक थे और उन्होंने भारतीय भट्टक संघ की स्थापना की। . चिनाब नहर कालोनी विधेयक के खिलाफ किसानों को संगठित करने में उनके मित्र सैयद हैदर रजा ने उनका भरपूर समर्थन किया। अजीत सिंह पर 22 मुकदमे दर्ज हैं और उन्हें ईरान भागना पड़ा था। उनका परिवार ग़दर पार्टी का समर्थक था और घर में राजनीतिक रूप से जागरूक माहौल ने युवा भगत सिंह के दिल में देशभक्ति की भावना पैदा करने में मदद की।

भगत सिंह ने कक्षा पांच तक की पढ़ाई अपने गांव के स्कूल में की, जिसके बाद उनके पिता किशन सिंह ने लाहौर के दयानंद एंग्लो वैदिक हाई स्कूल में उनका दाखिला करा दिया। बहुत कम उम्र में, भगत सिंह ने महात्मा गांधी द्वारा शुरू किए गए असहयोग आंदोलन का अनुसरण करना शुरू कर दिया था। भगत सिंह ने खुले तौर पर अंग्रेजों की अवहेलना की और सरकार द्वारा प्रायोजित पुस्तकों को जलाकर गांधी की इच्छाओं का पालन किया। उन्होंने लाहौर में नेशनल कॉलेज में शामिल होने के लिए स्कूल छोड़ दिया। उनकी किशोरावस्था में दो घटनाओं ने उनके देशभक्ति के दृष्टिकोण को आकार दिया - 1919 में जलियांवाला बाग हत्याकांड और 1921 में ननकाना साहिब में निहत्थे अकाली प्रदर्शनकारियों की हत्या।

उनका परिवार गांधीवादी विचारधारा में विश्वास करता था, स्वशासन प्राप्त करने के लिए एक अहिंसक दृष्टिकोण, और एक समय के लिए भगत सिंह ने भारतीय राष्ट्रीय कांग्रेस और असहयोग आंदोलन के पीछे के कारणों का भी समर्थन किया। चौरी-चौरा की घटना के बाद, गांधी ने असहयोग आंदोलन को वापस लेने का आह्वान किया। इस फैसले से नाराज भगत सिंह ने खुद को गांधी की अहिंसक सक्रियता से दूर कर लिया और युवा क्रांतिकारी आंदोलन में शामिल हो गए। इस प्रकार ब्रिटिश शासन के खिलाफ हिंसक विद्रोह के अग्रणी पैरोकार के रूप में उनकी यात्रा शुरू हुई।

वह बीए की परीक्षा दे रहा था जब उसके माता-पिता ने उसकी शादी करने का फैसला किया। उन्होंने सुझाव को दृढ़ता से खारिज कर दिया और कहा, "अगर उन्हें गुलाम-भारत में शादी करनी है, तो मेरी दुल्हन केवल मौत होगी।"

मार्च 1925 में, यूरोपीय राष्ट्रवादी आंदोलनों से प्रेरित होकर, भगत सिंह के साथ संयुक्त सचिव के रूप में नौजवान भारत सभा का गठन किया गया था। भगत सिंह भी कट्टरपंथी समूह हिंदुस्तान रिपब्लिकन एसोसिएशन (HRA) में शामिल हो गए, जिसे बाद में उन्होंने साथी क्रांतिकारियों चंद्रशेखर आज़ाद और सुखदेव के साथ हिंदुस्तान सोशलिस्ट रिपब्लिकन एसोसिएशन (HSRA) का नाम दिया। वह अपने माता-पिता द्वारा आश्वासन दिए जाने के बाद लाहौर में अपने घर लौट आया कि शादी को मजबूर नहीं किया जाएगा। उन्होंने कीर्ति किसान पार्टी के सदस्यों के साथ संपर्क स्थापित किया और "कीर्ति" पत्रिका में नियमित रूप से योगदान देने लगे। एक छात्र के रूप में, भगत सिंह एक पाठक थे और यूरोपीय राष्ट्रवादी आंदोलनों के बारे में पढ़ा करते थे। उनकी राजनीतिक सोच को फ्रेडरिक एंगेल्स और कार्ल मार्क्स के लेखन द्वारा आकार दिया गया था और उनका झुकाव समाजवादी दृष्टिकोण की ओर था। उन्होंने कई छद्म नामों के तहत "वीर अर्जुन" जैसे समाचार पत्रों में भी लिखा।

प्रारंभ में, भगत सिंह की गतिविधियाँ ब्रिटिश सरकार के खिलाफ कटु लेख लिखने, सरकार को उखाड़ फेंकने के उद्देश्य से हिंसक विद्रोह के सिद्धांतों को रेखांकित करने वाले पर्चे छापने और वितरित करने तक सीमित थीं। युवाओं पर उनके प्रभाव और अकाली आंदोलन के साथ उनके जुड़ाव को देखते हुए, वह सरकार के लिए एक प्रमुख व्यक्ति बन गए। उन्हें 1926 में लाहौर बम विस्फोट मामले में पुलिस ने गिरफ्तार किया था। उन्हें 5 महीने बाद 60,000 रुपये के बांड पर रिहा कर दिया गया।

30 अक्टूबर 1928 को, लाला लाजपत राय ने एक सर्वदलीय जुलूस का नेतृत्व किया और साइमन कमीशन के आगमन के विरोध में लाहौर रेलवे स्टेशन तक मार्च किया। पुलिस ने प्रदर्शनकारियों की प्रगति को रोकने के लिए अमानवीय लाठीचार्ज का सहारा लिया। इस संघर्ष में लाला लाजपतराय गंभीर रूप से घायल हो गए और 17 नवंबर 1928 को उनकी मृत्यु हो गई। लाला लाजपतराय की मौत का बदला लेने के लिए भगत सिंह और उनके साथियों ने जेम्स ए. पुलिस अधीक्षक स्कॉट ने हत्या की साजिश रची। समझा जाता है कि

लाठीचार्ज का आदेश दिया गया था। क्रांतिकारियों, जेपी सॉन्डर्स, सहायक पुलिस अधीक्षक ने गलती से उन्हें स्कॉट समझ लिया और उनकी हत्या कर दी। गिरफ्तारी से बचने के लिए भगत सिंह ने तुरंत लाहौर छोड़ दिया। पहचान से बचने के लिए, उन्होंने अपने बाल मुंडवाए और कटवाए, जो सिख धर्म के पवित्र सिद्धांतों का उल्लंघन था।

भारतीय रक्षा अधिनियम के निर्माण के जवाब में, हिंदुस्तान सोशलिस्ट रिपब्लिकन एसोसिएशन ने विधान सभा के परिसर पर बमबारी करने की योजना बनाई, जहां अध्यादेश पारित किया जाना था। 8 अप्रैल 1929 को भगत सिंह और बटुकेश्वर दत्त ने विधान सभा के गलियारों में बम फेंके और इंकलाब जिंदाबाद के नारे लगाए। और हवा में अपनी मिसाइलों की रूपरेखा वाले पर्चे फेंके। बम किसी को मारने या घायल करने का इरादा नहीं था और इसलिए भीड़भाड़ वाली जगह से थाफेंक दिया गया, लेकिन हंगामे में कई पार्षद अभी भी घायल हो गए। धमाकों के बाद भगत सिंह और बटुकेश्वर दत्त दोनों को गिरफ्तार कर लिया गया था।

विरोध के नाटकीय प्रदर्शन ने पूरे राजनीतिक स्पेक्ट्रम से व्यापक आलोचना की। सिंह ने उत्तर दिया - "आक्रामक रूप से लगाया गया बल 'हिंसा' है और इसलिए नैतिक रूप से अनुचित है, लेकिन जब इसका उपयोग वैध उद्देश्य के लिए किया जाता है तो इसका नैतिक औचित्य होता है।"

मुकदमा मई में शुरू हुआ जहां सिंह ने अपना बचाव करने की कोशिश की, जबकि बटुकेश्वर दत्त का प्रतिनिधित्व अफसर अली ने किया। अदालत ने विस्फोटों के दुर्भावनापूर्ण और अवैध इरादे का हवाला देते हुए आजीवन कारावास के पक्ष में फैसला सुनाया।

सजा सुनाए जाने के तुरंत बाद, पुलिस ने लाहौर में HSRA बम कारखानों पर छापा मारा और कई प्रमुख क्रांतिकारियों को गिरफ्तार कर लिया। तीन व्यक्ति, हंस राज वोहरा, जय गोपाल और फणींद्र नाथ घोष, सुखदेव सहित कुल 21 लोगों की गिरफ्तारी के लिए सरकार के हमदर्द बन गए। , जतीन्द्र नाथ दास और राजगुरु। भगत सिंह को लाहौर षडयंत्र केस, सहायक अधीक्षक सॉन्डर्स की हत्या और बम बनाने के आरोप में फिर से गिरफ्तार किया गया था।

10 जुलाई 1929 को, न्यायाधीश राय साहिब पंडित श्री किशन की अध्यक्षता वाली विशेष सत्र अदालत में 28 अभियुक्तों के खिलाफ मुकदमा शुरू हुआ।

इस बीच, सिंह और उनके साथी कैदियों ने गोरे बनाम देशी कैदियों के इलाज में पक्षपातपूर्ण अंतर के विरोध में अनिश्चितकालीन भूख हड़ताल की घोषणा की और 'राजनीतिक कैदी' के रूप में जाने जाने की मांग की। भूख हड़ताल ने जबरदस्त प्रेस का ध्यान आकर्षित किया और उनकी मांगों के लिए बड़े पैमाने पर जनता का समर्थन हासिल किया। 63 दिनों की लंबी भूख हड़ताल के बाद जतिंद्र नाथ दास की मौत ने अधिकारियों के खिलाफ जनमत को तेज कर दिया। अंततः भगत सिंह ने अपने पिता और कांग्रेस नेतृत्व के अनुरोध पर 5 अक्टूबर 1929 को अपना 116 दिन का उपवास तोड़ दिया।

कानूनी कार्यवाही की धीमी गति के कारण 1 मई 1930 को न्यायमूर्ति जे. कोल्डस्ट्रीम, न्यायमूर्ति आगा हैदर और न्यायमूर्ति जीसी हिल्टन के एक विशेष न्यायाधिकरण का गठन किया गया था। ट्रिब्यूनल को आगे बढ़ने का अधिकार दिया गया था। अभियुक्तों की उपस्थिति के बिना एकतरफा सुनवाई हुई जिसमें सामान्य कानूनी प्राधिकार दिशानिर्देशों का पालन नहीं किया गया।

ट्रिब्यूनल ने 7 अक्टूबर 1930 को अपना 300 पन्नों का फैसला सुनाया। सांडर्स हत्याकांड में सिंह, सुखदेव और राजगुरु के शामिल होने की पुष्टि करने वाले अकाट्य साक्ष्य पेश किए गए हैं। सिंह ने हत्या की बात कबूल की और मुकदमे के दौरान ब्रिटिश शासन के खिलाफ बयान दिए। उन्हें मौत की सजा सुनाई गई थी।

23 मार्च 1931 को सुबह 7.30 बजे भगत सिंह को उनके साथियों राजगुरु और सुखदेव के साथ लाहौर जेल में फाँसी दे दी गई। तीनों खुशी-खुशी "इंकलाब जिंदाबाद" और "अंग्रेज साम्राज्यवाद मुर्दाबाद" जैसे अपने पसंदीदा नारे लगाते हुए फांसी पर चढ़ गए। सतलज नदी के तट पर हुसैनीवाला में सिंह और उनके साथियों का अंतिम संस्कार किया गया।

बचपन से ही भगत सिंह की आत्मा में देशभक्ति का बीज पड़ गया था। वह राष्ट्रवाद की प्रशंसा करने और अंग्रेजों से मुक्त स्वतंत्र भारत की कामना करने के लिए बड़ा हुआ। यूरोपीय साहित्य के उनके व्यापक पठन ने उन्हें अपने प्रिय देश के लोकतांत्रिक भविष्य की प्रबल इच्छा के साथ एक समाजवादी दृष्टि तैयार करने के लिए प्रेरित किया। हालांकि एक सिख पैदा हुए, भगत सिंह कई हिंदू-मुस्लिम दंगों और अन्य धार्मिक विस्फोटों को देखने के बाद नास्तिकता में परिवर्तित हो गए। सिंह का मानना था कि साम्राज्यवाद की शोषक प्रकृति की पूरी तरह से सफाई के माध्यम से ही आजादी जैसी कीमती चीज हासिल की जा सकती है। उनका मत था कि ऐसा परिवर्तन केवल सशस्त्र क्रांति द्वारा ही लाया जा सकता है, जैसा कि रूस में बोल्शेविक क्रांति के मामले में हुआ था। उन्होंने "इंकलाब जिंदाबाद" का नारा लगाया, जो भारतीय स्वतंत्रता आंदोलन का नारा बन गया।

भगत सिंह, उनकी तीव्र देशभक्ति और सुसंस्कृत आदर्शवाद ने उन्हें अपनी पीढ़ी के युवाओं के लिए एक रोल मॉडल आइकन बना दिया। ब्रिटिश शाही सरकार की अपनी लिखित और मौखिक वकालत के माध्यम से वह अपनी पीढ़ी की आवाज बन गए। जबकि कई लोगों ने अहिंसा के गांधीवादी मार्ग से स्वराज्य की ओर उनके कठोर प्रस्थान की आलोचना की है, शहादत के उनके निडर आलिंगन ने सैकड़ों किशोरों और युवा वयस्कों को पूरे दिल से स्वतंत्रता संग्राम में शामिल होने के लिए प्रेरित किया। 2008 में इंडिया टुडे द्वारा किए गए एक सर्वेक्षण में भगत सिंह को सुभाष चंद्र बोस और महात्मा गांधी के बाद सर्वश्रेष्ठ भारतीय चुना गया था।

भगत सिंह अभी भी भारतीय आत्मा में जो प्रेरणा प्रज्वलित करते हैं, वह फिल्मों की लोकप्रियता और उनके जीवन के नाट्य रूपांतरणों में स्पष्ट है। 23 वर्षीय क्रांतिकारी के जीवन पर कई फिल्में बनीं, जैसे "शहीद" (1965) और "द लीजेंड ऑफ भगत सिंह"

(2002)। भगत सिंह द्वारा रचित "मोहे रंग दे बसंती चोला" और "सरफरोशिकी तमन्ना" जैसे लोकप्रिय गीत आज भी भारतीयों में देशभक्ति की भावनाओं को प्रेरित करने के लिए प्रासंगिक हैं। उनके जीवन, विचारधारा और विरासत के बारे में कई किताबें, लेख और पत्र लिखे गए हैं। भगत सिंह सोशल मीडिया पर भी काफी लोकप्रिय हैं। वीडियो साझा करने वाली वेबसाइट YouTube पर, आप भगत सिंह के जीवन की कहानी सहित तेजतर्रार क्रांतिकारी के जीवन पर कई वीडियो पा सकते हैं।

3
क्रांतिकारी सुखदेव

क्रांतिकारी सुखदेव

Scan for Story Videos - www.itibook.com

सुखदेव (1907-1931) एक प्रसिद्ध भारतीय क्रांतिकारी थे जिन्होंने भारत के स्वतंत्रता संग्राम में प्रमुख भूमिका निभाई। वह उन महान भारतीय स्वतंत्रता सेनानियों में से हैं जिन्होंने हमारे देश की आजादी के लिए अपने प्राणों की आहुति दी। उनका पूरा नाम सुखदेव थापर है और उनका जन्म 15 मई 1907 को हुआ था।

उनका पैतृक घर नौघरा मोहल्ला, लुधियाना शहर, पंजाब में है। उनके पिता का नाम राम लाल था। सुखदेव ने बचपन से ही इंपीरियल ब्रिटिश राज द्वारा भारत पर किए गए क्रूर अत्याचारों को देखा था, जिसके कारण उन्हें क्रांतिकारियों में शामिल होना पड़ा और भारत को ब्रिटिश शासन की बेड़ियों से मुक्त करने का संकल्प लिया।

सुखदेव थापर हिंदुस्तान सोशलिस्ट रिपब्लिकन एसोसिएशन (HSRA) के सदस्य थे और उन्होंने पंजाब और उत्तर भारत के अन्य हिस्सों में क्रांतिकारी प्रकोष्ठों का आयोजन किया। एक वफादार नेता, उन्होंने लाहौर के नेशनल कॉलेज में युवाओं को शिक्षित किया और उन्हें भारत के गौरवशाली अतीत के बारे में बहुत प्रेरित किया। उन्होंने अन्य प्रमुख क्रांतिकारियों के साथ लाहौर में 'नौजवान भारत सभा' की शुरुआत की, जो मुख्य रूप से स्वतंत्रता संग्राम के लिए युवाओं को तैयार करने और सांप्रदायिकता को समाप्त करने वाली विभिन्न गतिविधियों में लगी एक संस्था थी।

1929 में 'जेल हड़ताल' जैसी अनेक क्रांतिकारी गतिविधियों में स्वयं सुखदेव ने सक्रिय भाग लिया; हालांकि, लाहौर षडयंत्र परीक्षण (18 दिसंबर 1928) में उनके साहसिक लेकिन साहसिक हमलों के लिए उन्हें हमेशा भारतीय स्वतंत्रता आंदोलन के इतिहास में याद किया जाएगा, जिसने ब्रिटिश सरकार की नींव हिला दी थी। सुखदेव भगत सिंह और शिवराम राजगुरु के साथी थे, जो 1928 में पुलिस उपाधीक्षक जेपी सॉन्डर्स की हत्या में शामिल थे, इस प्रकार साजिश के मामले में अत्यधिक पुलिस क्रूरता के कारण वरिष्ठ नेता, लाला लाजपत राय की मौत का बदला लिया। नई दिल्ली (8 अप्रैल 1929) में सेंट्रल असेंबली हॉल

में बमबारी के बाद, सुखदेव और उनके साथियों को गिरफ्तार कर लिया गया और उनके अपराध का दोषी ठहराया गया, मौत की सजा सुनाई गई।

23 मार्च, 1931 को तीन वीर क्रांतिकारियों भगत सिंह, सुखदेव थापर और शिवराम राजगुरु को फाँसी दे दी गई, उनके शवों का गुपचुप तरीके से सतलुज नदी के तट पर अंतिम संस्कार किया गया। सुखदेव थापर सिर्फ 24 साल के थे जब वे अपने देश के लिए शहीद हुए, हालाँकि, उन्हें हमेशा भारत की आजादी के लिए उनके साहस, देशभक्ति और बलिदान के लिए याद किया जाएगा।

4

चंद्रशेखर आजाद

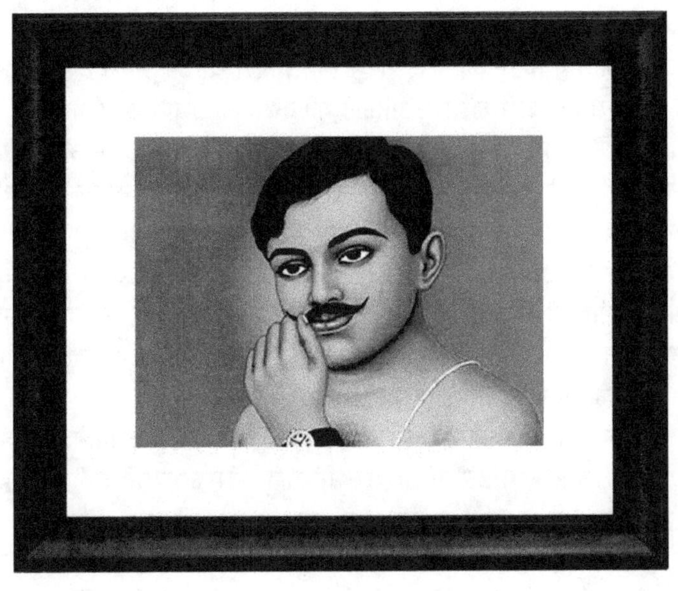

चंद्रशेखर आजाद

Scan for Story Videos - www.itibook.com

चंद्रशेखर आजाद एक उत्कृष्ट तेजतर्रार क्रांतिकारी थे, जो अपने देश के लिए आजादी चाहते थे। भगत सिंह के समकालीन, आज़ाद को कभी भी उनके कार्यों के लिए समान स्तर का सम्मान नहीं मिला, हालाँकि उनके कार्य कम वीर नहीं थे। उनका आजीवन लक्ष्य ब्रिटिश सरकार के लिए अधिक से अधिक परेशानी पैदा करना था। वह भेस बदलने में माहिर था और ब्रिटिश पुलिस द्वारा कई बार पकड़ा गया था। उनका प्रसिद्ध नारा 'दुश्मनो की गोलियों का समाना हम करेंगे,/आजाद ही रहे हैं, और आजाद ही रहेंगे', जिसका अनुवाद 'मैं दुश्मन की गोलियों का सामना करूंगा, मैं आजाद रहूंगा और मैं हमेशा आजाद रहूंगा', किसका अनुकरणीय है उनकी ब्रांड क्रांति। उन्होंने एक पुराने मित्र की तरह शहादत झेली और अपने समकालीनों के दिलों में राष्ट्रवाद की प्रबल भावना पैदा की।

चंद्रशेखर आज़ाद का जन्म 23 जुलाई 1906 को मध्य प्रदेश के झाबुआ जिले के भावरा गाँव में चंद्रशेखर तिवारी, पंडित सीता राम तिवारी और जगरानी देवी के यहाँ हुआ था। चंद्रशेखर क्षेत्र में रहने वाले भीलों के साथ बड़े हुए और उन्होंने कुश्ती, तैराकी और तीरंदाजी सीखी। वह बचपन से ही हनुमान के कट्टर अनुयायी थे। उन्होंने भाला फेंक का अभ्यास किया और एक गहरी काया विकसित की। उन्होंने अपनी प्राथमिक शिक्षा भावरा में की। उच्च शिक्षा के लिए वे वाराणसी के एक संस्कृत विद्यालय गए। बचपन में चंद्रशेखर बेचैन रहते थे और उन्हें बाहर घूमना बहुत पसंद था। एक छात्र के रूप में वे औसत थे लेकिन एक बार बनारस में वे कई युवा राष्ट्रवादियों के संपर्क में आए।

1919 में जलियांवाला बाग हत्याकांड हुआ और ब्रिटिश दमन के क्रूर कृत्य ने भारतीय राष्ट्रवादी आंदोलन को प्रभावित किया। बुनियादी मानवाधिकारों के लिए अंग्रेजों द्वारा दिखाई गई घोर अवहेलना और निहत्थे और शांतिपूर्ण लोगों के एक समूह के खिलाफ हिंसा के अनावश्यक उपयोग ने ब्रिटिश शासन के प्रति भारतीय घृणा को हवा दी। इस ब्रिटिश-विरोधी उत्साह ने राष्ट्र को घेर लिया और चंद्रशेखर युवा क्रांतिकारियों के एक समूह का

हिस्सा थे जिन्होंने अपना जीवन एक लक्ष्य के लिए समर्पित कर दिया - अंग्रेजों को भारत से बाहर करने और अपनी प्रिय मातृभूमि के लिए स्वतंत्रता प्राप्त करने के लिए।

1920-1921 के दौरान गांधीजी द्वारा घोषित असहयोग आंदोलन से राष्ट्रवादी भावना की पहली लहर जागृत हुई। चंद्रशेखर इस लहर पर तब सवार हुए जब वे केवल एक किशोर थे और विभिन्न संगठित विरोध प्रदर्शनों में उत्साहपूर्वक भाग लिया। इनमें से एक प्रदर्शन में 16 वर्षीय चंद्रशेखर को गिरफ्तार किया गया था। जब उनका नाम, निवास और उनके पिता का नाम पूछा गया, तो उन्होंने अधिकारियों को जवाब दिया कि उनका नाम 'आज़ाद' (मुक्त) था, उनके पिता का नाम 'स्वतंत्रता' (स्वतंत्रता) और उनका निवास जेल सेल के रूप में था। उन्हें 15 कोड़ों की सजा सुनाई गई थी। उन्होंने काफी असंदिग्ध लोगों को बोर किया और तभी से वे चंद्रशेखर आजाद के रूप में पूजनीय हो गए।

असहयोग आंदोलन के निलंबन की घोषणा ने भारतीय राष्ट्रवादी भावनाओं को झकझोर दिया। इसके बाद आजाद बहुत क्रोधित हुए और उन्होंने फैसला किया कि उनके वांछित परिणाम के लिए पूरी तरह से आक्रामक कार्रवाई ही अधिक उपयुक्त होगी। प्रणवेश चटर्जी के माध्यम से उनकी मुलाकात हिंदुस्तान रिपब्लिकन एसोसिएशन के संस्थापक राम प्रसाद बिस्मिल से हुई। वह एचआरए में शामिल हो गए और संघ के लिए धन उगाहने के अपने प्रयासों पर ध्यान केंद्रित किया। उसने अपनी क्रांतिकारी गतिविधियों को आगे बढ़ाने के लिए धन जुटाने के लिए सरकारी खजाने को लूटने के साहसिक प्रयासों की योजना बनाई और उसे अंजाम दिया।

राम प्रसाद बिस्मिल को क्रांतिकारी काम के लिए हथियारों की खरीद के लिए खजाने से पैसे ले जाने वाली ट्रेनों को लूटने का विचार आया था। बिस्मिल ने खजाने में नकदी ले जाने वाली कारों में कई सुरक्षा चूक देखी और इसके लिए एक उचित योजना तैयार की गई। उन्होंने शाहजहांपुर से लखनऊ जाने वाली ट्रेन संख्या 8 को निशाना बनाया और उसे काकोरी में रोक लिया। उन्होंने चेन पुलिंग कर ट्रेन रोकी, गार्ड को धक्का दिया और गार्ड के केबिन से 8000 रुपए ले गए। सशस्त्र गार्डों और क्रांतिकारियों के बीच गोलीबारी में एक यात्री मारा गया। सरकार ने इसे एक हत्या घोषित कर दिया और इसमें शामिल क्रांतिकारियों को पकड़ने के लिए एक गहन अभियान शुरू किया। आजाद गिरफ्तारी से बचते रहे और झांसी से क्रांतिकारी गतिविधियों को अंजाम देते रहे।

आज़ाद ने एक लंबी सैर की और अंत में कानपुर पहुँचे जहाँ HRA का मुख्यालय था। वहां उन्होंने भगत सिंह, राजगुरु और सुखदेव जैसे अन्य फायरब्रांडों से मुलाकात की। नए उत्साह से भरे हुए, उन्होंने एचआरए को पुनर्गठित किया और इसे भगत सिंह के साथ हिंदुस्तान सोशलिस्ट रिपब्लिकन एसोसिएशन या एचएसआरए का नाम दिया। 30 अक्टूबर 1928 को लाला लाजपत राय ने साइमन कमीशन के खिलाफ लाहौर में शांतिपूर्ण विरोध का नेतृत्व किया। पुलिस अधीक्षक जेम्स स्कॉट ने मार्च की प्रगति को रोकने के लिए डंडों का आदेश दिया। इस प्रक्रिया में लालाजी गंभीर रूप से घायल हो गए और 17 नवंबर 1928 को उनकी

चोटों के कारण मृत्यु हो गई। आज़ाद और उसके साथी लाला की मौत और बदला लेने के लिए पुलिस अधीक्षक को ज़िम्मेदार ठहराते हैं। उसने भगत सिंह, सुखदेव थापर और शिवराम राजगुरु के साथ मिलकर स्कॉट को मारने की साजिश रची। 17 दिसंबर, 1928 को इस योजना को क्रियान्वित किया गया, लेकिन गलत पहचान के एक मामले में सहायक पुलिस अधीक्षक जॉन पी. सांडर्स की हत्या कर दी गई थी। एचएसआरए ने अगले दिन कार्यक्रम की जिम्मेदारी ली और इसमें शामिल लोगों को ब्रिटेन की मोस्ट वांटेड लिस्ट में सबसे ऊपर रखाआया भगत सिंह को 8 अप्रैल 1929 को दिल्ली में संघ विधान सभा में विरोध करने के बाद गिरफ्तार कर लिया गया था। जब लाहौर और सहारनपुर में HSRA बम फैक्ट्रियों का भंडाफोड़ हुआ, तो कुछ सदस्य राज्य अनुमोदनकर्ता बन गए। नतीजा यह हुआ कि राजगुरु और सुखदेव समेत करीब 21 लोगों को गिरफ्तार कर लिया गया। आज़ाद को 29 अन्य लोगों के साथ लाहौर षड़यंत्र के मुकदमों में आरोपित किया गया था, लेकिन वह उन लोगों में से एक थे जिन्हें ब्रिटिश अधिकारी पकड़ने में असमर्थ थे।

ब्रिटिश राज के कानून-प्रवर्तन समूह पर आज़ाद का प्रभाव उन प्रयासों में स्पष्ट था जो उन्हें मृत या जीवित पकड़ने के लिए किए गए थे। उन्होंने एक लाख रुपये के इनाम की भी घोषणा की। उसके सिर पर 30,000। इस बड़ी राशि से आज़ाद के ठिकाने के बारे में महत्वपूर्ण जानकारी मिली। 27 फरवरी 1931 को चंद्रशेखर आज़ाद दोस्तों के साथ इलाहाबाद के अल्फ्रेड पार्क में मिल रहे थे। सतर्क, पुलिस ने पार्क को घेर लिया और चंद्रशेखर आज़ाद को आत्मसमर्पण करने के लिए कहा। आज़ाद ने अपने दोस्तों को सुरक्षित निकालने के लिए बहादुरी से लड़ाई लड़ी और तीन पुलिसकर्मियों को मार डाला। हालाँकि उनका निशानेबाजी कौशल शानदार था, लेकिन वे पिछड़ने लगे और गंभीर रूप से घायल हो गए। लगभग गोला-बारूद से बाहर और कोई रास्ता न देखकर, उसने आखिरी गोली से खुद के सिर में गोली मार ली। उन्होंने अंग्रेजों के सामने कभी आत्मसमर्पण नहीं करने का संकल्प लिया।

चंद्रशेखर आज़ाद की सच्ची विरासत हमेशा के लिए आज़ाद रहने के उनके अदम्य आग्रह में निहित है। उनका नाम तुरंत दिमाग में आता है, एक व्यक्ति सेना जिसने ब्रिटिश शासन की नींव हिला दी थी। आज़ाद के काम ने उनके समकालीनों और आने वाली पीढ़ियों को आज़ादी दिलाई जिन्होंने स्वतंत्रता संग्राम के लिए अपना जीवन समर्पित कर दिया। इसी समय, वह ब्रिटिश अधिकारियों के लिए एक वास्तविक समस्या बन गया। अपने देशवासियों को आज़ाद का उपहार ब्रिटिश साम्राज्यवाद द्वारा लगाए गए दमनकारी बेड़ियों से मुक्त होने की तीव्र इच्छा थी। गांधी और कांग्रेस ने स्वराज हासिल करने के लिए जो अहिंसक रास्ता अपनाया था, उससे एक भव्य प्रस्थान, स्वतंत्रता के लिए आज़ाद के हिंसक रास्ते ने भारतीय देशभक्ति को प्रज्वलित किया। उन्हें आज भी भारतीय सशस्त्र क्रांति के सबसे साहसी और विस्मयकारी व्यक्तियों में से एक के रूप में याद किया जाता है। कैद से उसके वीरतापूर्ण पलायन की कहानियां पौराणिक हैं। उन्होंने समाजवादी आदर्शों पर आधारित एक

स्वतंत्र भारत का सपना देखा और अपने सपने को साकार करने के लिए खुद को प्रतिबद्ध किया। उनके योगदान से तत्काल स्वतंत्रता तो नहीं मिली, लेकिन उनके महान बलिदान ने भारतीय क्रांतिकारियों में ब्रिटिश शासन से और भी उग्र रूप से लड़ने की आग को प्रज्वलित कर दिया।

स्वतंत्रता के बाद, इलाहाबाद में अल्फ्रेड पार्क का नाम बदलकर चंद्रशेखर आज़ाद की बहादुरी को याद करने के लिए चंद्रशेखर आज़ाद पार्क कर दिया गया।

आज़ाद के चरित्र को कई देशभक्ति फिल्मों में चित्रित किया गया है। 2002 में, आज़ाद को अजय देवगन स्टारर बायोपिक भगत सिंह में अखिलेंद्र मिश्रा द्वारा चित्रित किया गया था। 2006 की बॉलीवुड फिल्म रंग दे बसंती में आजाद, राजगुरु, पंडित राम प्रसाद तुलसी और अशफाकुला खान की देशभक्ति को चित्रित किया गया था, जिसमें आमिर खान ने चंद्रशेखर आजाद की भूमिका निभाई थी।

5
मंगल पांडे

मंगल पांडे

Scan for Story Videos - www.itibook.com

मंगल पांडे एक भारतीय सैनिक थे जिन्होंने 1857 के विद्रोह की घटनाओं में महत्वपूर्ण भूमिका निभाई थी, जिसे '1857 के भारतीय विद्रोह', 'सिपाही विद्रोह' और 'भारत की स्वतंत्रता का पहला युद्ध' के रूप में जाना जाता है। उनका नाम 1857 के विद्रोह का पर्याय बन गया। विश्वास से एक कट्टर ब्राह्मण, पांडे ने ब्रिटिश ईस्ट इंडिया कंपनी की 34 वीं बंगाल नेटिव इन्फैंट्री (बीएनआई) रेजिमेंट में एक सिपाही (सैनिक) के रूप में कार्य किया। उन्होंने नई शुरू की गई एनफील्ड राइफल के चर्बी वाले कारतूसों को काटने से इनकार कर दिया क्योंकि अफवाहें फैलीं कि कारतूसों में गाय और सुअर की चर्बी स्नेहक के रूप में इस्तेमाल की गई थी। क्रोधित व्यक्ति ने तब अपने साथियों को ब्रिटिश अधिकारियों के खिलाफ विद्रोह करने के लिए उकसाया और उन पर हमला किया, जब उसे खुद को गोली मारने से रोका गया, लेकिन उसे जबरन गिरफ्तार कर लिया गया और कोर्ट-मार्शल कर दिया गया। उन्हें भारत में हीरो माना जाता है। भारत सरकार ने 1984 में उनके सम्मान में एक डाक टिकट जारी किया। उनके जीवन को कई फिल्मों और टेलीविजन प्रस्तुतियों में चित्रित किया गया है।

मंगल पांडे का जन्म 19 जुलाई 1827 को ब्रिटिश भारत के विजित और विजित प्रांतों (अब उत्तर प्रदेश) के ऊपरी बलिया जिले के नगवा गाँव में हुआ था। वह मजबूत हिंदू मान्यताओं वाले उच्च जाति के ब्राह्मण जमींदार परिवार से ताल्लुक रखते थे। वह 1849 में बंगाल आर्मी में शामिल हो गए। यह बंगाल प्रेसीडेंसी की सेना थी, जो ब्रिटिश भारत की 3 प्रेसीडेंसी में से एक थी। कुछ सूत्रों के अनुसार, पांडे उनके पीछे चल रहे ब्रिगेड में शामिल हो गए। मार्च 1857 में वह ब्रिटिश ईस्ट इंडिया कंपनी की 34वीं बंगाल नेटिव इन्फैंट्री (बीएनआई) रेजिमेंट की 5वीं कंपनी में प्राइवेट बन गए। रेजिमेंट में कई ब्राह्मण शामिल थे।

1850 के दशक के मध्य में अंग्रेजों ने भारत में एक नई एनफील्ड राइफल पेश की, और उसके सिरों को काटने के बाद ही उसके चर्बी वाले कारतूसों को हथियार में लोड किया गया। अफवाहें फैलने लगीं कि कारतूसों में इस्तेमाल किया जाने वाला स्नेहक गाय या सुअर का मांस है। गाय हिंदुओं में पूजनीय हैं, जबकि सूअर का मांस मुसलमानों के लिए वर्जित है, इस प्रकार भारतीय सैनिकों में नाराजगी है। पांडे उस समय बैरकपुर में तैनात थे। विश्वास से एक कट्टर हिंदू ब्राह्मण, पांडेय भी मामले के बारे में जानने के बाद क्रोधित हो गए और अंग्रेजों को अपनी नाराजगी दिखाने के लिए दृढ़ संकल्पित हो गए।

आमतौर पर यह माना जाता है कि पांडे ने अपनी रेजिमेंट के अन्य सैनिकों को ब्रिटिश अधिकारियों के खिलाफ विद्रोह करने के लिए उकसाने की कोशिश की और ब्रिटिश शासन के खिलाफ विद्रोह की योजना बनाई। बैरकपुर में तैनात 34वीं बंगाल नेटिव इन्फैंट्री के एडजुटेंट लेफ्टिनेंट बॉग को 29 मार्च 1857 को पता चला कि उनकी रेजिमेंट के कुछ सैनिक अशांति की स्थिति में थे और एक मंगल पांडे अपने साथियों को उकसा रहा था। विद्रोह करने वाले सैनिक। पांडे ने सबसे पहले यूरोपियन बघेल को गोली मारने की धमकी दी। बाद की पूछताछ में दी गई गवाही के अनुसार, पांडे को जब पता चला कि ब्रिटिश सैनिकों की एक टुकड़ी स्टीमर पर आ गई है और शिविर के पास उतर रही है, तो वह क्रोधित हो गए, उन्होंने अपने हथियार जब्त कर लिए और क्वार्टर-गार्ड की इमारत में भाग गए।

सार्जेंट-मेजर ह्युसन परेड ग्राउंड पहुंचे और क्वार्टर गार्ड के कमांडिंग ऑफिसर जमादार ईश्वरी प्रसाद को पांडे को गिरफ्तार करने का आदेश दिया। हालांकि प्रसाद ने कहा कि वह अकेले पांडे को नहीं पकड़ सकते क्योंकि उनका एनसीओ मदद के लिए गया था। इस बीच, विद्रोह की जानकारी होने पर, लेफ्टिनेंट बॉ ने खुद को हथियारबंद कर लिया और अपने घोड़े पर लाइन की ओर दौड़ पड़े। पांडेय ने उसे आते देख स्टेशन गन के पीछे नंबर 34 के क्वार्टर गार्ड के सामने पोजीशन ले ली और बॉ पर फायरिंग कर दी. गोली बाग के घोड़े को लगी और उसे जमीन पर गिरा दिया। बाग ने फिर पांडे पर गोली चलाई, लेकिन चूक गया और जैसे ही वह अपनी तलवार निकालने वाला था, बहादुर पांडे ने उसे एक भारतीय तलवार से घायल कर दिया। एक अन्य कांस्टेबल, शेख पल्टू ने पांडे को एडजुटेंट को और घायल करने से रोकने की कोशिश की। ह्युसन ने इसके बाद पांडे का सामना किया, लेकिन बाद के मस्कट से टकरा गए और जमीन पर गिर गए। गोलियों की आवाज सुनकर बैरक के अन्य सिपाही दौड़े लेकिन पल्टू और दो अंग्रेजों की रक्षा के लिए पांडे के खिलाफ जाने से इनकार कर दिया। कुछ सिपाहियों ने पल्टू पर पत्थर और जूते फेंके और पांडेय को रिहा न करने पर गोली मारने की धमकी दी। पल्टू किसी तरह पाण्डे से लिपट गया जब तक कि दोनों अंग्रेज उठकर भाग नहीं गए।

घटना की सूचना कमांडिंग ऑफिसर जनरल हर्सी तक पहुंची, जो तब अपने दो अधिकारी पुत्रों के साथ मौके पर पहुंचे और स्थिति को नियंत्रण में किया। जनरल ने अपनी बंदूक निकाली और सैनिकों को अपना कर्तव्य निभाने का आदेश दिया और उन्हें चेतावनी दी कि

जो कोई भी उनके आदेशों की अवहेलना करेगा उसे गोली मार दी जाएगी। सैनिकों ने अब उनके आदेशों का पालन किया और यह सोचकर कि पांडे को गिरफ्तार कर लिया जाएगा, बहादुर सेनानी ने अपनी छाती पर मस्कट का थूथन लगाकर अपनी जान लेने की कोशिश की और अपने पैर के अंगूठे से ट्रिगर खींचकर खुद को गोली मार ली, हालांकि, वह सफल रहा। खतरनाक साबित नहीं हुआ।

ठीक होने के बाद 6 अप्रैल 1857 को पांडेय का कोर्ट मार्शल कर दिया गया। उनसे पूछा गया कि क्या वह किसी पदार्थ के प्रभाव में थे। इस पर उसने उत्तर दिया कि उसने स्वयं विद्रोह किया और उसे प्रभावित करने में किसी का हाथ नहीं था। उन्हें मौत की सजा सुनाई गई थी। जमादार ईश्वरी प्रसाद पर भी केसक्वार्टर-गार्ड के तीन सिख सदस्यों की गवाही से पता चला कि प्रसाद ने पांडे को गिरफ्तार नहीं करने का आदेश दिया था, उसके बाद उनकी कोशिश की गई और उन्हें मौत की सजा सुनाई गई। पांडे का निष्पादन 18 अप्रैल 1857 के लिए निर्धारित किया गया था, लेकिन ब्रिटिश अधिकारियों ने 8 अप्रैल 1857 को एक बड़े विद्रोह के फैलने की आशंका से उन्हें मार डाला। प्रसाद को भी 21 अप्रैल को फांसी दे दी गई थी।

34वीं बीएनआई रेजीमेंट की जांच ब्रिटिश सरकार ने की थी। यह निष्कर्ष निकाला गया कि रेजिमेंट एक विद्रोही सैनिक को दबाने के अपने कर्तव्य में विफल रही थी। जैसे ही क्षमादान की दलीलें आने लगीं, 6 मई 1857 को रेजिमेंट को "अपमानित" किया गया और सामूहिक दंड की सजा सुनाई गई। इस बीच, पांडे की फांसी के एक दिन बाद, शेख पल्टू को हवलदार (देशी हवलदार) के रूप में पदोन्नत किया गया और सिफारिश की गई। सजावट के लिए जनरल हर्सी। 34वीं बीएनआई रेजीमेंट के विघटन के कुछ दिनों पहले पलटू को बैरकपुर छावनी के एक सुनसान इलाके में बहला-फुसलाकर ले जाया गया और उसके कई पूर्व साथियों ने उसकी हत्या कर दी।

अंग्रेजों के खिलाफ मंगल पांडे के विद्रोह को भारत में एक बड़े विद्रोह, 1857 के भारतीय विद्रोह की शुरुआत माना जाता है। इसे 'भारत का प्रथम स्वतंत्रता संग्राम', 'भारतीय विद्रोह' जैसे शब्दों से भी जाना जाता है। महान विद्रोह, 'सिपाही विद्रोह' और 'भारतीय विद्रोह', 1857 और 1858 के बीच ब्रिटिश ईस्ट इंडिया कंपनी के शासन के खिलाफ विद्रोह थे, जिसने ब्रिटिश साम्राज्य की ओर से एक संप्रभु शक्ति के रूप में शासन किया था।

पांडे की बहादुरी जल्द ही व्यापक हो गई और आमतौर पर इसके बाद के महीनों में होने वाले कई विद्रोहों के पीछे एक कारण माना जाता है। पांडे के कार्यों ने मातृभूमि के कई अन्य वीर सपूतों को प्रेरित किया जो बाद में भारतीय राष्ट्रवादी आंदोलन में प्रतिष्ठित व्यक्ति के रूप में उभरे। ऐसे स्वतंत्रता सेनानियों में भारतीय स्वतंत्रता कार्यकर्ता, राजनेता, वकील, लेखक, कवि और नाटककार वी.डी. सावरकर पाण्डेय की मंशा को भारतीय राष्ट्रवाद का प्रारंभिक प्रदर्शन मानते थे।

यद्यपि समकालीन ब्रिटिश विचार ने उन्हें एक देशद्रोही और विद्रोही के रूप में निंदा की, आधुनिक भारतीय राष्ट्रवादी उन्हें अंग्रेजों के खिलाफ विद्रोह के पीछे के मास्टरमाइंड के रूप में चित्रित करते हैं, जबकि आधुनिक भारत उन्हें एक वीर व्यक्ति और स्वतंत्रता आंदोलन के अग्रदूतों में से एक के रूप में याद करता है।

विरासत

5 अक्टूबर 1984 को, भारत सरकार ने उनके सम्मान में उनकी छवि वाला एक डाक टिकट जारी किया। उस जगह की याद में बैरकपुर में एक पार्क बनाया गया था जहाँ बहादुर आदमी ने ब्रिटिश अधिकारियों के खिलाफ विद्रोह किया और उन पर हमला किया। इसका नाम शहीद मंगल पांडे महा उद्यान रखा गया। पश्चिम बंगाल में सुरेंद्रनाथ बनर्जी रोड पर बैरकपुर छावनी में बहादुर सैनिक के लिए एक स्मारक भी बनाया गया था।

6

नेताजी सुभाष चंद्र बोस

नेताजी सुभाष चंद्र बोस

Freedom Fighters

Scan for Story Videos - www.itibook.com

सुभाष चंद्र बोस भारत के सबसे प्रसिद्ध स्वतंत्रता सेनानियों में से एक थे। वह युवाओं पर एक करिश्माई प्रभाव था और स्वतंत्रता के लिए भारत के संघर्ष में भारतीय राष्ट्रीय सेना (INA) की स्थापना और नेतृत्व करके 'नेताजी' की उपाधि प्राप्त की। हालाँकि शुरू में भारतीय राष्ट्रीय कांग्रेस के साथ गठबंधन किया गया था, लेकिन वैचारिक मतभेदों के कारण उन्हें पार्टी से निकाल दिया गया था। उन्होंने द्वितीय विश्व युद्ध के दौरान भारत से अंग्रेजों को बाहर निकालने के लिए जर्मनी में नाजी नेतृत्व और जापान में इंपीरियल आर्मी से मदद मांगी। 1945 के बाद उनके अचानक लापता होने के कारण उनके जीवित रहने के बारे में विभिन्न सिद्धांत सामने आए।

बचपन और प्रारंभिक जीवन

नेताजी सुभाष चंद्र बोस का जन्म 23 जनवरी 1897 को कटक (उड़ीसा) में जानकीनाथ बोस और प्रभावती देवी के घर हुआ था। सुभाष आठ भाइयों और छह बहनों में नौवें बच्चे थे। उनके पिता, जानकीनाथ बोस, कटक में एक धनी और सफल वकील थे और उन्होंने "राय बहादुर" की उपाधि अर्जित की। बाद में वे बंगाल विधान परिषद के सदस्य बने।

सुभाष चंद्र बोस मेधावी छात्र थे। उन्होंने प्रेसीडेंसी कॉलेज, कलकत्ता से दर्शनशास्त्र में बीए किया। वे स्वामी विवेकानंद की शिक्षाओं से बहुत प्रभावित थे और एक छात्र के रूप में वे अपने देशभक्ति के उत्साह के लिए जाने जाते थे। बोस द्वारा अपने नस्लवादी टिप्पणी के लिए अपने प्रोफेसर (ईएफ ओटेन) की पिटाई से सरकार की नजर में एक विद्रोही-भारतीय के रूप में उनकी बदनामी हुई। उनके पिता चाहते थे कि नेताजी एक सिविल सेवक बनें और इसलिए उन्हें भारतीय सिविल सेवा परीक्षा में शामिल होने के लिए इंग्लैंड भेज दिया। बोस अंग्रेजी में सर्वाधिक अंकों के साथ चौथे स्थान पर रहे। लेकिन स्वतंत्रता आंदोलन में भाग लेने की उनकी इच्छा प्रबल थी और अप्रैल 1921 में उन्होंने प्रतिष्ठित भारतीय सिविल सेवा से इस्तीफा दे दिया और भारत लौट आए। दिसंबर 1921 में, बोस को प्रिंस ऑफ वेल्स

की भारत यात्रा को चिह्नित करने के लिए आयोजित समारोहों का बहिष्कार करने के लिए गिरफ्तार किया गया और जेल में डाल दिया गया।

बर्लिन में अपने प्रवास के दौरान, वह ऑस्ट्रिया में जन्मी एमिली शेंकेल से मिले और उनसे प्यार हो गया। बोस और एमिली की शादी 1937 में एक गुप्त हिंदू समारोह में हुई थी और एमिली ने 1942 में एक बेटी अनीता को जन्म दिया। अपनी बेटी के जन्म के तुरंत बाद, बोस ने 1943 में भारत लौटने के लिए जर्मनी छोड़ दिया।

राजनीतिक कैरियर

भारतीय राष्ट्रीय कांग्रेस के साथ संबंध

प्रारंभ में, सुभाष चंद्र बोस ने कलकत्ता में कांग्रेस के एक सक्रिय सदस्य चितरंजन दास के अधीन काम किया। यह चितरंजन दास थे जिन्होंने मोतीलाल नेहरू के साथ कांग्रेस छोड़ दी और 1922 में स्वराज पार्टी की स्थापना की। बोस चितरंजन दास को अपना राजनीतिक गुरु मानते थे। उन्होंने स्वयं समाचार पत्र 'स्वराज' शुरू किया, दास के समाचार पत्र 'फॉरवर्ड' का संपादन किया और दास के महापौर के दौरान कलकत्ता नगर निगम के सीईओ के रूप में कार्य किया। सुभाष चंद्र बोस ने कलकत्ता के छात्रों, युवाओं और मजदूरों को जागरूक करने में महत्वपूर्ण भूमिका निभाई। भारत को एक स्वतंत्र, संघीय और गणतांत्रिक राष्ट्र के रूप में देखने की लालसा में, वह एक करिश्माई और तेजतर्रार युवा आइकन के रूप में उभरे। संगठन विकास में उनकी महान क्षमता के लिए कांग्रेस में उनकी प्रशंसा की गई। इस अवधि के दौरान उन्होंने अपनी राष्ट्रवादी गतिविधियों के लिए जेल में कई बार सेवा की।

कांग्रेस से विवाद

1928 में, कांग्रेस के गुवाहाटी अधिवेशन में, कांग्रेस के पुराने और नए सदस्यों के बीच मतभेद पैदा हो गए। जबकि युवा नेता "पूर्ण स्व-शासन और कोई समझौता नहीं" चाहते थे, वरिष्ठ नेता "ब्रिटिश शासन के तहत भारत को अधिवास का दर्जा" देने के पक्ष में थे।

उदारवादी गांधी और आक्रामक सुभाष चंद्र बोस के बीच मतभेद असहनीय हो गए और बोस ने 1939 में पार्टी से इस्तीफा देने का फैसला किया। उसी वर्ष उन्होंने फॉरवर्ड ब्लॉक की स्थापना की।

हालाँकि उन्होंने अपने पत्राचार में अंग्रेजों के प्रति अपनी नापसंदगी व्यक्त की, उन्होंने उनकी संरचित जीवन शैली के लिए अपनी प्रशंसा भी व्यक्त की। उन्होंने क्लेमेंट एटली, हेरोल्ड लास्की, जेबीएस हाल्डेन, आर्थर ग्रीनवुड, जीडीएच कोल और सर स्टैफोर्ड क्रिप्स सहित ब्रिटिश लेबर पार्टी के नेताओं और राजनीतिक विचारकों से मुलाकात की और एक स्वतंत्र भारत की संभावित संभावनाओं पर चर्चा की।

आईएनए का निर्माण

बोस ने द्वितीय विश्व युद्ध में अंग्रेजों का समर्थन करने के कांग्रेस के फैसले का कड़ा विरोध किया। एक जन आंदोलन शुरू करने के उद्देश्य से बोस ने भारतीयों से पूरे दिल से भागीदारी करने की अपील की। "तुम मुझे खून दो और मैं तुम्हें आजादी दूंगा" के उनके

आहवान को जबरदस्त प्रतिक्रिया मिली और अंग्रेजों ने उन्हें तुरंत कैद कर लिया। उन्होंने जेल में भूख हड़ताल की घोषणा की। जब उनकी हालत बिगड़ती गई, तो अधिकारियों ने उन्हें हिंसक प्रतिक्रियाओं के डर से रिहा कर दिया, लेकिन उन्हें घर में नजरबंद रखा।

जनवरी, 1941 में, सुभाष ने एक सुनियोजित पलायन किया और पेशावर के रास्ते बर्लिन, जर्मनी पहुँचे। जर्मनों ने उन्हें अपने प्रयासों में अपने पूर्ण समर्थन का आश्वासन दिया, और उन्हें जापान की वफादारी भी मिली। उन्होंने पूर्व की ओर एक खतरनाक यात्रा की और जापान पहुँचे जहाँ उन्होंने सिंगापुर और अन्य दक्षिण पूर्व एशियाई क्षेत्रों से भर्ती किए गए 40,000 सैनिकों की कमान संभाली। उसने अपनी सेना को 'इंडियन नेशनल आर्मी' (INA) कहा।संबोधित किया और उन्हें अंग्रेजों से अंडमान और निकोबार द्वीप समूह लेने के लिए प्रेरित किया और उन्हें शहीद और स्वराज द्वीप समूह का नाम दिया। कब्जे वाले क्षेत्रों में एक अस्थायी "आजाद हिंद सरकार" का संचालन शुरू हुआ। INA या आज़ाद हिंद फ़ौज ने बर्मी सीमा पार की और 18 मार्च, 1944 को भारत का सामना करते हुए भारतीय धरती पर खड़ी हुई। दुर्भाग्य से, द्वितीय विश्व युद्ध के प्रकोप और जापानी और जर्मन सेना के आत्मसमर्पण ने उन्हें आगे की प्रगति को रोकने के लिए मजबूर कर दिया। .

मौत

वापसी के तुरंत बाद नेताजी रहस्यमय तरीके से गायब हो गए। ऐसा कहा जाता है कि वह सिंगापुर वापस चला गया और दक्षिण पूर्व एशिया में सभी सैन्य अभियानों के प्रमुख फील्ड मार्शल हिसाची तेराची से मिला, जिसने उसके लिए टोक्यो की यात्रा की व्यवस्था की। 17 अगस्त, 1945 को, वह साइगॉन हवाई अड्डे से मित्सुबिशी की-21 भारी बमवर्षक विमान में सवार हुआ। अगले दिन ताइवान में रात भर रुकने के बाद उड़ान भरने के कुछ ही समय बाद बॉम्बर दुर्घटनाग्रस्त हो गया। प्रत्यक्षदर्शियों ने कहा कि इस प्रक्रिया में बोस को थर्ड डिग्री बर्न का सामना करना पड़ा। 18 अगस्त 1945 को उनकी चोटों के कारण मृत्यु हो गई। 20 अगस्त को ताइहोकू कब्रिस्तान में उनका अंतिम संस्कार किया गया था, और उनके अवशेषों को टोक्यो के रेन्काजी मंदिर ऑफ निकिरेन बौद्ध धर्म में रखा गया था।

उनके शरीर को बोस के साथियों ने कभी नहीं देखा था, जो साइगॉन में फंस गए थे और वहां से निकाले जाने की प्रतीक्षा कर रहे थे। उन्होंने अपनी चोटों की कोई तस्वीर भी नहीं देखी। उन्होंने यह मानने से इंकार कर दिया कि उनका नायक मर चुका है और उम्मीद है कि वह ब्रिटिश-अमेरिकी बलों द्वारा पता लगाने से बचेंगे। उन्हें पूरा विश्वास था कि नेताजी अपनी सेना को इकट्ठा करेंगे और दिल्ली की ओर कूच करेंगे। जल्द ही लोगों ने नायक को देखे जाने की सूचना देनी शुरू कर दी और यहाँ तक कि गांधी ने भी बोस की मृत्यु के बारे में संदेह व्यक्त किया। आजादी के बाद लोग यह मानने लगे कि नेताजी ने रूढ़िवादी जीवन अपना लिया था और साधु बन गए थे। बोस की मृत्यु से जुड़े रहस्य ने पौराणिक रूप ले लिया और शायद यह राष्ट्र की आशा का प्रतीक था।

भारत सरकार ने इस मामले की जांच के लिए कई समितियों का गठन किया है। पहले 1946 में फिगर्स रिपोर्ट और फिर 1956 में शाह नवाज कमेटी ने निष्कर्ष निकाला कि बोस की ताइवान में एक दुर्घटना में मृत्यु हो गई थी।

बाद में, खोसला आयोग (1970) ने पहले की रिपोर्टों के साथ सहमति व्यक्त की, न्यायमूर्ति मुखर्जी आयोग (2006) की रिपोर्ट में कहा गया, "बोस विमान दुर्घटना में नहीं मरे थे और रेंकोजी मंदिर में हड्डियां उनकी नहीं हैं"। हालांकि, भारत सरकार ने इन निष्कर्षों को खारिज कर दिया है।

2016 में, जापानी सरकार ने 1956 में टोक्यो में भारतीय दूतावास को सौंपी गई एक रिपोर्ट को अवर्गीकृत करने के बाद ताइवान में भारतीय राष्ट्रीय नायक की मृत्यु की पुष्टि की, जिसका शीर्षक था "स्वर्गीय सुभाष चंद्र बोस की मृत्यु के कारण और अन्य मामले"। 18 अगस्त 1945 को।

विचारधारा

बोस का पत्राचार स्वतंत्र भारत में लोकतंत्र में उनके विश्वास को प्रमाणित करता है। बोस की प्राथमिक विचारधारा हमेशा अपनी मातृभूमि की स्वतंत्रता थी, चाहे उन्होंने मुसोलिनी या हिटलर जैसे फासीवादियों से मदद मांगी हो।

विरासत

नेताजी सुभाष चंद्र बोस ने अपने देशवासियों की मानसिकता को गहराई से प्रभावित किया है। उनका नारा 'जय हिंद' आज भी देश की आस्था में प्रयोग किया जाता है। करिश्माई नेता की याद में कोलकाता के अंतर्राष्ट्रीय हवाई अड्डे का नाम नेताजी सुभाष चंद्र बोस अंतर्राष्ट्रीय हवाई अड्डा रखा गया है।

7

अब्दुल हफीज मोहम्मद बरकतुल्लाह

अब्दुल हफीज मोहम्मद बरकतुल्लाह

Freedom Fighters

Scan for Story Videos - www.itibook.com

अब्दुल हफीज मोहम्मद बरकतुल्लाह, जिन्हें मौलाना बरकतुल्लाह (c. 7 जुलाई 1854 - 20 सितंबर 1927) के नाम से जाना जाता है, पैन-इस्लामी आंदोलन के प्रति सहानुभूति रखने वाले एक ब्रिटिश-विरोधी भारतीय क्रांतिकारी थे। बरकतुल्लाह का जन्म 7 जुलाई 1854 को इतवारा मोहल्ला, भोपाल, मध्य प्रदेश में हुआ था। बरकतुल्लाह ने प्रमुख समाचार पत्रों में उग्र भाषणों और क्रांतिकारी लेखन के साथ भारत के बाहर से भारत की आजादी के लिए लड़ाई लड़ी। वह भारत को स्वतंत्र देखने के लिए जीवित नहीं रहे। 1988 में, उनके सम्मान में भोपाल विश्वविद्यालय का नाम बदलकर बरकतुल्ला विश्वविद्यालय 1 कर दिया गया।

उन्होंने अपनी प्राथमिक से कॉलेज स्तर की शिक्षा भोपाल में की। बाद में वे उच्च शिक्षा के लिए मुंबई और लंदन चले गए। उन्होंने भारत और इंग्लैंड दोनों में आयोजित परीक्षाओं में सबसे सफल उम्मीदवारों की सूची में शीर्ष स्थान हासिल किया।

बारह वर्ष की आयु में, उन्होंने अपने पिता मुंशी शेख कदरतुल्ला को खो दिया, जो भोपाल राज्य की सेवा में थे। खंडवा और फिर बंबई," जे.सी. केर नोट करते हैं। 2 वह 1887 में लंदन आए, अरबी, फ़ारसी और उर्दू में निजी पाठ पढ़ाते हुए, खुद को जर्मन, फ्रेंच और जापानी पढ़ाते हुए। वहीं उन्होंने अमीर के भाई, सरदार नसरुल्लाह से जान-पहचान की। काबुल के खान उद्धरण की आवश्यकता उन्होंने 1896 से 1898 तक कराची में अमीर के एजेंट को एक साप्ताहिक समाचार पत्र जारी करके अमीर को भारत में अंग्रेजी मामलों की जानकारी दी।

इंग्लैंड में रहते हुए वह हाथरस के राजा और राजा महेंद्र प्रताप के पुत्र लाला हरदयाल के करीब हो गए। वह अफगान अमीर का मित्र बन गया और काबुल समाचार पत्र सिरेजुल-उल-अकबर का संपादक बन गया। वह 1913 में सैन फ्रांसिस्को में "गदर" (विद्रोह) पार्टी के संस्थापकों में से एक थे। वह बाद में 1 दिसंबर 1915 को काबुल में स्थापित और राजा

महेंद्र प्रताप की अध्यक्षता वाली भारत की अनंतिम सरकार के पहले प्रधान मंत्री बने। बरकतुल्लाह ने भारतीय समाज को राजनीतिक रूप से जागृत करने के उद्देश्य से दुनिया के कई देशों की यात्रा की और उन देशों के तत्कालीन प्रमुख नेताओं से भारत की आजादी के लिए समर्थन मांगा। इनमें कैसर विल्हेम II, अमीर हबीबुल्ला खान, मोहम्मद राशिद, गाजी पाशा, लेनिन, हिटलर शामिल थे।

इंग्लैंड में, 1897 में, बरकतुल्लाह ने मुस्लिम पैट्रियोटिक लीग की बैठकों में भाग लिया। यहां उन्होंने श्यामजी कृष्णवर्मा के आसपास अन्य क्रांतिकारी हमवतन से मुलाकात की। अमेरिका में लगभग एक वर्ष बिताने के बाद फरवरी 1904 में वे जापान चले गए, जहाँ वे टोक्यो विश्वविद्यालय में हिन्दुस्तानी के प्रोफेसर नियुक्त हुए। 1906 के पतन में, दिवंगत रेवरेंड लुकास मालोबा जोशी के बेटे बरकतुल्ला और मराठा ईसाई सैमुअल लुकास जोशी ने न्यूयॉर्क शहर में 1 वेस्ट 34 स्ट्रीट पर पैन-आर्यन एसोसिएशन की स्थापना की; वह कबीले-ना-गेल के आयरिश क्रांतिकारियों, ब्रिटिश विरोधी वकील मायरोन एच. फेल्प्स और समान रूप से ब्रिटिश विरोधी स्वामी अभेदानंद द्वारा समर्थित थे जिन्होंने स्वामी विवेकानन्द के काम को जारी रखा। 21 अक्टूबर 1906 को न्यूयॉर्क में आयोजित यूनाइटेड आयरिश लीग की एक बैठक में, बरकतुल्लाह ने आयरिश संसदीय दल के एक प्रतिनिधि श्री ओ'कॉनर से पूछा, "क्या होगा अगर भारतीय इंग्लैंड के अत्याचारी और अत्याचारी शासन के खिलाफ उठ खड़े हों? भारत, और अगर इंग्लैंड आयरलैंड को होम रूल स्वीकार करता है, ओ' कॉनर "क्या वह भारतीय लोगों को कुचलने के लिए ब्रिटिश सेना को सैनिकों को देने वाले आयरिश के पक्ष में होगा।" कोई उत्तर दर्ज नहीं किया गया। गेलिक अमेरिकन की एक रिपोर्ट के अनुसार, जून 1907 में, न्यूयॉर्क में आयोजित भारतीयों की बैठक में, "किसी भी विदेशी (श्री मॉर्ले) के भाग्य का फैसला करने के अधिकार से इनकार करते हुए एक प्रस्ताव पारित किया गया था। लाजपत राय और अजीत सिंह के निर्वासन और जमालपुर और अन्य स्थानों के निर्वासन की निंदा करते हुए भारतीय लोगों और अपने देशवासियों से अकेले और विशेष रूप से बहिष्कार और स्वदेशी पर भरोसा करने का आग्रह करते हुए। भारतीयों का एक वर्ग।" (स्रोत: केर, पृ.225)।

अगस्त 1907 में, न्यू यॉर्क सन ने बरकतुल्लाह का पत्र प्रकाशित किया कि कैसे अंग्रेज़ों को "क्योंकि हिंदू और मुसलमान एक साथ आ रहे थे और राष्ट्रवाद की सफलता आसन्न थी। मई 2012। फारसी में उनका पत्र, मई 1907 में उर्दू मुल्ला में छपा था। अलीगढ़, यूपी, अधिक तीव्र था, जिसमें बरकतुल्लाह ने हिंदुओं और मुसलमानों के बीच एकता की आवश्यकता की पुरजोर वकालत की और मुसलमानों के दो प्रमुख कर्तव्यों को देशभक्ति और भारत के बाहर सभी मुसलमानों के साथ दोस्ती के रूप में परिभाषित किया। यह भविष्यवाणी तर्क चार साल बाद बर्नहार्डी द्वारा किया गया था। जर्मनी और आने वाले युद्ध के प्रकाशन से पहले, जिसने इंग्लैंड को बंगाल में हिंदुओं तक पहुँचाया और मुस्लिम अतिवाद की एकता से उत्पन्न अत्यधिक खतरे की चेतावनी दी। उनका विचार था कि इन दोनों कर्तव्यों की पूर्ति पूरी तरह

से एक कोड पर निर्भर थी। सभी राजनीतिक मामलों में भारत के हिंदुओं के साथ एकता और एकजुटता का आचरण। (केर, पृष्ठ 226)। अक्टूबर 1907 में, मैडम कामा न्यूयॉर्क पहुंची और प्रेस को घोषणा की: "हम गुलामी में हैं, आह मैं अमेरिका में ब्रिटिश दमन को पूरी तरह से उजागर करने के एकमात्र उद्देश्य के लिए हूं ... और यहां के सौहार्दपूर्ण नागरिक।हमारे मताधिकार में महान गणतंत्र किसका हित है।" मई 2012। भूपेंद्र नाथ दत्त, विवेकानंद के गर्म खून वाले भाई, 16 अगस्त 1908 को कलकत्ता से आए। जॉर्ज फ्रीमैन द्वारा गेलिक अमेरिकी समाचार पत्र कार्यालय, तारकनाथ दास से मुक्त हिंदुस्तान को संपादित करने के लिए आमंत्रित किया गया। उनके पुराने सहयोगी दत्त बरकतुल्लाह मार्च 1909 में फिर से जापान के लिए रवाना हुए।

जून-जुलाई 1911 में वह कांस्टेंटिनोपल और पेत्रोग्राद के लिए रवाना हुए, अक्टूबर में टोक्यो लौट आए और अफगानिस्तान के साथ एक महान पैन-इस्लामिक गठबंधन के आगमन का जिक्र करते हुए एक लेख प्रकाशित किया, जिसकी उन्हें उम्मीद थी कि "मध्य एशिया का भविष्य जापान" बन जाएगा। दिसंबर में उन्होंने तीन जापानियों को इस्लाम में परिवर्तित किया: उनके सहायक हसन यू। हटानाओ, उनकी पत्नी और उनके पिता बैरन केंटारो हिकी। इसे जापान में इस्लाम में पहला रूपांतरण कहा जाता है। 1912 में, बरकतुल्लाह "अंग्रेजी भाषा के अपने उपयोग में अधिक धाराप्रवाह और अपने स्वर में अधिक ब्रिटिश-विरोधी हो गए," केर (पृ.133) का निरीक्षण करता है। बरकतुल्लाह ने अपने पेपर "द क्रिश्चियन कॉम्बिनेशन अगेंस्ट इस्लाम" में चर्चा करते हुए जर्मनी के सम्राट विलियम को वास्तव में एक ऐसे व्यक्ति के रूप में पहचाना "जिसने दुनिया की शांति के साथ-साथ युद्ध को भी अपनी हथेली पर रखा है: यह कर्तव्य है। मुसलमानों को एकजुट करने के लिए, खलीफा के साथ खड़े होने के लिए; अपने जीवन और संपत्ति के साथ और जर्मनी के पक्ष में। एक रोमन कवि का हवाला देते हुए, बरकतुल्ला ने याद दिलाया कि एंग्लो-सैक्सन समुद्री भेड़िये थे, जो दुनिया की लूट पर रहते थे। आधुनिक समय में अंतर "पाषंड का शोधन है जो क्रूरता की धार को तेज करता है।" 6 जुलाई 1912 को, जापानी सरकार द्वारा दमन किए जाने से पहले, कागज को भारत में प्रवेश करने पर प्रतिबंध लगा दिया गया था। इस बीच, सितंबर के बाद से, बरकतुल्लाह के राजनीतिक अभियान को जारी रखते हुए, अल इस्लाम नामक एक अन्य पत्र की प्रतियां भारत पहुंचीं। भारत में इसके आयात पर 22 मार्च 1913 को प्रतिबंध लगा दिया गया था। जून 1913 में, भारत में "तलवार इज द लास्ट रिजॉर्ट" शीर्षक वाले एक लिथोग्राफ वाले उर्दू पैम्फलेट की प्रतियां मिलीं। 31 मार्च, 1914 को जापानी अधिकारियों द्वारा बरकतुल्लाह की शिक्षण नियुक्ति रद्द कर दी गई। इसी तरह के एक अन्य पैम्फलेट का अनुसरण किया गया, फिरंगी का फरेब ("अंग्रेजों का धोखा"): केर (p135) के अनुसार, "इसने बरकतुल्लाह की पिछली प्रस्तुतियों का स्थान लिया और इसे गदर के प्रकाशनों की शैली पर अधिक प्रतिरूपित किया गया। सैन फ्रांसिस्को पार्टी जिसके साथ बरकतुल्लाह ने अब अपना भाग्य झोंक दिया है।

मई 1913 में, जीडी कुमार ने फिलीपीन द्वीप समूह के लिए सैन फ्रांसिस्को छोड़ दिया और मनीला से तारकनाथ दास को लिखा: "मैं चीन, हांगकांग, शंघाई के पास काम की देखरेख करते हुए मनीला (पीआई) फॉरवर्डिंग डिपो में एक आधार स्थापित करने जा रहा हूं। प्रोफ़ेसर बरकतुल्लाह जापान में ठीक हैं." (केर, पृ.237)। 22 मई, 1914 को, बरकतुल्लाह हांगकांग में सिख मंदिर के ग्रंथी (पुजारी) भगवान सिंह उर्फ नाथ सिंह के साथ सैन फ्रांसिस्को लौट आए और युगांतर आश्रम में शामिल हो गए और तारकनाथ दास के साथ काम किया। अगस्त 1914 में युद्ध छिड़ने के बाद, एशिया में भारतीय आबादी के सभी प्रमुख केंद्रों, कैलिफोर्निया और ओरेगन में बैठकें आयोजित की गईं, और भारत लौटने और विद्रोह में शामिल होने के लिए धन जुटाया गया: बरकतुल्लाह, भगवान सिंह और रामचंद्र भारद्वाज वक्ताओं में शामिल थे। . (पोर्टलैंड (ओरेगन) टेलीग्राम, 7 अगस्त 1914; फ्रेस्नो रिपब्लिकन, 23 सितंबर 1914)। समय पर बर्लिन पहुंचने पर, वह बरकतुल्ला चट्टो या वीरेंद्रनाथ चट्टोपाध्याय से मिले और काबुल के अपने मिशन में राजा महेंद्र प्रताप का साथ दिया। जर्मनी द्वारा पकड़े गए युद्ध के भारतीय कैदियों के बीच ब्रिटिश विरोधी भावनाओं को भड़काने में उनका महत्वपूर्ण योगदान था। वह 24 अगस्त 1915 को हेरात पहुंचे और राज्यपाल द्वारा उनका शाही स्वागत किया गया।

1 दिसंबर 1915 को, प्रताप के 28वें जन्मदिन पर, उन्होंने प्रथम विश्व युद्ध के दौरान अफगानिस्तान के काबुल में भारत की पहली अनंतिम सरकार की स्थापना की। यह स्वतंत्र भारत की निर्वासित सरकार थी, जिसके राष्ट्रपति के रूप में राजा महेंद्र प्रताप, प्रधान मंत्री के रूप में मौलाना बरकतुल्लाह, गृह मंत्री के रूप में मौलाना उबैदुल्लाह सिंधी थे। 3 ब्रिटिश विरोधी ताकतों ने उनके आंदोलन का समर्थन किया। लेकिन, अंग्रेजों के प्रति कुछ स्पष्ट निष्ठा के कारण, अमीर ने अभियान को स्थगित कर दिया। फिर उन्होंने विदेशी शक्तियों से संबंध स्थापित करने का प्रयास किया। (केर, पृ.305)। काबुल में, सिराज-उल-अखबार ने अपने 4 मई 1916 के अंक में राजा महेंद्र प्रताप के मिशन और उसके उद्देश्यों का एक संस्करण प्रकाशित किया। उन्होंने कहा: "महामहिम कैसर ने मुझे स्वयं एक दर्शक दिया। फिर, इंपीरियल जर्मन सरकार के साथ भारत और एशिया की समस्या को सुलझाकर, और आवश्यक प्रमाण पत्र प्राप्त करने के बाद, मैंने पूर्व के लिए शुरुआत की। मैंने उनका साक्षात्कार लिया। मिस्र और तुर्की के राजकुमारों और मंत्रियों के साथ-साथ पाशा और उनके महामहिम पवित्र खलीफा, सुल्तान-उल-मुअज्जिम के साथ प्रतिष्ठित एनवर। मैंने इंपीरियल तुर्की सरकार के साथ भारत और पूर्व के प्रश्न को सुलझाया, और इससे प्राप्त किया उन्हें आवश्यक साख। जर्मन और तुर्की अधिकारी और मौलवी बरकतुल्लासाहेब मेरी सहायता के लिए मेरे साथ गए, वे अभी भी मेरे साथ हैं। मई 2012. राजा महेंद्र प्रताप को गंभीरता से लेने में असमर्थ, जवाहरलाल नेहरू ने बाद में अपनी आत्मकथा (पृष्ठ 151) में लिखा: "वह मध्ययुगीन रोमांस में एक चरित्र प्रतीत होता था, एक डॉन क्विक्सोट बीसवीं सदी में भटक गया था।" अंग्रेजों के दबाव में अफगान सरकार ने अपनी सहायता वापस ले

ली। मिशन को बंद कर दिया गया था।

बरकतुल्लाह वापस जर्मनीले, उन्होंने नया इस्लाम का संपादन और प्रकाशन किया। कुछ समय के लिए वह जर्मन जनरल स्टाफ से जुड़े रहे। 18 अप्रैल, 1919 को उन्होंने स्विट्जरलैंड में पॉल केसलिंग को लिखा: "अब चार साल हो गए हैं जब मैंने आखिरी बार आपको देखा था। मैं साढ़े तीन साल अफगानिस्तान में राजकीय अतिथि था। सभ्य दुनिया से दूर होने के कारण, मुझे इस्तेमाल किया गया था ऊपर। महान युद्ध की खबर बहुत देर से आई। अफगान सरकार ने खुद को और मेरे साथियों को आरामदायक बनाने के लिए हर संभव प्रयास किया। उस देश में रहने के दौरान हमें हर सुविधा उपलब्ध थी। हाल ही में मैंने बोखरा, समरकंद और ताशकंद का दौरा किया। इस प्रकार - ऐतिहासिक संघों में समृद्ध क्षेत्र। / ताशकंद से मास्को तक पहुंचने में मुझे ट्रेन से 22 दिन लगे। मुझे उम्मीद है कि मैं जल्द ही ताशकंद लौटूंगा। मैं आपके स्वास्थ्य, खुशी और समृद्धि के बारे में सुनना बहुत पसंद करूंगा, जैसे ही रूस और स्विट्ज़रलैंड के बीच डाक संचार स्थापित हो गया है./ मैं अच्छे स्वास्थ्य में हूँ.". मई 2012।

मार्च-मई 1921 में, वे भारतीय क्रांतिकारियों के एक प्रतिनिधिमंडल में चैटो के साथ मास्को गए; एग्नेस समेडली, भूपेंद्रनाथ दत्ता, पांडुरंग खानखोजे, बीरेन दासगुप्ता, अब्दुल हफीज, अब्दुल वाहिद, हेरंबल गुप्ता और नलिनी दासगुप्ता अन्य प्रतिनिधियों में शामिल थे। एमएन रॉय उनसे पहले थे और उन्हें लेनिन से पहले ही जनादेश मिल चुका था। हालांकि, रॉय के प्रति Smedley की दुश्मनी के कारण, प्रतिनिधिमंडल ने उनके साथ सहयोग नहीं किया। इसलिए, कॉमिन्टर्न के आयोग ने सिफारिश करने से पहले दोनों समूहों के बीच मतभेदों की जांच की। आयोग में माइकल बोरोडिन, अगस्त थालहाइमर (जर्मन कम्युनिस्ट पार्टी के नेता और सिद्धांतकार), एसजे रटगर्स (हॉलैंड), मटियास राकोसी (हंगरी), टॉम क्वेल्च और जेम्स बेल (ग्रेट ब्रिटेन) शामिल थे: सिबनारायण रे के अनुसार, तीन दिनों तक बैठने के बाद उन्होंने बर्लिन समिति को एक मान्यता प्राप्त समूह का दर्जा देने से इनकार कर दिया; थालहाइमर ने इस बैच की तुलना "उन्नीसवीं सदी के जर्मनी में बुर्जुआ लोकतंत्रवादियों के रूप में सामाजिक लोकतंत्रों के रूप में प्रस्तुत करने" से की। मई 2012।

दिसंबर 1921 में, जब चैटो ने बर्लिन में भारतीय समाचार और सूचना ब्यूरो की शुरुआत की, तो दत्ता ने अपने पुराने मित्र के नेतृत्व को स्वीकार करने से इनकार कर दिया और बरकतुल्लाह के अध्यक्ष के रूप में इंडिया इंडिपेंडेंस पार्टी नामक एक प्रतिद्वंद्वी संगठन का गठन किया। संघ उद्धरण की आवश्यकता सर सेसिल काये के अनुसार, यह समर्थन जियोर्जी चिचेरिन की अध्यक्षता वाले पीपुल्स कमिश्रिएट फॉर फॉरेन अफेयर्स (नारकोमिंडेल) से आया, जिन्होंने क्रांतिकारी राष्ट्रवादियों के एक गैर-कम्युनिस्ट समूह को विकसित करने के लिए फिट देखा। (के, पीपी 56-57) सामाजिक-राजनीतिक इतिहास के रूसी राज्य अभिलेखागार, मास्को (आरजीएएसपी) के अनुसार, बरकतुल्लाह ने जवाहरलाल नेहरू के माध्यम से कॉमिन्टर्न को दो दस्तावेज भेजे, जिसमें कॉमिन्टर्न और

भारतीय राष्ट्रीय क्रांतिकारियों के बीच सहयोग की एक गुप्त योजना का वर्णन किया गया था। . वह चाहते थे कि कुछ ऐसी नीतियों में सुधार किया जाए जो साम्राज्यवाद विरोधी संघर्ष को नुकसान पहुँचाती हैं। कॉमिन्टर्न को पहला पत्र 6 मई, 1926 को बर्लिन से लिखा गया था। इसने कहा: "हाल ही में मैंने स्विट्जरलैंड में प्रसिद्ध भारतीय क्रांतिकारी जवाहरलाल नेहरू को देखा, जिन्हें भारत द्वारा विशेष रूप से मेरे लिए प्रतिनियुक्त किया गया था। इस संगठन के उद्देश्यों पर भारत में कॉमिन्टर्न के प्रचार के प्रतिकूल प्रभाव को समझाने और मुझे बताने के लिए कहने के लिए भारतीय क्रांतिकारियों के दृष्टिकोण को कॉमिन्टर्न के लिए आवश्यक है। यदि ऐसा है, तो श्री नेहरू स्वयं तैयार हैं। बर्लिन आने के लिए और आपको स्वयं भारत में कॉमिन्टर्न के प्रचार की पूरी स्थिति समझाने के लिए। ... पूरी बात इसमें शामिल है। ब्रिटिश एजेंटों के हाथ और परिणाम यह है कि असली भारतीय क्रांतिकारी आगे आ रहे हैं। पुलिस से सभी उत्पीड़न ... इसलिए मैं प्रस्ताव करता हूं कि श्री नेहरू और कॉमिन्टर्न के प्रतिनिधियों की भागीदारी के साथ बर्लिन में एक बैठक आयोजित की जाए। , श्री रॉय और अन्य लोगों की भागीदारी के साथ। इस प्रचार से जुड़े कामरेड। इस मामले में हम अपने आपसी दुश्मन को कुचलने का सही तरीका खोज सकते हैं, जो हम एक-दूसरे के खिलाफ नहीं बल्कि हाथ से हाथ मिलाते हैं। यह तभी किया जा सकता है जब तुम काम में लग जाओ।" . उद्धरण की आवश्यकता इसके बाद 2 फरवरी 1927 को कॉमिन्टर्न को एक नोट दिया गया, जिसमें कॉमिन्टर्न को भारत में राष्ट्रवादी क्रांतिकारियों के काम में अधिक बारीकी से शामिल करके बेहतर संगठन और संचार के चैनलों को प्रोत्साहित किया गया। यह जारी रहा: "एम बरकतुल्लाह मौलवी और जवाहरलाल नेहरू एकमात्र भारतीय प्रतिनिधि होंगे जो कॉमिन्टर्न प्रतिनिधियों के साथ गोपनीयता के व्यक्तिगत समझौते करेंगे।" उद्धरण आवश्यक है

इससे पहले जून 1926 में बरकतुल्लाह ने लाखा सिंह के साथ सिख कैदियों के परिवारों को सहायता के रूप में बीस हजार रुपये भारत भेजे थे। मई 1927 में, उन्होंने महेंद्र प्रताप के साथ फिर से संयुक्त राज्य का दौरा किया और समेडली के प्रोत्साहन के साथ, बाघा जतिन के अनुयायी शैलेंद्र नाथ घोष से संपर्क किया। यूनाइटेड इंडिया लीग द्वारा आमंत्रित किए जाने के बाद वे जून में डेट्रायट चले गए। पं. जवाहरलाल नेहरू बरकतुल्लाह से बर्लिन में और बाद में 1927 में ब्रुसेल्स सम्मेलन में मिले और उनके क्रांतिकारी विचारों और कार्यों से बहुत प्रभावित हुए। ब्रसेल्स कांग्रेस के बाद, वह और राजा महेंद्र प्रताप अपने कारण को आगे बढ़ाने के लिए यूएसए गए।

बरकतुल्लाह की मृत्यु 20 सितंबर, 1927 को सैन फ्रांसिस्को में हुई थी। उनका शरीर सैन फ्रांसिस्को से सैक्रामेंटो के लिए उड़ाया गया था। उसके ताबूत को फिर मैरीविल ले जाया गयाआली जहां उन्हें एक मुस्लिम कब्रिस्तान में इस वादे के साथ दफनाया गया था कि उनके देश की आजादी के बाद, उनके शरीर को उनकी मातृभूमि भोपाल स्थानांतरित कर दिया जाएगा। हालाँकि, उनके अवशेष कैलिफोर्निया में सैक्रामेंटो सिटी कब्रिस्तान में दफन हैं।

8

चक्रवर्ती राजगोपालाचारी

चक्रवर्ती राजगोपालाचारी

Freedom Fighters

Scan for Story Videos - www.itibook.com

चक्रवर्ती राजगोपालाचारी (9 दिसंबर 1878 - 25 दिसंबर 1972), लोकप्रिय रूप से राजाजी या सीआर के नाम से जाने जाते हैं, जिन्हें मुथारिंगनार राजाजी 2 (राजाजी, विद्वान एमेरिटस) के नाम से भी जाना जाता है, एक भारतीय राजनीतिज्ञ, लेखक, वकील और स्वतंत्रता कार्यकर्ता थे। 3 राजगोपालाचारी भारत के अंतिम गवर्नर-जनरल थे, क्योंकि भारत 1950 में एक गणतंत्र बन गया था। वह भारतीय मूल के पहले गवर्नर-जनरल भी थे, क्योंकि पद के सभी पिछले धारक ब्रिटिश नागरिक थे। 4 उन्होंने भारतीय राष्ट्रीय कांग्रेस के नेता, मद्रास प्रेसीडेंसी के प्रमुख, पश्चिम बंगाल के राज्यपाल, भारत संघ के गृह मंत्री और मद्रास राज्य के मुख्यमंत्री के रूप में भी कार्य किया। राजगोपालाचारी ने स्वतंत्र पार्टी की स्थापना की और भारत के सर्वोच्च नागरिक पुरस्कार, भारत रत्न के प्राप्तकर्ताओं में से एक थे। उन्होंने परमाणु हथियारों के इस्तेमाल का कड़ा विरोध किया और विश्व शांति और निरस्त्रीकरण के हिमायती थे। अपने जीवनकाल के दौरान, उन्होंने 'द मैंगो ऑफ सलेम' उपनाम भी अर्जित किया।

राजगोपालाचारी का जन्म तमिलनाडु के कृष्णागिरी जिले के होसुर तालुका के थोरापल्ली गाँव में हुआ था और उन्होंने सेंट्रल कॉलेज, बैंगलोर और प्रेसीडेंसी कॉलेज, मद्रास में शिक्षा प्राप्त की थी। 1900 के दशक में, उन्होंने सलेम कोर्ट में कानून का अभ्यास शुरू किया। राजनीति में प्रवेश करने के बाद, वह सलेम नगर पालिका के सदस्य और बाद में अध्यक्ष बने। 6 महात्मा गांधी के शुरुआती राजनीतिक सहयोगियों में से एक, वह भारतीय राष्ट्रीय कांग्रेस में शामिल हो गए और रौलट एक्ट, असहयोग आंदोलन, वैकोम सत्याग्रह और सविनय अवज्ञा आंदोलन के खिलाफ आंदोलन में भाग लिया। 1930 में, राजगोपालाचारी ने दांडी यात्रा के जवाब में वेदारण्यम नमक सत्याग्रह का नेतृत्व करते हुए कारावास का जोखिम उठाया। 1937 में, राजगोपालाचारी मद्रास प्रेसीडेंसी 6 के प्रधान मंत्री चुने गए और 1940 तक सेवा की, जब उन्होंने इस्तीफा दे दिया क्योंकि ब्रिटेन ने जर्मनी पर

युद्ध की घोषणा की। भारत आंदोलन उद्धरण की जरूरत उन्होंने मुहम्मद अली जिन्ना और मुस्लिम लीग दोनों के साथ बातचीत का समर्थन किया और प्रस्तावित किया जिसे सीआर सूत्र के रूप में जाना जाने लगा। 1946 में, राजगोपालाचारी को भारत की अंतरिम सरकार में उद्योग, आपूर्ति, शिक्षा और वित्त मंत्री नियुक्त किया गया और बाद में 1947 से 1948 तक पश्चिम बंगाल के राज्यपाल, 1948 से 1950 तक भारत के गवर्नर-जनरल, 1952 से 1952 तक केंद्रीय गृह मंत्री और 1952 से 1954 तक 1951 से 1951 तक। मद्रास राज्य के मुख्यमंत्री के रूप में। 1959 में, उन्होंने भारतीय राष्ट्रीय कांग्रेस से इस्तीफा दे दिया और स्वतंत्र पार्टी का गठन किया, जिसने कांग्रेस के खिलाफ 1962, 1967 और 1971 के चुनाव लड़े। राजगोपालाचारी ने मद्रास राज्य में सीएन अन्नादुरई के नेतृत्व में एक संयुक्त कांग्रेस विरोधी गठबंधन बनाने में महत्वपूर्ण भूमिका निभाई, जिसने 1967 के चुनाव जीते। 25 दिसंबर 1972 को 94 वर्ष की आयु में उनका निधन हो गया।

राजगोपालाचारी एक कुशल लेखक थे जिन्होंने भारतीय अंग्रेजी साहित्य में एक स्थायी योगदान दिया और उन्हें कर्नाटक संगीत के लिए सेट कुरई ओनराम इलई गीत की रचना करने का श्रेय भी दिया जाता है। उन्होंने भारत में संयम और मंदिर प्रवेश आंदोलनों का नेतृत्व किया और दलित उत्थान की वकालत की। हिंदी के अनिवार्य अध्ययन और मद्रास राज्य में प्राथमिक शिक्षा की मद्रास योजना की शुरुआत के लिए उनकी आलोचना की गई है, जिसे उनके आलोचक एक वंशानुगत शिक्षा नीति के रूप में देखते हैं जो आगे चलकर जाति पदानुक्रम को बनाए रखती है। 7 आलोचकों ने अक्सर राजनीति में उनके नेतृत्व को महात्मा गांधी और जवाहरलाल नेहरू दोनों के पसंदीदा के रूप में उनके खड़े होने के लिए जिम्मेदार ठहराया है। राजगोपालाचारी को गांधी ने "मेरी अंतरात्मा के संरक्षक" के रूप में वर्णित किया था।

राजगोपालाचारी का जन्म 10 दिसंबर 1878 को होसुर, धर्मपुरी तालुक, सलेम जिले, मद्रास प्रेसीडेंसी, ब्रिटिश शासन के बाहरी इलाके में थोरापल्ली गांव में चक्रवर्ती वेंकटाचार्य अयंगर और उनकी पत्नी सिंगारम्मा के घर हुआ था। 9 उनके पिता थोरापल्ली गांव के मुंसिफ थे। 10 राजाजी का जन्म श्रीवैष्णव संप्रदाय से संबंधित एक हिंदू तमिल ब्राह्मण परिवार में हुआ था। 11 12 दंपति के पहले से ही दो बेटे, नरसिम्हाचारी और श्रीनिवास थे।

एक कमजोर और बीमार लड़का, राजगोपालाचारी अपने माता-पिता के लिए एक निरंतर चिंता का विषय था, जिन्हें डर था कि वह लंबे समय तक जीवित नहीं रहेगा। 13 एक बच्चे के रूप में, उन्हें थोरापल्ली 13 में एक गांव के स्कूल में भर्ती कराया गया, फिर पांच साल की उम्र में अपने परिवार के साथ होसुर चले गए जहां राजगोपालाचारी ने होसूर आरवी गवर्नमेंट बॉयज हायर सेकेंडरी स्कूल में पढ़ाई की। 13 उन्होंने 1891 में अपनी मैट्रिक की परीक्षा पास की और 1894 में सेंट्रल कॉलेज, बैंगलोर से कला में स्नातक की उपाधि प्राप्त की। 13 राजगोपालाचारी ने मद्रास के प्रेसीडेंसी कॉलेज में कानून का अध्ययन किया, जहाँ से उन्होंने 1897 में स्नातक की उपाधि प्राप्त की।

राजगोपालाचारी ने 1897 14 में अलामेलु मंगलम्मा से शादी की, जब वह 15 साल की थीं और उन्होंने अपने तेरहवें जन्मदिन के एक दिन बाद एक बेटे को जन्म दिया। 16 दंपति के पांच बच्चे थे, तीन बेटे: सीआर नरसिम्हन, सीआर कृष्णास्वामी और सीआर रामास्वामी और दो बेटियां: लक्ष्मी गांधी (नी राजगोपालाचारी) और नामगिरी अम्मल। 14 17 मनगम्मा की मृत्यु 1916 में हुई, जिसके बाद राजगोपालाचारी ने उनका स्थान लिया।उन्होंने इन बच्चों के पालन-पोषण की पूरी जिम्मेदारी अपने ऊपर ले ली। 14 उनके पुत्र चक्रवर्ती राजगोपालाचारी नरसिम्हन 1952 और 1957 के चुनावों में कृष्णागिरी से लोकसभा के लिए चुने गए और 1952 से 1962 तक कृष्णागिरी के लिए संसद सदस्य के रूप में कार्य किया। 18 19 के बाद उन्होंने अपने पिता की जीवनी लिखी। राजगोपालाचारी की बेटी लक्ष्मी ने महात्मा गांधी के बेटे देवदास गांधी 14 20 से शादी की, जबकि उनके पोते में जीवनीकार राजमोहन गांधी, दार्शनिक रामचंद्र गांधी और पश्चिम बंगाल के पूर्व राज्यपाल गोपालकृष्ण गांधी शामिल हैं। उनके प्रपौत्र, चक्रवर्ती राजगोपालाचारी केशवन, कांग्रेस पार्टी के प्रवक्ता और तमिलनाडु कांग्रेस कमेटी के ट्रस्टी हैं।

राजगोपालाचारी को सार्वजनिक मामलों और राजनीति में दिलचस्पी तब हुई जब उन्होंने 1900 में सलेम में कानूनी प्रैक्टिस शुरू की। 23 वे 28 वर्ष की आयु में भारतीय राष्ट्रीय कांग्रेस में शामिल हुए और 1906 के कलकत्ता अधिवेशन में एक प्रतिनिधि के रूप में भाग लिया। 13 एक भारतीय स्वतंत्रता कार्यकर्ता, बाल गंगाधर तिलक से प्रेरित होकर, 20 वे बाद में 1911 में सलेम नगर पालिका के सदस्य बने। 24 1917 में, वह नगरपालिका अध्यक्ष चुने गए और 1917 से 1919 20 25 तक सेवा की, उस दौरान सलेम नगर पालिका के पहले दलित सदस्य को चुनने के लिए उन्हें जिम्मेदार ठहराया गया था। 1917 में, उनकी मुलाकात भारतीय स्वतंत्रता कार्यकर्ता पी. राजद्रोह के आरोपों के खिलाफ वरदराजुलु नायडू का बचाव किया 26 और दो साल बाद रोलेट एक्ट के खिलाफ आंदोलन में भाग लिया। 25 27 राजगोपालाचारी स्वदेशी स्टीम नेविगेशन कंपनी के संस्थापक वीओ चिदंबरम पिल्लई के साथ-साथ भारतीय स्वतंत्रता आंदोलन की एनी बेसेंट और सी. के घनिष्ठ मित्र थे। विजयराघवाचारीर ने उनकी बहुत प्रशंसा की थी।

1919 में महात्मा गांधी के भारतीय स्वतंत्रता आंदोलन में शामिल होने के बाद, राजगोपालाचारी उनके अनुयायियों में से एक बन गए। 23 27 उन्होंने असहयोग आंदोलन में भाग लिया और वकालत छोड़ दी। 25 1921 में, वह कांग्रेस कार्यकारिणी के लिए चुने गए और एक नेता के रूप में अपनी पहली बड़ी सफलता हासिल करने से पहले पार्टी के महासचिव के रूप में कार्य किया, जब 1922 में गया में भारतीय राष्ट्रीय कांग्रेस के अधिवेशन में, उन्होंने औपनिवेशिक प्रशासन के साथ सहयोग का कड़ा विरोध किया। 25 और भारत सरकार अधिनियम 1919 द्वारा स्थापित दोहरी विधानसभाओं में भाग लिया। 28 29 जब गांधी जेल में थे, तब राजगोपालाचारी ने "परिवर्तन न करने वाले" के एक समूह का नेतृत्व किया, जो इंपीरियल लेजिस्लेटिव काउंसिल और अन्य प्रांतीय विधान परिषदों के लिए "प्रो-

चेंजर्स" के खिलाफ चुनाव लड़ रहे थे, जिन्होंने काउंसिल में प्रवेश की वकालत की थी। 30 जब प्रस्ताव को वोट के लिए रखा गया, तो "नो-चेंजर्स" ने 1,748 से 890 मतों से जीत हासिल की, जिसके परिणामस्वरूप पंडित मोतीलाल नेहरू और भारतीय राष्ट्रीय कांग्रेस के अध्यक्ष सी.आर. दास सहित महत्वपूर्ण कांग्रेस नेताओं ने इस्तीफा दे दिया। 31 जब 1923 में भारतीय राष्ट्रीय कांग्रेस का विभाजन हुआ, राजगोपालाचारी सविनय अवज्ञा जाँच समिति के सदस्य थे। 25 वे 1924-25 के दौरान अस्पृश्यता के खिलाफ वैकोम सत्याग्रह आंदोलन में भी शामिल थे। 27 मई 1924 को एक सार्वजनिक भाषण में, उन्होंने वैकोम के चिंतित उच्च-जाति के हिंदुओं को आश्वस्त किया, "महात्माजी जाति व्यवस्था को समाप्त नहीं करना चाहते हैं, लेकिन उनका मानना है कि अस्पृश्यता को समाप्त किया जाना चाहिए ... महात्माजी नहीं चाहते कि आप के साथ भोजन करें थियास। पुलस। वह जो चाहता है वह आपके लिए है। "या घोड़े के पास जाते समय अन्य मनुष्यों के पास जाने या छूने के लिए तैयार रहें।"

1930 के दशक की शुरुआत में, राजगोपालाचारी तमिलनाडु कांग्रेस के प्रमुख नेताओं में से एक के रूप में उभरे। जब गांधी ने 1930 में दांडी मार्च का आयोजन किया, तो राजगोपालाचारी ने भारतीय स्वतंत्रता कार्यकर्ता सरदार वेदरत्नम के साथ नागपट्टिनम के पास वेदारण्यम में नमक कानून तोड़ा। 23 25 राजगोपालाचारी को छह महीने के सश्रम कारावास की सजा सुनाई गई और त्रिचिनोपोली सेंट्रल जेल भेज दिया गया। 33 बाद में उन्हें तमिलनाडु कांग्रेस कमेटी के अध्यक्ष के रूप में चुना गया। 25 1935 में भारत सरकार अधिनियम लागू होने के बाद, राजगोपालाचारी ने 1937 के आम चुनावों में भारतीय राष्ट्रीय कांग्रेस को भाग लेने में महत्वपूर्ण भूमिका निभाई थी।

1937 के मद्रास चुनावों के बाद, भारतीय राष्ट्रीय कांग्रेस पहली बार मद्रास प्रेसीडेंसी (ब्रिटिशों द्वारा मद्रास प्रांत भी कहा जाता है) में सत्ता में आई, जब तक कि 15 अगस्त 1947 को भारत स्वतंत्र नहीं हो गया। 34 59 वर्ष की आयु में, राजगोपालाचारी ने मद्रास विश्वविद्यालय की सीट जीती और कांग्रेस पार्टी से मद्रास प्रेसीडेंसी के पहले प्रधान मंत्री के रूप में विधान सभा में प्रवेश किया।

1938 में, जब मद्रास विधान परिषद के दलित सदस्यों ने मंदिर पहुंच विधेयक पेश किया, तो कांग्रेस के मुख्यमंत्री राजगोपालाचारी ने उन्हें इसे वापस लेने के लिए कहा। 35 राजगोपालाचारी ने मंदिर प्रवेश प्राधिकरण और मुआवजा अधिनियम 1939 को लागू किया, जिसके तहत दलितों और शनारों के हिंदू मंदिरों में प्रवेश पर प्रतिबंध हटा दिया गया। 14 36 उसी वर्ष मदुरै में मीनाक्षी मंदिर दलितों और शनारों के लिए खोला गया था। मार्च 1938 में, राजगोपालाचारी ने प्रांत की किसान आबादी पर कर्ज का बोझ कम करने के लिए कृषि ऋण राहत अधिनियम पेश किया।

उन्होंने निषेध के कारण सरकारी राजस्व के नुकसान की भरपाई के लिए बिक्री कर के साथ निषेध, 14 37 भी पेश किया। 38 प्रांतीय सरकारों ने धन की कमी का हवाला देते हुए

सैकड़ों सरकारी प्राथमिक विद्यालयों को बंद कर दिया। 39 वाईउनके विरोधियों का कहना था कि इसके चलते कई निचली जाति और दलित छात्रों को शिक्षा से वंचित होना पड़ा. उनके विरोधियों ने शिक्षा प्रणाली में गांधी की नई तालीम योजना 40 के कार्यान्वयन के पीछे उनकी सरकार के जातिवादी उद्देश्यों को जिम्मेदार ठहराया।

मद्रास के मुख्यमंत्री के रूप में राजगोपालाचारी के कार्यकाल को शिक्षण संस्थानों में हिंदी के अनिवार्य परिचय के लिए याद किया जाता है, जिसने इसे बेहद अलोकप्रिय बना दिया। 41 इस उपाय के कारण व्यापक हिंदी-विरोधी विरोध हुआ, जिसके कारण कुछ स्थानों पर हिंसा हुई और अशांति में भाग लेने वाले 1200 से अधिक पुरुषों, महिलाओं और बच्चों को कारावास की सजा हुई। 42 विरोध के दौरान दो प्रदर्शनकारी, थलामुथु नादर और नटरासन मारे गए। 42 द्रविड़ कज़गम के संस्थापक पेरियार ई.वी. रामासामी ने 1937 में स्कूलों में हिंदी सीखना अनिवार्य कर दिया। राजगोपालाचारी के फैसले का विरोध किया। हिंदी विरोधी आंदोलनों के दौरान, राजगोपालाचारी को लगातार तमिल थाई के दुश्मन और विध्वंसक के रूप में पहचाना जाता था। राजगोपालाचारी का विरोध बढ़ गया क्योंकि उन्होंने 1937-40 के हिंदी-विरोधी आंदोलन की खुले तौर पर सबसे अभिजात्य शब्दों में आलोचना करना जारी रखा और 1938 में एक युवा रक्षक की मौत के बारे में पूछे जाने पर उसे नज़रअंदाज़ कर दिया।

1940 में, कांग्रेस के मंत्रियों ने उनकी सहमति के बिना जर्मनी पर युद्ध की घोषणा के विरोध में इस्तीफा दे दिया, और गवर्नर को प्रशासन संभालने के लिए छोड़ दिया। 21 फरवरी 1940 को मद्रास के गवर्नर ने हिंदी के प्रयोग पर एक अलोकप्रिय नए कानून को तुरंत निरस्त कर दिया। 42 इसकी कई कमियों के बावजूद, राजगोपालाचारी के अधीन मद्रास को राजनीतिक इतिहासकारों द्वारा ब्रिटिश भारत में सबसे अच्छा प्रशासित प्रांत माना जाता था।

द्वितीय विश्व युद्ध के फैलने के कुछ महीने बाद, राजगोपालाचारी ने भारत के वायसराय द्वारा युद्ध की घोषणा के विरोध में अपने मंत्रिमंडल के अन्य सदस्यों के साथ प्रधान मंत्री के पद से इस्तीफा दे दिया। राजगोपालाचारी को दिसंबर 1940 में भारत की रक्षा के नियमों के तहत गिरफ्तार किया गया और एक साल के कारावास की सजा सुनाई गई। 25 हालांकि, उसके बाद, राजगोपालाचारी ने ब्रिटिश युद्ध के प्रयास के खिलाफ असहमति जताई। 25 उन्होंने भारत छोड़ो आंदोलन का भी विरोध किया और इसके बजाय अंग्रेजों के साथ बातचीत की वकालत की। 46 47 उन्होंने तर्क दिया कि निष्क्रियता और तटस्थता भारत के हितों के लिए हानिकारक होगी जब देश आक्रमण के खतरे में था। 46 उन्होंने मुस्लिम लीग के साथ बातचीत की भी वकालत की, जिसने भारत के विभाजन की मांग की थी। 46 तब उन्होंने मद्रास कांग्रेस विधायक दल और मद्रास प्रांतीय कांग्रेस के नेता के। कामराज से मतभेदों के कारण उन्होंने पार्टी और विधानसभा से इस्तीफा दे दिया।

1945 में युद्ध की समाप्ति के बाद 1946 में मद्रास प्रेसीडेंसी में चुनाव हुए। युद्ध के अंतिम वर्षों में, नेहरू, सरदार वल्लभभाई पटेल और मौलाना अबुल कलाम आज़ाद ने कामराज से राजगोपालाचारी को मद्रास प्रेसीडेंसी का प्रीमियर बनाने का अनुरोध किया। राजगोपालाचारी को जीतने से रोकने के लिए तमिलनाडु कांग्रेस कमेटी के अध्यक्ष कामराज को निर्वाचित सदस्यों द्वारा तंगुटुरी प्रकाशम को मुख्यमंत्री पद के उम्मीदवार के रूप में खड़ा करने के लिए मजबूर किया गया था। हालांकि, राजगोपालाचारी ने चुनाव नहीं लड़ा और प्रकाशम चुने गए।

राजगोपालाचारी गांधी और जिन्ना के बीच बातचीत शुरू करने में सहायक थे। 25 1944 में, उन्होंने भारतीय संवैधानिक दुविधा का समाधान प्रस्तावित किया। 25 उसी वर्ष, उन्होंने यह तय करते समय 55 प्रतिशत की "पूर्ण बहुमत" सीमा का प्रस्ताव दिया कि क्या एक जिला भारत या पाकिस्तान का हिस्सा होना चाहिए, 48 जिसने राष्ट्रवादियों के बीच बहुत विवाद पैदा किया। 48

1946 से 1947 तक, राजगोपालाचारी ने जवाहरलाल नेहरू के नेतृत्व वाली अंतरिम सरकार में उद्योग, आपूर्ति, शिक्षा और वित्त मंत्री के रूप में कार्य किया।

जब भारत और पाकिस्तान ने स्वतंत्रता प्राप्त की, तो बंगाल प्रांत दो भागों में विभाजित हो गया, पश्चिम बंगाल भारत का हिस्सा बन गया और पूर्वी बंगाल पाकिस्तान का हिस्सा बन गया। उस समय, राजगोपालाचारी को पश्चिम बंगाल के पहले राज्यपाल के रूप में नियुक्त किया गया था।

1939 के त्रिपुरी कांग्रेस सत्र के दौरान सुभाष चंद्र बोस की आलोचना के लिए बंगाली राजनीतिक वर्ग द्वारा नापसंद, पश्चिम बंगाल के राज्यपाल के रूप में 51 राजगोपालाचारी की नियुक्ति का बोस के भाई शरतचंद्र बोस ने विरोध किया था। 51 राज्यपाल के रूप में अपने कार्यकाल के दौरान, राजगोपालाचारी की प्राथमिकता शरणार्थियों से निपटना और कलकत्ता दंगों के बाद शांति और स्थिरता लाना था। 51 मुस्लिम व्यवसायियों की एक बैठक में, उन्होंने तटस्थता और न्याय के प्रति अपनी प्रतिबद्धता की घोषणा की: "मेरी जो भी गलतियाँ या त्रुटियाँ हो सकती हैं, मैं आपको विश्वास दिलाता हूँ कि मैं किसी भी समुदाय के लिए जानबूझकर अन्याय के किसी भी कार्य से अपने जीवन को विकृत नहीं करूँगा।" राजगोपालाचारी ने पश्चिम बंगाल प्रांत के हिस्से के रूप में बिहार और ओडिशा के कुछ हिस्सों को शामिल करने के प्रस्ताव का भी कड़ा विरोध किया। 51 एक समाचार पत्र के संपादक द्वारा ऐसे ही एक प्रस्ताव का उत्तर दिया गया:

"मैं देखता हूं कि आप अंतर-प्रांतीय सीमाओं पर आंदोलन की नीति को रोक नहीं सकते हैं। राय के वर्तमान दबाव के आगे झुकना आसान है, और कट्टरपंथियों पर संयम की कोई नीति लागू करना मुश्किल है। लेकिन मैं आपसे सभी के लिए ईमानदारी से विनती करता हूं आप इस चिढ़ को एक पुरानी बीमारी में बढ़ने से रोक सकते हैं। हमारे पास पर्याप्त पूर्वग्रह और पूर्वाग्रह हैंउन्होंने राजगोपालाचारी को लिखा कि "एक चीज से हमें बचना चाहिए वह

है पद पर बने रहना और दूसरों को हर कीमत पर बाहर रखना।" 79 74 राजगोपालाचारी ने हालांकि चुनाव लड़ने से इनकार कर दिया। उपचुनाव और विधान परिषद के मनोनीत सदस्य के रूप में रहे।

मुख्यमंत्री के रूप में राजगोपालाचारी के कार्यकाल के दौरान, मद्रास राज्य के तेलुगु भाषी जिलों को मिलाकर एक अलग आंध्र राज्य के लिए एक शक्तिशाली आंदोलन ने गति प्राप्त की। 80 81 19 अक्टूबर 1952 को, पोट्टी श्रीरामुलु नाम के एक भारतीय स्वतंत्रता कार्यकर्ता और मद्रास के सामाजिक कार्यकर्ता ने अलगाववादियों की मांगों को दोहराते हुए और प्रस्तावित राज्य में मद्रास शहर को शामिल करने की मांग करते हुए भूख हड़ताल शुरू की। 80 81 82 राजगोपालाचारी श्रीरामुलु के कार्यों से विचलित नहीं हुए और उन्होंने हस्तक्षेप करने से इनकार कर दिया। 81 83 एक दिन के उपवास के बाद, 15 दिसंबर 1952 को श्रीरामुलु की मृत्यु हो गई, क्योंकि मद्रास शहर और राज्य के तेलुगु भाषी जिलों में दंगे भड़क उठे। 80 81 82 प्रारंभ में, राजगोपालाचारी और प्रधानमंत्री नेहरू दोनों भाषाई रूप से सीमांकित राज्यों के निर्माण के खिलाफ थे, लेकिन राज्य में कानून और व्यवस्था के टूटने से दोनों को मांगों को मानने के लिए मजबूर होना पड़ा। 81 इस प्रकार 1 अक्टूबर 1953 को मद्रास के तेलुगु भाषी जिलों से आंध्र राज्य बनाया गया, जिसकी राजधानी कुरनूल थी। 84 85 हालांकि, नए राज्य की सीमाएं एक आयोग द्वारा तय की गई थीं, जिसने मद्रास शहर को शामिल करने के खिलाफ फैसला किया था। 86 हालांकि आयोग की रिपोर्ट ने संपत्ति और सचिवालय के सुचारू वितरण के लिए मद्रास को आंध्र राज्य की अस्थायी राजधानी के रूप में रखने का विकल्प सुझाया, राजगोपालाचारी ने आंध्र राज्य को एक दिन के लिए मद्रास रखने की अनुमति देने से इनकार कर दिया।

7 जून 1952 को, राजगोपालाचारी ने राज्य में सभी मूल्य और कोटा नियंत्रणों को समाप्त करते हुए खरीद नीति और खाद्यान्न राशनिंग को समाप्त कर दिया। 88 उनका निर्णय एक मुक्त बाजार अर्थव्यवस्था के पक्ष में नियोजित अर्थव्यवस्था को अस्वीकार करना था। उन्होंने राज्य में विश्वविद्यालयों के संचालन को विनियमित करने के उपाय भी पेश किए। उद्धरण आवश्यक है

1953 में, उन्होंने "प्राथमिक शिक्षा की संशोधित योजना 1953" के रूप में जानी जाने वाली एक नई शैक्षिक योजना पेश की, जिसने प्राथमिक स्कूल के छात्रों की स्कूली शिक्षा को पाँच घंटे से घटाकर प्रतिदिन तीन घंटे 89 90 7 कर दिया और सुझाव दिया कि बच्चे पारिवारिक शिल्प अपने पिता से सीखते हैं और लड़कियाँ अपनी माँ से गृहकार्य सीखती हैं। 8990 राजाजी ने योजना को लागू करने से पहले अपने मंत्रिमंडल या विधान सभा के सदस्यों से परामर्श भी नहीं किया। उन्होंने कहा: "क्या शंकर या रामानुज ने दूसरों से परामर्श करने के बाद अपने दर्शन को प्रतिपादित किया?"। 91 इस योजना की भारी आलोचना की गई और द्रविड़ पार्टियों द्वारा मजबूत विरोध दर्ज किया गया। 92 मद्रास राज्य में इस योजना के विरुद्ध दो संशोधन प्रस्तावित थे। विधान सभा। एक ने एक विशेषज्ञ समूह द्वारा अध्ययन

की वकालत की, जबकि दूसरे ने योजना को खत्म करने की वकालत की। दोनों पक्षों ने जून 1953 में प्रचार अभियान शुरू किया। अड्यार नदी के तट पर राजाजी ने धोबी को भाषण दिया। वे कुलधर्म हैं, या प्रत्येक कबीले या जाति के सामाजिक दायित्व हैं। उन्होंने अपने विचारों को समझाने के लिए भाषण और रेडियो प्रसारण दिए। 93 द्रविड़ मुनेत्र कड़गम ने इस योजना को कुल कलावी थिटम या वंशानुगत शिक्षा नीति 94 करार दिया, जिसे जाति व्यवस्था को बनाए रखने के उद्देश्य से आगे रखा गया था। 793 और 13 और 14 जुलाई 1953 को राजगोपालाचारी के घर के बाहर बड़े पैमाने पर प्रदर्शन आयोजित करने का प्रयास किया। टी। विरोधियों और आलोचकों ने दावा किया कि यह प्रणाली समाज में गहरी, जाति-आधारित असमानताओं को मजबूत करेगी। उन्होंने इस योजना को उत्पीड़ित समूहों के बच्चों पर उच्च जाति के बच्चों को लाभ देने के प्रयास के रूप में देखा, जो केवल अपने पिता की नौकरी सीखना चाहते थे। 95 राजगोपालाचारी ने तर्क दिया,

यह कल्पना करना गलत है कि स्कूल चारदीवारी के भीतर है। पूरा गांव एक स्कूल है। गाँव में एक पॉलिटेक्निक है, इसकी प्रत्येक शाखाएँ, धोबी, पहिया बनाने वाले, मोची हैं।

योजना घर के करीब ही रही और योजना की समीक्षा के लिए पारुलेकर समिति नियुक्त की गई। 97 समिति ने योजना को सही पाया और सरकार के रुख को मंजूरी दी। 98 भारतीय राष्ट्रपति राजेंद्र प्रसाद और प्रधान मंत्री जवाहरलाल नेहरू ने भी योजना को समर्थन देने की पेशकश की।

राजगोपालाचारी ने वित्तीय कठिनाइयों का हवाला देते हुए 6000 स्कूलों को बंद कर दिया। 101 कामराज ने इस नीति का विरोध किया और अंततः अपने कार्यकाल के दौरान 12,000 स्कूल खोले।

1953 की प्राथमिक शिक्षा सुधार योजना को आगे बढ़ाने के उनकी सरकार के प्रयासों के बावजूद, जनता का विरोध बढ़ा, विशेष रूप से हिंदी को राष्ट्रभाषा के रूप में स्थापित करने के प्रयासों के जवाब में। नतीजतन, राजगोपालाचारी को सेवानिवृत्त होने के लिए मजबूर होना पड़ा। 102 अपनी सरकार की बढ़ती अलोकप्रियता के कारण, के. कामराज को राजगोपालाचारी से अपना समर्थन वापस लेने के लिए मजबूर होना पड़ा और 26 मार्च 1954 को उन्होंने मद्रास विधानमंडल कांग्रेस पार्टी के अध्यक्ष पद से इस्तीफा दे दिया जिससे नए सिरे से चुनाव हुए। , कामराज बनाम सी में राजगोपालाचारी। सुब्रमण्यम को मैदान में उतारा। 103 लेकिन सुब्रमण्यम कामराज के 93 वोटों के मुकाबले केवल 41 वोट हासिल करने में सफल रहे और हार गए। 103 राजगोपालाचारी ने अंततः 13 अप्रैल 1954 को मुख्यमंत्री के पद से इस्तीफा दे दिया, इस निर्णय के लिए उन्होंने खराब स्वास्थ्य को जिम्मेदार ठहराया।

मुख्य मंत्रिपदा से इस्तीफा देने के बाद, राजगोपालाचारी ने सक्रिय राजनीति से एक अस्थायी ब्रेक लिया और इसके बजाय साहित्यिक कार्यों के लिए अपना समय समर्पित किया। उन्होंने 23 मई 1954 से 6 नवंबर 1955 तक तमिल पत्रिका कल्कि में एक

धारावाहिक के रूप में छपे संस्कृत महाकाव्य का एक तमिल पुनर्लेखन लिखा। 105 बाद में आगों में एकत्रित और चक्रवर्ती थिरुमगन के रूप में प्रकाशित, इस पुस्तक ने तमिल के लिए 1958 साहित्य अकादमी पुरस्कार राजगोपालाचारी जीता।

राजगोपालाचारी ने आधिकारिक तौर पर भारतीय राष्ट्रीय कांग्रेस से इस्तीफा दे दिया और कई अन्य असंतुष्टों के साथ जनवरी 1957 में कांग्रेस सुधार समिति (CRC) का गठन किया। 109 110 केएस वेंकटकृष्ण रेडियार अध्यक्ष चुने गए और पार्टी ने 1957 के विधानसभा चुनावों में 55 निर्वाचन क्षेत्रों में उम्मीदवार खड़े किए, जो 13 सीटों के साथ मद्रास राज्य विधानसभा में दूसरी सबसे बड़ी पार्टी के रूप में उभरी। 111 1957 के भारतीय चुनावों में, कांग्रेस सुधार समिति ने 12 लोकसभा सीटों पर चुनाव लड़ा। 112 28-29 सितंबर, 1957 को मदुरै में आयोजित राज्य सम्मेलन में, समिति पूरी तरह से राजनीतिक दल बन गई और इसका नाम बदलकर भारतीय राष्ट्रीय लोकतांत्रिक कांग्रेस कर दिया गया।

4 जून 1959 को, भारतीय राष्ट्रीय कांग्रेस के नागपुर अधिवेशन के बाद, राजगोपालाचारी, नवगठित फ़ोरम ऑफ़ फ्री एंटरप्राइज (FFE) के मुरारी वैद्य 113 और नेहरू के शास्त्रीय उदारवादी और समाजवादी आलोचक मिनो मसानी ने घोषणा की। मद्रास में एक बैठक में एक नई स्वतंत्र पार्टी का गठन किया गया। 114 पार्टी की कल्पना रामगढ़ के राजा, कालाहांडी के महाराजा और दरभंगा के महाराजाधिराज जैसे पूर्व राज्यों के अप्रभावित प्रमुखों द्वारा की गई थी। 115 116 बाद में, एन.जी. रंगा, के.एम. मुंशी, फील्ड मार्शल के.एम. करियप्पा और पटियाला के महाराजा इस प्रयास में शामिल हुए। 116 राजगोपालाचारी, मसानी और रंगा ने भी कोशिश की लेकिन पहल में जयप्रकाश नारायण को शामिल करने में असफल रहे।

अपने लघु निबंध "अवर डेमोक्रेसी" में, राजगोपालाचारी ने कांग्रेस के दक्षिणपंथी विकल्प की आवश्यकता के बारे में बताया:

तब से... कांग्रेस पार्टी लेफ्ट की तरफ शिफ्ट हो गई, जो चाहिए वो अल्ट्रा या आउटर-लेफ्ट नहीं है जैसे। सीपीआई या पीपल्स सोशलिस्ट पार्टी, पीएसपी, लेकिन एक मजबूत और स्पष्ट अधिकार 115

राजगोपालाचारी ने इस बात पर भी जोर दिया कि विपक्ष को अवश्य ही:

पार्टी की बैठकों के बंद दरवाजों के पीछे और निजी तौर पर काम न करें, बल्कि खुले तौर पर और समय-समय पर मतदाताओं के माध्यम से काम करें।

उन्होंने मूलभूत दस्तावेज में इक्कीस "मौलिक सिद्धांतों" के माध्यम से स्वतंत्र पार्टी के लक्ष्यों को रेखांकित किया। 118 पार्टी समानता के लिए खड़ी थी और निजी क्षेत्र के सरकारी नियंत्रण का विरोध करती थी। 119 120 राजगोपालाचारी ने नौकरशाही की कड़ी आलोचना की और नेहरू की लाइसेंस की विस्तृत प्रणाली का वर्णन करने के लिए "लाइसेंस-परमिट राज" शब्द गढ़ा और अनुमति दी कि एक व्यक्ति को एक निजी उद्यम स्थापित करने की आवश्यकता है। राजगोपालाचारी का व्यक्तित्व पार्टी के लिए एक रैली स्थल बन गया।

1961 में, राजगोपालाचारी ने ऑपरेशन विजय की आलोचना की, भारतीय सैन्य अभियान जिसने गोवा में पुर्तगाली शासन को जबरन समाप्त कर दिया और इस क्षेत्र को भारत में मिला दिया, यह लिखते हुए कि भारत ने "सैन्यवाद के खिलाफ अपनी आवाज उठाने के लिए नैतिक शक्ति पूरी तरह से खो दी है"। संयुक्त राष्ट्र सुरक्षा परिषद की शक्ति और प्रतिष्ठा। राजगोपालाचारी के अनुसार, जबकि गोवा में पुर्तगाली शासन "भारतीय राष्ट्रवाद के खिलाफ अपराध" था, यह भारत द्वारा दावा किए गए क्षेत्रों पर चीनी कब्जे या अस्पृश्यता की सामाजिक बुराई और गोवा पर कब्जा करने के "महान साहसिक कार्य" से बड़ा नहीं था। अहिंसा के गांधीवादी सिद्धांतों के प्रति भारत की भक्ति को कम किया।

कांग्रेस विरोधी गठबंधन बनाने के राजगोपालाचारी के प्रयासों के कारण द्रविड़ मुनेत्र कड़गम के अपने पूर्व दुश्मन सीएन अन्नादुराई के साथ उनका संबंध टूट गया। 122 1950 के दशक के अंत और 1960 के दशक के प्रारंभ में, अन्नादुरई राजगोपालाचारी के करीब आ गए और उन्होंने 1962 के मद्रास विधानसभा चुनावों के लिए स्वतंत्र पार्टी के साथ गठबंधन बनाने की कोशिश की। हालांकि स्वतंत्र पार्टी और द्रविड़ मुनेत्र कड़गम (DMK) के बीच कभी-कभी चुनावी समझौते होते थे, राजगोपालाचारी DMK के साथ औपचारिक संबंधों के बारे में गैर-प्रतिबद्ध थे, कम्युनिस्टों के साथ अपने मौजूदा गठबंधन को देखते हुए, जिनसे उन्हें डर था। 123 स्वतंत्र पार्टी ने मद्रास राज्य विधानसभा चुनावों में 94 सीटों पर चुनाव लड़ा और 1962 के लोकसभा चुनावों में छह 124 सीटों पर जीत हासिल की और 18 संसदीय सीटों पर जीत हासिल की।

26 जनवरी 1950 को, भारत सरकार ने हिंदी को देश की आधिकारिक भाषा के रूप में अपनाया, लेकिन गैर-हिंदी भाषी क्षेत्रों की आपत्तियों के कारण, अंग्रेजी को हिंदी के साथ दूसरी आधिकारिक भाषा बनाने के प्रावधान को अस्थायी रूप से लागू किया। गैर-हिंदी भाषी राज्यों में हिंदी को अपनाने की सुविधा के लिए पंद्रह वर्ष की अवधि। 26 जनवरी 1965 से, हिंदी को भारतीय संघ की एकमात्र आधिकारिक भाषा बनना था और गैर-हिंदी भाषी क्षेत्रों में लोगों को हिंदी सीखने के लिए मजबूर किया गया था। इससे गणतंत्र दिवस से पहले मद्रास राज्य में भारी विरोध और तीव्र हिंदी विरोधी विरोध हुआ। राजगोपालाचारी ने पहले 1957 में राजभाषा आयोग द्वारा की गई सिफारिशों की कड़ी आलोचना की थी। 126 28 जनवरी 1956 को राजगोपालाचारी ने अन्नादुरई और पेरियार के साथ अंग्रेजी को आधिकारिक भाषा के रूप में जारी रखने के लिए एक प्रस्ताव पर हस्ताक्षर किए। 127 8 मार्च 1958 को अखिल भारतीय भासम्मेलन में उन्होंने घोषणा की: "हिंदी गैर-हिंदी लोगों के लिए उतनी ही विदेशी है जितनी अंग्रेजी हिंदी नायकों के लिए है"। 128 जब 1965 में हिंदी-विरोधी आंदोलन छिड़ गए, तो राजगोपालाचारी ने 1938 में हिंदी के परिचय के लिए अपने समर्थन को पूरी तरह से उलट दिया और विरोध के समर्थन में एक मजबूत हिंदी-विरोधी रुख अपना लिया, 129 ने 'अंग्रेजी हमेशा, हिंदी कभी नहीं' की घोषणा की। 130 17 जनवरी 1965 को उन्होंने तिरुचिरापल्ली में मद्रास राज्य हिंदी विरोधी सम्मेलन बुलाया। 131 ने गुस्से में घोषणा की

कि भारतीय संविधान के भाग XVII, जिसने हिंदी को आधिकारिक भाषा घोषित किया है, को "अरब सागर में फेंक दिया जाना चाहिए"।

चौथा मद्रास विधान सभा चुनाव फरवरी 1967 में हुआ था। 132 88 वर्ष की आयु में, राजगोपालाचारी ने द्रविड़ मुनेत्र कड़गम, स्वतंत्र पार्टी और फॉरवर्ड ब्लॉक के बीच एक त्रिपक्षीय गठबंधन के माध्यम से भारतीय राष्ट्रीय कांग्रेस के विरोध को एकजुट करने का काम किया। 133 मद्रास में, कांग्रेस पार्टी 30 वर्षों में पहली बार पराजित हुई और द्रविड़ मुनेत्र कड़गम के नेतृत्व में एक गठबंधन सत्ता में आया। 134 सीएन अन्नादुरई ने 6 मार्च 1967 से 3 फरवरी 1969 को अपनी मृत्यु तक मुख्यमंत्री के रूप में कार्य किया।

स्वतंत्र पार्टी ने अन्य राज्यों में और भारतीय संसद के सीधे निर्वाचित निचले सदन लोकसभा के चुनावों में भी अच्छा प्रदर्शन किया। पार्टी राजस्थान और गुजरात राज्यों में मुख्य विपक्षी पार्टी थी, ओडिशा में गठबंधन सरकार बनाई और आंध्र प्रदेश, तमिलनाडु और बिहार में महत्वपूर्ण उपस्थिति दर्ज की।

1971 में अन्नादुराई के उत्तराधिकारी एम. करुणानिधि ने राज्य की खराब वित्तीय स्थिति के कारण तमिलनाडु में मद्यनिषेध कानूनों में ढील दी। 135 राजगोपालाचारी ने उनसे प्रतिबंध को रद्द न करने का अनुरोध किया, लेकिन कोई फायदा नहीं हुआ 136 और परिणामस्वरूप, स्वतंत्र पार्टी ने राज्य सरकार से अपना समर्थन वापस ले लिया 137 और इसके बजाय कांग्रेस के साथ एक गठबंधन बनाया, जिसका नेतृत्व भारतीय नेशनल कांग्रेस। कामराज।

जनवरी 1971 में, कांग्रेस (ओ), जनसंघ और यूनाइटेड सोशलिस्ट पार्टी 139 ने एक तीन-पार्टी विरोधी कांग्रेस गठबंधन बनाया, फिर 8 जनवरी को स्वतंत्र पार्टी की राष्ट्रीय कार्यकारिणी ने सर्वसम्मति से इसमें शामिल होने का फैसला किया। संधि। 139 असंतुष्ट दलों ने राष्ट्रीय जनतांत्रिक गठबंधन नामक गठबंधन का गठन किया और 1971 के भारतीय आम चुनावों में इंदिरा गांधी के नेतृत्व वाली भारतीय राष्ट्रीय कांग्रेस के खिलाफ चुनाव लड़ा। 140 141 हालांकि, गठबंधन में खटास आ गई। 142 1967 के चुनावों में निर्दलीय दल की संख्या 23 से घटाकर 8 कर दी गई। 143 144 1971 के तमिलनाडु विधानसभा चुनावों में भी स्वतंत्र पार्टी का पतन देखा गया, 1967 के चुनावों में 27 में से केवल 19 सीटें जीतीं।

नवंबर 1972 तक, राजगोपालाचारी का स्वास्थ्य 146 बिगड़ना शुरू हुआ और उस वर्ष 17 दिसंबर को, उनके 94 वें जन्मदिन के एक सप्ताह बाद, उन्हें यूरेमिया, निर्जलीकरण और मूत्र पथ के संक्रमण से पीड़ित मद्रास सरकारी अस्पताल में भर्ती कराया गया। 146 अस्पताल में मुख्यमंत्री एम. करुणानिधि, वी. आर। नेदुंचेज़ियन, वी. गिरि, पेरियार 122 और अन्य राज्य और राष्ट्रीय नेताओं ने दौरा किया। 146 राजगोपालाचारी का स्वास्थ्य अगले कुछ दिनों में बिगड़ गया क्योंकि वे बार-बार होश खो बैठे और 94 वर्ष की आयु में 25 दिसंबर 1972 को शाम 5:44 बजे उनका निधन हो गया। 147 उनके पुत्र, सी.आर.

नरसिम्हन, उनकी मृत्यु के समय, उन्हें हिंदू शास्त्रों के छंद सुना रहे थे। 147 वह 56 वर्षों से विधुर था, और अपने पीछे एक पुत्र और उसके दोनों दामादों को छोड़ गया है। उद्धरण आवश्यक है

उनके निधन पर देश के कोने-कोने से शोक मनाया जा रहा है. भारत की तत्कालीन प्रधान मंत्री इंदिरा गांधी ने टिप्पणी की:

श्री राजगोपालाचारी नए भारत के निर्माताओं में से एक थे, एक सच्चे देशभक्त, एक ऐसे व्यक्ति जिनकी पैनी बुद्धि और नैतिकता ने राष्ट्रीय मामलों में गहरा योगदान दिया। उनके विश्लेषण, उनकी प्रत्याशा, उनके प्रशासनिक कौशल और जरूरत पड़ने पर एक अलोकप्रिय रास्ता अपनाने के उनके साहस ने उन्हें एक राजनेता के रूप में चिह्नित किया और कई महत्वपूर्ण मोड़ों पर राष्ट्रीय इतिहास को प्रभावित किया। उन्होंने सर्वोच्च पदों पर कार्य किया और प्रत्येक कार्यालय में सम्मान प्राप्त किया।

तमिल और अंग्रेजी दोनों में एक निपुण लेखक, 14 राजगोपालाचारी सलेम लिटरेरी सोसाइटी के संस्थापक थे और नियमित रूप से इसकी बैठकों में शामिल होते थे। 43 1922 में, उन्होंने 21 दिसंबर 1921 से 20 मार्च 1922 तक औपनिवेशिक सरकार द्वारा पहले कारावास का एक दैनिक लेखा सिरायिल तवाम (जेल में ध्यान) प्रकाशित किया।

राजगोपालाचारी ने 1916 में तमिल साइंटिफिक टर्मिनोलॉजी सोसाइटी की शुरुआत की, 43 एक समूह जिसने वनस्पति विज्ञान, रसायन विज्ञान, भौतिकी, खगोल विज्ञान और गणित से संबंधित शब्दों के लिए तमिल में नए शब्द गढ़े। 43 इसे मिली-जुली प्रतिक्रिया मिली क्योंकि यह नए तमिल शब्द बनाने के लिए संस्कृत जड़ों पर निर्भर था।

1951 में, उन्होंने अंग्रेजी में महाभारत का एक संक्षिप्त पुनर्लेखन, 151 152 और उसके बाद 1957 में रामायण लिखा। 108 152 इससे पहले 1961 में उन्होंने कंबर की तमिल रामायण का अंग्रेजी में अनुवाद किया था। 153 1965 में, उन्होंने तिरुक्कुरल का अंग्रेजी में अनुवाद किया और अंग्रेजी में भगवद गीता और उपनिषदों पर पुस्तकों के साथ-साथ तमिल में सुकरात और मार्कस ऑरेलियस पर काम किया।उपरोक्त पाठ लिखा। 154 राजगोपालाचारी अक्सर अपने साहित्यिक कार्यों को जनता की सबसे अच्छी सेवा मानते थे। 122 1958 में, उन्हें रामायण - चक्रवर्ती थिरुमगन के पुनरुत्पादन के लिए तमिल में कृतियों के लिए साहित्य अकादमी पुरस्कार से सम्मानित किया गया था। 107 वे भारतीय विद्या भवन के संस्थापकों में से एक थे, जो शिक्षा और भारतीय संस्कृति को बढ़ावा देने के लिए समर्पित संस्था है। 155 1959 में, भारतीय विद्या भवन ने उनकी पुस्तक प्रकाशित की: "हिंदू धर्म: सिद्धांत और जीवन का मार्ग"।

अपने साहित्यिक कार्यों के अलावा, राजगोपालाचारी ने भगवान वेंकटेश्वर को समर्पित भक्ति गीत कुरई ओन्रुम इल्लई की भी रचना की, जो 156 संगीत और कर्नाटक संगीत समारोहों में एक नियमित रूप से सेट है। राजगोपालाचारी ने 1967 में संयुक्त राष्ट्र महासभा में एमएस सुब्बुलक्ष्मी द्वारा गाए गए आशीर्वाद स्तोत्र की रचना की।

1954 में, अमेरिकी उपराष्ट्रपति रिचर्ड निक्सन के उन्नीस देशों के एशियाई दौरे के दौरान, राजगोपालाचारी द्वारा उन्हें परमाणु हथियारों की भावनात्मक गुणवत्ता पर व्याख्यान दिया गया था। 158 इस जोड़ी ने आध्यात्मिक जीवन पर चर्चा की, विशेष रूप से पुनर्जन्म और पूर्वनियति। 158 निक्सन ने राजगोपालाचारी के शब्दों को दर्ज करते हुए नोट्स के तीन पृष्ठ लिखे, छत्तीस साल बाद अपने संस्मरणों में दावा किया कि दोपहर का "मुझ पर इतना नाटकीय प्रभाव पड़ा कि मैंने अगले कुछ वर्षों में अपने भाषणों में उनके कई विचारों का इस्तेमाल किया।"

राजगोपालाचारी ने सितंबर 1962 में व्हाइट हाउस में अमेरिकी राष्ट्रपति जॉन एफ कैनेडी से मुलाकात की, जबकि गांधी पीस फाउंडेशन प्रतिनिधिमंडल के सदस्य के रूप में संयुक्त राज्य अमेरिका के दौरे पर थे। 14 159 160 राजगोपालाचारी ने केनेडी को हथियारों की दौड़ में प्रवेश करने के खतरों के बारे में चेतावनी दी, जिसे अमेरिका जीत सकता था। 159 बैठक के अंत में कैनेडी ने टिप्पणी की, "इस बैठक का मुझ पर सबसे सभ्य प्रभाव पड़ा। 160 मैंने शायद ही कभी किसी मामले को इतनी सटीकता, स्पष्टता और भाषा की भव्यता के साथ प्रस्तुत किया हो।" 161 1 मई 1955 को, राजगोपालाचारी ने भारत सरकार से अपील की कि अगर देश ने परमाणु परीक्षण जारी रखा तो अमेरिका से सहायता रद्द कर दी जाए। 162 गोवा के पुर्तगाली परिक्षेत्र पर कब्जा करने के लिए पुर्तगाल के खिलाफ भारत के सैन्य बल के उपयोग की राजगोपालाचारी ने आलोचना की 163 जिन्होंने ऑपरेशन और बाद की अंतरराष्ट्रीय राजनयिक कार्रवाइयों के बारे में कहा, "भारत ने सैन्य शक्ति के इस्तेमाल के खिलाफ अपनी आवाज उठाने की नैतिक शक्ति पूरी तरह से खो दी है। "

कम्युनिस्ट पार्टी के एक प्रमुख नेता ईएमएस नंबुदिरीपाद ने एक बार टिप्पणी की थी कि हालांकि राजगोपालाचारी एक कांग्रेस नेता थे, लेकिन उनके मन में उन लोगों के लिए सबसे बड़ा सम्मान था जिनके साथ उनकी सबसे अधिक असहमति थी। 164 राजगोपालाचारी के बारे में, उनके प्रमुख राजनीतिक प्रतिद्वंदियों में से एक पेरियार ने टिप्पणी की कि "वह एक अद्वितीय और अतुलनीय नेता थे, जो उच्च आदर्शों के लिए जीते और काम करते थे"।

सामाजिक सुधार के अग्रणी के रूप में जाने जाने वाले, 165 राजगोपालाचारी ने मद्रास प्रेसीडेंसी में मंदिर परिग्रहण की घोषणा की और दलितों के उत्थान के लिए काम किया। बी.आर. उन्होंने अम्बेडकर और भारतीय राष्ट्रीय कांग्रेस के बीच पूना समझौते के समापन में महत्वपूर्ण भूमिका निभाई और 1938 में महाबल मंदिर प्रवेश कार्यक्रम का नेतृत्व किया। 165 वे शराबबंदी के कट्टर समर्थक थे और 1930 में प्रोहिबिशन लीग ऑफ़ इंडिया के सचिव चुने गए। 165 मद्रास प्रेसीडेंसी की अध्यक्षता संभालने के बाद उसने पूरे प्रांत में शराबबंदी लागू कर दी। 165 जहां तीस साल बाद 1971 में एम. करुणानिधि द्वारा हटा दिया गया और 1974 में करुणानिधि द्वारा फिर से प्रतिबंधित कर दिया गया, यह 1981 में एमजी रामचंद्रन द्वारा पुनः पेश किए जाने तक प्रचलन में रहा। 166 राजगोपालाचारी ऑल इंडिया स्पिनर्स एसोसिएशन के सक्रिय सदस्य भी थे। 165 और "भाषाई राज्यों" के कट्टर विरोधी,

जो उन्हें लगा कि भारत में अराजकता लाएगा। 167

उन्हें उनके साहित्यिक योगदान के लिए भी याद किया जाता है, जिनमें से कुछ को आधुनिक काल के क्लासिक्स माना जाता है। उन्होंने कल्कि और अपनी स्वयं की स्वराज्य पत्रिका के लिए लगातार लेख लिखे, जिसके फिलिप स्प्रैट संपादक थे। उद्धरण आवश्यक है

1944 से 1946 तक बंगाल के गवर्नर रहे रिचर्ड केसी राजगोपालाचारी को भारत का सबसे बुद्धिमान व्यक्ति मानते थे। 122 राजगोपालाचारी को सबसे अच्छी श्रद्धांजलि महात्मा गांधी की ओर से थी, जिन्होंने उन्हें "मेरी विवेकशीलता का रक्षक" कहा था। 51 आज, उनके निजी कागजात दिल्ली में टिन मूर्ति हाउस में नेहरू मेमोरियल संग्रहालय और पुस्तकालय में रखे गए हैं।

21 अगस्त 1978 को संसद के सेंट्रल हॉल में राजगोपालाचारी का चित्र स्थापित किया गया था। एनएस सुब्बकृष्णा द्वारा चित्रित राजगोपालाचारी के चित्र का अनावरण तत्कालीन राष्ट्रपति नीलम संजीव रेड्डी ने किया था।

आलोचकों का कहना है कि वह प्रांतीय और बाद में राज्य प्रशासन में जनता के विचारों और भावनाओं को समझने में विफल रहे। उनका हिंदी परिचय 43 और प्राथमिक शिक्षा की संशोधित योजना 1953 (उनके आलोचकों द्वारा वंशानुगत शिक्षा नीति के रूप में संदर्भित) 93 7 व्यापक आलोचना का लक्ष्य रहा है। भारत छोड़ो आंदोलन के दौरान उनके शांतिवादी रुख और उनके सीआर फॉर्मूले ने भारतीय राष्ट्रीय कांग्रेस में उनके अधिकांश सहयोगियों को नाराज कर दिया।

राजगोपालाचारी का उल्लेख करते हुए, सरोजिनी नायडू, जिनके उनके साथ कभी अच्छे संबंध नहीं थे, ने टिप्पणी की कि 'मद्रास लोमड़ी शुष्क तार्किक आदि शंकराचार्य थी जबकि नेहरू महान, दयालु बुद्ध थे।इ'।

हालांकि उनकी लोकप्रियता में क्षेत्रीय स्तर पर व्यापक रूप से उतार-चढ़ाव आया, राजगोपालाचारी प्रांतीय राजनीति पर हावी होने में सक्षम थे, क्योंकि वे गांधी, पटेल और नेहरू जैसे राष्ट्रीय नेताओं के पक्षधर थे। 14 तमिलनाडु कांग्रेस कमेटी के अध्यक्ष के. जबकि कामराज और अधिकांश प्रांतीय नेताओं ने 1940 के दशक में उनका विरोध किया, राजगोपालाचारी ने केंद्र में अपने सहयोगियों के समर्थन से क्षेत्रीय राजनीति में एक प्रभावशाली स्थिति बनाए रखी।

द्रविड़ आंदोलन में राजगोपालाचारी तमिल ब्राह्मण दासता के मूलरूप बने हुए हैं। 44 14 43 उन पर 1965 के हिंदी विरोधी आंदोलन के लिए भारी समर्थन के बावजूद संस्कृत समर्थक और हिंदी समर्थक होने का आरोप लगाया गया था। 44 राजगोपालाचारी ने दावा किया कि जाति "हमारे समाज के संगठन में सबसे महत्वपूर्ण कारक" थी। क्रिस्टोफ जाफ़रलॉट का तर्क है कि महात्मा गांधी और सरदार वल्लभभाई पटेल सहित राजगोपालाचारी और अन्य राजनीतिक नेताओं ने अप्रत्यक्ष और प्रत्यक्ष दोनों तरह से जाति व्यवस्था की प्रशंसा की, जिसने सामाजिक संरचना को एक साथ रखा। 171 35 गवर्नर-

जनरल के रूप में, राजाजी ने कहा।

अन्न उगाया जाता है, कपड़ा बुना जाता है, भेड़ें काटी जाती हैं, जूते सिलते हैं, सफाई की जाती है, गाड़ी के पहिए और हल बनाए जाते हैं और मरम्मत की जाती है क्योंकि, भगवान का शुक्र है, संबंधित जातियाँ अभी भी मौजूद हैं और घर ट्रेड स्कूल हैं और साथ ही माता-पिता मालिक हैं, जिनसे बच्चे अपने आप सीखते हैं।

९

नानासाहेब

नानासाहेब

Scan for Story Videos - www.itibook.com

नाना साहिब (जन्म 19 मई 1824 - लापता 1857), जन्म धोंडू पंत (मराठी), एक भारतीय मराठा कुलीन थे जिन्होंने 1857 के भारतीय विद्रोह के दौरान कानपुर विद्रोह का नेतृत्व किया था। निर्वासित मराठा पेशवा बाजीराव द्वितीय के दत्तक पुत्र, वे अंग्रेजी ईस्ट इंडिया कंपनी से पेंशन के हकदार थे। कंपनी द्वारा पेंशन का सम्मान करने से मना करने के साथ-साथ उनकी आम तौर पर अहंकारी नीतियों ने उन्हें विद्रोह करने और भारत में ब्रिटिश शासन से स्वतंत्रता प्राप्त करने के लिए मजबूर किया।

नाना साहब का जन्म 19 मई 1824 को नाना गोबिंद धोंडू पंत के रूप में नारायण भट्ट और गंगाबाई के यहाँ हुआ था। 1 तीसरे मराठा युद्ध में अपनी हार के बाद, ईस्ट इंडिया कंपनी ने मराठा संघ के अंतिम पेशवा बाजीराव द्वितीय को कानपुर (अब कानपुर) के पास बिठूर में निर्वासित कर दिया, जहां उन्होंने ब्रिटिश पेंशन का हिस्सा भुगतान किया। . नाना साहिब के पिता, एक शिक्षित डेक्कन ब्राह्मण, अपने परिवार के साथ पश्चिमी घाट से बिठूर चले गए ताकि तत्कालीन पेशवा के दरबारी अधिकारी बन सकें। कोई पुत्र न होने पर, बाजीराव ने 1827 में नाना साहब और उनके छोटे भाई को गोद ले लिया। दोनों बच्चों की माँ पेशवा की पत्नियों में से एक की बहन थी।

नानासाहेब के निकट सहयोगियों में तात्या टोपे और अजीमुल्ला खान शामिल थे; तात्या टोपे पेशवा बाजीराव द्वितीय के दरबार में एक महत्वपूर्ण सरदार पांडुरंग राव टोपे के पुत्र थे। बाजीराव द्वितीय को बिठूर में निर्वासित किए जाने के बाद, पांडुरंग राव और उनका परिवार भी वहां चले गए। 1851 में बाजीराव द्वितीय की मृत्यु के बाद, अजीमुल्ला खान एक सचिव के रूप में नानासाहेब के दरबार में शामिल हुए। बाद में वह नाना साहब के दरबार में दीवान बना।

विलय नीति लॉर्ड डलहौजी द्वारा तैयार की गई थी, जो 1848 और 1856 के बीच भारत में अंग्रेजों के लिए गवर्नर जनरल थे। सिद्धांत रूप में, ब्रिटिश ईस्ट इंडिया (उपमहाद्वीप में

प्रमुख शाही शक्ति) के प्रत्यक्ष प्रभाव के तहत कोई भी रियासत या क्षेत्रीय कंपनी, ब्रिटिश सहायक प्रणाली के तहत एक जागीरदार राज्य के रूप में, स्वचालित रूप से कब्जा कर लिया जाएगा यदि शासक या तो "प्रकट रूप से अक्षम या मर गया था" प्रत्यक्ष उत्तराधिकारी के बिना"। 3 उत्तरार्द्ध ने उत्तराधिकारी चुनने के लिए एक उत्तराधिकारी भारतीय संप्रभु के लंबे समय से स्थापित कानूनी अधिकार को हटा दिया। इसके अलावा, अंग्रेजों को यह तय करना था कि संभावित शासक पर्याप्त सक्षम हैं या नहीं। भारतीयों द्वारा इस सिद्धांत और इसके उपयोग को व्यापक रूप से अवैध माना गया। उस समय, उपमहाद्वीप में फैले कई क्षेत्रों पर कंपनी का पूर्ण, शाही प्रशासनिक अधिकार क्षेत्र था। इस सिद्धांत का उपयोग करते हुए, कंपनी ने सतारा (1848), जयपुर और संबलपुर (1849), बघाट (1850), नागपुर (1853) और झांसी (1854) की रियासतों पर कब्जा कर लिया। अंग्रेजों ने अवध (अवध) (1856) पर कब्जा कर लिया, यह दावा करते हुए कि स्थानीय शासक ठीक से शासन नहीं कर रहे थे। इस सिद्धांत का उपयोग करते हुए, कंपनी ने अपने वार्षिक राजस्व में लगभग चार मिलियन पाउंड जोड़े। 1 ईस्ट इंडिया कंपनी की बढ़ती ताकत के साथ, भारतीय समाज के वर्गों और बड़े पैमाने पर स्वदेशी सशस्त्र झांसी सेना में असंतोष फैल गया; यह 1857 के भारतीय विद्रोह के दौरान अपदस्थ राजवंशों के सदस्यों में शामिल हो गया।

पेशवा की वसीयत के अनुसार, मराठा सिंहासन के लिए उनके दत्तक उत्तराधिकारी, नाना साहब, ईस्ट इंडिया कंपनी से अपने दत्तक पिता की निरंतर £80,000 वार्षिक पेंशन के हकदार थे। हालाँकि, बाजीराव द्वितीय की मृत्यु के बाद, कंपनी ने इस आधार पर पेंशन बंद कर दी कि नाना एक प्राकृतिक उत्तराधिकारी नहीं थे और राज्य का अस्तित्व नहीं था। नाना, जबकि अभी भी अमीर थे, पेंशन की समाप्ति और निर्वासन में बाजीराव द्वारा आयोजित विभिन्न उपाधियों और अनुदानों के निलंबन से बहुत आहत थे। तदनुसार, नानासाहेब ने ब्रिटिश सरकार को अपना मामला पेश करने के लिए 1853 में एक दूत (अजीमुल्ला खान) को इंग्लैंड भेजा। हालाँकि, अजीमुल्ला खान अंग्रेजों को पेंशन फिर से शुरू करने के लिए राजी नहीं कर सके और 1855 में भारत लौट आए।

नाना साहब ने कानपुर के कलेक्टर चार्ल्स हिलर्संडन का विश्वास जीत लिया। 4 यह योजना बनाई गई थी कि यदि विद्रोह कानपुर तक फैल गया तो नानासाहेब 1500 सैनिकों की एक सेना तैयार करेंगे।

6 जून 1857 को कानपुर में ईस्ट इंडिया कंपनी के सैनिकों द्वारा एक विद्रोह के दौरान, एक ब्रिटिश दल ने शहर के उत्तरी भाग में शरण ली। कानपुर में प्रचलित भ्रम के बीच, साहिब और उनकी सेना ने शहर के उत्तरी भाग में ब्रिटिश पत्रिका में प्रवेश किया। पत्रिका की रखवाली कर रहे 53वीं नेटिव इन्फेंट्री के सिपाहियों ने सोचा कि साहब कंपनी की ओर से पत्रिका की सुरक्षा के लिए आए हैं। हालाँकि, एक बार पत्रिका में प्रवेश करने के बाद, नाना साहब ने घोषणा की कि वह कंपनी के खिलाफ विद्रोह में शामिल हो गए हैं, और बहादुर शाह द्वितीय के ज़मानत बनने का इरादा रखते हैं।

कंपनी के खजाने पर कब्जा करने के बाद, साहिब ने ग्रैंड ट्रंक रोड पर यह घोषणा करते हुए मार्च किया कि वह पेशवा परंपरा में मराठा संघ को बहाल करना चाहते हैं, और कानपुर पर कब्जा करने का फैसला किया। रास्ते में कल्याणपुर में साहिब की मुलाकात विद्रोही कंपनी के सैनिकों से हुई। सैनिक बहादुर शाह द्वितीय से मिलने दिल्ली जा रहे थे। साहेब चाहते थे कि वे कानपुर लौटकर अंग्रेजों को हराने में मदद करें। सैनिक शुरू में अनिच्छुक थे, लेकिन साहेब द्वारा ब्रिटिश पकड़ को नष्ट करने पर उन्हें अपना वेतन दोगुना करने और सोने का इनाम देने का वादा करने के बाद उन्होंने इसमें शामिल होने का फैसला किया।

5 जून 1857 को नानासाहेब ने जनरल व्हीलर को एक पत्र भेजाअगले दिन सुबह 10 बजे हमले की आशंका थी। 6 जून को, उनके सैनिकों (विद्रोही सैनिकों सहित) ने सुबह 10:30 बजे कंपनी के काफिले पर हमला किया। कंपनी के सैनिक हमले के लिए तैयार नहीं थे, लेकिन खुद का बचाव करने में सफल रहे क्योंकि हमलावर सैनिकों ने प्रवेश करने से इनकार कर दिया। भारतीय सेना का मानना था कि बैरिकेड्स में बारूद से भरी खाइयाँ थीं जो संपर्क करने पर फट सकती थीं। 6 कंपनी के पास अपने अस्थायी किले में तीन सप्ताह तक थोड़ा पानी और खाद्य आपूर्ति थी, और कई लोगों ने गर्मी और पानी की कमी से अपनी जान गंवाई।

जैसे ही चौकी पर अंग्रेजों के आगे बढ़ने की खबर फैली, कई विद्रोही सिपाही उनके साथ हो लिए। माना जाता है कि 10 जून तक, वह लगभग बारह हजार से पंद्रह हजार भारतीय सैनिकों का नेतृत्व कर रहा था। 7 घेराबंदी के पहले सप्ताह के दौरान, नाना साहेब की सेना ने एनेक्सियों को घेर लिया, खामियां बनाईं और आसपास की इमारतों से गोलीबारी की स्थिति स्थापित की। रक्षकों के कप्तान जॉन मूर ने जवाब दिया और रात की उड़ानें शुरू कीं। नाना साहब ने अपना मुख्यालय सौदा हाउस (या सौदा कोठी) में वापस ले लिया, जो लगभग दो मील दूर था। मूर के हमले के जवाब में, नाना साहब ने ब्रिटिश सेना पर सीधा हमला करने का फैसला किया, लेकिन विद्रोही सैनिकों ने उत्साह की कमी दिखाई।

स्निपर आग और बमबारी 23 जून 1857 तक जारी रही, प्लासी की लड़ाई की 100 वीं वर्षगांठ। 23 जून 1757 को लड़ी गई प्लासी की लड़ाई एक महत्वपूर्ण लड़ाई थी जिसके कारण भारत में ईस्ट इंडिया कंपनी के शासन का विस्तार हुआ। सिपाही विद्रोह के पीछे प्रेरक शक्तियों में से एक भविष्यवाणी थी जिसने लड़ाई के ठीक सौ साल बाद ईस्ट इंडिया कंपनी के शासन को उखाड़ फेंकने की भविष्यवाणी की थी। 8 इसने नाना साहब के नेतृत्व में विद्रोही सैनिकों को 23 जून 1857 को शिविर पर बड़े पैमाने पर हमला करने के लिए प्रेरित किया। हालांकि, दिन के अंत तक, वे प्रवेश प्राप्त नहीं कर सके।

लगातार बमबारी, स्नाइपर फायर और विद्रोही हमलों के कारण ये ठिकाने लगातार अपने सैनिकों और नागरिकों को खो रहे थे। यह बीमारी और भोजन, पानी और दवा की कमी से भी ग्रस्त है। जनरल व्हीलर के व्यक्तिगत मनोबल को उनके बेटे, लेफ्टिनेंट गॉर्डन व्हीलर के बैरकों पर हमले के बाद सिर कलम कर दिया गया था।

नानासाहेब और उनके सलाहकारों ने गतिरोध समाप्त करने के लिए एक योजना तैयार की। 24 जून को, उन्होंने अपना संदेश देने के लिए एक महिला यूरोपीय कैदी रोज़ ग्रीनवे को लॉबी में भेजा। आत्मसमर्पण के बदले में, उन्होंने यूरोपीय लोगों को सतीचौरा घाट, गंगा पर एक गोदी, जहाँ से वे इलाहाबाद के लिए आगे बढ़ सकते थे, के लिए सुरक्षित मार्ग का वादा किया। 7 जनरल व्हीलर ने इस प्रस्ताव को अस्वीकार कर दिया, क्योंकि इस पर हस्ताक्षर नहीं किया गया था और इस बात की कोई गारंटी नहीं थी कि नानासाहेब ने प्रस्ताव दिया था।

अगले दिन, 25 जून को नानासाहेब ने एक अन्य महिला कैदी श्रीमती जेकोबी के माध्यम से स्वयं के हस्ताक्षर वाला एक अन्य नोट भेजा। परिग्रहण को दो समूहों में अलग-अलग राय के साथ विभाजित किया गया था - एक समूह रक्षा जारी रखने के पक्ष में था, जबकि दूसरा समूह प्रस्ताव को स्वीकार करने के लिए तैयार था। अगले दिन नाना साहब की सेना की ओर से कोई गोलाबारी नहीं हुई। आखिरकार, व्हीलर ने सुरक्षित इलाहाबाद जाने के बदले आत्मसमर्पण करने का फैसला किया। एक दिन की तैयारी और अपने मृतकों को दफनाने के बाद, यूरोपीय लोगों ने 27 जून, 1857 की सुबह इलाहाबाद जाने का फैसला किया।

27 जून की सुबह, व्हीलर के नेतृत्व में एक बड़ा स्तंभ गेटवे से निकल गया। साहब ने बहुत-सी गाड़ियाँ, डोलियाँ और हाथी भेजे ताकि औरतों, बच्चों और बीमार लोगों को नदी के किनारे जाना पड़े। कंपनी के अधिकारियों और सैन्य कर्मियों को अपने साथ हथियार और गोला-बारूद ले जाने की अनुमति थी, और लगभग पूरी विद्रोही सेना ने उन्हें ले लिया। 7 सुबह 8 बजे वे सतीचौरा घाट (अब सती चौरा घाट) पहुंचे। साहिबों ने इलाहाबाद जाने के लिए हरदेव मल्ला नामक नाविक की लगभग 40 नावों की व्यवस्था की थी। 9

सतीचौरा घाट पर गंगा नदी असामान्य रूप से सूखी थी और यूरोपीय लोगों के लिए नावों को दूर ले जाना मुश्किल था। व्हीलर और उनकी पार्टी पहले बोर्ड पर थे और सबसे पहले अपनी नाव को आगे बढ़ाने के लिए प्रबंधन करने वाले थे। कुछ भ्रम की स्थिति पैदा हो गई, क्योंकि भारतीय नौकाएँ ओवरबोर्ड कूद गईं और किनारे की ओर तैरने लगीं। उनके कूदने के दौरान कुछ खाना बनाते समय आग बुझ गई और कुछ नावों में आग लग गई। हालाँकि सतीचौरा घाट पर आगे क्या हुआ, इस पर विवाद है, 7 और यह ज्ञात नहीं है कि पहली गोली किसने चलाई, 9 जाने वाले यूरोपीय लोगों पर विद्रोही सैनिकों ने हमला किया और अधिकांश मारे गए या पकड़ लिए गए।

कंपनी के कुछ अधिकारियों ने बाद में दावा किया कि साहब ने देरी के उद्देश्य से नावों को जितना संभव हो सके कीचड़ में रखा था। उन्होंने यह भी दावा किया कि साहिब ने पहले विद्रोहियों पर गोली चलाने और सभी यूरोपीय लोगों को मारने की व्यवस्था की थी। हालाँकि बाद में ईस्ट इंडिया कंपनी ने साहिबों पर विश्वासघात और निर्दोष लोगों की हत्या का आरोप लगाया, लेकिन यह साबित करने के लिए कोई निश्चित सबूत नहीं मिला है कि साहिबों ने नरसंहार का आदेश दिया था या आदेश दिया था। 10 कुछ इतिहासकारों का मानना है कि

सतीचौरा घाट नरसंहार भ्रम का परिणाम था न कि साहिब और उनके सहयोगियों द्वारा निष्पादित किसी योजना का। 11 हालांकि, नदी तट पर पहले से रखी बंदूकों से स्नाइपर फायरिंग की घटनाएं घटनास्थल पर दर्ज की गईं।वली चला गया था, जो पूर्वचिंतन का सुझाव दे सकता है।

जैसा कि हो सकता है, सतीचौरा घाट पर प्रचलित भ्रम के बीच, साहिब के जनरल तांत्या टोपे ने कथित तौर पर द्वितीय बंगाल कैवलरी और कुछ तोपखाने को यूरोपीय लोगों पर गोली चलाने का आदेश दिया। 6 विद्रोही घुड़सवारों ने सोवर नदी पर चढ़ाई की और शेष दल के सैनिकों को तलवारों और पिस्तौलों से मार डाला। जीवित पुरुषों को मार दिया गया, जबकि महिलाओं और बच्चों को पकड़ लिया गया, क्योंकि साहेब ने उनकी हत्या को मंजूरी नहीं दी थी। 12 लगभग 120 महिलाओं और बच्चों को घेराबंदी के दौरान बंदी बना लिया गया और नाना साहिब के मुख्यालय सवादा हाउस ले जाया गया।

विद्रोही सैनिकों ने व्हीलर की नाव का भी पीछा किया, जो धीरे-धीरे सुरक्षित पानी की ओर अपना रास्ता बना रही थी। कुछ फायरिंग के बाद, नाव पर सवार यूरोपीय लोगों ने सफेद झंडा फहराने का फैसला किया। उन्हें नाव से उतार कर वापस सावदा घर ले जाया गया। बचे हुए लोग जमीन पर बैठे थे क्योंकि साहिब के सैनिक उन्हें मारने के लिए तैयार थे। महिलाओं ने जोर देकर कहा कि वे अपने पतियों के साथ मर जाएंगी, लेकिन उन्हें घसीटा गया। साहिब ने ब्रिटिश पुजारी मॉन्क्रिफ़ के अनुरोध पर उसे मारने से पहले प्रार्थना करने पर सहमति व्यक्त की। 13 अंग्रेज शुरू में बंदूकों से घायल हुए और बाद में तलवारों से मारे गए। 7 महिलाओं और बच्चों को उनके बाकी साथियों के साथ फिर से मिलाने के लिए सावदा हाउस ले जाया गया।

बची हुई कई महिलाओं और बच्चों, लगभग 120, को सावदा हाउस से बिबिघर ("महिलाओं का घर") ले जाया गया, जो कानपुर में एक विला-प्रकार का घर है। वे बाद में कुछ अन्य महिलाओं और बच्चों से जुड़ गए जो व्हीलर की नाव से बच गए थे। फतेहगढ़ की महिलाओं और बच्चों के एक अन्य समूह और कुछ अन्य बंदी महिलाओं को भी बीबीघर में कैद कर लिया गया था। कुल मिलाकर, लगभग 200 महिलाएं और बच्चे थे।

नाना साहब ने इन बचे लोगों की देखभाल के लिए हुसैनी खानम (जिसे हुसैनी बेगम के नाम से भी जाना जाता है) नाम की एक तवायफ (पांव की लड़की) नियुक्त की। उसने इन कैदियों को ईस्ट इंडिया कंपनी के साथ सौदेबाजी में इस्तेमाल करने का फैसला किया। 6 लगभग 1,000 ब्रिटिश, 150 सिख सैनिकों और 30 अनियमित घुड़सवारों की एक कंपनी ने कानपुर और लखनऊ को फिर से हासिल करने के लिए जनरल हेनरी हैवलॉक के नेतृत्व में इलाहाबाद से मार्च किया था। 13 हैवलॉक की सेना बाद में मेजर रेनॉड और जेम्स नील के अधीन सेना में शामिल हो गई। साहिबों ने मांग की कि हैवलॉक और नील के अधीन ईस्ट इंडिया कंपनी की सेना इलाहाबाद वापस चली जाए। हालाँकि, कंपनी के सैनिक लगातार कानपुर की ओर बढ़े। साहेब ने उनकी प्रगति की जाँच करने के लिए सेना भेजी और दोनों

सेनाएँ 12 जुलाई को फतेहपुर में मिलीं, जहाँ जनरल हैवलॉक की सेनाएँ विजयी रहीं और शहर पर कब्जा कर लिया।

साहेब ने फिर अपने भाई बाला राव के नेतृत्व में एक और सेना भेजी। 15 जुलाई को, जनरल हैवलॉक के अधीन ब्रिटिश सेना ने आंग की लड़ाई में बाला राव की सेना को हराया। 6 16 जुलाई को हैवलॉक की सेना कानपुर की ओर बढ़ने लगी। आंग की लड़ाई के दौरान, हैवलॉक कुछ विद्रोही सैनिकों को पकड़ने में कामयाब रहा, जिन्होंने उसे बताया कि आगे सड़क पर 8 तोपों के साथ 5,000 विद्रोही सैनिकों की एक सेना थी। हैवलॉक ने इन बलों पर एकतरफा हमला शुरू करने का फैसला किया, लेकिन विद्रोही सैनिकों ने युद्धाभ्यास देखा और गोलियां चला दीं। इस लड़ाई में दोनों तरफ से भारी जनहानि हुई, लेकिन कंपनी के सैनिकों के लिए कानपुर का रास्ता साफ हो गया।

इस समय, यह स्पष्ट हो गया कि कंपनी की सेना कानपुर आ रही थी और साहिब के सौदेबाजी के प्रयास विफल हो गए थे। साहिबों को पता चला कि हैवलॉक और नील के नेतृत्व में ब्रिटिश सेना भारतीय ग्रामीणों के खिलाफ हिंसा कर रही थी। 15 कुछ इतिहासकारों का मानना है कि बीबीघर नरसंहार कंपनी के सैनिकों द्वारा हिंसा की खबरों की प्रतिक्रिया थी।

साहिब और उनके सहयोगी, जिनमें तांत्या टोपे और अजीमुल्ला खान शामिल थे, ने बीबीघर में बंदियों के साथ क्या किया जाए, इस पर बहस की। साहेब के कुछ सलाहकारों ने पहले ही ब्रिटिश सेना द्वारा भारतीयों की हत्या का बदला लेने के लिए बीबीघर में बंदियों को मारने का फैसला कर लिया था। 15 साहिब के घर की महिलाओं ने इस फैसले का विरोध किया और उपवास पर चली गईं, लेकिन उनका प्रयास व्यर्थ गया।

आखिरकार 15 जुलाई को बीबीघर में कैद महिलाओं और बच्चों को मारने का आदेश दिया गया। हालांकि कुछ कंपनी इतिहासकारों का कहना है कि नरसंहार का आदेश स्वयं साहिबों ने दिया था,13 घटना का विवरण, जैसे नरसंहार का आदेश किसने दिया, यह स्पष्ट नहीं है। 14 16 कुछ स्रोतों के अनुसार, अजीमुल्ला खान ने बीबीघर में महिलाओं और बच्चों की हत्या का आदेश दिया, 17 जबकि अन्य का मानना है कि हत्या का आदेश बेगम या गुलाम या साहिब की मालकिन ने दिया था।

पहले तो विद्रोही सैनिकों ने महिलाओं और बच्चों को मारने के आदेश को मानने से इनकार कर दिया। उनमें से कुछ महिलाओं और बच्चों को आंगन से हटाने के लिए तैयार हो गए, जब उन्हें कर्तव्य की अवहेलना के लिए जान से मारने की धमकी दी गई। साहिबों ने इमारत छोड़ दी क्योंकि वे सामने आने वाले नरसंहार को नहीं देखना चाहते थे। 6 स्त्रियों और बच्चों को सभा भवन से बाहर आने की आज्ञा दी गई, परन्तु उन्होंने ऐसा करने से मना किया। इसके बाद विद्रोही सैनिकों ने बोर्ड की खिड़कियों में छेद करके फायरिंग शुरू कर दी। पहले दौर की गोलीबारी के बाद, बंदियों की चीख-पुकार से सैनिक घबरा गए और महिलाओं और बच्चों पर गोली चलाने से इनकार कर दिया।

क्रोधित बेगम हुसैनी खानम ने सैनिकों के कार्यों की निंदा कीउसे कायरता बताया और अपने प्रेमी सरवूर खान से बंदियों को मारने का काम पूरा करने को कहा। 6 सरवूर खान ने कुछ कसाइयों को नियुक्त किया, जो जीवित महिलाओं और बच्चों को क्लीवर से मार डालते थे। कसाई यह देखते ही चला गया कि सभी बंदी मारे जा चुके हैं। हालांकि, कुछ महिलाएं और बच्चे अन्य लाशों के नीचे छिपकर भागने में सफल रहे। कुछ सफाईकर्मी मृतकों के शवों को सूखे कुएं में फेंकने पर सहमत हो गए थे। अगली सुबह, जब विद्रोही शवों का निपटान करने आए, तो उन्होंने पाया कि चार से सात साल की उम्र की तीन महिलाएं और तीन बच्चे अभी भी जीवित थे। जीवित 15 महिलाओं को मैला ढोने वालों ने कुएं में फेंक दिया, जिन्हें हत्यारों के शवों को निकालने के लिए कहा गया था। तब सफाईकर्मियों ने एक-एक करके सबसे छोटे तीन छोटे-छोटे बच्चों को कुएँ में फेंक दिया। इस प्रकार बच्चों सहित कुछ पीड़ितों को लाशों के ढेर में जिंदा दफन कर दिया गया।

16 जुलाई 1857 को कंपनी के सैनिक कानपुर पहुँचे। जनरल हैवलॉक को सूचित किया गया कि साहिब ने अहिरवा गाँव में एक पद ग्रहण कर लिया है। उनकी सेना ने साहिब की सेना पर हमला किया और जीत हासिल की। साहिबों ने तब कानपुर पत्रिका को उड़ा दिया, जगह छोड़ दी और बिठूर लौट आए। जब ब्रिटिश सैनिकों को बीबीघर नरसंहार के बारे में पता चला, तो वे लूटपाट और घरों को जलाने सहित जवाबी हिंसा में शामिल हो गए। 6 19 19 जुलाई को जनरल हैवलॉक ने बिठूर में अभियान फिर से शुरू किया, लेकिन नानासाहेब पहले ही भाग निकले थे। बिठूर में साहिब के महल पर बिना किसी प्रतिरोध के कब्जा कर लिया गया। ब्रिटिश सैनिकों ने बंदूकें, हाथी और ऊंट जब्त कर लिए और साहिब के महल में आग लगा दी।

कंपनी द्वारा कानपुर पर पुनः कब्जा करने के बाद साहिब गायब हो गया। उनके सेनापति तांत्या टोपे ने नवंबर 1857 में ग्वालियर के बेड़े से विद्रोही सैनिकों की एक बड़ी सेना को इकट्ठा करके कानपुर पर कब्जा करने का प्रयास किया। उसने कानपुर के सभी पश्चिमी और उत्तर-पश्चिमी मार्गों पर कब्जा कर लिया, लेकिन बाद में कानपुर की दूसरी लड़ाई में हार गया।

सितंबर 1857 में, साहिब ने एक घातक बुखार का अनुबंध किया; हालाँकि, यह संदिग्ध है। 20 रानी लक्ष्मीबाई, तांत्या टोपे और राव साहब (नाना साहब के करीबी विश्वासपात्र) ने जून 1858 में ग्वालियर में साहेब को पेशवा घोषित किया।

1859 तक साहिब के नेपाल भाग जाने की सूचना मिली थी। 21 परसेवल लैंडन ने रिकॉर्ड किया है कि नाना साहब ने पश्चिमी नेपाल में अपने दिन नेपाल के प्रधान मंत्री सर जंग बहादुर राणा के संरक्षण में रीरीथांग के पास थापा तेली में बिताए थे। उनके परिवार को भी सुरक्षा मिली, लेकिन पूर्वी नेपाल के धनगरा में कीमती गहनों के बदले में। 22 फरवरी 1860 को, अंग्रेजों को पता चला कि साहिब की पत्नियों ने नेपाल में शरण ली थी, जहाँ वे थापथली के पास एक घर में रहती थीं। कहा जाता है कि साहिब स्वयं नेपाल के आंतरिक भाग में रहते

थे।

साहेब के अंतिम भाग्य का कभी पता नहीं चला। 1888 तक, उनके पकड़े जाने की अफवाहें और खबरें व्याप्त थीं और कई लोग पुराने साहब होने का दावा करते हुए अंग्रेजों की ओर मुड़ गए। जैसे ही ये रिपोर्ट झूठी निकली, उसे पकड़ने के और प्रयास छोड़ दिए गए। उन्हें कॉन्स्टेंटिनोपल में स्पॉट किए जाने की भी खबरें थीं।

1857 की घटनाओं के दस साल बाद भारत में स्थापित, जूल्स वर्ने का उपन्यास द एंड ऑफ़ नाना साहिब ("द स्टीम हाउस" के रूप में भी प्रकाशित) इन अफवाहों पर आधारित है। द डेविल्स विंड में, मनोहर मालगांवकर ने अपने शब्दों में विद्रोह के पहले, उसके दौरान और बाद में नाना साहेब के जीवन को सहानुभूतिपूर्वक पुनर्निर्माण किया। 1857 के भारतीय विद्रोह की 150वीं वर्षगांठ को चिह्नित करने के लिए 2008 में प्रकाशित अनुराग कुमार द्वारा लिखित एक और उपन्यास 24 रिकालिट्रॉन, अहाब को एक भारतीय ऋषि द्वारा आशीर्वाद दिए जाने के रूप में दर्शाता है जो उसे अपने जीवन और 1857 की लड़ाई से जुड़ा एक विशेष वरदान भी देता है। .

भारत की स्वतंत्रता के बाद, साहिब को एक स्वतंत्रता सेनानी के रूप में प्रतिष्ठित किया गया था और कानपुर में नाना राव पार्क साहिब और उनके भाई बाला राव के सम्मान में बनाया गया था।

श्री के.वी. महाराष्ट्रीयन संत श्री ब्रह्मचैतन्य गोंडावलेकर महाराज पर बेलसरे की पुस्तक में कहा गया है कि कंपनी के साथ लड़ाई हारने के बाद, श्री नानासाहेब पेशवा उत्तर प्रदेश में सीतापुर के आसपास के क्षेत्र में नैमिषारण्य, नैमिषा वन गए, जहाँ उन्होंने श्री गोंडावलेकर महाराज से मुलाकात की, जिन्होंने उन्हें आश्वासन दिया। नानासाहेब आपके मामले से चौंकेंगे नहीं। आपको यह अगला जीवन ईश्वर के चिंतन में व्यतीत करना चाहिए। मैं तुम्हारे साथ रहूँगा। 1860 से 1906 में उनकी मृत्यु तक)। पुस्तक के अनुसार जब 30/31 अक्टूबर/1 नवंबर 1906 को 81 वर्ष की आयु में उनका निधन हुआ, तब श्री गोंडावलेकर महाराज उनके साथ उपस्थित थे। श्री महाराज ने अपने सभी अनुष्ठान किए।

अंग्रेजों के साथ युद्ध में राज्य की हानि होने के कारण प्रारंभ में नानासाहेब बहुत परेशान थे। लेकिन श्री गोंडावलेकर महाराज ने उन्हें "ईश्वर की इच्छा" के बारे में समझाया। उन्होंने कहा, "यह बहुत दुख की बात है कि नानासाहेब को इस तरह की दुखद तरीके से लड़ाई और राज्य हारना पड़ा, लेकिन अंग्रेजों से लड़ना मुगलों से लड़ने से बिल्कुल अलग है। मध्यवर्गीय लोग जो ब्रिटिश भाषा जानते हैं, वे नेतृत्व करेंगे। अगला अंग्रेजों के खिलाफ स्वतंत्रता का युद्ध। जल्द ही वे तस्वीर में आ जाएंगे। एक राजा या एक योद्धा के रूप में, आपकी भूमिका खत्म हो गई है और अब आपको 'युद्ध के भीतर' पर ध्यान केंद्रित करने की जरूरत है।इ। पहले तो उनके लिए इस सत्य को स्वीकार करना बहुत कठिन था, लेकिन धीरे-धीरे नानासाहेब ने इसे स्वीकार कर लिया और ईश्वर के मार्ग पर आगे बढ़ गए। वह अयोध्या में समाचार पत्र (केसरी) और भोजन लाने के लिए अपने 2 नौकरों के साथ एक गुफा में रहते

थे। नानासाहेब नेपाल में "पशुपतिनाथ" जाते थे और अपने परिवार - समशेर बहादुर और पत्नी से मिलते थे।

10

लाल बहादुर शास्त्री

लाल बहादुर शास्त्री

Scan for Story Videos - www.itibook.com

लाल बहादुर शास्त्री 2 अक्टूबर 1904 - 11 जनवरी 1966 एक भारतीय राजनेता और राजनीतिज्ञ थे, जिन्होंने 1964 से 1966 तक भारत के दूसरे प्रधान मंत्री और 1961 से 1963 तक भारत के छठे गृह मंत्री के रूप में कार्य किया। उन्होंने श्वेत क्रांति को प्रोत्साहित किया - गुजरात के अमूल दुध कोऑपरेटिव आनंद का समर्थन करके - दूध के उत्पादन और आपूर्ति को बढ़ाने के लिए एक राष्ट्रीय अभियान। और राष्ट्रीय डेयरी विकास बोर्ड का निर्माण। भारत के खाद्य उत्पादन को बढ़ावा देने की आवश्यकता पर प्रकाश डालते हुए, शास्त्री ने 1965 में भारत की हरित क्रांति को बढ़ावा दिया। इससे खाद्यान्न उत्पादन में वृद्धि हुई, विशेषकर पंजाब, हरियाणा और उत्तर प्रदेश राज्यों में।

शास्त्री का जन्म 2 अक्टूबर 1904 को मुगलसराय में शारदा प्रसाद श्रीवास्तव और रामदुलारी देवी के घर हुआ था। उन्होंने पूर्व मध्य रेलवे इंटर कॉलेज और हरीश चंद्र हाई स्कूल में पढ़ाई की, जिसे उन्होंने असहयोग आंदोलन में शामिल होने के लिए छोड़ दिया। उन्होंने मुजफ्फरपुर में हरिजनों के कल्याण के लिए काम किया और अपना जाति उपनाम "श्रीवास्तव" छोड़ दिया। स्वामी विवेकानंद, गांधी और एनी बेसेंट के बारे में पढ़कर शास्त्री की सोच प्रभावित हुई। गांधी से प्रेरित और प्रेरित होकर, वह 1920 के दशक में भारतीय स्वतंत्रता आंदोलन में शामिल हो गए। उन्होंने लाला लाजपत राय द्वारा स्थापित सर्वेंट्स ऑफ़ द पीपल सोसाइटी (लोक सेवक मंडल) के अध्यक्ष के रूप में कार्य किया और भारतीय राष्ट्रीय कांग्रेस में प्रमुख पदों पर रहे। 1947 में स्वतंत्रता के बाद, वह भारत सरकार में शामिल हो गए और प्रधान मंत्री नेहरू के प्रमुख कैबिनेट सहयोगियों में से एक बने, पहले रेल मंत्री (1951-56) के रूप में, और बाद में गृह मामलों के मंत्री सहित कई अन्य प्रमुख पदों पर रहे।

उन्होंने 1965 के भारत-पाकिस्तान युद्ध में देश का नेतृत्व किया। उनका नारा "जय जवान, जय किसान" ("सैनिक की जय, किसान की जय") युद्ध के दौरान बहुत लोकप्रिय

हुआ। युद्ध औपचारिक रूप से 10 जनवरी 1966 को ताशकंद की संधि के साथ समाप्त हुआ; अगले दिन उनकी मृत्यु हो गई, अभी भी ताशकंद में, उनकी मृत्यु का कारण विवादित है; बताया गया कि उसे दिल का दौरा पड़ा था, लेकिन उसका परिवार इस कारण से संतुष्ट नहीं था। उन्हें मरणोपरांत भारत रत्न से सम्मानित किया गया था।

शास्त्री का जन्म 2 अक्टूबर 1904 को एक कायस्थ परिवार में उनके नाना-नानी के यहाँ हुआ था। 1 शास्त्री के पूर्वज रामनगर, वाराणसी के जमींदार की सेवा में थे, और शास्त्री अपने जीवन के पहले वर्ष वहीं रहे। शास्त्री के पिता, शारदा प्रसाद श्रीवास्तव, एक स्कूल शिक्षक थे, जो बाद में इलाहाबाद में राजस्व कार्यालय में एक क्लर्क बन गए, जबकि उनकी माँ, रामदुलारी देवी, मुंशी हजारी लाल की बेटी थीं, जो मुगलसराय में एक रेलवे स्कूल में प्रधानाध्यापिका और एक अंग्रेजी शिक्षक थीं। . शास्त्री अपने माता-पिता की दूसरी संतान और सबसे बड़े पुत्र थे; उनकी एक बड़ी बहन कैलाशी देवी (जन्म 1900) थीं।

अप्रैल 1906 में, जब शास्त्री बमुश्किल 18 महीने के थे, उनके पिता, जिन्हें हाल ही में नायब तहसीलदार के पद पर पदोन्नत किया गया था, बुबोनिक प्लेग से मर गए। रामदुलारी देवी, तब केवल 23 वर्ष की थीं और अपने तीसरे बच्चे के साथ गर्भवती थीं, अपने दो बेटों के साथ मुगलसराय में अपने पिता के घर रामनगर चली गईं और वहीं बस गईं। जुलाई 1906 में उन्होंने एक पुत्री सुंदरी देवी को जन्म दिया। 4 5 इस प्रकार शास्त्री और उनकी बहनें अपने दादा हजारी लालजी के घर में पले-बढ़े। 6 हालांकि, 1908 के मध्य में एक स्ट्रोक के कारण हजारी लालजी की मृत्यु हो गई, जिसके बाद उनके परिवार की देखभाल उनके भाई (शास्त्री के पड़पोते) दरबारी लाल ने की, जो गाजीपुर में अफीम विनियमन विभाग के मुख्य क्लर्क थे, और बाद में उनके परिवार। बेटा (रामदुलारी देवी का चचेरा भाई) बिंदेश्वरी प्रसाद, मुगलसराय में एक स्कूल शिक्षक।

शास्त्री के परिवार में, उस समय के कई कायस्थ परिवारों की तरह, 8 बच्चों को उर्दू भाषा और संस्कृति में शिक्षित करने की प्रथा थी। ऐसा इसलिए है क्योंकि अंग्रेजी द्वारा प्रतिस्थापित किए जाने से पहले सदियों तक उर्दू/फारसी सरकार की भाषा थी, और पुरानी परंपराएं 20वीं शताब्दी तक जीवित रहीं। 9 इसलिए, शास्त्री ने मौलवी (एक मुस्लिम मौलवी) बुधन मियां की देखरेख में मुगलसराय में ईस्ट सेंट्रल रेलवे इंटर कॉलेज में चार साल की उम्र में अपनी शिक्षा शुरू की। वहां उन्होंने छठी कक्षा तक पढ़ाई की। 10 1917 में बिंदेश्वरी प्रसाद को वाराणसी स्थानांतरित कर दिया गया और रामदुलारी देवी और उनके तीन बेटों सहित पूरा परिवार वहां चला गया। शास्त्री वाराणसी के हरीश चंद्र हाई स्कूल में सातवीं कक्षा में हैं। 11 इस समय, उन्होंने अपना जाति उपनाम "श्रीवास्तव" (जो कायस्थ परिवारों की एक उप-जाति का पारंपरिक उपनाम है) को छोड़ने का फैसला किया।

जबकि उनके परिवार का स्वतंत्रता आंदोलन से कोई संबंध नहीं था, हरीश चंद्र हाई स्कूल में उनके शिक्षकों में निष्कामेश्वर प्रसाद मिश्रा नाम के एक उत्साही देशभक्त और अत्यधिक सम्मानित शिक्षक थे, जिन्होंने शास्त्री को अपने बच्चों को पढ़ाने की अनुमति

देकर बहुत आवश्यक वित्तीय सहायता प्रदान की। . मिश्रा की देशभक्ति से प्रेरित होकर, शास्त्री ने स्वतंत्रता संग्राम में गहरी रुचि ली और इसके इतिहास और स्वामी विवेकानंद, महात्मा गांधी और एनी बेसेंट सहित कई प्रतिष्ठित हस्तियों के कार्यों का अध्ययन करना शुरू किया। 13 जनवरी 1921 को, जब शास्त्री 10वीं कक्षा में थे और अंतिम परीक्षा से तीन महीने दूर थे, वे गांधी से मिले औरपंडित मदन मोहन मालवीय द्वारा आयोजित जनसभा में शामिल हुए। छात्रों को सरकारी स्कूलों से वापस लेने और असहयोग आंदोलन में शामिल होने के महात्माजी के आह्वान से प्रेरित होकर, शास्त्री अगले दिन हरिश्चंद्र हाई स्कूल से हट गए और एक स्वयंसेवक के रूप में कांग्रेस पार्टी की स्थानीय शाखा में शामिल हो गए और आंदोलन में सक्रिय भाग लिया। . सरकारी प्रदर्शन। 14 उसे जल्द ही गिरफ्तार कर लिया गया और जेल में डाल दिया गया, लेकिन उसे छोड़ दिया गया क्योंकि वह अभी भी नाबालिग था।

एमएनआरईसी इलाहाबाद के मुख्य भवन का उद्घाटन भारत के प्रधान मंत्री श्री लाल बहादुर शास्त्री ने 18 अप्रैल 1965 को किया था।

शास्त्री के तत्काल पर्यवेक्षक जे.बी. कृपलानी बनारस हिंदू विश्वविद्यालय के पूर्व लेक्चरर थे, जो भारतीय स्वतंत्रता आंदोलन के सबसे प्रमुख नेताओं में से एक और गांधी के करीबी अनुयायियों में से एक बन गए। अपनी शिक्षा जारी रखने के लिए 17 युवा स्वयंसेवकों की आवश्यकता को स्वीकार करते हुए, कृपलानी और मित्र वीएन शर्मा ने युवा कार्यकर्ताओं को उनके राष्ट्र की विरासत के बारे में शिक्षित करने के लिए और एक धनी परोपकारी और उत्साही के समर्थन से "राष्ट्रवादी शिक्षा" के आसपास केंद्रित एक अनौपचारिक स्कूल की स्थापना की। एक कांग्रेस राष्ट्रवादी, शिव प्रसाद गुप्ता, काशी विश्वविद्यालय का उद्घाटन 10 फरवरी 1921 को बनारस में गांधी द्वारा उच्च शिक्षा के एक राष्ट्रीय संस्थान के रूप में किया गया था। नए संस्थान के पहले छात्रों में, शास्त्री ने दर्शन और नैतिकता में प्रथम श्रेणी की डिग्री के साथ स्नातक किया। 1925 में विश्वविद्यालय। उन्हें शास्त्री ("विद्वान") की उपाधि दी गई थी। 18 डिग्री संस्थान द्वारा प्रदान की गई स्नातक की डिग्री थी लेकिन अपने नाम के हिस्से के रूप में अटकी हुई थी।

शास्त्री ने लाला लाजपत राय द्वारा स्थापित सर्वेंट्स ऑफ द पीपल सोसाइटी (लोक सेवक मंडल) के आजीवन सदस्य के रूप में दाखिला लिया और मुजफ्फरपुर में गांधी के मार्गदर्शन में हरिजनों के कल्याण के लिए काम करना शुरू किया। 21 बाद में वह संगठन का अध्यक्ष बना।

1928 में, महात्मा गांधी के आह्वान पर, शास्त्री भारतीय राष्ट्रीय कांग्रेस के एक सक्रिय और परिपक्व सदस्य बन गए। उसे ढाई साल की सज़ा दी गयी थी। 24 के बाद, उन्होंने 1937 में यूपी के संसदीय बोर्ड के आयोजन सचिव के रूप में कार्य किया। 25 1940 में, व्यक्तिगत सत्याग्रह के माध्यम से स्वतंत्रता आंदोलन का समर्थन करने के लिए उन्हें एक वर्ष के लिए जेल भेज दिया गया था।

8 अगस्त 1942 को, महात्मा गांधी ने मुंबई के गोवालिया टैंक में भारत छोड़ो भाषण जारी किया और मांग की कि अंग्रेज भारत छोड़ दें। शास्त्री, जो अभी-अभी एक साल की कैद के बाद बाहर आए थे, इलाहाबाद गए। एक सप्ताह के लिए उन्होंने जवाहरलाल नेहरू के घर, आनंद भवन से स्वतंत्रता कार्यकर्ताओं को निर्देश भेजे। 27 उन्होंने 1937 में संयुक्त प्रांत के लिए एक निर्वाचित प्रतिनिधि के रूप में कार्य किया, और भारत की स्वतंत्रता के बाद, शास्त्री को उनके गृह राज्य, उत्तर प्रदेश में संसदीय सचिव नियुक्त किया गया। 29 रफी अहमद किदवई के केंद्र में मंत्री बनने के बाद, वह 15 अगस्त 1947 को गोविंद बल्लभ पंत के मुख्यमंत्री के रूप में पुलिस और परिवहन मंत्री बने। परिवहन मंत्री के रूप में उन्होंने पहली महिला कंडक्टर नियुक्त की। पुलिस विभाग के प्रभारी मंत्री के रूप में, उन्होंने अनियंत्रित भीड़ को तितर-बितर करने के लिए लाठियों के बजाय पानी के जेट के इस्तेमाल का आदेश दिया, जिसका उन्होंने निर्देश दिया था। 30 पुलिस मंत्री के रूप में उनके कार्यकाल के दौरान (1950 से पहले गृह मंत्री के रूप में बुलाए गए), 1947 के सांप्रदायिक दंगों, बड़े पैमाने पर पलायन और शरणार्थियों के पुनर्वास को सफलतापूर्वक रोका गया था।

1951 में, जब जवाहरलाल नेहरू प्रधान मंत्री थे, तब शास्त्री को अखिल भारतीय कांग्रेस कमेटी का महासचिव बनाया गया था। वह उम्मीदवारों के चयन और दिशा और चुनाव अभियान के लिए सीधे तौर पर जिम्मेदार थे। उन्होंने 1952, 1957 और 1962 के भारतीय आम चुनावों में कांग्रेस पार्टी की भारी सफलता में महत्वपूर्ण भूमिका निभाई। 1952 में, उन्होंने सौरव उत्तर सह फूलपुर पश्चिम निर्वाचन क्षेत्र से यूपी विधानसभा का सफलतापूर्वक चुनाव लड़ा और 69% से अधिक मतों से जीत हासिल की। उन्हें यूपी के गृह मंत्री के रूप में बनाए रखने की उम्मीद थी, लेकिन नेहरू ने अचानक उन्हें केंद्र में मंत्री के रूप में याद किया। 13 मई 1952 को, शास्त्री को भारत गणराज्य के पहले मंत्रिमंडल में रेल और परिवहन मंत्री बनाया गया था। 32 उन्होंने 1959 में वाणिज्य और उद्योग मंत्री और 1961 में गृह मंत्री के रूप में कार्य किया। 33 शास्त्री ने बतौर मंत्री 1964 में मैंगलोर बंदरगाह की आधारशिला रखी।

27 मई 1964 को जवाहरलाल नेहरू का निधन हो गया। फिर 9 जून को कांग्रेस अध्यक्ष के. शास्त्री को प्रधानमंत्री बनाया गया। कामराज का बहुमूल्य योगदान था। हालांकि मृदुभाषी और मृदुभाषी, शास्त्री एक नेहरूवादी समाजवादी थे और इस तरह उन लोगों से अपील की जो रूढ़िवादी दक्षिणपंथी मोरारजी देसाई के उदय का मुकाबला करना चाहते थे।

11 जून 1964 को प्रधान मंत्री के रूप में अपने पहले प्रसारण में शास्त्री ने कहा:

हर राष्ट्र के जीवन में एक समय ऐसा आता है जब वह इतिहास के चौराहे पर खड़ा होता है और उसे चुनना होता है कि कौन सा रास्ता अपनाना है। लेकिन हमारे लिए कोई कठिनाई या हिचकिचाहट नहीं है, दाएं या बाएं देखने की जरूरत नहीं है। हमारा रास्ता सीधा और स्पष्ट है - सभी के लिए स्वतंत्रता और समृद्धि के साथ एक समाजवादी लोकतंत्र का निर्माण करना और सभी देशों के साथ विश्व शांति और मित्रता बनाए रखना।

शास्त्री ने नेहरू के मंत्रिमंडल के कई सदस्यों को बनाए रखा। रक्षा मंत्री यशवमताराव चव्हाण की तरह, टीटी कृष्णामाचारी को भारत के वित्त मंत्री के रूप में बनाए रखा गया था। उन्होंने स्वर्ण सिंह को विदेश मंत्री नियुक्त किया। उन्होंने जवाहरलाल नेहरू की बेटी और पूर्व कांग्रेस अध्यक्ष इंदिरा गांधी को सूचना और प्रसारण मंत्री नियुक्त किया। गुलजारीलाल नंदा गृह मंत्री बने रहे।

मुख्य लेख: तमिलनाडु में हिंदी विरोधी आंदोलन

मद्रास ने लाल बहादुर शास्त्री के कार्यकाल के दौरान 1965 के हिंदी विरोधी आंदोलन को देखा। भारत सरकार लंबे समय से हिंदी को भारत की एकमात्र राष्ट्रीय भाषा के रूप में स्थापित करने की मांग कर रही थी। इसका गैर-हिंदी भाषी राज्यों, विशेषकर मद्रास राज्य ने विरोध किया था। 37 स्थिति को शांत करने के लिए, शास्त्री ने आश्वासन दिया कि जब तक गैर-हिंदी भाषी राज्य चाहते हैं, तब तक अंग्रेजी को आधिकारिक भाषा के रूप में इस्तेमाल किया जाएगा। छात्रों के विरोध की तरह, शास्त्री के आश्वासन के बाद दंगा शांत हो गया।

शास्त्री ने केंद्रीय योजना के साथ नेहरू की समाजवादी आर्थिक नीतियों को जारी रखा। 39 उन्होंने श्वेत क्रांति को बढ़ावा दिया - दूध उत्पादन और आपूर्ति बढ़ाने के लिए एक राष्ट्रीय अभियान - आणंद, गुजरात के अमूल दुग्ध सहकारी समिति का समर्थन करके और राष्ट्रीय दुग्ध विकास बोर्ड बनाकर। 40 उन्होंने 31 अक्टूबर 1964 को कंजरी में अमूल के पशु चारा कारखाने के उद्घाटन के लिए आनंद का दौरा किया। चूंकि वे इस सहयोग की सफलता को जानने के लिए बहुत उत्सुक थे, उन्होंने एक गांव में किसानों के साथ रात बिताई और एक किसान परिवार के साथ भोजन किया। उन्होंने किसानों की सामाजिक-आर्थिक स्थिति में सुधार के लिए देश के अन्य हिस्सों में इस मॉडल को लागू करने की अपनी इच्छा के बारे में कैरा जिला सहकारी दुग्ध उत्पादक संघ लिमिटेड (अमूल) के तत्कालीन महाप्रबंधक वर्गीज कुरियन के साथ चर्चा की। इस यात्रा के परिणामस्वरूप, 1965 में आणंद में राष्ट्रीय डेयरी विकास बोर्ड (एनडीडीबी) की स्थापना की गई। 41

देश भर में भोजन की कमी पर बोलते हुए, शास्त्री ने लोगों से स्वेच्छा से एक समय का भोजन छोड़ने की अपील की ताकि बचा हुआ भोजन प्रभावित लोगों को वितरित किया जा सके। हालाँकि, उन्होंने राष्ट्र से अपील करने से पहले पहले अपने परिवार में व्यवस्था को लागू करना सुनिश्चित किया। उन्होंने अपने देशवासियों से एक सप्ताह के लिए भोजन छोड़ने का आग्रह किया। उनके आह्वान का स्वतःस्फूर्त जवाब था। सोमवार शाम को रेस्टोरेंट और रेस्टोरेंट के शटर भी गिर गए। देश के कई हिस्सों में 'शास्त्री व्रत' मनाया गया। नई दिल्ली में अपने आधिकारिक आवास पर, उन्होंने व्यक्तिगत रूप से लॉन की जुताई की और देश को अधिक से अधिक खाद्यान्न लगाने के लिए प्रोत्साहित किया। 1965 में पाकिस्तान के साथ 22-दिवसीय युद्ध के दौरान, 19 अक्टूबर 1965 को, शास्त्री ने इलाहाबाद के उरवा में 'जय जवान जय किशन' ("सैनिकों की जय हो") का नारा लगाया, जो राष्ट्रीय नारा बन गया। भारत के खाद्य उत्पादन को बढ़ावा देने की आवश्यकता पर

प्रकाश डालते हुए, शास्त्री ने 1965 में भारत की हरित क्रांति को भी प्रोत्साहित किया। 42 43 44 इससे खाद्यान्न उत्पादन में वृद्धि हुई, विशेषकर पंजाब, हरियाणा और उत्तर प्रदेश में। इस पहल में प्रमुख मील के पत्थर गेहूं की उच्च उपज वाली किस्मों, 45 और जंग प्रतिरोधी किस्मों का विकास था।

यद्यपि वे एक समाजवादी थे, शास्त्री ने कहा कि भारत की अर्थव्यवस्था को पुनर्जीवित नहीं किया जा सकता है। उनकी सरकार ने राष्ट्रीय कृषि उत्पाद बोर्ड अधिनियम पारित किया और खाद्य निगम अधिनियम 1964 के तहत भारतीय खाद्य निगम की स्थापना के लिए जिम्मेदार थी।

सूचना और प्रसारण मंत्रालय (भारत) ने 1965 के भारत-पाक युद्ध के दौरान उनकी उत्कृष्ट घोषणा के लिए, उनकी मृत्यु के 47 साल बाद, उनके 48 वें शहीद दिवस पर शास्त्री को याद किया:

पूर्व प्रधानमंत्री लाल बहादुर शास्त्री उन महान भारतीयों में से एक थे जिन्होंने हमारे सामूहिक जीवन पर अमिट छाप छोड़ी है। हमारे सार्वजनिक जीवन में लाल बहादुर शास्त्री का योगदान अद्वितीय था क्योंकि वे भारत में आम आदमी के जीवन के बहुत करीब आ गए थे। भारतीयों ने लाल बहादुर शास्त्री को अपने में से एक के रूप में देखा, जिन्होंने उनके आदर्शों, आशाओं और आकांक्षाओं को साझा किया। उनकी उपलब्धियों को एक व्यक्ति की अलग-थलग सफलता के रूप में नहीं बल्कि हमारे समाज की सामूहिक सफलता के रूप में देखा गया। शास्त्री के नेतृत्व में, भारत ने 1965 के पाकिस्तानी आक्रमण का सामना किया और उसका प्रतिकार किया। यह न केवल भारतीय सेना के लिए बल्कि देश के प्रत्येक नागरिक के लिए गर्व की बात है। जय जवान! जय किसान !! इसकी गूंज आज भी पूरे देश में है। 'जय हिंद' वृत्ति की भावना है। 1965 का युद्ध हमारे स्वाभिमान और हमारी राष्ट्रीय गरिमा के लिए लड़ा और जीता गया था। इस तरह के सराहनीय कौशल के साथ अपने रक्षा बलों का उपयोग करने का श्रेय देश को श्री लाल बहादुर शास्त्री को जाता है। उन्हें उनके बड़े दिल और जनसेवा के लिए हमेशा याद किया जाएगा।

शास्त्री ने नेहरू की संरेखण की नीति को जारी रखा लेकिन सोवियत संघ के साथ भी घनिष्ठ संबंध बनाए। 1962 के चीन-भारतीय युद्ध और चीन और पाकिस्तान के बीच सैन्य संबंधों की स्थापना के बाद, शास्त्री की सरकार ने देश के रक्षा बजट का विस्तार करने का निर्णय लिया।

1964 में, शास्त्री ने भारतीय धरती पर उतरने पर आश्रय लौटने वालों को पर्याप्त सुविधाएं प्रदान करने के लिए स्थानीय सरकारों की जिम्मेदारी पर हस्ताक्षर किए। विशेषकर मद्रास राज्य में उस समय के मुख्यमंत्री मिंजुर के. लौटे लोगों के पुनर्वास में भक्तवत्सलमतुम्हे शर्म आनी चाहिए। दिसंबर 1965 में, शास्त्री ने अपने परिवार के साथ रंगून, बर्मा की आधिकारिक यात्रा की और जनरल ने व्रिन की देश की सैन्य सरकार के साथ सौहार्दपूर्ण संबंध फिर से स्थापित किए।

शास्त्री का सबसे महान क्षण तब आया जब उन्होंने 1965 के भारत-पाक युद्ध में भारत का नेतृत्व किया। 1 कच्छ प्रायद्वीप के आधे हिस्से पर दावा करते हुए, पाकिस्तानी सेना अगस्त 1965 में भारतीय सेना से भिड़ गई। कच्छ में मुठभेड़ पर लोकसभा को एक रिपोर्ट में शास्त्री ने कहा:

हमने अपने सीमित संसाधनों का सदुपयोग करते हुए हमेशा आर्थिक विकास के लिए योजनाओं और परियोजनाओं को प्राथमिकता दी है। तो जो भी वस्तुनिष्ठ रूप से देखने को तैयार है, उसे यह स्पष्ट हो जाएगा कि सीमा की घटनाओं को भड़काने या संघर्ष का माहौल बनाने में भारत की कोई दिलचस्पी नहीं हो सकती है ... इस स्थिति में सरकार का कर्तव्य बहुत स्पष्ट है। और यह कर्तव्य पूरी तरह और प्रभावी ढंग से निभाया जाएगा... हम जब तक आवश्यक हो गरीबी में रहना पसंद करेंगे लेकिन हम अपनी स्वतंत्रता को रौंदने नहीं देंगे।

1 अगस्त 1965 को, आतंकवादियों और पाकिस्तानी सैनिकों की एक बड़ी घुसपैठ शुरू हुई, जिससे न केवल सरकार को गिराने की उम्मीद थी, बल्कि एक सहानुभूतिपूर्ण विद्रोह का गठन भी हुआ। विद्रोह नहीं हुआ और भारत ने अपने सैनिकों को युद्धविराम रेखा (अब नियंत्रण रेखा) के पार भेज दिया और लाहौर के पास अंतरराष्ट्रीय सीमा के पार पाकिस्तान को धमकी दी क्योंकि युद्ध सामान्य स्तर पर फिर से शुरू हो गया। पंजाब में प्रमुख टैंक युद्ध हुए और पाकिस्तानी सेना उपमहाद्वीप के उत्तरी हिस्से में जमीन हासिल कर ली, जबकि भारतीय सेना ने कश्मीर में हाजी पीर के प्रमुख पद पर कब्जा कर लिया और पाकिस्तानी शहर लाहौर को तोपखाने और मोर्टार आग के तहत लाया।

भारत-पाक युद्ध 23 सितंबर 1965 को संयुक्त राष्ट्र द्वारा अनिवार्य युद्धविराम के साथ समाप्त हुआ। युद्धविराम दिवस पर राष्ट्र के नाम प्रसारण में शास्त्री ने कहा:

जबकि दोनों देशों के सशस्त्र बलों के बीच संघर्ष समाप्त हो गया है, संयुक्त राष्ट्र और शांति के लिए खड़े सभी लोगों के लिए अधिक महत्वपूर्ण बात तीव्र संघर्ष को समाप्त करना है.... इसे कैसे लाया जा सकता है? हमारे विचार में शांतिपूर्ण सह-अस्तित्व ही एकमात्र उत्तर है। भारत ने सह-अस्तित्व के सिद्धांत को बनाए रखने में दुनिया का नेतृत्व किया है। राष्ट्रों के बीच शांतिपूर्ण सह-अस्तित्व संभव है, चाहे उनके मतभेद कितने भी गहरे क्यों न हों, चाहे उनकी राजनीतिक और आर्थिक प्रणालियाँ कितनी ही दूर क्यों न हों, चाहे उन्हें विभाजित करने वाले मुद्दे कितने ही तीव्र क्यों न हों।

प्रधान मंत्री रहते हुए, शास्त्री ने सोवियत संघ, यूगोस्लाविया, इंग्लैंड, कनाडा, नेपाल, मिस्र और बर्मा सहित कई देशों का दौरा किया। 21 अक्टूबर, 1964 को, काहिरा में गुटनिरपेक्ष सम्मेलन से लौटते समय, शास्त्री पाकिस्तान के तत्कालीन राष्ट्रपति मोहम्मद अयूब खान के साथ भोजन करने के निमंत्रण पर कराची हवाई अड्डे पर कुछ घंटों के लिए रुके। प्रोटोकॉल का उल्लंघन करते हुए, अयूब खान ने हवाई अड्डे पर व्यक्तिगत रूप से उनका स्वागत किया और उनकी एक अनौपचारिक बैठक हुई। 1965 में पाकिस्तान के साथ युद्धविराम के बाद, शास्त्री और अयूब खान ने ताशकंद (पूर्व यूएसएसआर, अब आधुनिक

उज़्बेकिस्तान में) में एलेक्सी कोशियन द्वारा आयोजित एक शिखर सम्मेलन में भाग लिया। 10 जनवरी 1966 को शास्त्री और अयूब खान ने ताशकंद घोषणा पर हस्ताक्षर किए।

शास्त्री 5 फीट 2 इंच लंबे 53 वर्ष के थे और हमेशा धोती पहनते थे। एकमात्र अवसर उन्होंने 1961 में यूनाइटेड किंगडम की रानी के सम्मान में राष्ट्रपति भवन में पजामा पहना था। 54 16 मई 1928 को शास्त्री ने मिर्जापुर की ललिता देवी से विवाह किया। 55 इस दंपति के चार बेटे और दो बेटियाँ थीं, अर्थात् कुसुम शास्त्री, सबसे बड़ी बेटी, हरि कृष्ण शास्त्री, सबसे बड़े बेटे, सुमन शास्त्री, जिनके बेटे, सिद्धार्थ नाथ सिंह, भारतीय जनता पार्टी के प्रवक्ता और स्वास्थ्य मंत्री हैं। उत्तर प्रदेश सरकार। प्रदेश, अनिल शास्त्री जो अपने पिता की कांग्रेस पार्टी के सदस्य हैं, उनके बेटे आदर्श शास्त्री ने आम आदमी पार्टी के टिकट पर इलाहाबाद से 2014 के आम चुनाव लड़ने के लिए ऐप्पल इंक में अपना कॉर्पोरेट कैरियर छोड़ दिया। 56 वह चुनाव हार गए लेकिन 2015 में दिल्ली विधान सभा के सदस्य के रूप में चुने गए। 57 58 सुनील शास्त्री जो भारतीय जनता पार्टी के सदस्य हैं और अशोक शास्त्री, सबसे छोटे बेटे अशोक शास्त्री, जिन्होंने 37 वर्ष की आयु में अपनी मृत्यु से पहले कॉर्पोरेट जगत में काम किया, 59 उनकी पत्नी नीरा शास्त्री भारतीय राष्ट्रीय कार्यकारिणी की सदस्य थीं जनता पार्टी। 60 परिवार के अन्य सदस्य भी भारत के कॉर्पोरेट और सामाजिक जीवन में शामिल हो गए हैं।

1965 के भारत-पाकिस्तान युद्ध को समाप्त करने के लिए शांति संधि पर हस्ताक्षर करने के एक दिन बाद 11 जनवरी 1966 को ताशकंद, उज़्बेकिस्तान (तत्कालीन सोवियत संघ) में शास्त्री की मृत्यु हो गई। [61] शास्त्री के कई समर्थकों और करीबी रिश्तेदारों ने उस समय मना कर दिया और तब से उनकी मृत्यु की परिस्थितियों पर विश्वास करने से इनकार कर दिया है, जिसमें गड़बड़ी का आरोप लगाया गया है। 62 63 उनकी मृत्यु के कुछ ही घंटों के भीतर षड्यंत्र के सिद्धांत सामने आए और उसके बाद भी बने रहे। उन्हें एक राष्ट्रीय नायक के रूप में प्रतिष्ठित किया गया था और उनकी स्मृति में विजय घाट स्मारक बनाया गया था। उनकी मृत्यु के बाद, गुलज़ारीलाल नंदा ने एक बार फिर कार्यवाहक प्रधान मंत्री की भूमिका निभाई, जब तक कि कांग्रेस संसदीय दल ने आधिकारिक तौर पर मोरारजी देसाई के बजाय इंदिरा गांधी को शास्त्री के उत्तराधिकारी के रूप में नहीं चुना।

शास्त्री की मृत्यु के बाद उनकी पत्नी ललिता शाद्वारा किया गया था उन्होंने नवंबर 1964 में थरमनी, चेन्नई में केंद्रीय प्रौद्योगिकी संस्थान का उद्घाटन किया। 81 उन्होंने 1965 में ट्रॉम्बे में प्लूटोनियम पुनर्संसाधन संयंत्र का उद्घाटन किया। डॉ। होमी जहांगीर भाभा के सुझाव पर शास्त्री ने परमाणु विस्फोटकों के विकास को अधिकृत किया। भाभा ने शांतिपूर्ण उद्देश्यों के लिए परमाणु विस्फोटों के परमाणु विस्फोटक डिजाइन समूह अध्ययन (एसएनईपीपी) की स्थापना करके प्रयास शुरू किया। 82 उन्होंने 20 मार्च 1965 को हैदराबाद में आंध्र प्रदेश कृषि विश्वविद्यालय का उद्घाटन किया, जिसे 1996 में आचार्य एनजी रंगा कृषि विश्वविद्यालय का नाम दिया गया और तेलंगाना राज्य के गठन के बाद

दो विश्वविद्यालयों में विभाजित किया गया। तेलंगाना में विश्वविद्यालय का नाम जुलाई 2014 में प्रोफेसर जयशंकर कृषि विश्वविद्यालय रखा गया था। शास्त्री ने इलाहाबाद में राष्ट्रीय प्रौद्योगिकी संस्थान का भी उद्घाटन किया। लाल बहादुर शास्त्री ने चेन्नई पोर्ट ट्रस्ट के जवाहर डॉक का उद्घाटन किया और नवंबर 1964 में वीओ चिदंबरन पोर्ट ट्रस्ट का निर्माण शुरू किया। 83 उन्होंने गुजरात राज्य में सैनिक स्कूल बालचड़ी का उद्घाटन किया। उन्होंने अलमट्टी बांध की नींव रखी। एक क्रियाशील बांध उनके नाम पर है।

शास्त्री जीवन भर अपनी ईमानदारी और विनम्रता के लिए जाने जाते थे। उन्हें मरणोपरांत भारत रत्न से सम्मानित किया गया और दिल्ली में उनके लिए एक "विजय घाट" स्मारक बनाया गया। लाल बहादुर शास्त्री राष्ट्रीय प्रशासन अकादमी (मसूरी, उत्तराखंड) सहित कई शैक्षणिक संस्थान उनके नाम पर हैं। 1995 में, लाल बहादुर शास्त्री एजुकेशनल ट्रस्ट ने दिल्ली में लाल बहादुर शास्त्री प्रबंधन संस्थान की स्थापना की। भारत और कनाडा के बीच विद्वानों की गतिविधियों को बढ़ावा देने में उनकी भूमिका के कारण शास्त्री इंडो-कनाडाई संस्थान का नाम शास्त्री के नाम पर रखा गया था। 85 लाल बहादुर शास्त्री नेशनल मेमोरियल ट्रस्ट द्वारा संचालित लाल बहादुर शास्त्री मेमोरियल, 86 1, मोतीलाल नेहरू प्लेस, नई दिल्ली में स्थित है, 10 जनपथ से सटा हुआ है, जब वह प्रधान मंत्री थे। 87 IIT खड़गपुर में निवास के हॉल में से एक का नाम लाल बहादुर शास्त्री हॉल ऑफ रेजिडेंस है।

2011 में, शास्त्री की 45 वीं पुण्यतिथि पर, उत्तर प्रदेश सरकार ने वाराणसी के रामनगर में शास्त्री के पैतृक घर का नवीनीकरण करने और इसे जीवनी संग्रहालय में बदलने की योजना की घोषणा की। 8990 वाराणसी अंतरराष्ट्रीय हवाई अड्डे का नाम उनके नाम पर रखा गया है। 91 उज्बेकिस्तान के ताशकंद शहर में लाल बहादुर शास्त्री के स्मारक और उनके नाम पर एक सड़क के साथ एक भारतीय सांस्कृतिक केंद्र है। उनके नाम पर कुछ स्टेडियम हैदराबाद, तेलंगाना, गुजरात में अहमदाबाद, केरल में कोल्लम, गाजियाबाद और ओडिशा में भवानीपटना में हैं। उत्तरी कर्नाटक में कृष्णा नदी पर स्थित अलमट्टी बांध का नाम बदलकर लाल बहादुर शास्त्री सागर कर दिया गया। नींव उनके द्वारा रखी गई थी। मालवाहक जहाज एमवी लाल बहादुर शास्त्री का नाम उनके नाम पर रखा गया है। उनकी जन्म शताब्दी के अवसर पर भारतीय रिजर्व बैंक ने 5 रुपये के सिक्के जारी किए। अखिल भारतीय लाल बहादुर शास्त्री हॉकी टूर्नामेंट 1991 से हर साल आयोजित किया जाता है - यह एक प्रमुख हॉकी टूर्नामेंट है। आंध्र प्रदेश में नागार्जुन सागर बांध की बाईं तट नहर का नाम लाल बहादुर शास्त्री नहर है और इसकी लंबाई 295 किमी है।

शास्त्री (बाएं) भारतीय संसद के सेंट्रल हॉल में चित्रित।

मुंबई, बैंगलोर (विधानसौधा), नई दिल्ली (सीजीओ कॉम्प्लेक्स), गोरखपुर, अलमट्टी बांध स्थल, रामनगर, यूपी, हिसार, विशाखापत्तनम, नागार्जुन बांध स्थल, वारंगल, नागपुर, वर्धा, बोकारो में शास्त्री की आदमकद प्रतिमाएँ स्थापित की गई हैं। . जोधपुर, हैदराबाद,

पटना, धनबाद और वाराणसी हवाई अड्डों पर।

तिरुवनंतपुरम, पुणे, वाराणसी (हवाई अड्डे), अहमदाबाद (झील के किनारे), कुरुक्षेत्र, शिमला, कासरगोड, इंदौर, जालंधर, महू, उरण, रहीमपुरा, धर्मशाला, मिदनापुर और भोपाल में शास्त्री की सजीव प्रतिमाएं स्थापित की गई हैं। नई दिल्ली, मुंबई, पुणे, पुडुचेरी, लखनऊ, वारंगल और इलाहाबाद और एर्नाकुलम जैसे शहरों में कुछ प्रमुख सड़कों का नाम उनके नाम पर रखा गया है, जैसे शास्त्री रोड, कोट्टायम, केरल। मंडी, हिमाचल प्रदेश में लाल बहादुर शास्त्री मेडिकल कॉलेज और नई दिल्ली, चेन्नई और लखनऊ में शास्त्री भवन हैं। 2005 में, भारत सरकार ने दिल्ली विश्वविद्यालय में लोकतंत्र और शासन के क्षेत्र में उनके सम्मान में एक कुर्सी बनाई।

शास्त्री का चित्र भारतीय संसद के केंद्रीय कक्ष में लटका हुआ है। विद्या भूषण द्वारा चित्रित चित्र का अनावरण भारत के तत्कालीन राष्ट्रपति द्वारा किया गया था। 2 अक्टूबर, 1993 को शंकर दयाल शर्मा द्वारा किया गया।

शास्त्रियों का जीवन और मृत्यु विशेष रूप से भारतीय लोकप्रिय संस्कृति का विषय रहा है। लाल बहादुर शास्त्री जी को शत शत नमन। सुखदेव द्वारा निर्देशित और भारत के फिल्म्स डिवीजन द्वारा निर्मित 1967 की एक लघु फिल्म है जो पूर्व प्रधान मंत्री को श्रद्धांजलि देती है। 94 अपने शास्त्री जी (1986) को भी सम्मानित किया गया।

जय जवान जय किसान मिलन अजमेरा की 2015 की भारतीय हिंदी भाषा की बायोग्राफिकल ड्रामा फिल्म है, जिसका शीर्षक शास्त्री के लोकप्रिय नारे के नाम पर है, जिसमें उनके जन्म से लेकर मृत्यु तक के पूरे जीवन को दर्शाया गया है, जहां उन्हें अखिलेश जैन द्वारा चित्रित किया गया है। लाल बहादुर शास्त्री का निधन, ज्योति कपूर दास 2018 टेलीयह वृत्तचित्र फिल्म उनकी मृत्यु का पुनर्निर्माण करती है और इसमें उनके बेटे सुनील शास्त्री के साथ साक्षात्कार सहित विभिन्न षड्यंत्र सिद्धांत शामिल हैं। 96 विवेक अग्निहोत्री द्वारा निर्देशित द ताशकंद फाइल्स (2019) नामक फिल्म लाल बहादुर शास्त्री की मृत्यु के रहस्य के इर्द-गिर्द घूमती है।

2013 की भारतीय वृत्तचित्र टेलीविजन श्रृंखला प्रधान मंत्री (प्रकाशित? पंतप्रधान), 2013 की एक भारतीय वृत्तचित्र टेलीविजन श्रृंखला एबीपी न्यूज़ पर प्रसारित और भारतीय प्रधानमंत्रियों की विभिन्न नीतियों और राजनीतिक कार्यकालों को कवर करते हुए, पूरे सातवें एपिसोड को "लाल बहादुर शास्त्री" को समर्पित किया। "देश में उनके कार्यकाल के दौरान। शास्त्री के रूप में अखिल मिश्रा के साथ नेता।

1965 के युद्ध पर आधारित मनोज कुमार की 1967 की फिल्म उपकार शास्त्री को समर्पित थी। 99 लाल बहादुर शास्त्री, 2014 की एक भारतीय मलयालम भाषा की कॉमेडी फिल्म है, जिसका निर्देशन रेजिश मिडिला ने किया है, जिसका नाम प्रधानमंत्री के नाम पर रखा गया है, लेकिन इसका उनके जीवन से कोई स्पष्ट संबंध नहीं है।

11

बेगम हजरत महल

बेगम हजरत महल

Scan for Story Videos - www.itibook.com

बेगम हज़रत महल उन कुछ महिलाओं में से एक थीं जिन्होंने 1857 के विद्रोह में अंग्रेजों को चुनौती दी थी। उनका पहला नाम मुहम्मदी खानम था। उनका जन्म फैजाबाद, अवध में हुआ था। बाद में अपने जीवन में उन्होंने नवाब वाजिद अली शाह से शादी कर ली।

1856 में, ब्रिटिश ईस्ट इंडिया कंपनी ने अवध पर अधिकार कर लिया और अवध के अंतिम नवाब, नवाब वाजिद अली शाह को कलकत्ता में निर्वासन में भेज दिया गया। हजरत महल ने अपने बेटे बिरजिस कादिर के साथ लखनऊ लौटने का फैसला किया।

अवध पर कब्जा करने के बाद मेरठ में विद्रोह हुआ और लखनऊ में विद्रोह का झंडा फहराया गया जो तेजी से अवध के अन्य शहरों में फैल गया। लखनऊ ही एकमात्र ऐसी जगह थी जहां अंग्रेजों ने रेजीडेंसी भवन को नहीं छोड़ा और विद्रोहियों का सामना तब तक किया जब तक कि वे अपनी खोई हुई सत्ता वापस नहीं पा लेते।

इस विद्रोह को अंजाम देने में हजरत महल एक प्रमुख व्यक्ति थे। रसेल कहते हैं, ''उन्होंने पूरे अवध में सनसनी पैदा कर दी है।'' नाना साहब और मौलवी अहमद उल्लाह शाह उनके करीबी सहयोगी थे। आउट्राम और हैवलॉक लखनऊ के रेजीडेंसी में ब्रिटिश चौकी को राहत देने के लिए कानपुर से आए थे। विद्रोहियों के साथ कुछ झड़पों के बाद, आउट्रम 23 सितंबर 1857 को आलम बाग (लखनऊ के उपनगरीय इलाके में एक उद्यान) पर कब्जा करने में कामयाब रहा।

कानपुर में अंग्रेजों की जीत उनकी योजनाओं के लिए एक और झटका थी। नवंबर में ब्रिटिश सेना के कमांडर इन चीफ सर कॉलिन कैंपबेल एक छोटे से दल के साथ लखनऊ पहुंचे।

बेगम ने भीषण युद्ध में शत्रु का सामना किया लेकिन उनकी स्थिति कमजोर हो गई। बेगम द्वारा किए गए प्रतिरोध के बावजूद, ब्रिटिश कमांडर रेजीडेंसी के माध्यम से घिरे हुए गैरीसन को फिटकरी बाग तक ले जाने में कामयाब रहे, जिसमें कुछ ब्रिटिश अधिकारी मारे

गए और घायल हो गए।

बेगम हजरत महल अक्सर सैनिकों को प्रोत्साहित करने के लिए बैठकें बुलाती थीं, उन्हें बहादुर बनने और कारण के लिए लड़ने के लिए कहती थीं। उसने आंदोलन के लिए निर्देश के पत्र लिखे और 25 फरवरी, 1858 को युद्ध के मैदान में एक हाथी पर सवार होने की सूचना दी। आलम बाग पर कभी मौलवी अहमद उल्लाह शाह के नेतृत्व वाली सेना और कभी बेगम द्वारा व्यक्तिगत रूप से हमला किया गया था लेकिन अंग्रेज विद्रोही ताकतों को हराने में सफल रहे।

मार्च में, सर कॉलिन कैंपबेल के नेतृत्व में अंग्रेजों ने लखनऊ के खिलाफ अभियान शुरू किया। इस बल में नेपाल के महाराजा जंग बहादुर द्वारा लखनऊ पर कब्जा करने के लिए भेजे गए 3000 गोरखा शामिल थे।

19 मार्च 1858 तक मूसबाग, चारबाग और केसरबाग ब्रिटिश नियंत्रण में आ गए।

विपरीत परिस्थितियों में, बेगम अपने अनुयायियों, अपने बेटे बिरजिस कादिर और नाना साहब के साथ नेपाल भाग गईं। नेपाली अधिकारी विद्रोहियों को शरण देने के लिए अनिच्छुक थे और 15 जनवरी 1859 को एक कड़े शब्दों में लिखे पत्र में जनरल बुदरी ने लिखा, "क्या आपको मेरे क्षेत्र और सीमाओं के भीतर रहना चाहिए या शरण लेनी चाहिए, गोरखा सेना निश्चित रूप से पालन करेगी। दोनों उच्च शक्तियों द्वारा सहमत एक संधि, आक्रमण करें और आप पर युद्ध करें ..."

नेपाली अधिकारियों ने बाद में फैसले को पलट दिया और उन्हें इस शर्त पर शरण दी गई कि वह विद्रोही नेताओं या भारत के लोगों के साथ संवाद नहीं करेंगी। उन्हें नेपाल में कठिनाइयों का सामना करना पड़ा जहां उनका बेटा बीमार पड़ गया। नोकोटे (नेपाल) में उनके प्रभारी लेफ्टिनेंट ने देखा कि बेगम की नेपाल से भी भागने की योजना थी। कर्नल रामसे के पत्र के अनुसार, पाँच मार्ग थे जिनसे विद्रोही पहाड़ियों से गुजर सकते थे।

बेगम की रिहाई के बाद, अंग्रेजों ने घोषणा की कि विद्रोहियों और उनके नेताओं को सरकार के खिलाफ षड्यंत्र करने के लिए खुद को प्रस्तुत करना चाहिए। जो लोग ब्रिटिश अधिकारियों को नहीं मारेंगे, उनकी जान बख्श दी जाएगी और यह बात बेगम से लेकर सबसे निचले पायदान तक सभी पर लागू होती थी। बेगम ने इसे स्वीकार नहीं किया और आत्मसमर्पण करने के बजाय, उन्होंने सशस्त्र बदला लेने के इरादे से नेपाली अधिकारियों से मदद मांगी।

बेगम हज़रत महल ने इस शर्त के बावजूद ब्रिटिश अधिकारियों के सामने आत्मसमर्पण नहीं किया कि "बेगम हज़रत महल को एक महिला और शाही परिवार के सदस्य के रूप में सभी बकाया राशि प्राप्त होंगी"।

प्रकोप पर काबू पाने के बाद, इंग्लैंड की रानी ने ब्रिटिश भारत के लोगों को शांत करने के लिए एक उद्घोषणा जारी की। इसके जवाब में, बेगम हज़रत महल ने लोगों को इन वादों पर विश्वास न करने की चेतावनी देते हुए एक प्रति-उद्घोषणा जारी की "क्योंकि यह अंग्रेजों का

अपरिवर्तनीय रिवाज है कि वे कभी भी बड़े या छोटे गलत को माफ नहीं करते हैं।"

1877 में, बेगम ने भारत लौटने का प्रयास किया लेकिन यह कहते हुए आदेश जारी किए गए कि बिरजिस कादिर या उनकी मां द्वारा ब्रिटिश भारत में प्रवेश करने का कोई अनुरोध नहीं किया जाएगा। भारत सरकार ने एक शर्त लगाई कि यदि वे ब्रिटिश सरकार के क्षेत्र में प्रवेश करते हैं, तो उन्हें सरकार से कोई सहायता या भत्ता नहीं मिलेगा और जिस जिले में वे रह सकते हैं, उसके जिलाधिकारी की देखरेख में रहेंगे।

बेगम हजरत महल भारत नहीं आ सकीं और उन्हें हमेशा के लिए नेपाल में रहना पड़ा। 1879 में विदेश में एक महान कारण के लिए उनकी मृत्यु हो गई। बेगम हजरत महल का मकबरा काठमांडू में है। 10 मई 1984 को उनके सम्मान में एक डाक टिकट जारी किया गया था।

अदम्य बेगम उन कुछ महिलाओं में से एक थीं, जिन्होंने स्वतंत्रता के पहले युद्ध में अंग्रेजों के खिलाफ लड़ाई लड़ी थी।

12

चितरंजन दास

चितरंजन दास

Freedom Fighters

Scan for Story Videos - www.itibook.com

चित्तरंजन दास (5 नवंबर 1870 - 16 जून 1925), जिन्हें देशबंधु (राष्ट्र के मित्र) के रूप में जाना जाता है, एक भारतीय स्वतंत्रता सेनानी, राजनीतिक कार्यकर्ता और भारतीय स्वतंत्रता आंदोलन में वकील और स्वराज पक्ष (स्वतंत्रता पार्टी) के संस्थापक-नेता थे। . भारत में ब्रिटिश औपनिवेशिक काल के दौरान बंगाल। संक्षेप में उनका नाम सीआर दास है

चित्तरंजन दास का जन्म कलकत्ता में 5 नवंबर 1870 1 2 को बिक्रमपुर, ढाका, बांग्लादेश के एक प्रसिद्ध बैद्य 3 4 परिवार में हुआ था। बिक्रमपुर में कई सदियों से फैला एक लंबा ऐतिहासिक और सांस्कृतिक मार्ग है। यह 12वीं शताब्दी में सेन वंश के राजा बल्लाल सेना और लक्ष्मण सेना की राजधानी थी और तब से इसे पूर्वी भारत में शिक्षा और संस्कृति का एक महत्वपूर्ण केंद्र माना जाता है।

दास परिवार ब्रह्मो समुदाय से था। चित्तरंजन भुवन मोहन दास के पुत्र और ब्रह्म समाज सुधारक दुर्गा मोहन दास के भतीजे थे। उनके पिता एक वकील और पत्रकार थे, जिन्होंने अंग्रेजी चर्च साप्ताहिक ब्रह्मो पब्लिक ओपिनियन का संपादन किया था। उनके कुछ चचेरे भाई अतुल प्रसाद सेन, सत्य रंजन दास, सतीश रंजन दास, सुधी रंजन दास, सरला रॉय और लेडी अबला बोस थे। उनके सबसे बड़े पोते सिद्धार्थ शंकर रे हैं और उनकी पोती जस्टिस मंजुला बोस हैं।

उन्हें आमतौर पर माननीय देश बंधु के रूप में जाना जाता है जिसका अर्थ है "राष्ट्र का मित्र"। वह कई साहित्यिक समाजों से निकटता से जुड़े थे और उन्होंने कई लेखों और निबंधों के अलावा कविता भी लिखी थी। उन्होंने बसंती देवी (1880-1974) से शादी की और उनके तीन बच्चे थे, अपर्णा देवी (1898-1972), चिरंजन दास (1899-1928) और कल्याणी देवी (1902-1983)। बसंती देवी भी स्वतंत्रता आंदोलन में शामिल हुईं और 1921 में असहयोग आंदोलन में अपनी भाभी उर्मिला देवी के साथ अदालत में गिरफ्तार होने वाली पहली महिला थीं। सभी के लिए उनकी गर्मजोशी और स्नेह पौराणिक था और उन्होंने मातृसत्ता के रूप में

सेवा की। स्वतंत्रता सेनानी भाईचारा। नेताजी सुभाष चंद्र बोस उन्हें 'मां' मानते थे।

दुर्गा मोहन का दास परिवार वकीलों का परिवार था। दुर्गा मोहन के सबसे बड़े बेटे सत्य रंजन ने इमैनुएल कॉलेज से मैट्रिक पास किया और 1883-1886 तक मध्य मंदिर में रहे, उसके बाद दुर्गा मोहन के भाई के बेटे चित्त रंजन दास 1890-1894 तक रहे। उनके बाद सतीश रंजन दास (1891-1894), ज्योतिष रंजन दास और अतुल प्रसाद सेन (1892-1895) थे।

लंदन में उन्होंने श्री अरबिंदो घोष, अतुल प्रसाद सेन और सरोजिनी नायडू से दोस्ती की और साथ में उन्होंने ब्रिटिश संसद में दादाभाई नौरोजी के लिए प्रचार किया।

1894 में, ब्रिटिश औपनिवेशिक सरकार के खिलाफ असहयोग आंदोलन के दौरान चितरंजन दास ने अपनी आकर्षक प्रैक्टिस छोड़ दी और राजनीति में प्रवेश किया। 9 चित्तरंजन दास ने 1909 में अलीपुर बम कांड में शामिल होने के आरोप में फिर से जानकारी दी और अरबिंदो घोष का सफलतापूर्वक बचाव किया। अपने उत्तर भाषण में श्री अरबिंदो ने कृतज्ञतापूर्वक स्वीकार किया कि चित्तरंजन दास ने उन्हें बचाने के लिए अपने स्वास्थ्य का बलिदान दिया था।

1908 में अलीपुर बम कांड के ऐतिहासिक परीक्षण में, श्री अरबिंदो घोष के बचाव पक्ष के वकील चित्तरंजन दास ने आठ दिनों के विचार-विमर्श के बाद यह अंतिम बयान दिया:

इसलिए मैं आपसे अपील करता हूं कि जिस व्यक्ति पर आरोप लगाया जा रहा है, वह इस अदालत के बार के सामने ही नहीं बल्कि हाईकोर्ट के इतिहास के बार के सामने खड़ा हो और मैं आपसे अपील करता हूं: इस विवाद के शांत होने के बाद, इस हंगामे के बाद, इस आंदोलन के बाद मरता है, मरता है और गुजर जाने के बाद उन्हें देशभक्ति के कवि, राष्ट्रवाद के पैगम्बर और मानवता के प्रेमी के रूप में देखा जाएगा। उनके मरने और चले जाने के बाद, उनके शब्द न केवल भारत में, बल्कि दूर-दराज के समुद्रों और जमीनों में भी प्रतिध्वनित और प्रतिध्वनित होंगे। इसलिए मैं कहता हूं कि एक व्यक्ति अपने पद पर न केवल इस न्यायालय के बार के सामने खड़ा होता है बल्कि इतिहास के उच्च न्यायालय के बार के सामने खड़ा होता है। यह आपके निर्णय पर विचार करने का समय है, श्रीमान, और अपने निर्णय पर विचार करने का, सज्जनों।

चित्तरंजन दास अनुशीलन समिति के कार्यों में सक्रिय रूप से शामिल थे। 11 जब समिति के अध्यक्ष के रूप में प्रमथ मित्तर ने सैकड़ों युवा फायरब्रांडों को संगठित किया, जो राष्ट्र के लिए अपना जीवन बलिदान करने के लिए तैयार थे, चित्तरंजन उनके सहयोगी बन गए। अध्ययन समिति का अनुरक्षण प. मित्तर ने चित्तरंजन दास (1894), हरिदास बोस (1895), सुरेन हलदार (1900) और मानवेंद्र नाथ रॉय (1901) की सहायता की।

वह 1919-1922 के असहयोग आंदोलन के दौरान बंगाल में एक प्रमुख व्यक्ति थे और उन्होंने ब्रिटिश निर्मित कपड़ों पर प्रतिबंध लगाकर, अपने स्वयं के यूरोपीय कपड़े जलाकर और खादी पहनकर एक मिसाल कायम की। एक समय, उनके कपड़े पेरिस में बनाए और

धोए जाते थे, और उन्होंने कलकत्ता में कपड़े भेजने के लिए पेरिस में एक स्थायी कपड़े धोने की व्यवस्था की। जब वे स्वतंत्रता आंदोलन में शामिल हुए तो उन्होंने इन सभी सुख-सुविधाओं का त्याग कर दिया। उद्धरण आवश्यक है

उन्होंने फॉरवर्ड नाम से एक अखबार लॉन्च किया और बाद में भारत में विभिन्न ब्रिटिश विरोधी आंदोलनों के समर्थन में इसका नाम बदलकर लिबर्टी रख दिया। कलकत्ता नगर निगम की स्थापना के समय वह इसके पहले मेयर बने थे। वह राष्ट्रीय स्वतंत्रता की प्राप्ति के लिए अहिंसा और संवैधानिक तरीकों में विश्वास करते थे और हिंदू-मुस्लिम एकता, सहयोग और सांप्रदायिक सद्भाव की वकालत करते थे और राष्ट्रीय शिक्षा का समर्थन करते थे। गांधी के समूह को "नहीं" कहा जाता थाउन्होंने "काउंसिल एंट्री" पर प्रस्ताव हारने के बाद गया अधिवेशन में भारतीय राष्ट्रीय कांग्रेस के अध्यक्ष पद से इस्तीफा दे दिया। फिर उन्होंने 1923 में बड़े मोतीलाल नेहरू और छोटे हुसैन शहीद सुहरावर्दी के साथ स्वराज पार्टी का गठन किया और अपने असम्बद्ध विचारों और स्थिति को व्यक्त किया। .

चित्तरंजन दास एक प्रतिष्ठित बंगाली कवि के रूप में उभरे, जब राष्ट्रीय आंदोलन के संकटपूर्ण काल के दौरान, उन्होंने अपने कविता संग्रह "मलंचा" और "माला" के पहले दो खंड प्रकाशित किए। 1913 में उन्होंने "सागर संगीत" (समुद्र का गीत) प्रकाशित किया। श्री अरबिंदो पांडिचेरी में थे और उन्हें वित्तीय सहायता की सख्त जरूरत थी।

1925 में काम की अधिकता के कारण चित्तरंजन का स्वास्थ्य बिगड़ने लगा। उद्धरण की आवश्यकता चित्तरंजन अपने स्वास्थ्य को ठीक करने के लिए दार्जिलिंग गए और मई 1925 में सर एनएन सरकार के घर "स्टेप साइड" में रुके। महात्मा गांधी उनसे मिले और कुछ दिन उनके साथ रहे। गांधी ने लिखा,

"जब मैंने दार्जिलिंग छोड़ा, तो मैं अपने पीछे बहुत सी चीजें छोड़ गया, जिनके बारे में मैंने पहले नहीं सोचा था। मेरे देशवासियों के लिए मेरे प्यार और ऐसी महान आत्मा के लिए मेरे प्यार का कोई अंत नहीं था।

कोलकाता के चित्तरंजन राष्ट्रीय कैंसर संस्थान की शुरुआत 1950 में हुई जब चित्तरंजन सेवा सदन के परिसर में चित्तरंजन कैंसर अस्पताल की स्थापना की गई। चित्तरंजन ने अपनी मृत्यु के कुछ साल पहले महिलाओं के जीवन की बेहतरी के लिए अपने घर और आस-पास की जमीन के साथ संपत्ति राष्ट्र को उपहार में दी थी। 16

चित्तरंजन पार्क, एक बड़े बंगाली समुदाय का घर है, जो मूल रूप से दक्षिण दिल्ली में एक ईपीडीपी कॉलोनी है, जिसका नाम 1980 के दशक के दौरान देशबंधु चित्तरंजन दास के नाम पर रखा गया था।

13
बिपिन चंद्र पाल

बिपिन चंद्र पाल

Freedom Fighters

Scan for Story Videos - www.itibook.com

बिपिन चंद्र पाल (बंगाली); 7 नवंबर 1858 - 20 मई 1932) एक भारतीय राष्ट्रवादी, लेखक, वक्ता, समाज सुधारक और भारतीय स्वतंत्रता आंदोलन के सदस्य थे। स्वतंत्रता सेनानी वह "लाल बाल पाल" तिकड़ी के एक तिहाई थे। 1 पाल श्री अरबिंदो के साथ स्वदेशी आंदोलन के मुख्य वास्तुकार थे। उन्होंने ब्रिटिश औपनिवेशिक सरकार द्वारा बंगाल के विभाजन का भी विरोध किया।

बिपिन चंद्र पाल का जन्म एक हिंदू बंगाली कायस्थ परिवार में पोइल, हबीगंज, सिलहट जिला, बंगाल प्रेसीडेंसी, ब्रिटिश भारत में हुआ था। 2 उनके पिता रामचंद्र पाल एक फारसी विद्वान और एक छोटे जर्मींदार थे। उन्होंने कलकत्ता विश्वविद्यालय के एक संबद्ध कॉलेज, चर्च मिशन सोसाइटी कॉलेज (अब सेंट पॉल कैथेड्रल मिशन कॉलेज) में अध्ययन और अध्यापन किया। 3 उन्होंने इंग्लैंड के न्यू मैनचेस्टर कॉलेज, ऑक्सफोर्ड में एक वर्ष के लिए तुलनात्मक धर्मशास्त्र का अध्ययन किया लेकिन पाठ्यक्रम पूरा नहीं किया। 4 उनके पुत्र निरंजन पाल बॉम्बे टॉकीज के संस्थापकों में से एक थे। एक दामाद थे आईसीएस अधिकारी एसके डे, जो बाद में केंद्रीय मंत्री बने। उनके दूसरे दामाद स्वतंत्रता सेनानी उल्लास्कर दत्ता थे जिन्होंने कई परिस्थितियों के बाद अपने बचपन के प्यार लीला दत्ता से बाद के वर्षों में शादी की।

बिपिन चंद्र पाल का परिवार पुत्र - निरंजन पाल (बॉम्बे टॉकीज के संस्थापक) पोते - कॉलिन पाल (शूटिंग स्टार के लेखक) फिल्म निर्देशक ग्रेट ग्रैंडसन - दीप पाल (स्टेडीकैम कैमरावर्क)। पाल जितने क्रांतिकारी राजनीति में थे, उतने ही क्रांतिकारी निजी जीवन में भी थे। अपनी पहली पत्नी की मृत्यु के बाद, उन्होंने एक विधवा से विवाह किया और ब्रह्म समाज में प्रवेश किया।

पाल को भारत में क्रांतिकारी विचार के जनक के रूप में जाना जाता है। 6 पाल भारतीय राष्ट्रीय कांग्रेस के एक प्रमुख नेता बने। 1887 में आयोजित भारतीय राष्ट्रीय कांग्रेस के

मद्रास अधिवेशन में, बिपिन चंद्र पाल ने भेदभावपूर्ण शस्त्र अधिनियम को निरस्त करने की जोरदार मांग की। लाला लाजपत राय और बाल गंगाधर तिलक के साथ वे क्रांतिकारी कार्यों से जुड़े लाल-बाल-पाल त्रिमूर्ति के थे। श्री अरबिंदो घोष और पाल को पूर्ण स्वराज, स्वदेशी, बहिष्कार और राष्ट्रीय शिक्षा के आदर्शों के इर्द-गिर्द घूमते हुए नए राष्ट्रीय आंदोलन के प्रमुख प्रवर्तकों के रूप में मान्यता दी गई थी। उनके कार्यक्रम में स्वदेशी, बहिष्कार और राष्ट्रीय शिक्षा शामिल थी। उन्होंने गरीबी और बेरोजगारी को कम करने के लिए स्वदेशी उपभोग और विदेशी वस्तुओं के बहिष्कार को बढ़ावा दिया और प्रोत्साहित किया। वे सामाजिक कुरीतियों को रूप से मिटाना चाहते थे और राष्ट्रीय आलोचना के माध्यम से राष्ट्रवाद की भावना जगाना चाहते थे। वह ब्रिटिश औपनिवेशिक सरकार के साथ असहयोग के रूप में हल्के विरोध में विश्वास नहीं करते थे। उस एक बिंदु पर कट्टर राष्ट्रवादी नेता का महात्मा गांधी से कोई मेल नहीं था। अपने जीवन के अंतिम छह वर्षों में, उन्होंने कांग्रेस से नाता तोड़ लिया और एक समावेशी जीवन व्यतीत किया। श्री अरबिंदो ने उन्हें राष्ट्रवाद के शक्तिशाली पैगम्बरों में से एक के रूप में संदर्भित किया। बिपिनचंद्र पाल ने सामाजिक और आर्थिक विकृतियों को दूर करने का प्रयास किया। उन्होंने जाति व्यवस्था का विरोध किया और विधवा पुनर्विवाह की वकालत की। उन्होंने 48 घंटे के कार्य सप्ताह की वकालत की और श्रमिकों के वेतन में वृद्धि की मांग की। उन्होंने गांधी के तरीकों के लिए तिरस्कार व्यक्त किया, जिसकी उन्होंने "तर्क" के बजाय "जादू" में निहित होने की आलोचना की। 5

एक पत्रकार के रूप में, पाल ने बंगाल पब्लिक ओपिनियन, द ट्रिब्यून और न्यू इंडिया के लिए काम किया, जहाँ उन्होंने अपने राष्ट्रवाद को बढ़ावा दिया। 7 उन्होंने चीन और अन्य भू-राजनीतिक स्थितियों में हो रहे परिवर्तनों के बारे में भारत को चेतावनी देते हुए कई लेख लिखे। पाल ने अपने एक लेख में "हमारा वास्तविक खतरा" शीर्षक से लिखा था कि भारत के लिए भविष्य का खतरा कहां से आएगा।

14

रानी लक्ष्मी बाई

रानी लक्ष्मी बाई

Freedom Fighters

Scan for Story Videos - www.itibook.com

रानी लक्ष्मीबाई उत्तर भारत के झाँसी राज्य की रानी थीं। वह 1857 में शुरू हुए भारत के पहले स्वतंत्रता संग्राम में सबसे प्रमुख शख्सियतों में से एक थीं। इस लेख में हम आपको झांसी की रानी – रानी लक्ष्मीबाई की जीवनी प्रस्तुत करेंगे, जो वीरता और साहस की प्रतिमूर्ति थीं।

उनका जन्म काशी (अब वाराणसी) में 18 नवंबर 1835 को एक महाराष्ट्रीयन परिवार में हुआ था। बचपन में उन्हें मणिकर्णिका के नाम से जाना जाता था। उनके परिवार वाले उन्हें प्यार से मनु बुलाते थे। उसने चार साल की उम्र में अपनी मां को खो दिया। इसलिए उसके पालन-पोषण की जिम्मेदारी उसके पिता पर आ गई। अध्ययन के दौरान उन्होंने मार्शल आर्ट का औपचारिक प्रशिक्षण भी प्राप्त किया, जिसमें घुड़सवारी, निशानेबाजी और तलवारबाजी शामिल थी। झाँसी की रानी - रानी लक्ष्मीबाई का पूरा जीवन इतिहास जानने के लिए पढ़ें।

1842 में, उन्होंने झाँसी के महाराज राजे गंगाधरराव नयालकर से विवाह किया। विवाह के बाद उनका नाम लक्ष्मीबाई रखा गया। उनका विवाह समारोह झांसी के पुराने शहर में गणेश मंदिर में आयोजित किया गया था। 1851 में उसने एक पुत्र को जन्म दिया। दुर्भाग्य से, बच्चा चार महीने से अधिक जीवित नहीं रहा।

1853 में, गंगाधर राव बीमार पड़ गए और बहुत कमजोर हो गए। इसलिए इस कपल ने एक बच्चा गोद लेने का फैसला किया। गोद लेने के स्थानीय ब्रिटिश प्रतिनिधियों ने झांसी की रानी की रानी लक्ष्मीबाई को देखा था ताकि अंग्रेजों ने गोद लेने के संबंध में कोई मुद्दा नहीं उठाया। महाराज गंगाधर राव की मृत्यु 21 नवंबर 1853 को हुई थी।

7 मार्च, 1854 को अंग्रेजों ने झांसी राज्य को भंग करने वाला राजपत्र जारी किया। जब मेजर एलिस, एक ब्रिटिश अधिकारी झाँसी की रानी से मिलने आया - रानी लक्ष्मीबाई अन्याय से नाराज थी। उन्होंने राज्य के विघटन की आधिकारिक घोषणा पढ़ी। गुस्से में रानी

लक्ष्मीबाई ने एलिस से कहा 'मेरी झांसी नहीं दूंगी (मैं अपनी झांसी से अलग नहीं होऊंगी)' जब उसने एलिस से जाने की अनुमति मांगी। एलिस उसकी बात सुनती है और चली जाती है। 1857 की लड़ाई जनवरी 1857 में शुरू हुए स्वतंत्रता संग्राम ने 10 मई को मेरठ को भी घेर लिया।

मेरठ, दिल्ली और बरेली के साथ-साथ झाँसी भी ब्रिटिश शासन से मुक्त हुआ। झांसी की मुक्ति के तीन साल बाद, रानी लक्ष्मीबाई ने झाँसी पर अधिकार कर लिया और उन्होंने अंग्रेजों के संभावित हमले से झाँसी की रक्षा करने की तैयारी की। रानी लक्ष्मीबाई को जिंदा पकड़ने के लिए अंग्रेजों ने सर ह्यूग रोज को काम पर रखा था। 20 मार्च, 1858 को, सर ह्यूजेस ने झाँसी से 3 मील की दूरी पर अपनी सेना के साथ डेरा डाला और उसे संदेश भेजा कि उसे आत्मसमर्पण कर देना चाहिए; लेकिन आत्मसमर्पण करने के बजाय, वह अपने किले की प्राचीर पर खड़ी हो जाती है और अपनी सेना को अंग्रेजों से लड़ने के लिए उकसाती है। लड़ाई शुरू हुई। झांसी की तोपों ने अंग्रेजों को खदेड़ दिया। 40 दिन तक लगातार गोलाबारी के बावजूद झांसी के दुर्ग पर आक्रमण न हो सका; इसलिए सर ह्यू ने विश्वासघात का रास्ता अपनाने का फैसला किया। सर ह्यू रोज की सेना ने आखिरकार 3 अप्रैल को झांसी में प्रवेश किया।

सिपाहियों ने लोगों को लूटना शुरू कर दिया। झांसी की रानी - रानी लक्ष्मीबाई ने दुश्मन को हराकर पेशवा में शामिल होने का फैसला किया। रात में, अपनी 200 घुड़सवारों के साथ, उसने अपने 12 वर्षीय बेटे दामोदर को अपनी पीठ पर बिठा लिया और 'जय शंकर' का नारा लगाते हुए अपने किले से निकल गई। वह ब्रिटिश दल में शामिल हो गई और कालपी की ओर चली गई। उसके साथ उसके पिता मोरोपंत भी थे। उनके पिता ब्रिटिश सेना की एक टुकड़ी को तोड़ते समय घायल हो गए थे, जिसे अंग्रेजों ने पकड़ लिया और मार डाला।

लगातार 24 घंटे साइकिल चलाकर 102 मील की दूरी तय कर रानी कालपी पहुंचीं। पेशवा ने स्थिति को समझा और उसकी मदद करने का फैसला किया। उसके अनुरोध पर, उसने उसे अपनी सेना की एक टुकड़ी दी। 22 मई को सर ह्यूग रोज ने कालपी पर आक्रमण किया। झांसी की रानी - रानी लक्ष्मीबाई हाथ में तलवार लेकर बिजली की तरह आगे बढ़ीं। उसके भारी हमले ने ब्रिटिश सेना को एक बड़ा झटका दिया। इस झटके से व्याकुल होकर सर ह्यूग रोज़ अपनी आरक्षित ऊँट सेना को युद्ध के मैदान में ले आया। नए सुदृढीकरण ने क्रांतिकारियों के उत्साह को कम कर दिया और 24 मई को कालपी पर अंग्रेजों ने कब्जा कर लिया। पराजित रावसाहेब पेशवा, बंद्या के नवाब, तात्या टोपे, झाँसी की रानी लक्ष्मीबाई और सभी सरदार गोपालपुर में एकत्रित हुए। झांसी की रानी - रानी लक्ष्मीबाई ने ग्वालियर पर अधिकार करने का सुझाव दिया। ग्वालियर के शासक शिंदे अंग्रेजों के समर्थक थे। झाँसी की रानी – रानी लक्ष्मीबाई ने ग्वालियर पर विजय प्राप्त की और इसे पेशवाओं को सौंप दिया।

सर ह्यू रोज ने रानी लक्ष्मीबाई से ग्वालियर की हार का समाचार सुना था। उन्होंने महसूस किया कि यदि समय बर्बाद किया गया तो स्थिति नियंत्रण से बाहर हो सकती है; इसलिए उन्होंने ग्वालियर की ओर कूच किया। जैसे ही सर ह्यूग रोज़ ने ग्वालियर को छुआ, लक्ष्मीबाई और पेशवा ने अंग्रेजों से लड़ने का फैसला किया। लक्ष्मीबाई ने ग्वालियर के पूर्वी हिस्से की रखवाली की जिम्मेदारी अपने ऊपर ले ली। लक्ष्मीबाई की अभूतपूर्व वीरता ने उनकी सेना को प्रेरित किया; पुरुषों की वर्दी में उसकी नौकरानियाँ भी युद्ध के मैदान में उतरीं। लक्ष्मीबाई की वीरता का परिणाम यह हुआ कि ब्रिटिश सेना पीछे हट गई।

18 जून को अंग्रेजों ने ग्वालियर पर चारों ओर से आक्रमण कर दिया। आत्मसमर्पण करने के बजाय, उसने दुश्मन की रेखा को तोड़कर बाहर निकलने का फैसला किया। फौजी मोर्चा तोड़ते वक्त उसे एक बाग नजर आया। वह अपने घोड़े 'राजरतन' की सवारी नहीं कर रही थी। बजाय नए घोड़े को कूद कर नहर पार करने के लिएवह गोल-गोल घूमने लगा। झाँसी की रानी - रानी लक्ष्मीबाई ने परिणामों को महसूस किया और ब्रिटिश सेना पर हमला करने के लिए पीछे हट गईं। वह घायल हो गई, खून बहने लगा और अपने घोड़े से गिर गई। सैनिकों ने उसे पहचाना नहीं क्योंकि उसने एक आदमी के रूप में कपड़े पहने थे और उसे वहीं छोड़ दिया। रानी के वफादार परिचारकों ने उन्हें पास के गंगादास मठ में ले जाकर गंगाजल पिलाया। उसने अपनी अंतिम इच्छा व्यक्त की कि कोई भी ब्रिटिश पुरुष उसके शरीर को न छुए और बहादुरी से मर जाए। दुनिया भर के क्रांतिकारी, सरदार भगत सिंह के संगठन और अंत में नेताजी सुभाष चंद्र बोस की सेना भी झांसी की रानी-रानी लक्ष्मीबाई द्वारा दिखाए गए शौर्य से प्रेरित थी। झांसी की रानी - रानी लक्ष्मीबाई ने 23 साल की उम्र में अंतिम सांस ली।

उन्होंने हिंदुस्तानियों की कई पीढ़ियों को प्रेरित किया, इस प्रकार उन्हें स्वतंत्रता संग्राम में अमर कर दिया। ऐसे वीर योद्धा के आगे झाँसी की महारानी लक्ष्मीबाई नतमस्तक हैं। झाँसी की रानी - मात्र 23 वर्ष की अल्पायु में ही युद्ध में अपना बलिदान देने वाली रानी लक्ष्मीबाई का जीवन इतिहास अत्यंत प्रेरक है। झाँसी, फिर कालपी और अंत में ग्वालियर की लड़ाइयों में, उन्होंने असामान्य लड़ाई की भावना और बहादुरी का प्रदर्शन करके अंग्रेजों को चौंका दिया। झांसी का किला जीतने के लिए ब्रिटिश मेजर सर ह्यू रोज को धोखा देना पड़ा था। दुनिया के इतिहास में कभी भी आपको ऐसी असामान्य महिला नहीं मिलेगी जो लड़ाई लड़ते समय अपने बच्चे को अपनी पीठ पर लादेगी। उन्होंने जिस वीरता और वीरतापूर्ण मौत को चुना, उसने प्रथम विश्वयुद्ध की 'गदर' पार्टी से जुड़े देशभक्तों, शहीद भगत सिंह के संगठन और स्वतंत्रता सेनानी सावरकर से लेकर सुभाष चंद्र तक सभी क्रांतिकारियों को प्रेरित किया। झांसी की रानी - रानी लक्ष्मीबाई के जीवन इतिहास पर काफी साहित्य लिखा गया है। उनके सम्मान में वीर कविताओं की रचना की गई है।

रानी लक्ष्मीबाई का नाम सुनते ही अंग्रेजों के खिलाफ निर्भीक लड़ाई याद आ जाती है। क्योंकि उन्होंने बहुत ही अनुशासित तरीके से कुछ चीजों का पालन किया, इसलिए उन्होंने

इस 'क्षत्रवृत्ति' को विकसित किया। इसके अलावा, वह एक मजबूत प्रशासक भी थीं। उसके पास कई गुण हैं जिनके बारे में हम में से बहुत से लोग नहीं जानते हैं। चरसाई (तालुका पेन, जिला रायगढ़) के स्वर्गीय विष्णुपंत गोडसे ने उत्तर भारत में अपनी यात्रा का एक यात्रा वृतांत लिखा और झांसी की रानी - रानी लक्ष्मीबाई से मुलाकात की, ताकि हम इन विवरणों को जान सकें। इस प्रकार उन्होंने इन बातों को लिखकर अपने आप को अपनी आने वाली पीढ़ियों के लिए समर्पित कर दिया है। समाज का एक वर्ग ब्राह्मण समुदाय से नफरत के कारण इतिहास को नष्ट करने की कोशिश कर रहा है और इतिहास में ब्राह्मणों के योगदान को कम करने की कोशिश कर रहा है। गोडसे गुरुजी का यह लेख हमें यह जानने में मदद करेगा कि ब्राह्मणों को अवमूल्यन करने के ऐसे प्रयासों को कैसे विफल करने की आवश्यकता है और इस समाज ने समाज को कैसे बाध्य किया है।

झांसी की रानी - रानी लक्ष्मीबाई श्री की इकलौती बेटी थीं। मोरोपंत तांबे, अमीर बाजीराव पेशवा द्वारा नियोजित। जब वह बहुत छोटी थी तब उसने अपनी माँ को खो दिया; इसलिए मोरोपंत ने उसे हर चीज में प्रशिक्षित करने की कोशिश की। बाद में उनका विवाह झाँसी संस्थान (छोटा राज्य) के राजे गंगाधर बाबा से हुआ और उनका नाम बदलकर लक्ष्मीबाई कर दिया गया।

श्री महालक्ष्मी झांसी के शासक परिवार की ताबीज थीं। झांसी के दक्षिण द्वार के सामने एक बड़े तालाब में श्री महालक्ष्मी का मंदिर है। झांसी के राजा ने इस मंदिर में हर समय पूजा करने और दीया जलाने की सारी व्यवस्था की थी। शहर में कई मंदिर हैं और उन सभी का प्रबंधन 'संस्थान' द्वारा किया जाता है। राजा गंगाधर बाबा की मृत्यु के बाद, झाँसी की रानी - रानी लक्ष्मीबाई ने उनकी देखभाल की।

राजे गंगाधर बाबा की मृत्यु के बाद उनकी संस्था का प्रबंधन अंग्रेजों ने अपने हाथ में ले लिया। श्रीक्षेत्र को पति की मृत्यु के बाद रानी का मुंडन कराने के लिए प्रयाग जाना पड़ा; लेकिन इसके लिए ब्रिटिश अनुमति की आवश्यकता थी, इसलिए देरी हुई। झाँसी की रानी - रानी लक्ष्मीबाई ने इसलिए एक नियम का पालन किया कि जब तक वह खुद को दाढ़ी नहीं बना लेती, तब तक वह स्नान करने के बाद 'भस्म' लगाती है और प्रतिदिन 3 ब्राह्मणों को 3/- रुपये देती है। तदनुसार, रानी जल्दी उठती थी, स्नान आदि करती थी, एक सफेद साड़ी पहनती थी और तुलसी पूजा के बाद हर दिन 'सांसारिक लिंग' की पूजा करती थी।

लक्ष्मीबाई को बचपन से ही व्यायाम करने और घुड़सवारी करने का शौक था। झाँसी की रानी बनने के बाद भी वे सुबह जल्दी उठकर व्यायाम करती थीं। तब वह घोड़ों और हाथियों की सवारी करती थी। यह उसकी दिनचर्या थी।

रानी लक्ष्मीबाई घोड़ों की एक उत्कृष्ट जज थीं। वह घोड़ों के अपने ज्ञान के लिए प्रसिद्ध थी। एक बार एक घोड़ा बेचने वाला श्रीक्षेत्र उज्जैन के राजा बाबासाहेब आप्टे के पास दो अच्छे घोड़े लेकर गया; लेकिन वह उनका न्याय नहीं कर सका। फिर विक्रेता ग्वालियर के धनी जयाजीराजे शिंदे के पास गया; लेकिन वह भी घोड़ों की गुणवत्ता का चित्र नहीं बना सका।

अंत में वे झांसी आ गए। रानी लक्ष्मीबाई घोड़े पर सवार थीं और उन्होंने विक्रेता को बताया कि घोड़ा अच्छी नस्ल का है और इसकी कीमत 100 रुपये है। 1200/- उसे। फिर वह दूसरे घोड़े पर बैठी और उसे केवल रुपये देने की पेशकश की। 50/- उसी के लिए; घोड़े के सीने में चोट लगी है। विक्रेता ने इस बात को स्वीकार कर लिया। जिन लोगों ने पहले घोड़ों की जांच की थी, उनका कहना था कि दोनों घोड़े बराबर ताकत के हैं।

एक बार झाँसी में भीषण ठंड पड़ी। करीब 1000-1200 भिखारी शहर के दक्षिणी गेट के पास जमा हो गए। जब रानी श्री महालक्ष्मी के दर्शन करने गई तो उन्होंनेडी ने देखा और अपने मंत्री से उनके बारे में पूछा। उसने रानी से कहा कि गरीब लोग ठंड से बचने के लिए कुछ चादर मांग रहे हैं। रानी ने आदेश जारी किया कि चौथे दिन तक शहर के सभी गरीबों को टोपी, कोट और कंबल बांट दिए जाएं और आदेश का पालन किया गया।

झाँसी राज्य में बालावसागर नामक एक छोटा सा नगर था। चोरों की इस हरकत से स्थानीय लोगों में हड़कंप मच गया। रानी इस स्थान पर गईं और समस्या की देखभाल करते हुए 15 दिनों तक रहीं। कई अपराधियों को फांसी दी गई और कुछ को जेल हुई।

कुछ 'सरदारों' ने रानी को कुछ सैनिकों के साथ किले में वापस जाने की सलाह दी। रानी ने महसूस किया कि ब्रिटिश सैनिकों की संख्या अधिक थी और लड़ना मुश्किल था। चुनिंदा 1500 सैनिकों के साथ रानी ने आधी रात को अपना किला छोड़कर घेराबंदी तोड़ कालपी जाने का फैसला किया। अपने दत्तक पुत्र को अपनी पीठ पर बांधे हुए, अपने घोड़े पर सवार होकर, उसने अपनी तलवार से घेराबंदी को काट दिया; लेकिन उसके अधिकांश सैनिक मारे गए। वह अपनी एक दासी के साथ शीघ्रता से कालपी चली गई।

कालपी में रानी की मुलाकात धनी नानासाहेब पेशवा और तात्या टोपे से हुई। बाद में उन्होंने केवल उन्हीं से अंग्रेजों का मुकाबला किया। एक समय रानी अपने मुखिया 'सरदार' के साथ रणभूमि में गईं; एक बड़ी लड़ाई हुई लेकिन उसे हार का सामना करना पड़ा। कालपी के निकट एक स्थान पर उनकी मुलाकात गोडसे गुरुजी से हुई, जो पहले उनकी सेवा में थे। उस मुलाकात के दौरान, उसने उन्हें 1857 के विद्रोह में शामिल होने के बारे में बताया। रानी ने गोडसे गुरुजी से कहा कि उनके पास बहुत कम बचा है (अंग्रेजों ने उन्हें जो पेशकश की थी उस पर वह शांति से रह सकती थीं); 'मैं एक विधवा हूँ और मुझे कोई ज़रूरत नहीं है; लेकिन सभी हिंदुओं और धर्मों के बारे में सोचते हुए मैंने ऐसी हरकत करने की सोची.'

अमीर नानासाहेब पेशवा, तात्या टोपे और रानी लक्ष्मीबाई ने ग्वालियर पर विजय प्राप्त की; लेकिन बच निकलने वाली जयाजीराजे शिंदे ने अंग्रेजों की मदद से फिर हमला किया। ग्वालियर में एक युद्ध हुआ जिसमें रानी को गोली लगी; लेकिन उस हालत में भी वह लड़ती रही। अंत में, वह तलवार से घायल हो गई और अपने घोड़े से गिर गई; लेकिन तात्या टोपे ने तुरंत अपना शरीर ले लिया और घेराबंदी तोड़ दी। उन्होंने उसका अंतिम संस्कार कर अंतिम संस्कार किया। इस तरह अपने धर्म के लिए लड़ने वाली झाँसी की रानी-रानी लक्ष्मीबाई को आज भी बहादुर रानी 'खूब लड़ी मर्दानी, वो तो झाँसीवाली रानी थी' के नाम से जाना जाता

है।

15
बाल गंगाधर तिलक

बाल गंगाधर तिलक

Scan for Story Videos - www.itibook.com

बाल गंगाधर तिलक (जन्म केशव गंगाधर तिलक 23 जुलाई 1856 - 1 अगस्त 1920), जिन्हें प्यार से लोकमान्य (आईईएएसटी: लोकमान्य) के नाम से जाना जाता है, एक भारतीय राष्ट्रवादी, शिक्षक और स्वतंत्रता सेनानी थे। वे लाल बाल पाल त्रियस्थों के एक तिहाई थे। 5 तिलक भारतीय स्वतंत्रता आंदोलन के पहले नेता थे। ब्रिटिश औपनिवेशिक अधिकारियों ने उन्हें "भारतीय अशांति का जनक" कहा। उन्हें "लोकमान्य" की उपाधि से भी सम्मानित किया गया था, जिसका अर्थ है "लोगों द्वारा उनके नेता के रूप में स्वीकार किया गया"। 6 महात्मा गांधी ने उन्हें "आधुनिक भारत का निर्माता" कहा।

तिलक स्वराज्य ('स्वराज्य') के पहले और सबसे मजबूत समर्थक और भारतीय चेतना में एक मजबूत कट्टरपंथी थे। "स्वराज मेरा जन्मसिद्ध अधिकार है और मैं इसे लेकर रहूंगा!" उन्होंने बिपिन चंद्र पाल, लाला लाजपत राय, अरबिंदो घोष, वीओ चिदंबरम पिल्लई और मुहम्मद अली जिन्ना सहित कई भारतीय राष्ट्रीय कांग्रेस नेताओं के साथ घनिष्ठ गठबंधन किया।

केशव गंगाधर तिलक का जन्म 23 जुलाई 1856 को वर्तमान महाराष्ट्र (तत्कालीन बॉम्बे प्रेसीडेंसी) में रत्नागिरी जिले के मुख्यालय रत्नागिरी में एक मराठी हिंदू चितपावन ब्राह्मण परिवार में हुआ था। 1 चिखली इनका पैतृक गांव है। उनके पिता गंगाधर तिलक एक स्कूल शिक्षक थे और जब तिलक सोलह वर्ष के थे तब उनकी मृत्यु हो गई। 1871 में, अपने पिता की मृत्यु के कुछ महीने पहले, तिलक की शादी सोलह वर्ष की उम्र में तापीबाई (नी बाल) से हुई थी। शादी के बाद उनका नाम बदलकर सत्यभामाबाई रख दिया गया। उन्होंने 1877 में डेक्कन कॉलेज, पुणे से गणित में प्रथम श्रेणी कला की डिग्री के साथ स्नातक किया। इसके बजाय उन्होंने एलएलबी कोर्स में शामिल होने के लिए एमए कोर्स बीच में ही छोड़ दिया और 1879 में उन्होंने गवर्नमेंट लॉ कॉलेज से एलएलबी की डिग्री हासिल की। 8 स्नातक स्तर की पढ़ाई के बाद, तिलक ने पुणे के एक निजी स्कूल में गणित पढ़ाना

शुरू किया। बाद में, नए स्कूल में अपने सहयोगियों के साथ वैचारिक मतभेदों के कारण, वे पीछे हट गए और पत्रकार बन गए। तिलक ने सार्वजनिक कार्यों में सक्रिय रूप से भाग लिया। उन्होंने कहा: "धर्म और व्यावहारिक जीवन अलग नहीं हैं। सच्ची भावना देश को अपना परिवार बनाने के बजाय केवल अपने लिए काम करना है। अगला कदम मानवता की सेवा करना है और अगला कदम भगवान की सेवा करना है।"

विष्णुशास्त्री चिपलूणकर से प्रेरित होकर, उन्होंने 1880 में गोपाल गणेश आगरकर, महादेव बल्लाल नामजोशी और विष्णुशास्त्री चिपलूनकर सहित कुछ कॉलेज मित्रों के साथ माध्यमिक शिक्षा के लिए न्यू इंग्लिश स्कूल की सह-स्थापना की। उनका मिशन भारत के युवाओं के लिए शिक्षा की गुणवत्ता में सुधार करना था। स्कूल की सफलता ने उन्हें 1884 में एक नई शिक्षा प्रणाली बनाने के लिए डेक्कन एजुकेशन सोसाइटी की स्थापना करने के लिए प्रेरित किया, जिसने भारतीय संस्कृति पर जोर देने के साथ युवा भारतीयों को राष्ट्रवादी विचार सिखाए। 10 सोसायटी ने माध्यमिक शिक्षा के बाद 1885 में फर्ग्यूसन कॉलेज की स्थापना की। तिलक फर्ग्यूसन कॉलेज में गणित पढ़ाते थे। 1890 में, तिलक ने अधिक खुले राजनीतिक कार्यों के लिए डेक्कन एजुकेशन सोसाइटी छोड़ दी। 11 उन्होंने धार्मिक और सांस्कृतिक पुनरुद्धार पर जोर देने के साथ स्वतंत्रता की दिशा में एक व्यापक आंदोलन शुरू किया।

तिलक का लंबा राजनीतिक जीवन ब्रिटिश औपनिवेशिक शासन से भारतीय स्वतंत्रता के लिए आंदोलन करते हुए बीता। गांधी से पहले, वह एक भारतीय राजनीतिक नेता थे। अपने साथी महाराष्ट्रीयन समकालीन, गोखले के विपरीत, तिलक को एक कट्टर राष्ट्रवादी लेकिन एक सामाजिक रूढ़िवादी माना जाता था। मांडले में लंबे समय तक रहने सहित कई मौकों पर उन्हें कैद किया गया था। अपने राजनीतिक जीवन के एक बिंदु पर उन्हें ब्रिटिश लेखक सर वेलेंटाइन चिरोले द्वारा "भारतीय अशांति का जनक" कहा जाता था।

तिलक 1890 में भारतीय राष्ट्रीय कांग्रेस में शामिल हो गए। 14 उन्होंने उनके उदारवादी रवैये का विरोध किया, विशेषकर स्वराज्य के लिए संघर्ष के प्रति। वह उस समय के प्रमुख कट्टरपंथियों में से एक थे। 15 वास्तव में, 1905-1907 के स्वदेशी आंदोलन ने भारतीय राष्ट्रीय कांग्रेस को नरमपंथियों और उग्रवादियों के बीच विभाजित कर दिया।

1896 के अंत में, ब्यूबोनिक प्लेग बॉम्बे से पुणे तक फैल गया और जनवरी 1897 तक यह महामारी के अनुपात में पहुंच गया था। आपातकाल से निपटने के लिए ब्रिटिश भारतीय सेना को लाया गया था और प्लेग को रोकने के लिए कठोर उपाय किए गए थे, जिसमें निजी घरों में जबरन प्रवेश, घरेलू निवासियों का निरीक्षण, अस्पतालों और संगरोध शिविरों में स्थानांतरण, निजी सामान को हटाना और नष्ट करना शामिल था। संपत्ति, और रोगियों को शहर में प्रवेश करने या छोड़ने से रोकना। मई के अंत तक इस महामारी पर काबू पा लिया गया था। महामारी को रोकने के लिए किए गए उपायों से भारतीय जनता में व्यापक आक्रोश था। तिलक ने हिंदू धर्म के ग्रंथ भगवद गीता का हवाला देते हुए अपने पत्र केसरी

(केसरी मराठी में लिखा गया था, और "मराठा" अंग्रेजी में लिखा गया था) में एक भड़काऊ लेख प्रकाशित करके इस मुद्दे को उठाया, जिसमें कहा गया था कि किसी को दोष नहीं दिया जा सकता है। इनाम के बारे में सोचे बिना अत्याचारी को मार डाला। इसके बाद, 22 जून 1897 को, कमिश्नर रैंड और एक अन्य ब्रिटिश अधिकारी, लेफ्टिनेंट आयरस्ट की चापेकर भाइयों और उनके अन्य साथियों द्वारा गोली मारकर हत्या कर दी गई। बारबरा और थॉमस आर। मेटकाफ के अनुसार, तिलक ने "लगभग निश्चित रूप से दोषियों की पहचान छुपाई"। 16 तिलक पर हत्या के लिए उकसाने का आरोप लगाया गया और 18 महीने की जेल की सजा सुनाई गईसीखा। जब वह जेल से बाहर आया, जिसे अब मुंबई कहा जाता है, तो उसे शहीद और राष्ट्रीय नायक के रूप में सम्मानित किया गया। 17 उन्होंने अपने सहयोगी अंकल बैपतिस्ता द्वारा तैयार किया गया एक नया नारा अपनाया: "स्वराज्य (स्वराज्य) मेरा जन्मसिद्ध अधिकार है और मैं इसे अर्जित करूंगा।"

बंगाल के विभाजन के बाद, जो राष्ट्रवादी आंदोलन को कमजोर करने के लिए लॉर्ड कर्जन की रणनीति थी, तिलक ने स्वदेशी आंदोलन और बहिष्कार आंदोलन को प्रोत्साहित किया। 19 इस आंदोलन में विदेशी वस्तुओं का बहिष्कार और विदेशी वस्तुओं का उपयोग करने वाले भारतीयों का सामाजिक बहिष्कार शामिल था। स्वदेशी आंदोलन में स्वदेशी रूप से उत्पादित सामान शामिल थे। एक बार जब विदेशी वस्तुओं का बहिष्कार कर दिया गया, तो भारत को स्वयं उन वस्तुओं का उत्पादन करके एक शून्य को भरना पड़ा। तिलक ने कहा कि स्वदेशी और बहिष्कार आंदोलन एक ही सिक्के के दो पहलू हैं।

तिलक ने गोपाल कृष्ण गोखले के उदारवादी विचारों का विरोध किया और बंगाल में साथी भारतीय राष्ट्रवादियों बिपिन चंद्र पाल और पंजाब में लाला लाजपत राय का समर्थन किया। उन्हें "लाल-बाल-पाल त्रिमूर्ति" कहा जाता था। 1907 में गुजरात के सूरत में कांग्रेस पार्टी का वार्षिक अधिवेशन हुआ। कांग्रेस के नए अध्यक्ष के चुनाव ने पार्टी के उदारवादी और कट्टरपंथी गुटों के बीच विवाद पैदा कर दिया था। पार्टी एक कट्टरपंथी समूह और तिलक, पाल और लाजपत राय के नेतृत्व में एक उदारवादी समूह में विभाजित थी। अरबिंदो घोष, वीओ चिदंबरम पिल्लई जैसे राष्ट्रवादी तिलक समर्थक थे।

कलकत्ता में यह पूछे जाने पर कि क्या उन्होंने स्वतंत्र भारत के लिए मराठा-प्रकार की सरकार की कल्पना की है, तिलक ने उत्तर दिया कि 17वीं और 18वीं शताब्दी की मराठा-प्रभुत्व वाली सरकारें 20वीं शताब्दी में पुरानी हो चुकी थीं और वे स्वतंत्र भारत के लिए एक वास्तविक संघीय व्यवस्था चाहते थे। जहां हर कोई था बराबर का साथी। 22 उन्होंने आगे कहा कि केवल ऐसी सरकार ही भारत की स्वतंत्रता की रक्षा कर सकती है। वह कांग्रेस के पहले नेता थे जिन्होंने सुझाव दिया कि देवनागरी लिपि में लिखी गई हिंदी को भारत की एकमात्र राष्ट्रीय भाषा के रूप में स्वीकार किया जाना चाहिए।

अपने जीवनकाल के दौरान अन्य राजनीतिक मामलों में, तिलक पर ब्रिटिश भारत सरकार द्वारा तीन बार - 1897, 24, 1909, 25 और 1916 में देशद्रोह का मुकदमा चलाया

गया था। 26 1897 में, राज के खिलाफ असंतोष को बढ़ावा देने के लिए तिलक को 18 महीने की जेल की सजा सुनाई गई थी। 1909 में, उन पर फिर से देशद्रोह और भारतीयों और अंगेजों के बीच नस्लीय दुश्मनी भड़काने का आरोप लगाया गया। मुंबई के वकील मुहम्मद अली जिन्ना तिलक के बचाव में पेश हुए, लेकिन एक विवादास्पद फैसले में उन्हें बर्मा में छह साल की सजा सुनाई गई। 27 1916 में, जब तिलक पर स्वराज पर उनके व्याख्यान के लिए तीसरी बार देशद्रोह का आरोप लगाया गया, तो जिन्ना फिर से उनके वकील थे और इस बार उन्हें मामले में बरी कर दिया गया।

30 अप्रैल 1908 को, दो बंगाली युवकों, प्रफुल्ल चाकी और खुदीराम बोस ने मुजफ्फरपुर में कलकत्ता के प्रसिद्ध मुख्य प्रेसीडेंसी मजिस्ट्रेट डगलस किंग्सफोर्ड को मारने के लिए एक गाड़ी पर बम फेंका, लेकिन गलती से दो महिला यात्रियों की मौत हो गई। चाकी ने पकड़े जाने के बाद आत्महत्या कर ली, जबकि बोस को फांसी दे दी गई। तिलक ने अपने पेपर केसरी में क्रांतिकारियों का बचाव किया और तत्काल स्वराज्य या स्वराज्य की मांग की। सरकार ने तुरंत उनके खिलाफ राजद्रोह का मामला दर्ज किया। मुकदमे के अंत में, एक विशेष जूरी ने उन्हें 7:2 के बहुमत से दोषी ठहराया। न्यायाधीश दिनशॉ डी. डावर ने उन्हें मांडले, बर्मा में छह साल की जेल और 1,000 पाउंड (यूएस $ 13) के जुर्माने की सजा सुनाई। 30 जब न्यायाधीश ने पूछा कि क्या उन्हें कुछ कहना है, तो तिलक ने कहा:

मुझे बस इतना कहना है कि जूरी के फैसले के बावजूद मैं अपनी बेगुनाही बरकरार रखता हूं। मनुष्यों और राष्ट्रों की नियति पर शासन करने वाली उच्च शक्तियाँ हैं; और मुझे लगता है कि यह ईश्वर की इच्छा हो सकती है कि मेरे कष्टों को मेरी कलम और जीभ से अधिक उस कारण का लाभ मिले जिसका मैं प्रतिनिधित्व करता हूं।

मुहम्मद अली जिन्ना उनके वकील थे। 29 जस्टिस डावर के फैसले की प्रेस में भारी आलोचना हुई और इसे ब्रिटिश न्यायिक प्रणाली की निष्पक्षता के खिलाफ माना गया। न्यायमूर्ति डावर स्वयं 1897 में तिलक के पहले देशद्रोह के मुकदमे में उपस्थित हुए। 27 सजा सुनाते समय, न्यायाधीश ने तिलक के आचरण पर कुछ कठोर टिप्पणी की। उन्होंने न्यायिक संयम को दूर कर दिया जिसने जूरी को उनके आरोप का पालन करने की अनुमति दी। उन्होंने लेखों को "हड़ताली राजद्रोह", हिंसा को बढ़ावा देने, सहमति हत्या के बारे में बात करने के रूप में निंदा की। "आप भारत में बम के आगमन का स्वागत करते हैं जैसे कि यह भारत में अपनी भलाई के लिए आया हो। मैं कहता हूं कि ऐसी पत्रकारिता देश के लिए अभिशाप है।" तिलक को 1908 से 1914 तक मांडले भेजा गया। 31 जेल में रहते हुए, उन्होंने पढ़ना और लिखना जारी रखा और भारतीय राष्ट्रवादी आंदोलन के बारे में अपने विचारों को विकसित किया। उन्होंने जेल में रहते हुए गीता रहस लिखा। इसकी 32 प्रतियां बेची गई और आय भारतीय स्वतंत्रता संग्राम को दान कर दी गई।

मांडले जेल में अपनी सजा के दौरान तिलक को मधुमेह हो गया। 16 जून, 1914 को रिहा होने पर, उन्हें इन और जेल जीवन के सामान्य परीक्षणों से मुक्त कर दिया गया।

उसी वर्ष अगस्त में जब प्रथम विश्व युद्ध छिड़ गया, तो तिलक ने राजा-सम्राट जॉर्ज पंचम का समर्थन किया और नई भर्तियों को खोजने के लिए अपनी बयानबाजी को मोड़ दिया। युद्ध स्तर पर प्रयास। मई 1909 में ब्रिटिश संसद द्वारा पारित मिंटो-मॉर्ले सुधार के रूप में लोकप्रिय भारत में, उन्होंने नो काउंसिल एक्ट का स्वागत किया, इसे "शासक और शासित के बीच विश्वास में उल्लेखनीय वृद्धि" कहा। उनका मानना था कि हिंसा के कार्य वास्तव में राजनीतिक सुधार की गति को तेज करने के बजाय धीमा कर देते हैं। वह कांग्रेस के साथ सामंजस्य स्थापित करने के लिए उत्सुक थे और उन्होंने सीधी कार्रवाई की अपनी मांग को छोड़ दिया और "सख्ती से संवैधानिक तरीकों से" आंदोलन के लिए तैयार हो गए - उनके प्रतिद्वंद्वी गोखले द्वारा लंबे समय से समर्थित। 34 अतिरिक्त उद्धरण आवश्यक तिलक 1916 के लखनऊ समझौते के दौरान अपने साथी राष्ट्रवादियों के साथ फिर से जुड़ गए और भारतीय राष्ट्रीय कांग्रेस में शामिल हो गए।

तिलक ने मोहनदास गांधी को पूर्ण अहिंसा ("पूर्ण अहिंसा") के विचार को त्यागने और स्वराज्य ("स्व-शासन") प्राप्त करने का प्रयास करने के लिए मनाने का प्रयास किया। वह स्वराज प्राप्त करने के साधन के रूप में सत्याग्रह की अपनी वकालत में दृढ़ थे, देश के लिए तिलक की सेवाओं और उनके दृढ़ संकल्प की प्रशंसा करते थे। तिलक द्वारा वेलेंटाइन चिरोल के खिलाफ एक दीवानी मुकदमा हारने और वित्तीय नुकसान का सामना करने के बाद, गांधी ने भारतीयों से तिलक पर्स फंड में योगदान करने की अपील की, जिसे तिलक द्वारा किए गए खर्चों को कवर करने के लिए शुरू किया गया था।

तिलक ने 1916-18 में जीएस खापर्डे और एनी बेसेंट के साथ अखिल भारतीय होम रूल लीग की स्थापना में मदद की। उदारवादी और कट्टरपंथी समूहों को फिर से मिलाने के वर्षों के प्रयास के बाद, उन्होंने हार मान ली और होम रूल लीग पर ध्यान केंद्रित किया, जिसने स्व-शासन की मांग की। तिलक ने स्वराज्य आंदोलन में शामिल होने के लिए किसानों और स्थानीय लोगों का समर्थन पाने के लिए गाँव-गाँव की यात्रा की। 31 तिलक रूसी क्रांति से प्रभावित हुए और व्लादिमिर लेनिन के प्रशंसक थे। 37 अप्रैल 1916 में लीग में 1400 सदस्य थे और 1917 तक सदस्यता बढ़कर लगभग 32,000 हो गई थी। तिलक ने महाराष्ट्र, मध्य प्रदेश और कर्नाटक और बरार क्षेत्र में होम रूल लीग की शुरुआत की। बेसेंट लीग शेष भारत में सक्रिय थी।

तिलक ने जीवन भर व्यापक राजनीतिक कार्रवाई के लिए भारतीय लोगों को लामबंद करने का प्रयास किया। ऐसा होने के लिए, उनका मानना था कि ब्रिटिश विरोधी हिंदुत्व आंदोलन को व्यापक समर्थन मिलना चाहिए। इसके लिए उन्होंने रामायण और भगवद गीता के कथित मूल सिद्धांतों का समर्थन किया। उन्होंने इस आह्वान को कर्म-योग या क्रिया का योग कहा। 39 अपनी टिप्पणी में, भगवद गीता कृष्ण और अर्जुन के बीच एक बातचीत में इस सिद्धांत को प्रकट करती है जब कृष्ण अर्जुन से अपने दुश्मनों (जिसमें उनके परिवार के कई सदस्य शामिल थे) से लड़ने के लिए कहते हैं क्योंकि यह उनका

कर्तव्य है। तिलक के अनुसार, भगवद गीता ने सक्रियतावाद के लिए एक मजबूत औचित्य प्रदान किया। हालाँकि, यह उस समय के पाठ की मुख्यधारा की व्याख्या के विपरीत था, जिसमें तपस्या और भगवान के लिए विशुद्ध रूप से कार्य करने के विचार का प्रभुत्व था। यह रामानुज और आदि शंकराचार्य के तत्कालीन दो मुख्यधारा के विचारों द्वारा दर्शाया गया था। इस दर्शन के लिए एक आधार खोजने के लिए, तिलक ने गीता के प्रासंगिक अंशों पर अपनी टिप्पणी लिखी और गीता पर ज्ञानदेव की टिप्पणी, रामानुज की आलोचनात्मक टिप्पणी और गीता के अपने स्वयं के अनुवाद का उपयोग करते हुए अपने विचारों का समर्थन किया। 40 उनकी मुख्य लड़ाई उस समय के तपस्वी विचारों के खिलाफ थी जो सांसारिक सक्रियता के विपरीत थी। इसका मुकाबला करने के लिए, उन्होंने कर्म, धर्म और योग जैसे शब्दों के साथ-साथ त्याग की अवधारणा को फिर से परिभाषित करने के लिए बहुत कुछ किया। जैसा कि उन्होंने हिंदू धार्मिक प्रतीकों और रेखाओं पर तर्कवाद की स्थापना की, उन्होंने कई गैर-हिंदुओं को अलग-थलग कर दिया, जैसे कि मुसलमान जो समर्थन के लिए अंग्रेजों से मित्रता करने लगे।

तिलक पुणे में महिलाओं के अधिकारों और अस्पृश्यता के खिलाफ सामाजिक सुधारों जैसे उदार प्रवृत्तियों के उभरने के प्रबल विरोधी थे। 41 42 43 तिलक ने 1885 में पुणे में पहले देशी लड़कियों के हाई स्कूल (अब हुजुरपगा के नाम से जाना जाता है) की स्थापना और महाराष्ट्र और केसरी समाचार पत्रों का उपयोग करते हुए इसके पाठ्यक्रम का कड़ा विरोध किया। 42 44 45 तिलक अंतर्जातीय विवाह के भी विरोधी थे, विशेष रूप से एक उच्च जाति की महिला ने एक निचली जाति के पुरुष से विवाह किया। 45 देशस्थों, चितपावनों और करहदों के मामले में, उन्होंने इन तीन महाराष्ट्रीयन ब्राह्मण समूहों को "जाति" छोड़ने और अंतर्जातीय विवाह करने के लिए प्रोत्साहित किया। हालाँकि, वह लड़कियों के लिए सोलह और लड़कों के लिए शादी की उम्र बढ़ाकर बीस करने वाले एक परिपत्र पर हस्ताक्षर करने को तैयार थे।

बाल वधु रुखमाबाई की शादी ग्यारह साल की उम्र में कर दी गई थी लेकिन उन्होंने अपने पति के साथ रहने से इनकार कर दिया। पति ने दांपत्य अधिकारों की बहाली के लिए मुकदमा दायर किया, शुरू में हार गया लेकिन निर्णय की अपील की। 4 मार्च 1887 को, जस्टिस फ़रान ने हिंदू कानूनों की व्याख्या करते हुए रुखमाबाई को "अपने पति के साथ रहने या छह महीने की कैद का सामना करने" का आदेश दिया। तिलक ने न्यायालय के निर्णय का अनुमोदन किया और कहा कि न्यायालय हिन्दू धर्मशास्त्रों का पालन करता है। रुखमाबाई ने जवाब दिया कि उन्हें फैसले का पालन करने के बजाय जेल की सजा काटनी होगी। उनकी शादी को बाद में महारानी विक्टोरिया ने भंग कर दिया था। बाद में, उन्होंने लंदन स्कूल ऑफ मेडिसिन फॉर वूमेन से डॉक्टर ऑफ मेडिसिन की डिग्री प्राप्त की।

1890 में, जब ग्यारह वर्षीय फूलमनी बाई की अपने बड़े पति के साथ यौन संबंध बनाने के दौरान मृत्यु हो गई, तो पारसी समाज सुधारक बेहरामजी मालबारी ने विवाह के

लिए लड़कियों की योग्यता की आयु बढ़ाने के लिए सहमति की आयु अधिनियम पारित किया।1891 को समर्थन। तिलक ने बिल का विरोध किया और कहा कि पारसियों के साथ-साथ अंग्रेजों (हिंदुओं) का भी धार्मिक मामलों पर कोई अधिकार नहीं है। उन्होंने लड़की पर "दोषपूर्ण महिला अंग" होने का आरोप लगाया और सवाल किया कि "हानिरहित कार्य करने के लिए एक पति को कैसे प्रताड़ित किया जा सकता है"। उसने लड़की को "प्रकृति के खतरनाक शैतानों" में से एक कहा। 43 स्त्री-पुरुष संबंधों के मामले में तिलक प्रगतिशील विचारक नहीं थे। उनका विश्वास नहीं था कि हिंदू महिलाओं को आधुनिक शिक्षा मिलनी चाहिए। इसके बजाय, उनका अधिक रूढ़िवादी दृष्टिकोण था, यह मानते हुए कि महिलाएं गृहिणी थीं जिन्हें अपने पति और बच्चों की जरूरतों के लिए खुद को अधीन करना पड़ता था। 11 तिलक ने अपनी मृत्यु से दो साल पहले 1918 में अस्पृश्यता के उन्मूलन के लिए याचिका पर हस्ताक्षर करने से इनकार कर दिया, भले ही उन्होंने पहले एक बैठक में इसके खिलाफ बात की थी।

तिलक और स्वामी विवेकानंद एक दूसरे के लिए बहुत सम्मान और प्रशंसा करते थे। 1892 में, वे ट्रेन से यात्रा करते समय संयोग से मिले और विवेकानंद तिलक के घर अतिथि थे। वहां मौजूद एक व्यक्ति (बासुकाका) ने सुना कि विवेकानंद और तिलक सहमत थे कि तिलक "राजनीतिक" क्षेत्र में राष्ट्रवाद के लिए काम करेंगे, जबकि विवेकानंद "धार्मिक" क्षेत्र में राष्ट्रवाद के लिए काम करेंगे। जब विवेकानंद का छोटी उम्र में निधन हो गया तो तिलक ने केसरी में बहुत दुख व्यक्त किया और उन्हें श्रद्धांजलि दी। b c d e तिलक ने विवेकानंद के बारे में कहा:

"कोई भी हिंदू, जिसके दिल में हिंदू धर्म का हित है, विवेकानंद के निधन पर अपना दुख व्यक्त किए बिना नहीं रह सकता। विवेकानंद ने हमेशा दुनिया के सभी देशों के बीच अद्वैत दर्शन के झंडे को ऊंचा रखने का बीड़ा उठाया था। वह भारत की सच्ची महानता को जानते थे। हिंदू धर्म और हिंदू लोग। जैसा कि उन्होंने एक सुरक्षित नींव रखी थी, उन्होंने अपने ज्ञान, वाक्पटुता, उत्साह और ईमानदारी से इस कार्य की उपलब्धि से अपनी उपलब्धियों का ताज पहनाया। और महानता दिखाई। 19 वीं शताब्दी में, एक और शंकराचार्य, विवेकानंद , जे., ने दुनिया को हिंदू धर्म की महिमा दिखाई। उनका काम अभी बाकी है। हमने अपनी महिमा, अपनी स्वतंत्रता, सब कुछ खो दिया है।"

कोल्हापुर साम्राज्य के शासक शाहू के तिलक के साथ कई संघर्ष थे क्योंकि तिलक मराठों और शूद्रों के लिए पौराणिक अनुष्ठानों के ब्राह्मणों के फैसले से सहमत थे। तिलक ने यह भी सुझाव दिया कि मराठों को ब्राह्मणों द्वारा दी गई शूद्र स्थिति से "संतुष्ट" होना चाहिए। तिलक के समाचार पत्रों के साथ-साथ कोल्हापुर के अखबारों ने शाहू की जातिगत पूर्वाग्रह और ब्राह्मणों के प्रति अनुचित शत्रुता के लिए आलोचना की। इनमें शाहू पर चार ब्राह्मण महिलाओं के यौन शोषण के गंभीर आरोप भी शामिल थे। लेडी मिंटो नाम की एक अंग्रेज महिला ने उनकी मदद का अनुरोध किया। शाहू के एजेंट ने ये आरोप "परेशानी करने वाले

ब्राह्मणों" पर लगाए. तिलक और एक अन्य ब्राह्मण को शाहू द्वारा सम्पदा की जब्ती का सामना करना पड़ा, पहले शाहू और शंकराचार्य के शंकराचार्य के बीच झगड़े में और बाद में एक अन्य मामले में।

तिलक ने गोपाल गणेश आगरकर के साथ 1880-1881 में मराठी में केसरी ("द लायन") और अंग्रेजी में मराठा (कभी-कभी 'मराठा' के रूप में संदर्भित) दो साप्ताहिक शुरू किए। इसने उन्हें 'भारत के जागरण' के रूप में जाना, क्योंकि केसरी बाद में एक दैनिक बन गया और आज भी इसे प्रकाशित करना जारी रखता है। इन समारोहों में कई दिनों के जुलूस, संगीत और भोजन शामिल थे। वे पड़ोस, जाति या व्यवसाय द्वारा सदस्यता द्वारा आयोजित किए गए थे। छात्र अक्सर हिंदू और राष्ट्रीय गौरव का जश्न मनाते थे और राजनीतिक मुद्दों से निपटते थे; जिसमें स्वदेशी वस्तुओं का संरक्षण शामिल है। 60 1895 में, तिलक ने मराठा साम्राज्य के संस्थापक शिवाजी की जयंती "शिव जयंती" मनाने के लिए श्री शिवाजी निधि समिति की स्थापना की। इस परियोजना का उद्देश्य रायगढ़ किले में शिवाजी की समाधि (मकबरे) के पुनर्निर्माण के लिए धन देना था। इस दूसरे उद्देश्य के लिए, तिलक ने तालेगांव दाभाडे के सेनापति खंडेराव दाभाडे द्वितीय के साथ श्री शिवाजी रायगढ़ स्मारक मंडल की स्थापना की, जो मंडल के संस्थापक अध्यक्ष बने।

तिलक ने गणपति उत्सव और शिव जयंती जैसे आयोजनों का इस्तेमाल शिक्षित अभिजात वर्ग के दायरे से बाहर औपनिवेशिक शासन के खिलाफ राष्ट्रीय भावना पैदा करने के लिए किया। लेकिन इसने हिंदू-मुस्लिम मतभेदों को भी बढ़ाया। उत्सव के आयोजक हिंदुओं से गायों की रक्षा करने और शिया मुसलमानों द्वारा आयोजित मुहर्रम उत्सव का बहिष्कार करने का आह्वान करेंगे, जिसमें हिंदू अक्सर अतीत में भाग लेते रहे हैं। इस प्रकार, हालांकि ये त्यौहार औपनिवेशिक शासन का विरोध करने का एक तरीका थे, लेकिन उन्होंने धार्मिक तनावों में भी योगदान दिया। शिवसेना जैसे 60 समकालीन मराठी हिंदू राष्ट्रवादी दलों ने शिवाजी के प्रति सम्मान व्यक्त किया। 61 हालांकि, भारतीय इतिहासकार, उमा चक्रवर्ती प्रोफेसर गॉर्डन जॉनसन को उद्धृत करती हैं और कहती हैं, "यह महत्वपूर्ण है कि जब तिलक राजनीतिक रूप से शिवाजी का उपयोग कर रहे थे, तब भी उन्हें मराठा के रूप में क्षत्रिय दर्जा देने के सवाल का तिलक सहित पारंपरिक ब्राह्मणों ने विरोध किया था। शिवाजी एक बहादुर आदमी था, उसकी सारी बहादुरी के लिए, लगभग एक ब्राह्मण थाअधिकार नहीं दिया। इसके अलावा, शिवाजी की ब्राह्मणों की पूजा ने सामाजिक संबंधों को किसी भी तरह से नहीं बदला। एक शूद्र के रूप में उन्होंने यह किया - एक शूद्र के रूप में एक नौकर के रूप में, यदि ब्राह्मण का दास नहीं है"।

1880 में अन्य लोगों के साथ तिलक द्वारा स्थापित द डेक्कन एजुकेशन सोसाइटी, अभी भी पुणे में फर्ग्यूसन कॉलेज जैसे संस्थान चलाती है। 63 बीसवीं शताब्दी के प्रारंभ में तिलक द्वारा शुरू किया गया स्वदेशी आंदोलन 1947 में अपना लक्ष्य हासिल करने तक स्वतंत्रता आंदोलन का हिस्सा बना रहा। स्वदेशी को 1990 के दशक तक भारत सरकार की

नीति का हिस्सा कहा जा सकता है, जब कांग्रेस सरकार द्वारा अर्थव्यवस्था को उदार बनाया गया था। 64 एक बेहतर स्रोत की आवश्यकता तिलक ने कहा, "मैं भारत को अपनी मातृभूमि और अपनी देवी के रूप में मानता हूं, भारत के लोग मेरे रिश्तेदार हैं और यह मेरा सर्वोच्च धर्म और कर्तव्य है कि मैं उनकी राजनीतिक और सामाजिक मुक्ति के लिए वफादारी और दृढ़ता से काम करूं"।

1903 में तिलक ने "द आर्कटिक होम इन द वेद" पुस्तक लिखी। इसमें उन्होंने तर्क दिया कि वेद केवल आर्कटिक में ही रचे जा सकते थे और यह कि अंतिम हिम युग की शुरुआत के बाद आर्य चारण उन्हें दक्षिण ले आए थे। उन्होंने वेदों का सही समय निर्धारित करने के लिए एक नया तरीका सुझाया। उद्धरण वांछित "द ओरियन" में उन्होंने विभिन्न नक्षत्रों की स्थिति का उपयोग करके वेदों के समय की गणना करने का प्रयास किया। 66 विभिन्न वेदों में नक्षत्रों की स्थिति का वर्णन है। मांडले में जेल में रहते हुए, तिलक ने "श्रीमद भगवद गीता रहस्य" लिखा - भगवद गीता में 'कर्म योग' का विश्लेषण, जिसे वेदों और उपनिषदों के उपहार के रूप में जाना जाता है।

तिलक के पुत्र श्रीधर तिलक ने 1920 के दशक के अंत में दलित नेता डॉ. अम्बेडकर के साथ मिलकर अस्पृश्यता के उन्मूलन के लिए अभियान चलाया। 67 दोनों बहु-नस्लीय समानता संघ के नेता थे। 68 69 श्रीधर के पुत्र जयंतराव तिलक (1921-2001) कई वर्षों तक केसरी समाचार पत्र के संपादक रहे। जयंतराव कांग्रेस पार्टी के राजनेता भी थे। वह भारतीय संसद के ऊपरी सदन राज्य सभा में महाराष्ट्र का प्रतिनिधित्व करने वाली भारतीय संसद के सदस्य थे। वह महाराष्ट्र विधान परिषद के सदस्य भी थे।

बाल गंगाधर तिलक के वंशज रोहित तिलक पुणे स्थित कांग्रेस पार्टी के राजनेता हैं। 71 2017 में, एक महिला जिसके साथ उनका विवाहेतर संबंध था, ने उन पर बलात्कार और अन्य अपराधों का आरोप लगाया। इन आरोपों में वह फिलहाल जमानत पर बाहर हैं।

28 जुलाई 1956 को संसद भवन के सेंट्रल हॉल में बीजी तिलक का चित्र लगाया गया था। गोपाल देउस्कर द्वारा चित्रित तिलक के चित्र का अनावरण भारत के तत्कालीन प्रधान मंत्री जवाहरलाल नेहरू ने किया था।

पुणे में तिलक स्मारक रंग मंदिर थियेटर उन्हें समर्पित है। 2007 में, भारत सरकार ने तिलक की 150वीं जयंती के उपलक्ष्य में एक सिक्का जारी किया। 76 77 लोकमान्य तिलक के स्मारक के रूप में मांडले जेल में कलफ-कम-लेक्चर हॉल के निर्माण के लिए बर्मा सरकार से औपचारिक स्वीकृति प्राप्त की। भारत सरकार द्वारा 35,000 (यूएस$440) और बर्मा में स्थानीय भारतीय समुदाय द्वारा £7,500 (यूएस$94)।

उनके जीवन पर कई भारतीय फिल्में बनाई गई हैं, जिनमें वृत्तचित्र लोकमान्य बाल गंगाधर तिलक (1951) और लोकमान्य तिलक (1957), विश्राम बेडेकर, ओम राउत की लोकमान्य: एक युगपुरुष (2015) और द ग्रेट फ्रीडम फाइटर लोकमान्य शामिल हैं। बाल गंगाधर तिलक - स्वराज मेरा जन्मसिद्ध अधिकार (2018) विनय धूमले।

16
राम प्रसाद बिस्मिल

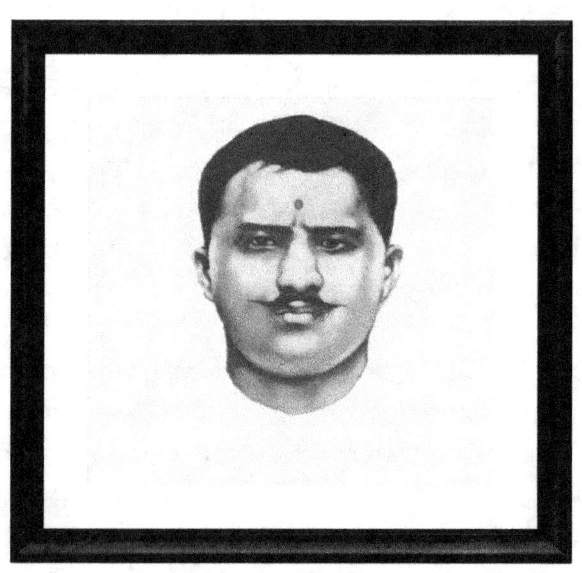

राम प्रसाद बिस्मिल

Scan for Story Videos - www.itibook.com

राम प्रसाद बिस्मिल (उच्चारण (सहायता•जानकारी) (11 जून 1897 - 19 दिसंबर 1927) एक भारतीय कवि, लेखक और क्रांतिकारी थे जिन्होंने अंश 1918 का मैनपुरी षड़यंत्र और 1925 का काकोरी षड़यंत्र तथा ब्रिटिश शासन के विरुद्ध संघर्ष किया। बिस्मिल एक स्वतंत्रता सेनानी थे जिन्होंने भारत के स्वतंत्रता संग्राम में सक्रिय भूमिका निभाई थी। भारत की स्वतंत्रता में उनके योगदान की स्मृति में, उनके जन्मदिन (11 जून) को भारतीयों द्वारा उत्सव दिवस के रूप में मनाया जाता है। वह 1918 के मणिपुरी षड़यंत्र और 1925 के काकोरी षड़यंत्र का हिस्सा होने के लिए प्रसिद्ध हैं। काकोरी कांड जंग-ए-आज़ादी की सबसे महत्वपूर्ण घटनाओं में से एक थी। वह उर्दू और हिंदी में धाराप्रवाह थे, जिसने उन्हें एक प्रमुख क्रांतिकारी बना दिया। वे एक बहुभाषी अनुवादक भी थे और मणिपुरी की उनकी प्रसिद्ध कविता प्रतिज्ञा बहुत लोकप्रिय हुई। 1 बिस्मिल को उनकी क्रांतिकारी गतिविधियों के लिए 19 दिसंबर 1927 को अंग्रेजों ने फांसी दे दी थी। एक स्वतंत्रता सेनानी होने के अलावा, वह एक देशभक्त कवि थे और छद्म नाम राम, अज्ञात और बिस्मिल का उपयोग करके हिंदी और उर्दू में लिखते थे। लेकिन, वे 'बिस्मिल' उपनाम से ही लोकप्रिय हुए। वह आर्य समाज से संबंधित थे जहां उन्हें स्वामी दयानंद सरस्वती द्वारा लिखित पुस्तक सत्यार्थ प्रकाश से प्रेरणा मिली। आर्य समाज प्रचारक स्वामी सोमदेव के माध्यम से भी उनका लाला हरदयाल से गोपनीय संबंध था। बिस्मिल एक क्रांतिकारी संगठन, हिंदुस्तान रिपब्लिकन एसोसिएशन के संस्थापक सदस्यों में से एक थे। भगत सिंह ने उन्हें उर्दू और हिंदी के एक महान कवि-लेखक के रूप में सराहा, जिन्होंने अंग्रेजी से कैथरीन और बंगाली से बोल्शेविकों की करतूत का भी अनुवाद किया।

राम प्रसाद बिस्मिल का जन्म 11 जून 1897 को मुरलीधर तोमर और मुलमती, 3 के तोमर राजपूत परिवार में हुआ था, जिनकी जड़ें मध्य प्रदेश के मुरैना जिले के बड़वई, 4 5 6 तत्कालीन शाहजहाँपुर जिले के उत्तर-पश्चिम प्रांत में थीं। 7 उन्होंने घर पर ही अपने पिता

से हिंदी सीखी और उन्हें एक मौलवी के पास उर्दू सीखने के लिए भेजा गया। अपने पिता की अस्वीकृति के बावजूद, उन्हें एक अंग्रेजी माध्यम के स्कूल में भर्ती कराया गया और शाहजहाँपुर में आर्य समाज में भी शामिल हो गए। बिस्मिल ने देशभक्ति कविता लिखने की प्रतिभा दिखाई

एक 18 वर्षीय छात्र के रूप में, बिस्मिल ने हरदयाल के विद्वान और सहयोगी भाई परमानंद को दी गई मौत की सजा को पढ़ा। उस समय वह शाहजहाँपुर के आर्य समाज मंदिर में नियमित रूप से जाते थे, जहाँ परमानंद के मित्र स्वामी सोमदेव रहते थे। 9 इस वाक्य से नाराज होकर बिस्मिल ने हिंदी में मेरा जन्म नामक एक कविता की रचना की, जिसे उन्होंने सोमदेव को दिखाया। इस कविता ने भारत पर ब्रिटिश नियंत्रण को हटाने की प्रतिबद्धता को दिखाया।

अगले साल बिस्मिल ने स्कूल छोड़ दिया और कुछ दोस्तों के साथ लखनऊ चले गए। नरम दल (भारतीय राष्ट्रीय कांग्रेस का "उदारवादी गुट") गरम दल को शहर में तिलक का भव्य स्वागत करने की अनुमति देने के लिए तैयार नहीं था। उन्होंने युवाओं के एक समूह का गठन किया और सोमदेव की सहमति से अमेरिकी स्वतंत्रता के इतिहास पर हिंदी में एक पुस्तक प्रकाशित करने का निर्णय लिया, अमेरिका की स्वतंत्रता का इतिहास। यह पुस्तक एक काल्पनिक बाबू हरिवंश सहाय के लेखन में प्रकाशित हुई थी और इसके प्रकाशक का नाम सोमदेव सिद्धगोपाल शुक्ल था। पुस्तक के प्रकाशित होते ही उत्तर प्रदेश सरकार ने राज्य में इसके प्रसार पर रोक लगा दी।

बिस्मिल ने मातृवेदी (मातृभूमि की वेदी) नामक एक क्रांतिकारी संगठन का गठन किया और औरैया में एक स्कूल शिक्षक गेंदा लाल दीक्षित से संपर्क किया। सोमदेव ने यह व्यवस्था यह जानकर की थी कि बिस्मिल अपने मिशन में अधिक प्रभावी हो सकते हैं यदि उन्हें अनुभवी पुरुषों का समर्थन प्राप्त हो। दीक्षित राज्य के कुछ ताकतवर लुटेरों के संपर्क में था। दीक्षित अपनी शक्ति का प्रयोग ब्रिटिश शासकों के विरुद्ध सशस्त्र संघर्ष में करना चाहते थे। बिस्मिल की तरह, दीक्षित ने भी शिवाजी समिति (शिवाजी महाराज के नाम पर) नामक एक सशस्त्र युवा संगठन की स्थापना की। दोनों ने संयुक्त प्रांत (अब उत्तर प्रदेश) के इटावा, मैनपुरी, आगरा और शाहजहाँपुर जिलों के युवाओं को संगठित करके अपने संगठन को मजबूत किया।

28 जनवरी 1918 को, बिस्मिल ने देशवासियों के नाम संदेश (देशवासियों के लिए एक संदेश) नामक एक पुस्तिका प्रकाशित की, जिसे उन्होंने अपनी कविता मैनपुरी की प्रतिज्ञा (मैनपुरी की प्रतिज्ञा) के साथ वितरित किया। 1918 में पार्टी को लूटने के लिए चंदा जुटाने के तीन मौके आए। 1918 की दिल्ली कांग्रेस के दौरान, पुलिस ने उन्हें मैनपुरी और उसके आसपास खोजा, जब वे यूपी सरकार द्वारा प्रतिबंधित किताबें बेच रहे थे। जब पुलिस ने उन्हें पाया तो बिस्मिल किताबें लेकर फरार हो गए। वह दिल्ली और आगरा के बीच एक और डकैती की योजना बना रहा था जब पुलिस की एक टीम पहुंची और दोनों तरफ से फायरिंग

शुरू हो गई। बिस्मिल यमुना में कूद गए और पानी के नीचे तैर गए। पुलिस और उसके साथियों ने मान लिया कि वह मुठभेड़ में मारा गया है। दीक्षित को उनके अन्य साथियों सहित गिरफ्तार कर आगरा के किले में रखा गया। यहां से वह दिल्ली भाग गया और छिप गया। उनके खिलाफ एक आपराधिक मामला दर्ज किया गया था। इस घटना को 'मैनपुरी षडयंत्र' के नाम से जाना जाता है। 1 नवंबर 1919 को मैनपुरी के मजिस्ट्रेट बीएस क्रिस ने सभी आरोपियों के खिलाफ फैसला सुनाया और दीक्षित और बिस्मिल को भगोड़ा घोषित कर दिया।

19191920 के दशक तक बिस्मिल अज्ञात रहे, उन्होंने उत्तर प्रदेश के विभिन्न गाँवों की यात्रा की और कई पुस्तकों का निर्माण किया। इनमें उनके और अन्य लोगों द्वारा लिखी गई कविताओं का एक संग्रह था, जिसे मन की लहर कहा जाता था, जबकि उन्होंने बंगाली (बोल्शेविकों की कुर्तूत और यौगिक साधन) से दो कार्यों का अनुवाद किया और एक अंग्रेजी पाठ से कैथरीन या देवी की स्वतंत्रता बनाई। उन्होंने इन सभी पुस्तकों को सुशीलमाला के तहत अपने स्वयं के संसाधनों के माध्यम से प्रकाशित किया - एक यौगिक साधना को छोड़कर प्रकाशनों की एक श्रृंखला जो एक फरार प्रकाशक को दी गई थी और उसका पता नहीं चला है। ये किताबें तब से मिली हैं। बिस्मिल की एक अन्य पुस्तक, क्रांति गीतांजलि, 1929 में उनकी मृत्यु के बाद प्रकाशित हुई थी और 1931 में ब्रिटिश राज द्वारा प्रतिबंधित कर दी गई थी।

फरवरी 1920 में, जब मणिपुरी षडयंत्र मामले के सभी कैदियों को रिहा कर दिया गया, बिस्मिल अपने घर शाहजहाँपुर लौट आए, जहाँ उन्होंने अधिकारियों से सहमति व्यक्त की कि वे क्रांतिकारी गतिविधियों में भाग नहीं लेंगे। राम प्रसाद का यह बयान अदालत के समक्ष स्थानीय भाषा में भी दर्ज किया गया।

बिस्मिल शाहजहाँपुर के कई लोगों में से थे जिन्होंने 1921 में अहमदाबाद कांग्रेस में भाग लिया था। उन्हें कांग्रेस के वरिष्ठ सदस्य प्रेम कृष्ण खन्ना और क्रांतिकारी अशफाकउल्ला खान के साथ मंच पर बैठाया गया था। बिस्मिल ने मौलाना हसरत मोहिनी के साथ कांग्रेस में सक्रिय भूमिका निभाई और कांग्रेस महासभा में सबसे चर्चित पूर्ण स्वराज प्रस्ताव पारित किया गया। मोहनदास के. जो इस प्रस्ताव के पक्ष में नहीं हैं। युवाओं की भारी मांगों के आगे गांधी बेबस थे। वह शाहजहाँपुर लौट आया और संयुक्त प्रांत के युवाओं को सरकार की अवज्ञा करने के लिए लामबंद किया। बिस्मिल के उग्र भाषणों और छंदों का यूपी के लोगों पर ऐसा प्रभाव पड़ा कि वे ब्रिटिश शासन के खिलाफ शत्रुतापूर्ण हो गए। बनारसी लाल (अनुमोदित) के 16वें बयान के अनुसार अदालत में - "राम प्रसाद कहते थे कि अहिंसा से स्वतंत्रता नहीं होगी।" 17 सत्यापन विफल रहा

फरवरी 1922 में चौरी चौरा में कुछ प्रदर्शनकारी किसानों को पुलिस ने मार डाला। चौरी चौरा थाने पर लोगों ने हमला कर दिया और 22 पुलिसकर्मियों को जिंदा जला दिया गया. गांधी ने इस घटना के पीछे के तथ्यों को जाने बिना, कांग्रेस कार्यकारिणी के किसी भी

सदस्य से परामर्श किए बिना असहयोग आंदोलन को तत्काल समाप्त करने की घोषणा की। भारतीय राष्ट्रीय कांग्रेस (1922) के गया अधिवेशन में बिस्मिल और उनके युवाओं के समूह ने गांधी का कड़ा विरोध किया। तत्कालीन राष्ट्रपति चितरंजन दास ने इस्तीफा दे दिया जब गांधी ने अपने फैसले को बदलने से इनकार कर दिया। जनवरी 1923 में, पार्टी के धनी विंग ने मोतीलाल नेहरू और चितरंजन दास के संयुक्त नेतृत्व में न्यू स्वराज पार्टी का गठन किया और युवा विंग ने बिस्मिल के नेतृत्व में रिवोल्यूशनरी पार्टी का गठन किया।

लाला हरदयाल की सहमति से बिस्मिल इलाहाबाद गए जहां उनकी मुलाकात सचिंद्र नाथ सान्याल और बंगाल के एक अन्य क्रांतिकारी डॉ. जादूगोपाल मुखर्जी की मदद से 1923 में पार्टी के संविधान का मसौदा तैयार किया गया था। संगठन का मूल नाम और उद्देश्य एक पीले रंग के कागज 20 पर टाइप किया गया था और बाद की संविधान समिति की बैठक 3 अक्टूबर 1924 को यूपी के कानपुर में सचिंद्र नाथ सान्याल की अध्यक्षता में हुई थी।

इस बैठक में पार्टी का नाम हिन्दुस्तान रिपब्लिकन एसोसिएशन (HRA) तय किया गया। अन्य लोगों द्वारा लंबी चर्चा के बाद बिस्मिल को शाहजहाँपुर के जिला आयोजक और आयुध विभाग के प्रमुख के रूप में घोषित किया गया। उन्हें संयुक्त प्रांत (आगरा और अवध) के प्रांतीय संगठक की अतिरिक्त जिम्मेदारी भी सौंपी गई थी। सचिंद्र नाथ सान्याल को सर्वसम्मति से राष्ट्रीय संयोजक नामित किया गया और एक अन्य वरिष्ठ सदस्य जोगेश चंद्र चटर्जी को अनुशीलन समिति के समन्वय की जिम्मेदारी दी गई। कानपुर में बैठक में भाग लेने के बाद, सान्याल और चटर्जी दोनों यूपी छोड़कर संगठन के और विस्तार के लिए बंगाल चले गए।

जनवरी 1925 की शुरुआत में, भारत के संयुक्त प्रांतों में क्रांतिकारी नामक एक पत्रक वितरित किया गया था। इस पत्रक की प्रतियां, जिसे "व्हाइट लीफलेट" के रूप में साक्ष्य के रूप में संदर्भित किया गया है, काकोरी साजिश के कुछ अन्य कथित षड्यंत्रकारियों के कब्जे में भी पाया गया था। अवध के मुख्य न्यायालय के निर्णय के अनुसार। मन्मथ नाथ गुप्त के पास इस घोषणापत्र की टाइप की हुई प्रति मिली थी। 20 यह सफेद कागज पर चार पन्नों के मुद्रित पैम्फलेट के रूप में एचआरए का घोषणापत्र था, जिसे संयुक्त प्रांत के अधिकांश जिलों और भारत के अन्य हिस्सों में गुप्त रूप से डाक द्वारा और हाथ से वितरित किया गया था।

इस शीट पर प्रिंटिंग हाउस का नाम नहीं था। पैम्फलेट का शीर्षक था: "द रिवोल्यूशनरी" (रिवोल्यूशनरी पार्टी ऑफ इंडिया का एक अंग)। इसे पहला नंबर और प्रकाशन का पहला अंक दिया गया था। इसके प्रकाशन की तिथि 1 जनवरी 1925 दी गई थी।

बिस्मिल ने उत्तर प्रदेश में लखनऊ के पास काकोरी में एक ट्रेन से सरकारी खजाने को लूटने की एक सावधानीपूर्वक योजना को अंजाम दिया। यह ऐतिहासिक घटना 9 अगस्त 1925 को हुई और इसे काकोरी रेलवे डकैती के रूप में जाना जाता है। दस क्रांतिकारियों ने 8 डाउन सहारनपुर-लखनऊ पैसेंजर ट्रेन को लखनऊ रेलवे जंक्शन से पहले काकोरी

स्टेशन पर रोक दिया। इस ऑपरेशन में जर्मन निर्मित मौसर C96 अर्ध-स्वचालित पिस्तौल का इस्तेमाल किया गया था। एचआरए प्रमुख राम प्रसाद बिस्मिल के लेफ्टिनेंट अशफाकउल्लाह खान ने मन्मथ नाथ गुप्ता को अपना माउज़र सौंप दिया और खुद को कैश चेस्ट खोलने में लगा दिया। अपने हाथ में नया हथियार देखने के लिए उत्सुक मन्मथ नाथ गुप्ता ने अपनी पिस्तौल निकाली औरयात्री अहमद अली की गोली मारकर हत्या कर दी, जो अपनी पत्नी को महिला डिब्बे में देखने के लिए ट्रेन से उतरा था।

जबकि 40 से अधिक क्रांतिकारियों को गिरफ्तार किया गया था, लूटपाट में केवल 10 ने भाग लिया था। घटना से पूरी तरह से असंबंधित व्यक्तियों को भी हिरासत में लिया गया था। हालांकि, उनमें से कुछ को रिहा कर दिया गया। सरकार ने जगत नारायण मुल्ला को अत्यधिक शुल्क पर लोक अभियोजक नियुक्त किया। डॉ। हरकरण नाथ मिश्रा (बैरिस्टर विधायक) और डॉ. मोहनलाल सक्सेना (MLC) को बचाव पक्ष के वकील के रूप में नियुक्त किया गया था। आरोपियों के बचाव के लिए एक रक्षा समिति भी बनाई गई थी। 24 गोविंद बल्लभ पंत, चंद्र भानु गुप्ता और कृपा शंकर हजेला ने मुकदमे की पैरवी की। पुरुषों को दोषी पाया गया और बाद की अपील विफल रही। 16 सितंबर 1927 को क्षमादान के लिए एक अंतिम अपील लंदन में प्रिवी काउंसिल को भेजी गई लेकिन यह भी विफल रही।

18 महीने की कानूनी प्रक्रिया के बाद बिस्मिल, अशफाकउल्ला खान, रोशन सिंह और राजेंद्र नाथ लाहिड़ी को मौत की सजा सुनाई गई। बिस्मिल को 19 दिसंबर 1927 को गोरखपुर जेल में, अशफाकउल्ला खान को फैजाबाद जेल में और ठाकुर रोशन सिंह को नैनी इलाहाबाद जेल में फांसी दी गई थी। लाहिड़ी को दो दिन पहले गोंडा जेल में फांसी दी गई थी।

बिस्मिल के शरीर को एक हिंदू दाह संस्कार के लिए राप्ती नदी में ले जाया गया और उस स्थान को राजघाट के नाम से जाना जाने लगा।

बिस्मिल ने देशवासियों के नाम संदेश (एन: मेरे देशवासियों के लिए एक संदेश) नामक एक पुस्तिका प्रकाशित की। भूमिगत रहते हुए उन्होंने कुछ बंगाली पुस्तकों का अनुवाद किया। Bolshevikon Key Curtuit (en: The Bolshevik's Program) और यौगिक साधना (अरविंद घोष द्वारा)। इसके अलावा, उन्होंने मन की लहर (एन: ए सैली ऑफ माइंड) और स्वदेशी रंग की कविताओं का संकलन भी लिखा। एक और स्वाधीनता की देवी: कैथरीन को एक अंग्रेजी किताब से 27 हिंदी में रूपांतरित किया गया। ये सब उनके द्वारा सुशील माला श्रृंखला में प्रकाशित किए गए। बिस्मिल ने अपनी आत्मकथा तब लिखी थी जब उन्हें गोरखपुर जेल में सजायाफ्ता कैदी के रूप में रखा गया था।

राम प्रसाद बिस्मिल की आत्मकथा गणेश शंकर विद्यार्थी द्वारा 1928 में प्रताप प्रेस, कैवनपुर से कवर शीर्षक काकोरी के शहीद के तहत प्रकाशित की गई थी। इस पुस्तक का एक मोटा अनुवाद ब्रिटिश भारत के संयुक्त प्रांत के आपराधिक जांच विभाग द्वारा तैयार किया गया है। अनुवादित पुस्तक को आधिकारिक और पुलिस उपयोग के लिए एक गोपनीय दस्तावेज के रूप में पूरे देश में परिचलित किया गया था।

उन्होंने भारत में ब्रिटिश शासन के दौरान युद्ध की कहानी के रूप में सरफ़रोशी की तमन्ना, मन की लहर और स्वदेशी रंग की कविताओं को अमर कर दिया। 31 इसे सर्वप्रथम दिल्ली से प्रकाशित पत्रिका 'सबाह' में प्रकाशित किया गया था।

शाहजहाँपुर की शहीद स्मारक समिति ने एक स्मारक की स्थापना की जहाँ बिस्मिल का जन्म 1897 में शाहजहाँपुर शहर के खिरनी बाग मोहल्ले में हुआ था और इसका नाम "अमर शहीद राम प्रसाद बिस्मिल स्मारक" रखा। 18 दिसंबर 1994 को शहीद की 69वीं पुण्यतिथि की पूर्व संध्या पर उतर प्रदेश के तत्कालीन राज्यपाल मोतीलाल वोरा द्वारा सफेद संगमरमर की प्रतिमा का उद्घाटन किया गया था।

भारतीय रेलवे के उतर रेलवे क्षेत्र में शाहजहाँपुर से 11 किलोमीटर (6.8 मील) पं। है। राम प्रसाद बिस्मिल रेलवे स्टेशन बनाया गया था। काकोरी में ही काकोरी के षड्यंत्रकारियों का स्मारक है। इसका उद्घाटन 19 दिसंबर 1983 को भारतीय प्रधान मंत्री इंदिरा गांधी द्वारा किया गया था।

भारत सरकार ने 19 दिसंबर 1997 को बिस्मिल के जन्म शताब्दी वर्ष में एक बहुरंगी स्मारक डाक टिकट जारी किया।

उतर प्रदेश सरकार ने उनके नाम पर एक पार्क का नाम रखा: अमर शहीद पं. राम प्रसाद बिस्मिल उद्यान रामपुर जागीर गाँव के पास स्थित है, जहाँ बिस्मिल 1919 में मैनपुरी षड्यंत्र कांड के बाद भूमिगत रहते थे।

17

लाला लाजपत राय

लाला लाजपत राय

Freedom Fighters

Scan for Story Videos - www.itibook.com

लाला लाजपत राय (28 जनवरी 1865 - 17 नवंबर 1928) एक भारतीय लेखक, स्वतंत्रता सेनानी और राजनीतिज्ञ थे। उन्होंने भारत के स्वतंत्रता आंदोलन में महत्वपूर्ण भूमिका निभाई। इसे पंजाब केसरी के नाम से जाना जाता था। वह लाल बाल पाल त्रिमूर्ति के तीन सदस्यों में से एक थे। 1 वह 1894 में पंजाब नेशनल बैंक के संचालन और शुरुआती दिनों में लक्ष्मी बीमा कंपनी से भी जुड़े थे। एक शांतिपूर्ण सर्व-विरोधी विरोध मार्च का नेतृत्व करते हुए पुलिस लाठीचार्ज में गंभीर रूप से घायल होने के कुछ सप्ताह बाद दिल का दौरा पड़ने से उनकी मृत्यु हो गई। ब्रिटिश साइमन आयोग भारतीय संवैधानिक सुधार।

राय का जन्म 28 जनवरी 1865 को पंजाब के मोगा जिले के धुदिके में एक अग्रवाल 2 जैन परिवार में हुआ था, जो एक सरकारी स्कूल में उर्दू और फारसी के शिक्षक मुंशी राधा कृष्ण अग्रवाल 3 और उनकी पत्नी गुलाब देवी अग्रवाल के पुत्र थे। 4 वे मुंशी राधाकृष्ण के छह बच्चों में सबसे बड़े थे। वे महाराजा अग्रसेन के वंश के थे। उन्होंने अपनी युवावस्था का अधिकांश समय जगराओं में बिताया। जगरांव में उनका घर अभी भी ऊंचा है और यहां एक पुस्तकालय और संग्रहालय है। 5 उन्होंने जगराओं में पहला शैक्षणिक संस्थान, आरके हाई स्कूल बनाया।

1870 के दशक के अंत में, उनके पिता को रेवाड़ी में स्थानांतरित कर दिया गया, जहाँ उन्होंने अपनी प्राथमिक शिक्षा पंजाब प्रांत के रेवाड़ी के सरकारी हाई स्कूल में प्राप्त की, जहाँ उनके पिता एक उर्दू शिक्षक के रूप में तैनात थे। 1880 में, लाजपत राय ने कानून का अध्ययन करने के लिए लाहौर के गवर्नमेंट कॉलेज में दाखिला लिया, जहाँ वे लाला हंस राज और पंडित गुरु दत्त जैसे देशभक्तों और भावी स्वतंत्रता सेनानियों के संपर्क में आए। लाहौर में अध्ययन के दौरान वे स्वामी दयानंद सरस्वती के हिंदू सुधारवादी आंदोलन से प्रभावित हुए, मौजूदा आर्य समाज लाहौर (1877 में स्थापित) के सदस्य बने और लाहौर स्थित आर्य गजट के संस्थापक-संपादक बने।

1884 में उनके पिता का रोहतक में स्थानांतरण हो गया और राय लाहौर में अपनी शिक्षा पूरी करने के बाद साथ आ गए। 1886 में, वह हिसार चले गए जहाँ उनके पिता का तबादला हो गया था, और कानून का अभ्यास करना शुरू कर दिया और बाबू चूड़ामणि के साथ बार काउंसिल ऑफ़ हिसार के संस्थापक सदस्य बन गए। उसी वर्ष उनकी मुलाकात बाबू चूड़ामणि (वकील), तीन तायल भाइयों (चंदूलाल तायल, हरि लाल तायल और बालमोकंद तायल), डॉ. रामजी लाल हुड्डा, डॉ. रामजी लाल तायल के साथ भारतीय राष्ट्रीय कांग्रेस की हिसार जिला शाखा और सुधारवादी आर्य समाज की स्थापना की। धनी राम, आर्य समाज पंडित मुरारी लाल, 7 सेठ छाजू राम जाट (जाट स्कूल, हिसार के संस्थापक) और देव राज संधीर। 1888 में और फिर 1889 में, उन्हें बाबू चूड़ामणि, लाला छबील दास और सेठ गौरी शंकर के साथ इलाहाबाद में कांग्रेस के वार्षिक सत्र में भाग लेने के लिए हिसार के चार प्रतिनिधियों में से एक होने का सम्मान मिला। 1892 में, वे लाहौर उच्च न्यायालय में अभ्यास करने के लिए लाहौर चले गए। स्वतंत्रता के प्रति भारत की राजनीतिक रणनीति को आकार देने के लिए, उन्होंने पत्रकारिता भी अपनाई और द ट्रिब्यून सहित कई समाचार पत्रों में नियमित रूप से योगदान दिया। 1886 में, उन्होंने महात्मा हंसराज को लाहौर में राष्ट्रवादी दयानंद एंग्लो-वैदिक विद्यालय स्थापित करने में मदद की।

1914 में, उन्होंने भारतीय स्वतंत्रता आंदोलन के लिए खुद को समर्पित करने के लिए अपना कानून अभ्यास छोड़ दिया और 1917 में ब्रिटेन और फिर संयुक्त राज्य अमेरिका की यात्रा की। अक्टूबर 1917 में, उन्होंने न्यूयॉर्क में इंडियन होम रूल लीग ऑफ़ अमेरिका की स्थापना की। वह 1917 से 1920 तक संयुक्त राज्य अमेरिका में रहे। उनका प्रारंभिक स्वतंत्रता संग्राम आर्य समाज और जाति प्रतिनिधित्व से प्रभावित था।

भारतीय राष्ट्रीय कांग्रेस में शामिल होने और पंजाब में राजनीतिक आंदोलन में भाग लेने के बाद, लाला लाजपत राय वडवाल को मंडले में निर्वासित कर दिया गया था, लेकिन उन्हें विध्वंस के लिए पकड़ने के लिए अपर्याप्त सबूत थे। दिसंबर 1907 में, लाजपत राय के समर्थकों ने सूरत में आयोजित पार्टी सम्मेलन की अध्यक्षता के लिए उनका चुनाव सुरक्षित करने की कोशिश की, लेकिन असफल रहे।

भगत सिंह उस नेशनल कॉलेज के स्नातकों में से थे जिसकी स्थापना उन्होंने ब्रिटिश शैली के संस्थानों के विकल्प के रूप में लाहौर के ब्रेडलॉफ हॉल में की थी। 9 उन्हें 1920 के कलकता विशेष सत्र में भारतीय राष्ट्रीय कांग्रेस के अध्यक्ष के रूप में चुना गया था। 10 1921 में, उन्होंने लाहौर में एक गैर-लाभकारी कल्याण संगठन, सर्वेंट्स ऑफ़ द पीपुल सोसाइटी की स्थापना की, जिसने विभाजन के बाद अपना आधार दिल्ली में स्थानांतरित कर दिया और भारत के कई हिस्सों में इसकी शाखाएँ हैं। 11 उनके अनुसार, हिंदू समाज को जाति व्यवस्था, महिलाओं की स्थिति और अस्पृश्यता के खिलाफ अपनी लड़ाई लड़ने की जरूरत है। 12 वेद हिंदू धर्म का एक महत्वपूर्ण हिस्सा थे लेकिन निचली जातियों को उन्हें पढ़ने की अनुमति नहीं थी। लाला लाजपतराय को निम्न जाति के लोगों को मंत्र पढ़ने की

अनुमति देनी चाहिए। उनका मानना था कि सभी को वेदों को पढ़ने और सीखने की अनुमति दी जानी चाहिए।

लाजपत राय ने 1917 में संयुक्त राज्य अमेरिका की यात्रा की और प्रथम विश्व युद्ध के बाद वापस लौटे। उन्होंने वेस्ट कोस्ट पर सिख समुदायों का दौरा किया, अलबामा में टस्केगी विश्वविद्यालय का दौरा किया और फिलीपींस में कार्यकर्ताओं से मुलाकात की। उनका यात्रा वृतांत, द यूनाइटेड स्टेट्स ऑफ अमेरिका (1916), इन यात्राओं का विवरण देता है और इसमें W.E.B. डू बोइस और फ्रेडरिक डगलस सहित प्रमुख अफ्रीकी अमेरिकी शामिल हैं।अमेरिकी विचारकों के व्यापक उद्धरण प्रस्तुत करता है। संयुक्त राज्य अमेरिका में रहते हुए, उन्होंने न्यूयॉर्क शहर में इंडियन होम रूल लीग और मासिक पत्रिका यंग इंडिया और हिंदुस्तान इंफॉर्मेशन सर्विसेज एसोसिएशन की स्थापना की। राय ने यूनाइटेड स्टेट्स हाउस कमेटी ऑन फॉरेन अफेयर्स में भारत में ब्रिटिश राज के कुशासन, स्वतंत्रता के लिए भारतीय लोगों की आकांक्षाओं और भारतीय स्वतंत्रता की प्राप्ति के लिए अंतर्राष्ट्रीय समुदाय के समर्थन की एक मजबूत मांग की एक ज्वलंत तस्वीर चित्रित करते हुए याचिका दायर की, अन्य मुद्दों के बीच। . 32 पन्नों की याचिका, जिसे रातोंरात तैयार किया गया था, पर अक्टूबर 1917 में अमेरिकी सीनेट में बहस हुई थी। 14 पुस्तक "रंग-जाति" की धारणा के लिए भी तर्क देती है, जो अमेरिका में नस्ल और भारत में जाति के बीच एक समाजशास्त्रीय सादृश्य का सुझाव देती है। प्रथम विश्व युद्ध के दौरान, लाजपतराय अमेरिका में रहे, लेकिन 1919 में भारत लौट आए और अगले वर्ष कांग्रेस पार्टी के एक विशेष सत्र का नेतृत्व किया जिसने असहयोग आंदोलन शुरू किया। 1921 से 1923 तक वे जेल में रहे और रिहा होने के बाद विधान सभा के लिए चुने गए।

1928 में, यूनाइटेड किंगडम ने भारत में राजनीतिक स्थिति पर रिपोर्ट करने के लिए सर जॉन साइमन की अध्यक्षता में साइमन कमीशन की स्थापना की। भारतीय राजनीतिक दलों ने आयोग का बहिष्कार किया क्योंकि इसमें कोई भी भारतीय सदस्य शामिल नहीं था और पूरे देश में इसका विरोध किया गया था। 15 जब आयोग ने 30 अक्टूबर 1928 को लाहौर का दौरा किया, तो लाजपत राय ने इसके विरोध में एक अहिंसक मार्च का नेतृत्व किया, "साइमन गो बैक!" इसकी घोषणा की गई थी। प्रदर्शनकारियों ने काले झंडे लिए और नारेबाजी की।

लाहौर के पुलिस अधीक्षक जेम्स ए. स्कॉट ने पुलिस को प्रदर्शनकारियों पर लाठीचार्ज करने का आदेश दिया और राय पर व्यक्तिगत हमला किया। 16 गंभीर रूप से घायल होने के बावजूद, राय ने तब भीड़ को संबोधित किया और कहा, "मैं घोषणा करता हूं कि आज मुझ पर किया गया हमला भारत में ब्रिटिश शासन के ताबूत में आखिरी कील साबित होगा।"

राय अपनी चोटों से पूरी तरह उबर नहीं पाए और 17 नवंबर 1928 को उनकी मृत्यु हो गई। डॉक्टरों ने सोचा कि झटका लगने से जेम्स स्कॉट की मौत हो गई। 16 हालांकि, जब यह मामला ब्रिटिश संसद में उठाया गया, तो ब्रिटिश सरकार ने राय की मौत में किसी भी

भूमिका से इनकार किया। 18 भगत सिंह, एक HSRA क्रांतिकारी, जिन्होंने इस घटना को देखा, ने भारतीय स्वतंत्रता आंदोलन के एक महत्वपूर्ण नेता 19 राय की मौत का बदला लेने की कसम खाई। 18 वह अन्य क्रांतिकारियों, शिवराम राजगुरु, सुखदेव थापर और चंद्रशेखर आज़ाद के साथ ब्रिटिश सरकार को एक संदेश देने के लिए स्कॉट को मारने की साजिश में शामिल हो गए। 20 हालांकि, गलत पहचान के एक मामले में सिंह की पहचान लाहौर के सहायक पुलिस अधीक्षक जॉन पी. सॉन्डर्स पर गोली चलाने का इशारा किया गया। 17 दिसंबर 1928 को लाहौर में जिला पुलिस मुख्यालय से बाहर निकलते समय राजगुरु और सिंह ने उन्हें गोली मार दी। आजाद के कवरिंग फायर से उनका पीछा कर रहे 21 हेड कांस्टेबल चनन सिंह गंभीर रूप से घायल हो गए।

इस मामले ने सिंह और हिंदुस्तान सोशलिस्ट रिपब्लिकन एसोसिएशन के उनके साथी सदस्यों को प्रतिशोध का दावा करने से नहीं रोका।

लाजपत राय भारतीय राष्ट्रवादी आंदोलन, भारतीय राष्ट्रीय कांग्रेस के नेतृत्व में भारतीय स्वतंत्रता आंदोलन, हिंदू सुधार आंदोलन और आर्य समाज के एक दिग्गज नेता थे, जिन्होंने अपनी पीढ़ी के युवाओं को प्रेरित किया और उनके दिलों में देशभक्ति की एक अव्यक्त भावना जगाई। अपने पत्रकारिता लेखन के माध्यम से। लीड-बाय-उदाहरण सक्रियता। चंद्रशेखर आज़ाद और भगत सिंह जैसे युवा स्वतंत्रता सेनानी राय से प्रेरित थे।

19वीं सदी के अंत और 20वीं सदी की शुरुआत में लाला लाजपत राय स्वयं हिसार कांग्रेस, हिसार बार काउंसिल, राष्ट्रीय डीएवी प्रबंध समिति सहित कई संगठनों के संस्थापक थे। लाला लाजपत राय "लक्ष्मी बीमा कंपनी" के प्रमुख भी थे और उन्होंने कराची में लक्ष्मी भवन की शुरुआत की, जो अभी भी उनकी स्मृति में एक पट्टिका रखता है। 1956 में, जब बड़े पैमाने पर जीवन बीमा व्यवसाय का राष्ट्रीयकरण किया गया, लक्ष्मी बीमा कंपनी का भारतीय जीवन बीमा निगम में विलय कर दिया गया।

लाला धनपत राय की प्रतिमा, लाजपत राय डीएवी कॉलेज, जगराओं

लाला धनपत राय की प्रतिमा, लाजपत राय डीएवी कॉलेज, जगराओं

1927 में, लाजपत राय ने अपनी माँ की याद में महिलाओं के लिए एक तपेदिक अस्पताल बनाने और चलाने के लिए एक ट्रस्ट की स्थापना की, जहाँ उनकी माँ गुलाब देवी की लाहौर में तपेदिक से मृत्यु हो गई थी। 23 को गुलाब देवी चेस्ट अस्पताल के रूप में जाना जाने लगा और 17 जुलाई 1934 को खोला गया। अब गुलाब देवी मेमोरियल अस्पताल वर्तमान में पाकिस्तान का सबसे बड़ा अस्पताल है जो एक समय में 2000 से अधिक रोगियों की सेवा करता है।

1926 में, लाला लाजपत राय ने अपने पिता श्री की स्मृति में आरके ट्रस्ट की स्थापना की। राधाकृष्ण। 1956 में, आरके ट्रस्ट ने जगराओं में लाला लाजपत राय मेमोरियल कॉलेज की स्थापना की। बाद में कॉलेज को डीएवी प्रबंधन के अधीन ले लिया गया और इसका नाम बदलकर लाजपत राय डीएवी कॉलेज कर दिया गया। आरके ट्रस्ट जगराओं में आरके हाई

स्कूल का प्रबंधन भी करता है। लाला लाजपत राय के छोटे भाई लाला धनपत राय को उनके द्वारा आरके हाई स्कूल के पहले प्रधानाध्यापक के रूप में नियुक्त किया गया था।

लाहौर में लाजपत राय की एक मूर्ति, 20वीं सदी की शुरुआत में, बाद में भारत के विभाजन के बाद स्थापित की गई।मलाया में केंद्रीय वर्ग में ले जाया गया। 1959 में, लाला लाजपत राय ट्रस्ट की स्थापना उनकी जन्म शताब्दी की पूर्व संध्या पर पंजाबी परोपकारी लोगों (आरपी गुप्ता और बीएम ग्रोवर सहित) के एक समूह द्वारा की गई थी, जो भारतीय महाराष्ट्र में बस गए और समृद्ध हुए, जहाँ लाला लाजपत राय का शासन था। कॉलेज ऑफ कॉमर्स एंड इकोनॉमिक्स, मुंबई। लाला लाजपत राय मेमोरियल मेडिकल कॉलेज, मेरठ का नाम उनके नाम पर रखा गया है। 25 1998 में लाला लाजपत राय इंस्टीट्यूट ऑफ इंजीनियरिंग एंड टेक्नोलॉजी, मोगा का नाम उनके नाम पर रखा गया। 2010 में, हरियाणा सरकार ने उनकी याद में हिसार में लाला लाजपत राय पशु चिकित्सा और पशु विज्ञान विश्वविद्यालय की स्थापना की।

लाजपत नगर और हिसार में लाला लाजपत राय की मूर्ति वाला चौक; 26 नई दिल्ली में लाजपत नगर और लाजपत नगर सेंट्रल मार्केट, लाजपत नगर में लाला लाजपत राय मेमोरियल पार्क, दिल्ली में चांदनी चौक, लाजपत राय मार्केट; भारतीय प्रौद्योगिकी संस्थान (आईआईटी), खड़गपुर में लाला लाजपत राय हॉल ऑफ रेजिडेंस; कानपुर में लाला लाजपतराय अस्पताल; उनके जन्मस्थान जगराओं में प्रवेश द्वार पर उनकी प्रतिमा के साथ एक बस टर्मिनस, कई संस्थानों, स्कूलों और पुस्तकालयों का नाम उनके सम्मान में रखा गया है। इसके अलावा, भारत के कई महानगरों और अन्य शहरों में उनके नाम पर कई सड़कें हैं।

18
महात्मा गांधी

महात्मा गांधी

Freedom Fighters

Scan for Story Videos - www.itibook.com

मोहनदास करमचंद गांधी (2 अक्टूबर 1869 - 30 जनवरी 1948) एक भारतीय वकील, 4 उपनिवेशवाद विरोधी राष्ट्रवादी 5 और राजनीतिक नैतिकतावादी 6 थे। जिन्होंने ब्रिटिश शासन से भारत की स्वतंत्रता के सफल अभियान का नेतृत्व करने के लिए अहिंसक प्रतिरोध किया और बाद में दुनिया भर में नागरिक अधिकारों और स्वतंत्रता के लिए आंदोलनों को प्रेरित किया। माननीय महात्मा (संस्कृत: "महात्मा", "श्रद्धेय"), पहली बार 1914 में दक्षिण अफ्रीका में उनके लिए लागू किया गया था, अब दुनिया भर में उपयोग किया जाता है।

तटीय गुजरात में एक हिंदू परिवार में जन्मे और पले-बढ़े गांधी ने इनर टेंपल, लंदन में कानून का प्रशिक्षण लिया और उन्हें 22 साल की उम्र में जून 1891 में बार में बुलाया गया। भारत में दो अनिश्चित वर्षों के बाद, जहां वे शुरू नहीं कर सके। कानून का सफलतापूर्वक अभ्यास करने के बाद, वह 1893 में एक मुकदमे में एक भारतीय व्यापारी का प्रतिनिधित्व करने के लिए दक्षिण अफ्रीका चले गए। वह 21 साल तक दक्षिण अफ्रीका में रहे। यहीं पर गांधी ने एक परिवार का पालन-पोषण किया और पहले नागरिक अधिकार अभियान में अहिंसक प्रतिरोध में शामिल हुए। 1915 में, 45 वर्ष की आयु में, वे भारत लौट आए और जल्द ही अत्यधिक भूमि-कर और भेदभाव के विरोध में किसानों, किसानों और शहरी मजदूरों को संगठित करने का फैसला किया।

1921 में भारतीय राष्ट्रीय कांग्रेस का नेतृत्व संभालते हुए, गांधी ने गरीबी को कम करने, महिलाओं के अधिकारों को बढ़ाने, धार्मिक और नस्लीय सद्भाव बनाने, अस्पृश्यता को समाप्त करने और सबसे महत्वपूर्ण, स्वराज या स्वराज प्राप्त करने के लिए राष्ट्रव्यापी अभियानों का नेतृत्व किया। गांधी ने हाथ से काते हुए छोटे धोतों को भारत के ग्रामीण गरीबों की पहचान के रूप में अपनाया। आत्मनिरीक्षण और राजनीतिक विरोध दोनों के लिए, वह एक स्व-निहित आवासीय समुदाय में रहना शुरू कर दिया, सादा भोजन किया और लंबे

समय तक उपवास किया। अंग्रेजों द्वारा लगाए गए नमक कर को चुनौती देने के लिए गांधी ने 1930 में 400 किमी (250 मील) दांडी नमक मार्च के साथ आम भारतीयों के लिए उपनिवेशवाद विरोधी राष्ट्रवाद का नेतृत्व किया और 1942 में अंग्रेजों को भारत छोड़ने का आह्वान किया। उनमें से कई को कैद कर लिया गया था। दक्षिण अफ्रीका और भारत दोनों में और कई वर्षों से।

धार्मिक बहुलवाद पर आधारित एक स्वतंत्र भारत के गांधी के दृष्टिकोण को 1940 के दशक की शुरुआत में मुस्लिम राष्ट्रवाद द्वारा चुनौती दी गई थी जिसने ब्रिटिश भारत में मुसलमानों के लिए एक स्वतंत्र मातृभूमि की मांग की थी। 11 अगस्त 1947 को, ब्रिटेन ने स्वतंत्रता प्रदान की, लेकिन ब्रिटिश भारतीय साम्राज्य को दो अधिराज्यों में विभाजित किया गया, एक हिंदू-बहुसंख्यक भारत और एक मुस्लिम-बहुल पाकिस्तान। जितने विस्थापित हिंदू, मुस्लिम और सिख अपनी नई भूमि में चले गए, धार्मिक हिंसा भड़क उठी, खासकर पंजाब और बंगाल में। स्वतंत्रता के आधिकारिक उत्सव से दूर रहकर, गांधी ने पीड़ितों को कम करने की कोशिश करते हुए प्रभावित क्षेत्रों का दौरा किया। इसके बाद के महीनों में, उन्होंने धार्मिक हिंसा को रोकने के लिए कई भूख हड़तालें कीं। इनमें से अंतिम, 12 जनवरी 1948 को दिल्ली में लॉन्च किया गया था, जब वह 78 वर्ष के थे, भारत पर पाकिस्तान के लिए कुछ नकद संपत्ति का भुगतान करने के लिए दबाव डालने का अप्रत्यक्ष उद्देश्य भी था। हालांकि भारत सरकार धार्मिक दंगाइयों की तरह पीछे हट गई, भारत में कुछ हिंदुओं का मानना था कि गांधी पाकिस्तान और भारतीय मुसलमानों की रक्षा करने के लिए बहुत दृढ़ थे, विशेष रूप से दिल्ली में घेराबंदी के तहत। 1948 में, गांधी की एक इंटरफेथ प्रार्थना सभा में उनकी छाती में तीन गोलियां मारकर हत्या कर दी गई थी। दिल्ली में।

गांधी का जन्मदिन, 2 अक्टूबर, भारत में गांधी जयंती, एक राष्ट्रीय अवकाश और दुनिया भर में अंतर्राष्ट्रीय अहिंसा दिवस के रूप में मनाया जाता है। गांधी को आम तौर पर, हालांकि औपचारिक रूप से नहीं, भारत के पिता के रूप में माना जाता है और आमतौर पर बापू के रूप में जाना जाता है

मोहनदास करमचंद गांधी का जन्म 22 अक्टूबर 1869 को पोरबंदर (जिसे सुदामपुरी के नाम से भी जाना जाता है) में एक गुजराती हिंदू मोध बनिया परिवार में हुआ था, जो काठियावाड़ प्रायद्वीप पर एक तटीय शहर और फिर एक छोटा शहर था। भारतीय साम्राज्य की काठियावाड़ एजेंसी में पोरबंदर की रियासत। उनके पिता, करमचंद उत्तमचंद गांधी (1822-1885), पोरबंदर राज्य के दीवान (मुख्यमंत्री) के रूप में कार्यरत थे। उनका परिवार तत्कालीन जूनागढ़ राज्य के कुटियाना गांव का रहने वाला था।

हालाँकि उन्होंने केवल एक प्राथमिक शिक्षा प्राप्त की थी और पहले राज्य प्रशासन में एक क्लर्क थे, करमचंद एक सक्षम मुख्यमंत्री साबित हुए। करमचंद ने अपने कार्यकाल में चार शादियां कीं। उनकी पहली दो पत्नियां कम उम्र में ही मर गईं, प्रत्येक एक बेटी को जन्म देने के बाद, और उनकी तीसरी शादी निःसंतान थी। 1857 में, करमचंद ने अपनी तीसरी

पत्नी से पुनर्विवाह करने की अनुमति मांगी; उसी वर्ष, उन्होंने पुतलीबाई (1844-1891) से शादी की, जो 28 वर्षीय जूनागढ़ से आई थीं और एक प्रणामी वैष्णव परिवार से थीं। 29 अगले दशक में करमचंद और पुतलीबाई के तीन बच्चे हुए: एक बेटा, लक्ष्मीदास (सी. 1860-1914); एक बेटी, रालियटबेन (1862-1960); और एक और बेटा, करसनदास (सी। 1866-1913)।

2 अक्टूबर 1869 को, पुतलीबाई ने अपने अंतिम बच्चे मोहनदास को पोरबंदर शहर में गांधी परिवार के निवास के एक अंधेरे, बिना खिड़की वाले भूतल के कमरे में जन्म दिया। एक बच्चे के रूप में, गांधी को उनकी बहन रैलियट ने "पारे के रूप में बेचैन, या तो खेलते या चलते हुए" के रूप में वर्णित किया था।था उनका पसंदीदा शगल कुत्तों के कानों को कुरेदना है।" 32 भारतीय क्लासिक्स, विशेष रूप से श्रवण और राजा हरिश्चंद्र के, ने गांधी को उनके बचपन में बहुत प्रभावित किया। अपनी आत्मकथा में, उन्होंने स्वीकार किया कि उन्होंने उनके दिमाग पर एक अमिट छाप छोड़ी। वे लिखते हैं : "वह मैं प्रेतवाधित था और मैंने हरिश्चंद्र की संख्या के बिना खुद के साथ अभिनय किया होगा।" सत्य और प्रेम के सर्वोच्च मूल्यों के रूप में गांधी की प्रारंभिक आत्म-मान्यता इन महाकाव्य पात्रों में पाई जा सकती है।

परिवार की धार्मिक पृष्ठभूमि उदार थी। गांधी के पिता करमचंद एक हिंदू थे और उनकी मां पुतलीबाई प्रणामी एक वैष्णव हिंदू परिवार से थीं। गांधी के पिता वैश्य वर्ण की मोद बनिया जाति के थे। उनकी माँ मध्यकालीन कृष्ण भक्ति-आधारित प्रणामी परंपरा से आई थीं, जिनके धार्मिक ग्रंथों में भगवद गीता, भागवत पुराण और वेदों, कुरान और बाइबिल के सार को समाहित करने वाली शिक्षाओं वाले 14 ग्रंथ शामिल हैं। गांधी अपनी मां से बहुत प्रभावित थे, एक गहरी पवित्र महिला जो "अपनी दैनिक प्रार्थना के बिना भोजन करने के बारे में नहीं सोचती थी ... वह सबसे कठिन प्रतिज्ञा लेती थी और उन्हें बिना झिझके पूरा करती थी। लगातार दो या तीन बार उपवास करने का मतलब था उसे कुछ नहीं।"

1874 में, गांधी के पिता करमचंद ने राजकोट के छोटे से राज्य के लिए पोरबंदर छोड़ दिया, जहाँ वे इसके शासक ठाकुर साहिब के सलाहकार बन गए; हालांकि राजकोट पोरबंदर की तुलना में एक कम प्रतिष्ठित राज्य था, ब्रिटिश प्रादेशिक राजनीतिक एजेंसी वहां स्थित थी, जिसने राज्य के दीवान को सुरक्षा की डिग्री दी थी। करमचंद 1876 में राजकोट के दीवान बने और उनके भाई तुलसीदास ने उन्हें पोरबंदर के दीवान के रूप में उतराधिकारी बनाया। उसके बाद उसके परिवार ने उसे राजकोट में फिर से मिला दिया।

1886 में गांधी (दाएं) अपने बड़े भाई लक्ष्मीदास के साथ

9 साल की उम्र में, गांधी ने अपने घर के पास राजकोट के एक स्थानीय स्कूल में दाखिला लिया। वहां उन्होंने अंकगणित, इतिहास, गुजराती भाषा और भूगोल का अध्ययन किया। 11 साल की उम्र में, उन्होंने राजकोट के एक हाई स्कूल, अल्फ्रेड हाई स्कूल में दाखिला लिया। वह एक औसत छात्र था, उसने कुछ पुरस्कार जीते, लेकिन एक शर्मीला और जुबान

से बंधा हुआ छात्र था, खेल में उसकी कोई दिलचस्पी नहीं थी; किताबें और स्कूली पाठ उनके साथी थे।

मई 1883 में, 13 वर्षीय मोहनदास ने 14 वर्षीय कस्तूरबाई माखनजी कपाड़िया से शादी की (उनका पहला नाम आमतौर पर "कस्तूरबा" और प्यार से "बा" को छोटा कर दिया गया था) एक प्रथागत विवाह में। उस समय क्षेत्र के। इस प्रक्रिया में, उन्होंने स्कूल का एक साल खो दिया, लेकिन बाद में उन्हें अपनी पढ़ाई में तेजी लाकर इसकी भरपाई करने की अनुमति दी गई। उनकी शादी एक संयुक्त कार्यक्रम था, जहां उनके भाई और चचेरे भाई ने भी शादी की थी। अपनी शादी के दिन को याद करते हुए उन्होंने एक बार कहा था, "हम शादी के बारे में ज्यादा नहीं जानते थे, हमारे लिए यह सिर्फ नए कपड़े पहनना, मिठाई खाना और रिश्तेदारों के साथ खेलना था।" प्रचलित परंपरा के अनुसार, किशोरी दुल्हन से अपेक्षा की जाती थी कि वह अपने माता-पिता के घर और अपने पति से दूर अधिक समय व्यतीत करे।

कई वर्षों बाद लिखते हुए, मोहनदास ने अपनी युवा दुल्हन के लिए महसूस की गई वासनापूर्ण भावनाओं का अफसोस के साथ वर्णन किया, "यहां तक कि स्कूल में भी मैं उसके बारे में सोचता था, और रात के विचार और उसके बाद होने वाली मुलाकात मुझे परेशान करती थी।" बाद में वह उसके प्रति जलन और अधिकार की भावना को याद करता है, जैसे कि जब वह अपने दोस्तों के साथ मंदिर जाती थी, और उसके लिए अपनी भावनाओं में यौन रूप से वासनापूर्ण होती थी।

1885 के अंत में, गांधी के पिता करमचंद की मृत्यु हो गई। गांधी, तब 16 साल के थे, और उनकी 17 साल की पत्नी की पहली संतान थी, जो कुछ ही दिनों तक जीवित रही। इन दोनों मौतों से गांधी बहुत दुखी हुए। गांधी परिवार के चार और बच्चे हुए, सभी बेटे: हरिलाल, जन्म 1888; मणिलाल, जन्म 1892; रामदास, जन्म 1897; और देवदास का जन्म 1900 में हुआ।

नवंबर 1887 में, 18 वर्षीय गांधी ने अहमदाबाद के हाई स्कूल से स्नातक किया। 50 जनवरी 1888 में, उन्होंने भावनगर राज्य के सामलदास कॉलेज में प्रवेश लिया, जो उस समय क्षेत्र में उच्च शिक्षा का एकमात्र डिग्री देने वाला संस्थान था। लेकिन वह बाहर निकल गया और पोरबंदर में अपने परिवार के पास लौट आया।

गांधी ने बंबई के सबसे सस्ते कॉलेज से पढ़ाई छोड़ दी थी। मावजी दवे जोशीजी, एक ब्राह्मण पुजारी और पारिवारिक मित्र, ने गांधी और उनके परिवार को लंदन में कानून का अध्ययन करने पर विचार करने की सलाह दी। 53 जुलाई 1888 में, उनकी पत्नी कस्तूरबा ने अपने पहले जीवित पुत्र हरिलाल को जन्म दिया। गांधी की माँ ने उन्हें अपनी पत्नी और परिवार को छोड़कर घर से दूर जाने की स्वीकृति नहीं दी। गांधी के चाचा तुलसीदास ने भी अपने भतीजे को मनाने की कोशिश की। गांधी जाना चाहते थे। अपनी पत्नी और मां को समझाने के लिए, गांधी ने अपनी मां के सामने मांस, शराब और महिलाओं से दूर रहने की कसम खाई। गांधी के भाई लक्ष्मीदास, जो पहले से ही एक वकील थे, ने गांधी की लंदन

में अध्ययन करने की योजना का स्वागत किया और उन्हें समर्थन देने की पेशकश की। पुतलीबाई ने गांधी को अनुमति और आशीर्वाद दिया।

लंदन में कानून के छात्र के रूप में गांधी

10 अगस्त 1888 को, 18 वर्षीय गांधी पोरबंदर से बॉम्बे के लिए रवाना हुए, जिसे तब बॉम्बे के नाम से जाना जाता था। उनके आगमन के बाद, वह स्थानीय मोद बनिया समुदाय के साथ रहे, जिनके बुजुर्गों ने उन्हें चेतावनी दी थी कि इंग्लैंड उन्हें अपने धर्म से समझौता करने और पश्चिमी तरीकों से खाने-पीने के लिए प्रेरित करेगा।करूंगा गांधी द्वारा उन्हें अपनी माँ के वचन और उनके आशीर्वाद के बारे में बताने के बावजूद, उन्हें उनकी जाति से बहिष्कृत कर दिया गया। गांधी ने इसे नजरअंदाज कर दिया और 4 सितंबर को बंबई से लंदन के लिए रवाना हो गए और उनके भाई ने उन्हें विदाई दी। गांधी ने यूनिवर्सिटी कॉलेज, लंदन में अध्ययन किया, जो लंदन विश्वविद्यालय का एक घटक कॉलेज है।

यूसीएल में, उन्होंने कानून और न्यायशास्त्र का अध्ययन किया और उन्हें बैरिस्टर बनने के उद्देश्य से इनर टेंपल में नामांकन के लिए आमंत्रित किया गया। उनके बचपन की शर्मीली और वापसी उनकी किशोरावस्था में जारी रही। लंदन आने पर उन्होंने इन लक्षणों को बरकरार रखा, लेकिन एक सार्वजनिक बोलने वाले अभ्यास समूह में शामिल हो गए और कानून का अभ्यास करने के लिए अपनी शर्म पर काबू पा लिया।

उन्होंने लंदन के गरीब डॉकलैंड समुदायों के कल्याण में गहरी दिलचस्पी दिखाई। 1889 में, लंदन में एक कड़वा व्यापार विवाद छिड़ गया, जिसमें डॉकर्स बेहतर वेतन और शर्तों के लिए हड़ताल कर रहे थे और नाविकों, शिप राइट्स, फैक्ट्री लड़कियों और अन्य लोगों ने एकजुटता से इसमें शामिल हो गए। हड़ताल करने वाले कुछ हद तक कार्डिनल मैनिंग की मध्यस्थता के कारण सफल हुए, जिन्होंने गांधी और एक भारतीय मित्र को कार्डिनल से मिलने और उनके काम के लिए धन्यवाद दिया।

शाकाहार और समिति कार्य

लंदन में गांधी का समय उनकी मां से की गई प्रतिज्ञा से प्रभावित था। उन्होंने नृत्य की शिक्षा लेने सहित "अंग्रेजी" रीति-रिवाजों को अपनाने की कोशिश की। हालांकि, उन्होंने अपने मकान मालिक द्वारा पेश किए गए नरम शाकाहारी भोजन की सराहना नहीं की और लंदन के कुछ शाकाहारी रेस्तरां में से एक मिलने तक अक्सर भूखे रहते थे। हेनरी सॉल्ट के लेखन से प्रभावित होकर, वह लंदन वेजीटेरियन सोसाइटी में शामिल हो गए और इसके अध्यक्ष और परोपकारी अर्नोल्ड हिल्स के नेतृत्व में इसकी कार्यकारी समिति 59 के लिए चुने गए। समिति में रहते हुए एक उपलब्धि बायस्वाटर चैप्टर की स्थापना थी। 60 वे जिन शाकाहारियों से मिले उनमें से कुछ थियोसोफिकल सोसाइटी के सदस्य थे, जिसकी स्थापना 1875 में सार्वभौमिक भाईचारे को बढ़ावा देने के लिए की गई थी और जो बौद्ध और हिंदू साहित्य के अध्ययन के लिए समर्पित थी। उन्होंने गांधी को अनुवाद और मूल दोनों में भगवद गीता पढ़ने के लिए प्रोत्साहित किया।

गांधी का हिल्स के साथ एक दोस्ताना और उत्पादक संबंध था, लेकिन साथी समिति के सदस्य थॉमस एलिन्सन की एलवीएस सदस्यता जारी रखने पर दोनों अलग-अलग थे। उनकी असहमति गांधी के अधिकार को चुनौती देने का पहला ज्ञात उदाहरण है, उनके शर्मीलेपन और टकराव की प्रकृति को देखते हुए।

एलिसन नए उपलब्ध गर्भनिरोधक तरीकों को बढ़ावा दे रहे थे, लेकिन हिल्स ने उन्हें यह मानते हुए खारिज कर दिया कि सार्वजनिक नैतिकता बिगड़ रही थी। उनका मानना था कि शाकाहार एक नैतिक आंदोलन था और इसलिए एलिंसन को अब एलवीएस का सदस्य नहीं होना चाहिए। गांधी ने जन्म नियंत्रण के खतरों पर हिल के विचारों को साझा किया, लेकिन एलिन्सन के अलग होने के अधिकार का बचाव किया। 61 गांधी के लिए पहाड़ियों को चुनौती देना मुश्किल हो गया होगा; हिल्स उनसे 12 साल बड़े थे और गांधी के विपरीत, वे अत्यधिक वाक्पटु थे। उन्होंने LVS को नियंत्रित किया और लंदन के ईस्ट एंड में 6,000 से अधिक लोगों को रोजगार देने वाली टेम्स आयरनवर्क्स कंपनी के साथ उद्योग के कप्तान थे। वह एक अत्यधिक कुशल खिलाड़ी भी थे जिन्होंने बाद में फुटबॉल क्लब वेस्ट हैम यूनाइटेड की स्थापना की। उनकी 1927 की आत्मकथा, वॉल्यूम में। मैं, गांधी ने लिखा:

मुझे यह सवाल अच्छा लगा... मिस्टर हिल्स और उनकी उदारता के लिए मेरे मन में बहुत सम्मान था। लेकिन मैंने सोचा कि एक आदमी को शाकाहारी समाज से बाहर करना काफी अनुचित है क्योंकि उसने प्यूरिटन नैतिकता को समाज की वस्तु के रूप में स्वीकार करने से इनकार कर दिया।

एलिंसन को हटाने का प्रस्ताव बनाया गया और समिति द्वारा चर्चा की गई और मतदान किया गया। समिति की बैठक में गांधी की शर्मिंदगी एलिंसन के उनके बचाव में एक बाधा थी। उन्होंने कागज पर अपनी राय लिखी लेकिन शर्मीलेपन ने उन्हें अपने तर्कों को पढ़ने से रोक दिया, इसलिए चेयरमैन हिल्स ने समिति के एक अन्य सदस्य को उन्हें पढ़ने के लिए कहा। हालाँकि समिति के कुछ अन्य सदस्य गांधी से सहमत थे, लेकिन वोट हार गया और एलिंसन को बाहर कर दिया गया। गांधी के भारत लौटने के सम्मान में एलवीएस विदाई रात्रिभोज में हिल्स ने एक टोस्ट का प्रस्ताव रखा तो कोई मुश्किल महसूस नहीं हुआ।

22 वर्ष की आयु के गांधी को जून 1891 में बार में बुलाया गया और बाद में लंदन से भारत के लिए रवाना हो गए, जहां उन्हें पता चला कि उनकी मां की मृत्यु तब हुई थी जब वह लंदन में थे और उनके परिवार ने उनसे खबर ली थी। 59 बंबई में कानून का अभ्यास शुरू करने के उनके प्रयास विफल रहे क्योंकि वे गवाहों से जिरह करने में मानसिक रूप से अक्षम थे। वह राजकोट लौट आए और याचिकाकर्ताओं को एक मामूली जीवन जीने के लिए तैयार किया, लेकिन जब उन्होंने ब्रिटिश अधिकारी सैम सनी को गाली दी तो उन्हें मजबूर होना पड़ा।

1893 में, काठियावाड़ के दादा अब्दुल्ला नाम के एक मुस्लिम व्यापारी ने गांधी से संपर्क किया। अब्दुल्ला का दक्षिण अफ्रीका में एक बहुत ही सफल शिपिंग व्यवसाय था।

जोहान्सबर्ग में उनके दूर के चचेरे भाई को एक वकील की जरूरत थी और वह काठियावाड़ी विरासत के किसी व्यक्ति को पसंद करते थे। गांधी ने काम के पारिश्रमिक के बारे में पूछताछ की। उन्होंने £105 (2019 में ~$17,200) का कुल वेतन और यात्रा व्यय की पेशकश की। ब्रिटिश साम्राज्यउन्होंने स्वीकार किया, यह जानते हुए कि दक्षिण अफ्रीका के नेटाल कॉलोनी में कम से कम एक वर्ष की प्रतिबद्धता होगी, जो कि का हिस्सा था

अप्रैल 1893 में, 23 वर्षीय गांधी अब्दुल्ला के चचेरे भाई के वकील के रूप में दक्षिण अफ्रीका के लिए रवाना हुए। उन्होंने दक्षिण अफ्रीका में 21 साल बिताए, जहाँ उन्होंने अपने राजनीतिक विचारों, नैतिकता और राजनीति को विकसित किया।

दक्षिण अफ्रीका पहुंचने के तुरंत बाद, गांधी को उनकी त्वचा के रंग और विरासत के कारण भेदभाव का सामना करना पड़ा, जैसा कि सभी रंग के लोगों ने किया था। 67 उन्हें यूरोपीय यात्रियों के साथ एक स्टेजकोच में बैठने की अनुमति नहीं थी और ड्राइवर के पास फर्श पर बैठने के लिए कहा, फिर मना करने पर पीटा; कहीं और उन्हें घर के पास चलने की हिम्मत करने के लिए गटर में फेंक दिया गया था, एक अन्य उदाहरण में प्रथम श्रेणी छोड़ने से इनकार करने के बाद पीटरमैरिट्जबर्ग में ट्रेन से फेंक दिया गया था। 68 69 वह रात भर ट्रेन स्टेशन पर काँपता हुआ बैठा रहा और सोचता रहा कि भारत लौट जाऊँ या अपने अधिकारों के लिए आन्दोलन करूँ। 69 उसने विरोध करना चुना और अगले दिन ट्रेन में चढ़ने की अनुमति दी गई। 70 एक अन्य घटना में, डरबन अदालत के एक मजिस्ट्रेट ने गांधी को अपनी पगड़ी हटाने का आदेश दिया, जिसे उन्होंने करने से इनकार कर दिया। दक्षिण अफ्रीका में 71 भारतीयों को सार्वजनिक पगडंडियों पर चलने की इजाजत नहीं थी। बिना किसी चेतावनी के गांधी को एक पुलिस अधिकारी ने फुटपाथ से सड़क पर फेंक दिया था।

हरमन के अनुसार, जब गांधी दक्षिण अफ्रीका आए, तो उन्होंने खुद को "ब्रिटेन पहले और भारतीय बाद में" माना। हालाँकि, गांधी अपने और अपने साथी भारतीयों के प्रति ब्रिटिश लोगों के पूर्वाग्रह से बहुत परेशान थे, जिसे उन्होंने अनुभव किया और देखा। उन्होंने इसे अपमानजनक पाया, यह समझने के लिए संघर्ष कर रहे थे कि कैसे कुछ लोग इस तरह के अमानवीय व्यवहारों में सम्मान या श्रेष्ठता या खुशी पा सकते हैं। गांधी ने ब्रिटिश साम्राज्य में अपने लोगों की भूमिका पर सवाल उठाना शुरू कर दिया।

अब्दुल्ला का मामला जो उन्हें दक्षिण अफ्रीका ले आया था मई 1894 में समाप्त हो गया, और जैसे ही गांधी भारत लौटने के लिए तैयार हुए, भारतीय समुदाय ने उनके लिए एक विदाई समारोह का आयोजन किया। हालाँकि, गांधी ने नए भेदभाव के नेटाल सरकार के प्रस्ताव के कारण दक्षिण अफ्रीका में अपना मूल प्रवास बढ़ा दिया। उन्होंने भारतीयों को मतदान के अधिकार से वंचित करने वाले एक विधेयक का विरोध करने में मदद करने की योजना बनाई, जिसे बाद में एक विशेष यूरोपीय अधिकार के रूप में प्रस्तावित किया गया। उन्होंने ब्रिटिश औपनिवेशिक सचिव जोसेफ चेम्बरलेन से बिल पर अपनी स्थिति

पर पुनर्विचार करने को कहा। हालाँकि वे 65 बिल के पारित होने को नहीं रोक सके, लेकिन उनका अभियान दक्षिण अफ्रीका में भारतीयों की शिकायतों की ओर ध्यान आकर्षित करने में सफल रहा। उन्होंने 1894, 6070 में नेटाल इंडियन कांग्रेस को स्थापित करने में मदद की और इस संगठन के माध्यम से उन्होंने दक्षिण अफ्रीका में भारतीय समुदाय को एक एकीकृत राजनीतिक ताकत में बदल दिया। जनवरी 1897 में, जब गांधी डरबन में उतरे, तो उन पर गोरे लोगों की भीड़ ने हमला किया और केवल पुलिस अधीक्षक की पत्नी के प्रयासों से उन्हें बचाया। हालांकि, उन्होंने भीड़ के किसी भी सदस्य के खिलाफ आरोप लगाने से इनकार कर दिया।

बोअर युद्ध के दौरान भारतीय एम्बुलेंस कोर के स्ट्रेचर-वाहकों के साथ गांधी

बोअर युद्ध के दौरान, गांधी ने 1900 में नेटाल इंडियन एम्बुलेंस कोर के रूप में स्ट्रेचर-वाहकों के एक समूह का गठन किया। आर्थर हरमन के अनुसार, गांधी ब्रिटिश औपनिवेशिक रूढ़िवादिता को खारिज करना चाहते थे कि हिंदू "मर्दाना" गतिविधियों के लिए अयोग्य थे, जिसमें मुस्लिम "लड़ाकू दौड़" जैसे खतरे और परिश्रम शामिल थे। 77 गांधी ने ग्यारह सौ भारतीय स्वयंसेवकों को बोअर्स के खिलाफ लड़ने वाली ब्रिटिश सेना का समर्थन करने के लिए खड़ा किया। उन्हें अग्रिम पंक्ति में सेवा करने के लिए प्रशिक्षित और चिकित्सकीय रूप से प्रमाणित किया गया था। वह कॉलेंसो की लड़ाई में व्हाइट वालंटियर एम्बुलेंस कोर के सहायक थे। स्पिन कोप की लड़ाई में, गांधी और उनके वाहक आगे की पंक्तियों में गए और घायल सैनिकों को मीलों दूर फील्ड अस्पतालों तक ले जाना पड़ा क्योंकि एंबुलेंस के लिए इलाका बहुत उबड़-खाबड़ था। गांधी और सैंतीस अन्य भारतीयों ने महारानी का दक्षिण अफ्रीका पदक प्राप्त किया।

1906 में, ट्रांसवाल सरकार ने एक नया कानून जारी किया जिसमें कॉलोनी की भारतीय और चीनी आबादी के अनिवार्य पंजीकरण की आवश्यकता थी। उस वर्ष 11 सितंबर को जोहान्सबर्ग में एक जन विरोध सभा में, गांधी ने पहली बार सत्याग्रह (सत्य के प्रति समर्पण) या अहिंसक विरोध की अपनी विकसित पद्धति को अपनाया। 80 एंथोनी परेल के अनुसार, यहां तक कि गांधी पर भी तमिल नैतिक पाठ तिरुक्खु? लियो टॉल्स्टॉय ने अपने पत्राचार में इसका उल्लेख करने के बाद "ए लेटर टू ए हिंदू" के साथ शुरुआत की। 81 82 गांधी ने भारतीयों से नए कानून की अवहेलना करने और ऐसा करने के लिए दंडित होने का आग्रह किया। विरोध, अनुनय और जनसंपर्क पर गांधी के विचार उभर रहे थे। इसे 1915 में भारत वापस लाया गया था।

दक्षिण अफ्रीका में रहते हुए, गांधी ने अपना ध्यान भारतीयों पर केंद्रित किया। शुरुआत में उन्हें राजनीति में कोई दिलचस्पी नहीं थी। हालाँकि, उनके साथ भेदभाव और धमकी दिए जाने के बाद यह बदल गया, जैसे कि उनकी त्वचा के रंग के कारण एक सफेद ट्रेन के अधिकारी द्वारा ट्रेन के डिब्बे से बाहर फेंक दिया गया। दक्षिण अफ्रीका में गोरे लोगों के साथ ऐसी कई घटनाओं के बाद गांधी के विचारों और फोकस में बदलाव आया और उन्हें लगा कि

उन्हें विरोध करना चाहिए और अधिकारों के लिए लड़ना चाहिए। नेटाल इंडियन कांग्रेस की स्थापना CरूN ने राजनीति में प्रवेश किया। 85 अश्विन देसाई और गुलाम वहीद के अनुसार, नस्लवाद पर गांधी के विचार विवादास्पद हैं और कुछ मामलों में उनके प्रशंसकों को परेशान करते हैं। दक्षिण अफ्रीका में गांधीजी को शुरू से ही उत्पीड़न का सामना करना पड़ा। अन्य रंगीन लोगों की तरह, गोरे अधिकारियों ने उन्हें उनके अधिकारों से वंचित कर दिया, और प्रेस और सड़क के लोगों ने उन्हें "परजीवी", "अर्ध-बर्बर", "नासूर", "अशिष्ट कुली", "पीला आदमी" कहा। और अन्य विशेषण। लोग नस्लीय घृणा की अभिव्यक्ति के रूप में उस पर थूकेंगे।

दक्षिण अफ्रीका में रहते हुए, गांधी ने भारतीयों के नस्लीय उत्पीड़न पर ध्यान केंद्रित किया लेकिन अफ्रीकियों की उपेक्षा की। कुछ मामलों में, देसाई और वहीद कहते हैं, उनका व्यवहार नस्लीय रूढ़िवादिता और अफ्रीकियों के शोषण का एक स्वैच्छिक हिस्सा था। 86 सितंबर 1896 में एक भाषण के दौरान, गांधी ने शिकायत की कि दक्षिण अफ्रीका के ब्रिटिश उपनिवेश में गोरे भारतीय हिंदुओं और मुसलमानों को "काफिरों के स्तर तक" शर्मिंदा कर रहे थे। विद्वानों ने इसे साक्ष्य के रूप में उद्धृत किया है कि गांधी उस समय भारतीय और काले दक्षिण अफ्रीकी लोगों के बारे में अलग तरह से सोचते थे। हरमन द्वारा उद्धृत एक अन्य उदाहरण के रूप में, गांधी ने 24 वर्ष की आयु में, भारतीयों को मताधिकार देने के लिए 1895 में नेटाल विधानसभा के लिए एक कानूनी संक्षिप्त विवरण तैयार किया। गांधी ने नस्ल के इतिहास और यूरोपीय ओरिएंटलिस्टों के विचारों का हवाला दिया कि "एंग्लो-सैक्सन और भारतीय एक ही आर्यन समूह, या इंडो-यूरोपीय लोगों के वंशज हैं", और तर्क दिया कि भारतीयों को अफ्रीकियों के साथ नहीं जोड़ा जाना चाहिए।

नोबेल शांति पुरस्कार विजेता नेल्सन मंडेला के अनुसार, वर्षों बाद, गांधी और उनके सहयोगियों ने नर्सों के रूप में अफ्रीकियों की सेवा और मदद की और रंगभेद का विरोध किया। गांधी, राज्य देसाई और वहीद की सामान्य छवि उनकी हत्या के बाद से बदली गई है, जैसे कि वे हमेशा संत थे जबकि वास्तव में उनका जीवन अधिक जटिल था, असुविधाजनक सत्य था और समय के साथ विकसित हुआ था। 86 इसके विपरीत, अन्य अफ्रीकी विद्वानों का कहना है कि अफ्रीकियों का उत्पीड़न और रंगभेद के खिलाफ गांधी और भारतीयों के खिलाफ सहयोग और प्रयासों का एक समृद्ध इतिहास रहा है।

1906 में, जब नटाल की कॉलोनी में बंबाथा विद्रोह छिड़ गया, तो 36 वर्षीय गांधी ने जुलु विद्रोहियों के प्रति सहानुभूति रखने के बावजूद, भारतीय दक्षिण अफ्रीकी लोगों को स्वयंसेवक स्ट्रेचर ले जाने वाली इकाइयाँ बनाने के लिए प्रोत्साहित किया। इंडियन ओपिनियन में लिखते हुए, गांधी ने तर्क दिया कि सैन्य सेवा भारतीय समुदाय के लिए फायदेमंद होगी, यह दावा करते हुए कि यह उन्हें "स्वास्थ्य और खुशी" प्रदान करेगा। विद्रोह को दबाने में लड़ाके।

दक्षिण अफ्रीका में गांधी की तस्वीर (1909)

गांधी की अध्यक्षता वाली चिकित्सा इकाई भंग होने से पहले दो महीने से भी कम समय तक संचालित हुई। 89 विद्रोह के दमन के बाद, औपनिवेशिक प्रतिष्ठान ने भारतीय समुदाय को दक्षिण अफ्रीका के गोरे नागरिक अधिकारों को प्रदान करने में कोई दिलचस्पी नहीं दिखाई। इससे गांधी का साम्राज्य से मोहभंग हुआ और आध्यात्मिक जागृति आई; इतिहासकार आर्थर एल. हरमन ने लिखा है कि उनका अफ्रीकी अनुभव पश्चिम के साथ उनके बड़े मोहभंग का हिस्सा था, जिसने उन्हें "असहयोगी असहयोगी" बना दिया।

1910 में, गांधी ने अपने दोस्त हरमन कालेनबैक की मदद से जोहान्सबर्ग के पास टॉल्स्टॉय फार्म नामक एक आदर्शवादी समुदाय की स्थापना की। वहां उन्होंने शांतिपूर्ण प्रतिरोध की नीति अपनाई।

दक्षिण अफ्रीका (1994) में काले दक्षिण अफ्रीकी लोगों को वोट देने का अधिकार प्राप्त करने के बाद के वर्षों में, गांधी को कई स्मारकों के साथ राष्ट्रीय नायक घोषित किया गया था।

गोपाल कृष्ण गोखले के अनुरोध पर, सीएफ एंड्रयूज ने उन्हें सूचित किया, गांधी 1915 में भारत लौट आए। उन्होंने एक प्रमुख भारतीय राष्ट्रवादी, सिद्धांतवादी और सामुदायिक आयोजक के रूप में अंतरराष्ट्रीय ख्याति प्राप्त की।

गांधी भारतीय राष्ट्रीय कांग्रेस में शामिल हो गए और उन्हें मुख्य रूप से गोखले द्वारा भारतीय समस्याओं, राजनीति और भारतीय लोगों से परिचित कराया गया। गोखले कांग्रेस पार्टी के एक प्रमुख नेता थे जो अपने धैर्य और संयम और व्यवस्था के भीतर काम करने की जिद के लिए जाने जाते थे। गांधी ने ब्रिटिश व्हिगिश परंपरा के आधार पर गोखले के उदार दृष्टिकोण को अपनाया और इसे भारतीय दिखने के लिए अनुकूलित किया।

1920 के दशक में गांधी ने कांग्रेस का नेतृत्व किया और भारतीय राष्ट्रीय कांग्रेस द्वारा 26 जनवरी 1930 को भारत की स्वतंत्रता की घोषणा करने तक मांगें उठानी शुरू कीं। अंग्रेजों ने घोषणा को मान्यता नहीं दी लेकिन बातचीत हुई, 1930 के दशक के अंत में कांग्रेस ने प्रांतीय सरकार में भूमिका निभाई। गांधी और कांग्रेस ने राज से समर्थन वापस ले लिया जब वायसराय ने सितंबर 1939 में बिना परामर्श के जर्मनी के खिलाफ युद्ध की घोषणा की। 1942 में गांधी द्वारा तत्काल स्वतंत्रता की मांग करने तक तनाव बढ़ गया, और अंग्रेजों ने उन्हें और कांग्रेस के हजारों नेताओं को कैद करके जवाब दिया। इस बीच, मुस्लिम लीग ने ब्रिटेन के साथ सहयोग किया और गांधी के कड़े विरोध के खिलाफ, पाकिस्तान के पूर्ण स्वतंत्र मुस्लिम राज्य की मांग के लिए आगे बढ़ी। अगस्त 1947 में, अंग्रेजों ने गांधी द्वारा अस्वीकार की गई शर्तों पर स्वतंत्रता प्राप्त करने वाले भारत और पाकिस्तान के साथ भूमि का विभाजन किया।

अप्रैल 1918 में, प्रथम विश्व युद्ध के अंत में, वायसराय ने गांधी को दिल्ली में एक युद्ध सम्मेलन में आमंत्रित किया। 96 युद्ध में गांधी के प्रयासमहिलाओं के लिए भारतीयों को सक्रिय रूप से भर्ती करने पर सहमत हुए। 97 98 1906 के जुलु युद्ध और 1914 में प्रथम

विश्व युद्ध के प्रकोप के विपरीत, जब उन्होंने एम्बुलेंस कोर के लिए स्वयंसेवकों की भर्ती की, इस बार गांधी ने लड़ाकू भर्ती का प्रयास किया। जून 1918 के "अपील फॉर एनलिस्टमेंट" नामक एक पैम्फलेट में, गांधी ने लिखा, "ऐसी स्थिति लाने के लिए हमारे पास खुद का बचाव करने की क्षमता होनी चाहिए, यानी हथियार उठाने और इस्तेमाल करने की क्षमता... जहाँ तक हो सके, यदि हम चाहें तो सेना में भर्ती होना हमारा कर्तव्य है।" 99 हालांकि, उन्होंने वायसराय के निजी सचिव को लिखे एक पत्र में शर्त रखी थी कि वे "व्यक्तिगत रूप से किसी को, दोस्त या दुश्मन को नहीं मारेंगे या घायल नहीं करेंगे।"

गांधी के युद्ध अभियान ने उनके अहिंसा के पालन पर सवाल उठाया। गांधी के निजी सचिव ने उल्लेख किया कि "उनके 'अहिंसा' (अहिंसा) के पंथ और उनके भर्ती अभियान के बीच निरंतरता का सवाल तब नहीं उठाया गया था, लेकिन तब से इस पर चर्चा की गई है।

गांधी की पहली बड़ी उपलब्धि 1917 में बिहार में चंपारण आंदोलन था। चंपारण आंदोलन ने स्थानीय किसानों को बड़े पैमाने पर एंग्लो-इंडियन बागान मालिकों के खिलाफ खड़ा किया, जिन्हें स्थानीय प्रशासन का समर्थन प्राप्त था। किसानों को इंडिगोफेरा उगाने के लिए मजबूर किया गया था, जो इंडिगो डाई की एक नकदी फसल थी, जिसकी मांग दो दशकों से कम हो रही थी, और अपनी फसल को बागान मालिकों को निश्चित कीमतों पर बेचते थे। इससे असंतुष्ट होकर, किसानों ने गांधी से अहमदाबाद में उनके आश्रम में अपील की। अहिंसक विरोध की नीति अपनाकर गांधी ने प्रशासन को चौंका दिया और अधिकारियों से रियायतें हासिल कीं।

1918 में गाँव बाढ़ और सूखे की चपेट में आ गया था और किसान करों से छूट की माँग कर रहे थे। गांधी ने अपने मुख्यालय को नडियाद में स्थानांतरित कर दिया, 102 ने कई समर्थकों और नए स्वयंसेवकों को संगठित किया, जिनमें सबसे उल्लेखनीय वल्लभभाई पटेल थे। 103 एक तकनीक के रूप में असहयोग का उपयोग करते हुए, गांधी ने एक हस्ताक्षर अभियान चलाया, जिसमें किसानों ने भूमि अधिग्रहण की धमकी के बावजूद भी राजस्व का भुगतान नहीं करने का संकल्प लिया। आंदोलन के साथ मामलातदारों और तलतदारों (जिला राजस्व अधिकारियों) का सामाजिक बहिष्कार भी किया गया था। गांधी ने देश भर में आंदोलन के लिए लोकप्रिय समर्थन हासिल करने के लिए कड़ी मेहनत की। पांच महीने तक प्रशासन ने इनकार किया, लेकिन मई 1918 के अंत तक, सरकार ने महत्वपूर्ण प्रावधानों को छोड़ दिया और अकाल के अंत तक राजस्व कर के भुगतान की शर्तों में ढील दी। गाँव में, वल्लभभाई पटेल ने अंग्रेजों के साथ बातचीत में किसानों का प्रतिनिधित्व किया, जिन्होंने राजस्व संग्रह को निलंबित कर दिया और सभी कैदियों को रिहा कर दिया।

1919 में, प्रथम विश्व युद्ध के बाद, गांधी (49 वर्ष की आयु) ने ओटोमन साम्राज्य का समर्थन करके ब्रिटिश साम्राज्यवाद के खिलाफ लड़ाई में मुसलमानों से राजनीतिक सहयोग मांगा, जो युद्ध हार गया था। गांधी की इस पहल से पहले, ब्रिटिश भारत में हिंदुओं और

मुसलमानों के बीच सांप्रदायिक विवाद और धार्मिक दंगे आम थे, जैसे कि 1917-18 के दंगे। गांधी ने पहले ही संसाधनों के साथ ब्रिटिश शासन का समर्थन किया था और ब्रिटिश पक्ष में यूरोप में युद्ध लड़ने के लिए भारतीय सैनिकों की भर्ती की थी। गांधी का प्रयास प्रथम विश्व युद्ध के अंत के बाद भारतीयों को स्वराज्य (स्वशासन) की सहायता चुकाने के ब्रिटिश वादे से प्रेरित था। 105 ब्रिटिश सरकार ने, स्व-शासन के बजाय, गांधी की निराशा के लिए मामूली सुधारों की पेशकश की। 106 गांधी ने सत्याग्रह (सविनय अवज्ञा) के अपने इरादे की घोषणा की। गांधी के आंदोलन पर अंकुश लगाने के लिए ब्रिटिश औपनिवेशिक अधिकारियों ने रोलेट एक्ट पारित करके इसका मुकाबला किया। अधिनियम ने ब्रिटिश सरकार को सविनय अवज्ञा में भाग लेने वालों को अपराधी बनाने की अनुमति दी और इसे "प्रतिबंधात्मक अनिश्चितकालीन हिरासत, न्यायिक समीक्षा के बिना कारावास या परीक्षण की आवश्यकता" के लिए किसी को भी गिरफ्तार करने का कानूनी आधार दिया।

गांधी का मानना था कि अंग्रेजों के खिलाफ राजनीतिक प्रगति के लिए हिंदू-मुस्लिम सहयोग आवश्यक था। उन्होंने खिलाफत आंदोलन का लाभ उठाया, जिसमें भारत में सुन्नी मुसलमानों, उनके नेताओं जैसे भारत की रियासतों के सुल्तानों और अली भाइयों ने सुन्नी इस्लामी समुदाय (उम्मा) की एकता के प्रतीक के रूप में तुर्की खिलाफत का समर्थन किया। . प्रथम विश्व युद्ध में ओटोमन साम्राज्य की हार के बाद उन्होंने खिलाफत को इस्लाम और इस्लामी कानून को बनाए रखने के साधन के रूप में देखा। 108 109 110 खिलाफत आंदोलन के लिए गांधी के समर्थन के मिश्रित परिणाम थे। इसलिए शुरू में गांधी को मुसलमानों का मजबूत समर्थन मिला। हालाँकि, रवींद्रनाथ टैगोर सहित हिंदू नेताओं ने गांधी के नेतृत्व पर सवाल उठाया क्योंकि वह तुर्की में सुन्नी इस्लामिक खलीफा को मान्यता देने या उसका समर्थन करने के खिलाफ थे।

गांधी द्वारा खिलाफत के कारण का समर्थन करने के बाद बढ़ते मुस्लिम समर्थन के कारण हिंदू-मुस्लिम सांप्रदायिक हिंसा अस्थायी रूप से रुक गई। इसने संयुक्त रूले सत्याग्रह प्रदर्शन रैली में अंतर-सांप्रदायिक सद्भाव का प्रमाण दिया, जिसने गांधी की स्थिति को अंग्रेजों के लिए एक राजनीतिक नेता के रूप में बढ़ा दिया। खिलाफत आंदोलन के लिए उनके समर्थन ने उन्हें मुहम्मद अली जिन्ना को दरकिनार करने में मदद की, जिन्होंने सत्याग्रह असहयोग आंदोलन के लिए गांधी के दृष्टिकोण का विरोध करने की घोषणा की थी। जिन्ना ने अपना स्वतंत्र समर्थन और फिर पश्चिम और पूर्व का निर्माण शुरू कियापाकिस्तान की मांग का नेतृत्व किया। हालाँकि वे आम तौर पर भारतीय स्वतंत्रता पर सहमत थे, वे इसे प्राप्त करने के साधनों पर असहमत थे। जिन्ना मुख्य रूप से जनता को भड़काने की कोशिश करने के बजाय संवैधानिक बातचीत के माध्यम से अंग्रेजों से निपटने में रुचि रखते थे।

1922 के अंत तक खिलाफत आंदोलन ध्वस्त हो चुका था। तुर्की के अतातुर्क ने खिलाफत को समाप्त कर दिया, खिलाफत आंदोलन समाप्त हो गया और गांधी के लिए

मुस्लिम समर्थन काफी हद तक समाप्त हो गया। मुस्लिम नेताओं और प्रतिनिधियों ने गांधी और उनकी कांग्रेस को छोड़ दिया। हिंदू-मुस्लिम सांप्रदायिक संघर्ष फिर भड़क उठा। आगरा और अवध के संयुक्त प्रांतों में अकेले, कई शहरों में घातक धार्मिक दंगे फिर से प्रकट हुए।

अपनी पुस्तक हिंद स्वराज (1909) में, गांधी ने 40 वर्ष की आयु में घोषणा की कि भारत में ब्रिटिश शासन भारतीयों के सहयोग से स्थापित हुआ था और इसी सहयोग के कारण ही जीवित रहा। यदि भारतीयों ने सहयोग करने से इंकार कर दिया, तो ब्रिटिश शासन का पतन हो जाएगा और स्वराज्य (भारतीय स्वतंत्रता) आ जाएगा।

फरवरी 1919 में, गांधी ने एक केबल संचार में भारत के वायसराय को चेतावनी दी कि यदि अंग्रेज रौलट एक्ट पारित करते हैं, तो वे भारतीयों से सविनय अवज्ञा शुरू करने का आह्वान करेंगे। 124 ब्रिटिश सरकार ने उनकी उपेक्षा की और यह कहते हुए एक कानून पारित किया कि धमकियाँ बर्दाश्त नहीं की जाएँगी। सत्याग्रह सविनय अवज्ञा हुई और लोग रोलेट एक्ट का विरोध करने के लिए एकत्रित हुए। 30 मार्च 1919 को, ब्रिटिश कानून प्रवर्तन अधिकारियों ने दिल्ली में सत्याग्रह में भाग लेने वाले निहत्थे लोगों की शांतिपूर्ण सभा पर गोलियां चलाईं।

लोगों ने बदला लेने के लिए हंगामा किया। 6 अप्रैल 1919 को, एक हिंदू त्योहार, उन्होंने भीड़ को याद रखने के लिए कहा कि ब्रिटिश लोगों को चोट या मारना नहीं है, बल्कि शांति से अपनी निराशा व्यक्त करने के लिए, ब्रिटिश वस्तुओं का बहिष्कार करें और उनके स्वामित्व वाले किसी भी ब्रिटिश कपड़े को जला दें। उन्होंने अंग्रेजों और एक-दूसरे के लिए अहिंसा के उपयोग पर जोर दिया, तब भी जब दूसरा पक्ष हिंसा का इस्तेमाल करता था। भारत भर के समुदायों ने विरोध करने के लिए बड़ी संख्या में इकट्ठा होने की योजना की घोषणा की। सरकार ने उन्हें दिल्ली न आने की चेतावनी दी। गांधी ने आदेश की अवहेलना की। गांधी को 9 अप्रैल को गिरफ्तार किया गया था।

लोगों ने हंगामा किया। 13 अप्रैल 1919 को, महिलाओं और बच्चों सहित लोग अमृतसर के एक पार्क में एकत्र हुए और ब्रिटिश भारतीय सेना के अधिकारी रेजिनाल्ड डायर ने उन्हें घेर लिया और अपने आदेश के तहत सैनिकों को उन पर गोली चलाने का आदेश दिया। जलियांवाला बाग हत्याकांड (या अमृतसर नरसंहार), जिसके परिणामस्वरूप सैकड़ों सिख और हिंदू नागरिकों की मौत हुई, ने उपमहाद्वीप को नाराज कर दिया, लेकिन कुछ ब्रितानियों और ब्रिटिश मीडिया के कुछ हिस्सों द्वारा आवश्यक प्रतिक्रिया के रूप में इसका समर्थन किया गया। अमृतसर में नरसंहार के अगले दिन अहमदाबाद में, गांधी ने अंग्रेजों की आलोचना नहीं की और इसके बजाय ब्रिटिश सरकार की 'घृणा' का मुकाबला करने के लिए केवल 'प्रेम' का उपयोग न करने के लिए अपने देशवासियों की आलोचना की। गांधी ने मांग की कि भारतीय लोग सभी हिंसा को रोकें, सभी संपत्ति को नष्ट करना बंद करें, और भारतीयों पर दंगा रोकने के लिए दबाव डालने के लिए भूख हड़ताल पर चले गए।

नरसंहार और गांधी की अहिंसक प्रतिक्रिया ने कई लोगों को प्रभावित किया, लेकिन कुछ सिखों और हिंदुओं को भी परेशान किया कि डायर हत्या से दूर हो रहा था। अंग्रेजों ने जांच आयोग गठित किया, जिसका गांधीजी ने भारतीयों से बहिष्कार करने को कहा। सामने आने वाली घटनाओं, नरसंहारों और ब्रिटिश प्रतिक्रिया ने गांधी को यह विश्वास दिलाया कि ब्रिटिश शासन के तहत भारतीयों को कभी भी समान उपचार नहीं मिलेगा और उन्होंने भारत के लिए स्व-सरकार और राजनीतिक स्वतंत्रता पर अपना ध्यान केंद्रित किया। 1921 में, गांधी भारतीय राष्ट्रीय कांग्रेस के नेता थे। 110 उन्होंने कांग्रेस का पुनर्गठन किया। कांग्रेस के साथ अब उनके पीछे, और तुर्की में खिलाफत आंदोलन को बहाल करने के लिए खिलाफत आंदोलन के लिए उनका समर्थन, जिसने मुस्लिम समर्थन हासिल करना शुरू कर दिया, गांधी को राजनीतिक समर्थन और ब्रिटिश राजा का ध्यान था।

गांधी ने स्वदेशी नीति को शामिल करने के लिए अहिंसक असहयोग के अपने मंच का विस्तार किया - विदेशी वस्तुओं का बहिष्कार, विशेष रूप से ब्रिटिश सामान। उन्होंने वकालत की कि ब्रिटिश निर्मित कपड़े के बजाय सभी भारतीयों को खादी (घरेलू कपड़े) पहनना चाहिए। गांधी ने भारतीय पुरुषों और महिलाओं, अमीर और गरीब, से आग्रह किया कि वे स्वतंत्रता आंदोलन के समर्थन में प्रतिदिन खादी कातने में समय व्यतीत करें। 127 ब्रिटिश उत्पादों का बहिष्कार करने के अलावा, गांधी ने लोगों से ब्रिटिश संस्थानों और कानून अदालतों का बहिष्कार करने, सरकारी नौकरियों से इस्तीफा देने और ब्रिटिश उपाधियों और सम्मानों को त्यागने का आह्वान किया। इस प्रकार गांधी ने ब्रिटिश भारतीय सरकार को आर्थिक, राजनीतिक और प्रशासनिक रूप से पंगु बनाने के उद्देश्य से अपनी यात्रा शुरू की।

जैसे-जैसे "असहयोग" का आह्वान बढ़ता गया, इसकी सामाजिक लोकप्रियता ने भारतीय समाज के सभी स्तरों से भागीदारी को आकर्षित किया। गांधी को 10 मार्च 1922 को गिरफ्तार किया गया, देशद्रोह का मुकदमा चलाया गया और छह साल जेल की सजा सुनाई गई। उन्होंने 18 मार्च 1922 को अपनी सजा शुरू की। गांधी को जेल में अलग-थलग करने के साथ, भारतीय राष्ट्रीय कांग्रेस दो गुटों में विभाजित हो गई, एक का नेतृत्व चित्त रंजन दास और मोतीलाल नेहरू ने विधायिका में किया, और दूसरे का नेतृत्व चक्रवर्ती राजगोपालाचारी और सरदार वल्लभभाई ने किया। पटेल ने इस कदम का विरोध किया। इसके अलावा, तुर्की में अतातुर्क के उदय के बादलफत आंदोलन के पतन के साथ, हिंदुओं और मुसलमानों के बीच सहयोग समाप्त हो गया। मुस्लिम नेताओं ने कांग्रेस छोड़ दी और मुस्लिम संगठन बनाने लगे। गांधी के पीछे राजनीतिक आधार गुटों में बंट गया था। गांधी को फरवरी 1924 में एपेंडिसाइटिस के ऑपरेशन के लिए रिहा कर दिया गया था, केवल दो साल की सेवा के लिए।

1924 में राजनीतिक अपराधों के लिए जेल से जल्दी रिहाई के बाद, गांधी ने 1920 के दशक के अंत में स्वशासन का पीछा करना जारी रखा। दिसंबर 1928 में कलकत्ता कांग्रेस में एक प्रस्ताव के माध्यम से, उन्होंने ब्रिटिश सरकार से भारत को प्रभुत्व का दर्जा देने या

देश के लिए पूर्ण स्वतंत्रता के साथ असहयोग के एक नए अभियान का सामना करने का आग्रह किया। प्रथम विश्व युद्ध में भारतीय लड़ाकू बलों के समर्थन के बाद सुभाष चंद्र बोस और भगत सिंह जैसे कुछ लोगों द्वारा उनके मूल्यों पर सवाल उठाया गया था, और तुर्की में खिलाफत की शक्ति को बनाए रखने के लिए खिलाफत आंदोलन की विफलता के बाद उनके नेतृत्व के लिए मुस्लिम समर्थन में गिरावट। और अहिंसक दृष्टिकोण। जबकि कई हिंदू नेताओं ने तत्काल स्वतंत्रता की मांग का समर्थन किया, गांधी ने दो के बजाय एक साल इंतजार करने की अपनी मांग को संशोधित किया।

गांधी के प्रस्ताव पर अंग्रेजों ने अनुकूल प्रतिक्रिया नहीं दी। लॉर्ड बीरकेनहेड और विंस्टन चर्चिल जैसे ब्रिटिश राजनीतिक नेताओं ने भारतीय मांगों के प्रति सहानुभूति रखने वाले यूरोपीय राजनयिकों के साथ चर्चा में "गांधी के तुष्टीकरण" के विरोध की घोषणा की। 31 दिसंबर 1929 को लाहौर में भारतीय ध्वज फहराया गया था। 26 जनवरी 1930 को गांधी ने लाहौर में भारत का स्वतंत्रता दिवस मनाने के लिए कांग्रेस का नेतृत्व किया। यह दिन लगभग हर भारतीय संगठन द्वारा मनाया जाता है। मार्च 1930 में गांधी ने ब्रिटिश नमक कर के खिलाफ एक नया सत्याग्रह शुरू किया। गांधी ने 2 मार्च को भारत के वायसराय लॉर्ड इरविन को व्यक्तिगत रूप से संबोधित पत्र के रूप में एक अल्टीमेटम भेजा। गांधी ने पत्र में ब्रिटिश शासन की निंदा की, इसे एक "शाप" के रूप में वर्णित किया कि "प्रगतिशील शोषण की एक प्रणाली और विनाशकारी रूप से महंगे सैन्य और नागरिक प्रशासन द्वारा लाखों गूंगे लोगों को गरीब बना दिया है ... इसने हमें राजनीतिक गुलामी में बदल दिया है।" गांधी ने पत्र में यह भी उल्लेख किया कि वायसराय को "भारत की औसत आय से पांच हजार गुना अधिक वेतन" मिलता था। पत्र में, गांधी ने विरोध के अहिंसक रूपों के निरंतर पालन पर जोर दिया।

यह 12 मार्च से 6 अप्रैल तक दांडी तक नमक मार्च द्वारा उजागर किया गया था, जहां उन्होंने 78 स्वयंसेवकों के साथ, अहमदाबाद से दांडी, गुजरात तक 388 किलोमीटर (241 मील) की दूरी तय की, नमक तोड़ने के घोषित इरादे से स्वयं नमक बनाया। कायद को 240 मील की दूरी तय करने में 25 दिन लगे, और गांधी अक्सर रास्ते में बड़ी भीड़ के साथ बातचीत करते थे। दांडी में हजारों भारतीय उनके साथ शामिल हुए। 5 मई को उन्हें 1827 के एक नियमन के तहत नियोजित विरोध के लिए घर में नजरबंद कर दिया गया था। 21 मई को धरसाना मीठा वर्क्स में उन्हें देखे बिना आंदोलन आगे बढ़ गया। एक उग्र अमेरिकी पत्रकार, वेब मिलर ने ब्रिटिश प्रतिक्रिया का वर्णन इस प्रकार किया:

पूरी चुप्पी में गांधी के आदमी आए और स्टॉकडे से सौ गज की दूरी पर रुक गए। एक उठा हुआ स्तंभ भीड़ से आगे बढ़ा, खाइयों को पार किया और कंटीले तारों के भंडार तक पहुँच गया ... एक शब्द में, कई स्थानीय पुलिस ने आगे बढ़ते जुलूसों पर धावा बोल दिया और उनके सिरों को लंबे बाँसों से उनके स्टील के डंडों से मारा। चिपक जाती है किसी भी मार्च करने वाले ने हाथापाई को रोकने के लिए हाथ नहीं उठाया। यह नौ पिनों की तरह नीचे चला गया। जहां

में खड़ा था, वहां से मैंने कमजोर खोपड़ी पर डंडों की गड़गड़ाहट सुनी... जो गिरे थे, वे फैले हुए, बेहोश, या खंडित खोपड़ी या टूटे कंधों के साथ पड़े थे।

यह कई घंटों तक चला जब तक कि करीब 300 प्रदर्शनकारियों को पीटा नहीं गया, कई गंभीर रूप से घायल हो गए और दो मारे गए। उन्होंने किसी भी समय विरोध नहीं किया।

यह अभियान भारत पर ब्रिटिश पकड़ को तोड़ने में उनका सबसे सफल अभियान था; ब्रिटेन ने 60,000 से अधिक लोगों को कैद करके जवाब दिया। कांग्रेस के अनुमान के मुताबिक यह आंकड़ा 90,000 तक है। उनमें गांधी के लेफ्टिनेंट जवाहरलाल नेहरू भी थे।

सरमा के अनुसार, गांधी ने नमक कर अभियानों और विदेशी उत्पादों के बहिष्कार में महिलाओं की भर्ती की, जिससे कई महिलाओं को भारतीय सार्वजनिक जीवन की मुख्यधारा में नया आत्मविश्वास और प्रतिष्ठा मिली। 138 हालांकि, मर्लिन फ्रेंच जैसे अन्य विद्वानों का तर्क है कि गांधी ने महिलाओं को अपने सविनय अवज्ञा आंदोलन में शामिल होने से रोका क्योंकि उन्हें डर था कि उन पर महिलाओं को राजनीतिक ढाल के रूप में इस्तेमाल करने का आरोप लगाया जाएगा। 139 जब महिलाओं ने आंदोलन में शामिल होने और सार्वजनिक प्रदर्शनों में भाग लेने पर जोर दिया, तो गांधी ने स्वयंसेवकों से अपने माता-पिता की अनुमति लेने के लिए कहा और केवल उन महिलाओं को शामिल होना चाहिए जो बच्चों की देखभाल कर सकती हैं। गांधी की आशंकाओं और विचारों के बावजूद, ब्रिटिश नमक कर और नमक खनन एकाधिकार को खारिज करने के लिए भारतीय महिलाएं हजारों की संख्या में नमक मार्च में शामिल हुईं। गांधी की गिरफ्तारी के बाद, महिलाओं ने गांधी से प्रेरित तरीके से ब्रिटिश अधिकारियों से हिंसा और मौखिक दुर्व्यवहार को स्वीकार करते हुए, अपने दम पर मार्च किया और दुकानों में तोड़फोड़ की।

1920 के दशक में भारतीय कांग्रेस द्वारा आंध्र प्रदेशशातिल ने तेलुगु भाषा के नाटकों का निर्माण करके किसानों से अपील की, जो भारतीय पौराणिक कथाओं और किंवदंतियों को मिलाते हैं, उन्हें गांधी के विचारों से जोड़ते हैं, और गांधी को एक मसीहा के रूप में चित्रित करते हैं, जो एक प्राचीन और मध्यकालीन भारतीय राष्ट्रवादी नेता और संत का पुनर्जन्म है। मुरली के अनुसार, इन नाटकों ने पारंपरिक हिंदू संस्कृति में फंसे किसानों के बीच एक आधार बनाया और इस प्रयास ने गांधी को तेलुगु भाषी गांवों में एक लोक नायक, एक पवित्र मसीहा जैसी शख्सियत बना दिया।

डेनिस डाल्टन के अनुसार, यह गांधी के विचार थे जिनके कारण उनका व्यापक अनुसरण हुआ। गांधी ने "पाशविक शक्ति और अनैतिकता" द्वारा संचालित होने के रूप में पश्चिमी सभ्यता की आलोचना की और भारतीय सभ्यता के वर्गीकरण को "आत्मिक शक्ति और नैतिकता" द्वारा संचालित होने के विपरीत बताया। 142 गांधी ने "घृणा को प्रेम से जीतने" के अपने विचारों से अपने उत्तराधिकारियों की कल्पना पर कब्जा कर लिया। ये विचार दक्षिण अफ्रीका में 1890 के दशक के उनके पैम्फलेट में स्पष्ट हैं, जहां वे भारतीय श्रमिकों के बीच लोकप्रिय थे। उनके भारत लौटने के बाद लोग उनके पास आने लगे क्योंकि

उन्होंने उनके मूल्यों को प्रतिबिम्बित किया।

1921 में गांधी की पहली ओडिशा यात्रा, काठजोड़ी के नदी बेसिन में आयोजित एक आम बैठक

गांधी ने भारतीय उपमहाद्वीप के एक ग्रामीण कोने से दूसरे तक जोरदार प्रचार किया। उन्होंने रामायण से रामराज्य जैसी शब्दावली और वाक्यांशों का इस्तेमाल किया, प्रह्लाद को एक प्रतिमानात्मक प्रतीक के रूप में, और सांस्कृतिक प्रतीकों जैसे स्वराज्य और सत्याग्रह को अन्य पहलुओं के रूप में इस्तेमाल किया। उनके जीवनकाल के दौरान, ये विचार भारत के बाहर अजीब लगते थे, लेकिन वे उनके लोगों की संस्कृति और ऐतिहासिक मूल्यों के साथ आसानी से और गहराई से प्रतिध्वनित होते थे।

लॉर्ड इरविन के प्रतिनिधित्व वाली सरकार ने गांधी के साथ बातचीत करने का फैसला किया। गांधी-इरविन समझौते पर मार्च 1931 में हस्ताक्षर किए गए थे। ब्रिटिश सरकार ने सविनय अवज्ञा आंदोलन को स्थगित करने के बदले में सभी राजनीतिक कैदियों को रिहा करने पर सहमति व्यक्त की। इस समझौते के अनुसार, गांधी को चर्चा के लिए और भारतीय राष्ट्रीय कांग्रेस के एकमात्र प्रतिनिधि के रूप में लंदन में गोलमेज सम्मेलन में भाग लेने के लिए आमंत्रित किया गया था। सम्मेलन गांधी और एनसीपी के लिए एक निराशा थी। जबकि गांधी से भारतीय स्वतंत्रता पर चर्चा करने की अपेक्षा की गई थी, ब्रिटिश पक्ष ने सत्ता हस्तांतरण के बजाय भारतीय राजकुमारों और भारतीय अल्पसंख्यकों पर ध्यान केंद्रित किया। लॉर्ड इरविन के उत्तराधिकारी, लॉर्ड विलिंगडन, ने एक स्वतंत्र राष्ट्र के रूप में भारत के खिलाफ कड़ा रुख अपनाया और राष्ट्रवादी आंदोलन को नियंत्रित करने और दबाने के लिए एक नया अभियान शुरू किया। गांधी को फिर से गिरफ्तार कर लिया गया और सरकार ने उन्हें अपने अनुयायियों से पूरी तरह से अलग करके उनके प्रभाव को नकारने की कोशिश की और असफल रही।

ब्रिटेन में, विंस्टन चर्चिल, एक प्रमुख रूढ़िवादी राजनीतिज्ञ, जो तब पद से बाहर थे, लेकिन बाद में इसके प्रधान मंत्री बने, गांधी के एक मजबूत और मुखर आलोचक और उनकी दीर्घकालिक योजनाओं के विरोधी बन गए। 1931 के एक व्यापक रूप से रिपोर्ट किए गए भाषण में चर्चिल ने अक्सर गांधी का मज़ाक उड़ाया:

मध्य मंदिर के एक गद्दार वकील श्री गांधी, जो अब पूर्व में एक फकीर के रूप में प्रसिद्ध हैं, को उप-रीगल पैलेस की सीढ़ियों पर अर्धनग्न चलते हुए देखना खतरनाक और यहां तक कि उल्टी जैसा है। राजा-सम्राट के प्रतिनिधि के साथ समान शर्तों पर।

1930 के दशक में गांधी के खिलाफ चर्चिल की कड़वाहट बढ़ गई। उन्होंने गांधी को एक "गद्दार" कहा जिसकी दुष्ट प्रतिभा और बहुमुखी खतरा ब्रिटिश साम्राज्य पर हमला कर रहा था। चर्चिल ने उन्हें एक तानाशाह, एक "हिंदू मुसोलिनी" कहा, एक जाति युद्ध को हवा दी, राजा को ब्राह्मण साथियों के साथ बदलने की कोशिश की, यह सब स्वार्थ के लिए भारतीय जनता की अज्ञानता पर खेला गया। चर्चिल ने गांधी को अलग-थलग करने की कोशिश

की और गांधी की उनकी आलोचना को यूरोपीय और अमेरिकी प्रेस ने व्यापक रूप से कवर किया। उन्हें चर्चिल से सहानुभूतिपूर्ण समर्थन मिला, लेकिन यूरोपीय लोगों के बीच गांधी के लिए समर्थन भी बढ़ा। इन घटनाक्रमों ने चर्चिल की इस चिंता को हवा दी कि "अंग्रेज स्वयं शांतिवाद को त्याग देंगे और एक दोषी विवेक को छोड़ देंगे"।

गांधी और ब्रिटिश सरकार के बीच 1931-32 की गोलमेज वार्ता के दौरान, गांधी, जो अब लगभग 62 वर्ष के हैं, ने औपनिवेशिक ब्रिटिश शासन और भारतीय स्वशासन के अंत की तैयारी में संवैधानिक सुधारों का आह्वान किया। 148 अंग्रेजों ने एक उपनिवेश के रूप में भारतीय उपमहाद्वीप में सुधार का प्रयास किया। ब्रिटिश वार्ताकारों ने ब्रिटिश डोमिनियन मॉडल पर संवैधानिक सुधारों का प्रस्ताव रखा, जिसने धार्मिक और सामाजिक विभाजनों के आधार पर अलग निर्वाचक मंडल की स्थापना की। अंग्रेजों ने कांग्रेस पार्टी और समग्र रूप से भारत के लिए बोलने के गांधी के अधिकार पर सवाल उठाया। उन्होंने मुसलमानों और सिखों जैसे भारतीय धार्मिक नेताओं को अपनी मांगों को धार्मिक आधार पर दबाने के लिए आमंत्रित किया और अछूतों के प्रतिनिधि नेताओं के रूप में बी.आर. अम्बेडकर को आमंत्रित किया था। गांधी ने सत्ता या जाति विभाजन के आधार पर प्रतिनिधित्व के आधार पर एक संविधान का कड़ा विरोध किया, क्योंकि उन्हें डर था कि यह लोगों को एकजुट करने के बजाय विभाजित करेगा, उनकी स्थिति को बनाए रखेगा और औपनिवेशिक शासन को समाप्त करने के लिए भारत के संघर्ष से ध्यान भटकाएगा।

1914 और 1948 में उनकी मृत्यु के बीच, उन्होंने भारत छोड़ने का एकमात्र समय दूसरा गोलमेज सम्मेलन था। उन्होंने ईस्ट एंड में रहने वाले वेस्ट एंड होटल में रहने के सरकारी प्रस्ताव को अस्वीकार कर दियावह कामकाजी वर्ग के लोगों के बीच रहना पसंद करते थे, जैसा कि उन्होंने भारत में किया। वह तीन महीने के प्रवास के लिए किंग्सले हॉल में एक छोटे से सेल-बेडरूम में रहे और ईस्ट एंडर्स द्वारा उनका उत्साहपूर्वक स्वागत किया गया। इस समय उन्होंने ब्रिटिश शाकाहारी आंदोलन के साथ अपने संबंधों का नवीनीकरण किया।

1931 में महात्मा गांधी के आगमन का गवाह बनने के लिए भीड़ ईस्ट एंड में उमड़ पड़ी गांधी जी के दूसरे गोलमेज सम्मेलन से लौटने के बाद, उन्होंने एक नया सत्याग्रह शुरू किया। उन्हें गिरफ्तार कर पुणे की यरवदा जेल में रखा गया था। जब वह जेल में थे तब ब्रिटिश सरकार ने अछूतों को स्वतंत्र मतदाता देने के लिए एक नया कानून पारित किया था। इसे सांप्रदायिक पुरस्कार के रूप में जाना जाने लगा। विरोध में, गांधी भूख हड़ताल पर चले गए और उन्हें कैद कर लिया गया। परिणामी जन आक्रोश ने सरकार को, अम्बेडकर के परामर्श से, पूना पैक्ट के साथ जाति पुरस्कार को बदलने के लिए मजबूर किया।

गांधी ने 1934 में कांग्रेस पार्टी से इस्तीफा दे दिया। वह पार्टी की स्थिति से असहमत नहीं थे, लेकिन उन्हें लगा कि अगर उन्होंने इस्तीफा दे दिया, तो भारतीयों के बीच उनकी लोकप्रियता खत्म हो जाएगी, जिससे कम्युनिस्टों, समाजवादियों, ट्रेड यूनियनों, छात्रों, धार्मिक रूढ़िवादियों और व्यापार समर्थक पार्टी की सदस्यता कम हो जाएगी। आस्था,

और इन विविध आवाजों को खुद को सुनने का मौका मिलेगा। राज के साथ एक अस्थायी राजनीतिक आवास स्वीकार करने वाली पार्टी का नेतृत्व करके, गांधी राज प्रचार का लक्ष्य बनने से बचना चाहते थे।

1936 में, नेहरू प्रेसीडेंसी और कांग्रेस के लखनऊ अधिवेशन के साथ, गांधी सक्रिय राजनीति में लौट आए। हालाँकि गांधी पूरी तरह से स्वतंत्रता प्राप्त करने के कार्य पर ध्यान केंद्रित करना चाहते थे और भारत के भविष्य के बारे में अनुमान नहीं लगाना चाहते थे, लेकिन इसने कांग्रेस को समाजवाद को अपने लक्ष्य के रूप में अपनाने से नहीं रोका। गांधी सुभाष चंद्र बोस से भिड़ गए, जो 1938 में राष्ट्रपति चुने गए थे और जिन्होंने पहले विरोध के साधन के रूप में अहिंसा में विश्वास की कमी व्यक्त की थी। 159 गांधी के विरोध के बावजूद बोस ने गांधी के उम्मीदवार डॉ. पट्टाभि सीतारमैया के खिलाफ कांग्रेस अध्यक्ष के रूप में दूसरा कार्यकाल जीता; लेकिन गांधी द्वारा निर्धारित सिद्धांतों को त्यागने के विरोध में अखिल भारतीय नेताओं ने अपने सामूहिक इस्तीफे के बाद कांग्रेस छोड़ दी। गांधी ने घोषणा की कि सीतारमैया की हार उनकी हार है।

गांधी ने ब्रिटिश युद्ध के प्रयास में किसी भी सहायता का विरोध किया और द्वितीय विश्व युद्ध में किसी भी भारतीय भागीदारी के खिलाफ अभियान चलाया। गांधी के अभियान को भारतीय आबादी या सरदार पटेल और राजेंद्र प्रसाद जैसे कई भारतीय नेताओं का समर्थन नहीं मिला और इस तरह असफल रहा। उनके प्रयासों के बावजूद, 2.5 मिलियन से अधिक भारतीयों ने स्वेच्छा से भाग लिया और विभिन्न संबद्ध मोर्चों पर लड़ने के लिए ब्रिटिश सेना में शामिल हो गए।

द्वितीय विश्व युद्ध में भारत की भागीदारी के लिए गांधी का विरोध उनके इस विश्वास से प्रेरित था कि भारत लोकतांत्रिक स्वतंत्रता के लिए लड़े गए युद्ध का एक पक्ष नहीं हो सकता है, लेकिन वह स्वतंत्रता भारत को ही नकार दी गई थी। 164 उन्होंने नाजीवाद और फासीवाद की भी निंदा की, एक ऐसा दृष्टिकोण जिसे अन्य भारतीय नेताओं का समर्थन प्राप्त था। जैसे-जैसे युद्ध आगे बढ़ा, गांधी ने 1942 में बंबई में एक भाषण में स्वतंत्रता के लिए अपने आह्वान को तेज कर दिया, जिसमें अंग्रेजों को भारत छोड़ने का आह्वान किया गया। 165 गांधी और कांग्रेस पार्टी द्वारा अंग्रेजों को भारत से बाहर करने के उद्देश्य से किया गया सबसे दृढ़ विद्रोह था। 166 ब्रिटिश सरकार ने तुरंत भारत छोड़ो भाषण का जवाब दिया और गांधी के भाषण के कुछ ही घंटों के भीतर गांधी और कांग्रेस कार्यकारिणी के सभी सदस्यों को गिरफ्तार कर लिया। उनके हमवतन लोगों ने सरकार के स्वामित्व वाले सैकड़ों रेलवे स्टेशनों, पुलिस स्टेशनों को क्षतिग्रस्त या जलाकर और टेलीग्राफ के तारों को काटकर गिरफ्तारी का बदला लिया। 168

1942 में, गांधी, जो अब 73 वर्ष के हो रहे हैं, ने अपने लोगों से शाही सरकार के साथ सहयोग करना पूरी तरह से बंद करने का आह्वान किया। इस प्रयास में, वह ब्रिटिश लोगों को मारेंगे या घायल नहीं करेंगे, लेकिन उनसे आग्रह किया कि अगर ब्रिटिश अधिकारियों

द्वारा हिंसा की जाती है तो वे सहने और मरने के लिए तैयार रहें। 165 उन्होंने यह स्पष्ट कर दिया कि "प्रशासन की वर्तमान प्रणाली" की "आदेशित अराजकता" "वास्तविक अराजकता से भी बदतर" थी, यह कहते हुए कि व्यक्तिगत हिंसा की कोई भी मात्रा आंदोलन को नहीं रोकेगी। उन्होंने भारतीयों से अपील की। करो या मारो ("करो या मरो") उनके अधिकारों और स्वतंत्रता के लिए।

गांधी की नजरबंदी दो साल तक चली, क्योंकि उन्हें पुणे के आगा खान पैलेस में रखा गया था। इस अवधि के दौरान उनके लंबे समय तक सचिव रहे महादेव देसाई का दिल का दौरा पड़ने से निधन हो गया, उनकी पत्नी कस्तूरबा का 18 महीने जेल में रहने के बाद 22 फरवरी 1944 को निधन हो गया; और गांधी जी को मलेरिया का भयंकर दौरा पड़ा। 168 जेल में रहते हुए वह एक ब्रिटिश पत्रकार स्टुअर्ट गेल्डर द्वारा साक्षात्कार के लिए सहमत हुए। गेल्डर ने तब साक्षात्कार का एक सारांश तैयार किया और इसे मुख्यधारा के प्रेस में भेजकर प्रचारित किया, जिसने अचानक गांधी को दी जाने वाली रियायतों की घोषणा की, ऐसी टिप्पणियां जिससे उनके देशवासी, कांग्रेस कार्यकर्ता और यहां तक कि गांधी भी हैरान रह गए। बाद के दो ने दावा किया कि गांधी ने कई विषयों पर जो कहा, उसे तोड़-मरोड़ कर पेश किया और भारत छोड़ो आंदोलन की झूठी निंदा की। 168

6 मई 1944 गांधी के खराब स्वास्थ्य और आवश्यक सर्जरी के कारणयुद्ध की समाप्ति से पहले उन्हें रिहा कर दिया गया था; राज नहीं चाहते थे कि वह जेल में मरें और राष्ट्र को क्रोधित करें। वे नज़रबंदी से एक बदले हुए राजनीतिक परिदृश्य में उभरे - उदाहरण के लिए मुस्लिम लीग, जो कुछ साल पहले हाशिए पर थी, "अब राजनीतिक मंच पर केंद्र में आ गई"172 और पाकिस्तान के लिए मुहम्मद अली जिन्ना के अभियान का विषय थी। चर्चा का एक प्रमुख बिंदु। गांधी और जिन्ना के बीच व्यापक पत्राचार हुआ, और दोनों सितंबर 1944 में बंबई में जिन्ना के घर पर दो सप्ताह की अवधि के दौरान कई बार मिले, जहां गांधी ने धार्मिक रूप से बहुलवादी और स्वतंत्र भारत पर जोर दिया, जिसमें भारत के मुस्लिम और गैर-मुस्लिम शामिल थे। उपमहाद्वीप। सह-अस्तित्व जिन्ना ने इस प्रस्ताव को अस्वीकार कर दिया और उपमहाद्वीप को धर्म के आधार पर विभाजित करने और एक अलग मुस्लिम भारत (बाद में पाकिस्तान) बनाने पर जोर दिया। 11 173 ये चर्चा 1947 तक चलती रही।

जब कांग्रेस के नेता जेल में थे, तब अन्य दलों ने युद्ध का समर्थन कर सांगठनिक शक्ति प्राप्त की। कांग्रेस के निर्मम दमन से भूमिगत प्रकाशन खूब फले-फूले, लेकिन घटनाओं पर उनका कोई नियंत्रण नहीं था। युद्ध के अंत में, अंग्रेजों ने स्पष्ट संकेत दिया कि सत्ता भारतीयों के पास चली जाएगी। इस बिंदु पर गांधी ने संघर्ष वापस ले लिया और कांग्रेस नेतृत्व सहित लगभग 100,000 राजनीतिक कैदियों को रिहा कर दिया गया।

गांधी ने धार्मिक आधार पर भारतीय उपमहाद्वीप के विभाजन का विरोध किया। भारतीय राष्ट्रीय कांग्रेस और गांधी ने अंग्रेजों से भारत छोड़ने की अपील की। हालांकि, मुस्लिम लीग ने "विभाजन और भारत छोड़ो" की मांग की। 178 179 गांधी ने एक समझौता

प्रस्तावित किया जिसमें कांग्रेस और मुस्लिम लीग को एक अनंतिम सरकार के तहत सहयोग करने और स्वतंत्रता प्राप्त करने की आवश्यकता थी, जिसके बाद मुस्लिम-बहुल जिलों में विभाजन के मुद्दे को जनमत संग्रह द्वारा हल किया जा सकता था।

जिन्ना ने गांधी के प्रस्ताव को खारिज कर दिया और 16 अगस्त 1946 को मुसलमानों को शहरों में सार्वजनिक रूप से इकट्ठा होने और भारतीय उपमहाद्वीप को एक मुस्लिम राज्य और एक गैर-मुस्लिम राज्य में विभाजित करने के उनके प्रस्ताव का समर्थन करने के लिए सीधी कार्रवाई का आह्वान किया। हुसैन शहीद सुहरावर्दी, बंगाल के मुस्लिम लीग के मुख्यमंत्री - अब बांग्लादेश और पश्चिम बंगाल, ने प्रत्यक्ष कार्रवाई दिवस मनाने के लिए कलकत्ता पुलिस को एक विशेष अवकाश प्रदान किया। डायरेक्ट एक्शन डे के परिणामस्वरूप कलकत्ता के हिंदुओं की सामूहिक हत्या और उनकी संपत्तियों को जला दिया गया, और उन पुलिसकर्मियों को गायब कर दिया गया जो संघर्ष को रोकने या रोकने के लिए छुट्टी पर चले गए थे। ब्रिटिश सरकार ने हिंसा को रोकने के लिए अपने सैनिकों को आगे बढ़ने का आदेश नहीं दिया। डायरेक्ट एक्शन डे पर हुई हिंसा के कारण पूरे भारत में मुसलमानों के खिलाफ जवाबी हिंसा हुई। इसके बाद के दिनों में, हिंसा के एक चक्र में हजारों हिंदू और मुसलमान मारे गए और हजारों घायल हुए। नरसंहार को समाप्त करने का आह्वान करने के लिए गांधी ने सबसे अधिक दंगा प्रभावित क्षेत्रों का दौरा किया।

1947 में भारत के अंतिम ब्रिटिश वायसराय लुई माउंटबेटन और उनकी पत्नी एडविना माउंटबेटन के साथ गांधी

ब्रिटिश भारत के वायसराय और गवर्नर-जनरल, आर्किबाल्ड वावेल ने गांधी और जिन्ना के साथ फरवरी 1947 तक तीन साल तक काम किया, ताकि सिद्धांत रूप में भारतीय स्वतंत्रता को स्वीकार करने से पहले और बाद में आम जमीन मिल सके। वेवेल ने गांधी के चरित्र और उद्देश्यों के साथ-साथ उनके विचारों की भी निंदा की। वेवेल ने गांधी पर "ब्रिटिश शासन और प्रभाव को उखाड़ फेंककर एक हिंदू राज स्थापित करने" के एक-दिमाग वाले विचार को आश्रय देने का आरोप लगाया और गांधी को "दुष्ट, दुष्ट, अत्यंत चतुर" राजनीतिज्ञ कहा। वेवेल को भारतीय उपमहाद्वीप में गृहयुद्ध की आशंका थी और उन्हें संदेह था कि गांधी इसे रोक सकते हैं।

ब्रिटिश अनिच्छा से भारतीय उपमहाद्वीप के लोगों को स्वतंत्रता देने के लिए सहमत हुए, लेकिन पाकिस्तान और भारत के बीच भूमि को विभाजित करने के जिन्ना के प्रस्ताव को स्वीकार कर लिया। गांधी अंतिम वार्ताओं में शामिल थे, लेकिन स्टेनली वोलपर्ट कहते हैं कि "गांधी ने कभी भी ब्रिटिश भारत बनाने की योजना को मंजूरी या स्वीकार नहीं की"।

विभाजन विवादास्पद और हिंसक रूप से लड़ा गया था। धार्मिक दंगों में आधे मिलियन से अधिक लोग मारे गए थे क्योंकि 10 मिलियन से 12 मिलियन गैर-मुस्लिम (ज्यादातर हिंदू और सिख) पाकिस्तान से भारत चले गए थे, और मुस्लिम भारत से पाकिस्तान चले गए थे, भारत, पश्चिम पाकिस्तान के बीच नव निर्मित सीमा को पार कर गए थे। और पूर्वी

पाकिस्तान।

गांधी ने स्वतंत्रता दिवस पर ब्रिटिश शासन के अंत का जश्न नहीं मनाया, लेकिन 15 अगस्त, 1947 को कलकत्ता में उन्होंने भूख हड़ताल की और अपने देशवासियों के बीच शांति का आह्वान किया। विभाजन के कारण भारतीय उपमहाद्वीप में धार्मिक हिंसा हुई और सड़कें लाशों से अटी पड़ी थीं। 187 कुछ लेखक गांधी के अनशन और विरोध को धार्मिक दंगों और साम्प्रदायिक हिंसा को रोकने का श्रेय देते हैं।

30 जनवरी 1948 को शाम 5:17 बजे, गांधी अपने पोते के साथ बिड़ला हाउस (अब गांधी स्मृति) के बगीचे में प्रार्थना सभा को संबोधित करने के लिए जा रहे थे, जब हिंदू राष्ट्रवादी नाथूराम गोडसे ने उन्हें सीने में तीन बार गोली मारी। पास की पिस्टल से कुछ खातों के अनुसार, गांधी की तुरंत मृत्यु हो गई। 188 189 अन्य खातों में, जैसे कि एक चश्मदीद पत्रकार द्वारा प्रस्तुत, गांधी को बिड़ला हाउस के एक बेडरूम में ले जाया गया। लगभग 30 मिनट बाद गांधी की मृत्यु हो गई क्योंकि उनके परिवार के एक सदस्य ने एक हिंदू धर्मग्रंथ के एक श्लोक का पाठ किया।

प्रधानमंत्री जवाहरलाल नेहरू अपने देशवासियोंना ने अखिल भारतीय रेडियो पर एक संबोधन में कहा:

दोस्तों और दोस्तों, हमारे जीवन से प्रकाश चला गया है, और हर जगह अंधेरा है, और मुझे नहीं पता कि मैं आपसे क्या कहूं या कैसे बोलूं। राष्ट्रपिता कहे जाने वाले हमारे प्रिय नेता बापू नहीं रहे। शायद मैं गलत हूँ; फिर भी, हम उसे दोबारा नहीं देख पाएंगे, जैसा कि हमने उसे इतने सालों से देखा है, हम उसके पास सलाह के लिए नहीं दौड़ेंगे या उससे आराम नहीं लेंगे, और यह एक भयानक सदमा है, न केवल मेरे लिए, बल्कि लाखों-करोड़ों लोगों के लिए लोगों की। इस देश में।

वह स्मारक जहां 1948 में गांधी की हत्या की गई थी। उनके स्टाइल वाले कदम स्मारक तक ले गए।

चरमपंथी हिंदू महासभा से जुड़े एक हिंदू राष्ट्रवादी गोडसे ने बचने का कोई प्रयास नहीं किया; कई अन्य षड्यंत्रकारियों को जल्द ही गिरफ्तार कर लिया गया। 194 195 उन पर दिल्ली के लाल किले में मुकदमा चलाया गया। अपने परीक्षण में, गोडसे ने न तो आरोपों से इनकार किया और न ही कोई पश्चाताप व्यक्त किया। क्लॉड मार्कोविट्ज़ के अनुसार, एक फ्रांसीसी इतिहासकार ने औपनिवेशिक भारत के अपने अध्ययन के लिए विख्यात, गोडसे ने कहा कि उसने गांधी को मुसलमानों के प्रति शालीनता से मार डाला, गांधी को पाकिस्तान और भारत के बीच उपमहाद्वीप के विभाजन के दौरान हुई हिंसा और पीड़ा के लिए दोषी ठहराया। गोडसे ने गांधी पर व्यक्तिवाद और अभिनय का आरोप लगाया जैसे कि सत्य पर उनका एकाधिकार था। गोडसे को दोषी पाया गया और 1949 में उसे मार दिया गया।

गांधी के अंतिम संस्कार को लाखों भारतीयों ने चिह्नित किया था।

गांधी की मृत्यु पर पूरे देश में शोक मनाया गया। बिड़ला हाउस से राज घाट तक पहुँचने में पाँच घंटे से अधिक समय लगने वाले पाँच मील के अंतिम संस्कार के जुलूस में दस लाख से अधिक लोग शामिल हुए, जहाँ वह मारा गया था, और अन्य लाखों लोगों ने जुलूस को देखा। 198 गांधी के शरीर को रथी पर ले जाया गया, जिसके चेसिस को रात भर में अलग कर दिया गया ताकि जनता उनके शरीर को देख सके। वाहन के इंजन का उपयोग नहीं किया गया; इसके बजाय वाहन को 50-50 लोगों द्वारा पकड़ी गई चार रस्सियों द्वारा खींचा गया। 199 लंदन में सभी भारतीय स्वामित्व वाले प्रतिष्ठान शोक में बंद रहे क्योंकि सभी धर्मों और संप्रदायों के हजारों लोग और पूरे ब्रिटेन से भारतीय लंदन में इंडिया हाउस में एकत्रित हुए।

गांधी की हत्या ने राजनीतिक परिदृश्य को नाटकीय रूप से बदल दिया। नेहरू उनके राजनीतिक उत्तराधिकारी बने। मार्कोविट्ज़ के अनुसार, गांधी के जीवनकाल के दौरान, पाकिस्तान की घोषणा कि यह एक "मुस्लिम राज्य" था, ने भारतीय समूहों को मांग करने के लिए प्रेरित किया कि इसे "हिंदू राज्य" घोषित किया जाए। 196 नेहरू ने हिंदू राष्ट्रवाद के सभी समर्थकों और उनके राजनीतिक विरोधियों को चुप कराने के लिए गांधी की शहादत को एक राजनीतिक हथियार के रूप में इस्तेमाल किया। उन्होंने गांधी की हत्या को नफरत और दुर्भावना की राजनीति से जोड़ा।

गुहा के अनुसार, नेहरू और उनके कांग्रेस सहयोगियों ने भारतीयों से गांधी की स्मृति और उनके आदर्शों का सम्मान करने का आग्रह किया। 201 202 नेहरू ने नए भारतीय राज्य के अधिकार को मजबूत करने के लिए हत्याकांड का इस्तेमाल किया। गांधी की मृत्यु ने नई सरकार के लिए मार्शल समर्थन और कांग्रेस पार्टी के नियंत्रण को वैध बनाने में मदद की, जिसने दशकों तक उन्हें प्रेरित करने वाले व्यक्ति के लिए हिंदुओं में बहुत दुख व्यक्त किया। सरकार ने लगभग 200,000 गिरफ्तारियों के साथ आरएसएस, मुस्लिम नेशनल गाइर्स और खाकसारों का दमन किया।

मार्कोविट्ज़ कहते हैं, हत्या के बाद वर्षों तक, "नए भारतीय गणतंत्र के राजनीतिक जीवन पर गांधी की छाया मंडराती रही"। गांधी के विचारों के विपरीत होने के बावजूद, सरकार ने गांधी की छवि और आदर्शों का पुनर्निर्माण करके उनकी आर्थिक और सामाजिक नीतियों का मुकाबला किया।

गांधी का हिंदू परंपरा के अनुसार अंतिम संस्कार किया गया। गांधी के अवशेषों को कलशों में डाला गया, जिन्हें स्मरणोत्सव के लिए पूरे भारत में भेजा गया था। 206 12 फरवरी, 1948 को अधिकांश कलश इलाहाबाद में संगम पर गाड़ दिए गए, लेकिन कुछ को गुप्त रूप से ले जाया गया। 1997 में, तुषार गांधी ने इलाहाबाद के संगम में एक कलश की सामग्री को भंग कर दिया, जो एक बैंक की तिजोरी में मिला था और इसे अदालतों के माध्यम से पुनः प्राप्त किया। 207 208 युगांडा में जिन्जा के पास नील नदी के स्रोत पर गांधीजी के कुछ अवशेष बिखरे हुए थे, और एक स्मारक पट्टिका इस घटना को चिह्नित करती है। 30

जनवरी 2008 को गिरगांव चौपाटी पर एक और कलश का विसर्जन किया गया। एक अन्य कलश पुणे में आगा खान के महल में है (जहां गांधी को 1942 से 1944 तक एक राजनीतिक कैदी के रूप में रखा गया था) और दूसरा लॉस एंजिल्स में सेल्फ-रियलाइजेशन फेलोशिप लेक श्राइन में है।

जिस बिड़ला हाउस में गांधी की हत्या हुई थी, वह अब गांधी स्मृति नामक एक स्मारक है। यमुना नदी के पास उनका अंतिम संस्कार जिस स्थान पर किया गया वह नई दिल्ली में राजघाट स्मारक है। 212 काले संगमरमर की पीठिका पर "हे राम" (देवनागरी: ??! ??? या, हे राम) लिखा हुआ है। माना जाता है कि गोली मारने के बाद ये गांधी के अंतिम शब्द थे, हालांकि इस बयान की प्रामाणिकता पर सवाल उठाया गया है।

गांधी के बयानों, पत्रों और जीवन ने उनके सिद्धांतों, प्रथाओं और विश्वासों के राजनीतिक और विद्वतापूर्ण विश्लेषण को आकर्षित किया है, जिसमें उन्हें प्रभावित करने वाली बातें भी शामिल हैं। कुछ लेखक उन्हें नैतिक जीवन और शांतिवाद के प्रतीक के रूप में प्रस्तुत करते हैं, अन्य उनके रूप मेंसंस्कृति और परिस्थितियों से प्रभावित एक अधिक जटिल, विवादित और विकसित चरित्र के रूप में प्रस्तुत किया गया।

गांधी अपने मूल गुजरात में एक हिंदू और जैन धार्मिक वातावरण में पले-बढ़े, जो उनके प्राथमिक प्रभाव थे, लेकिन वे अपने व्यक्तिगत प्रतिबिंबों और हिंदू भक्ति संतों, अद्वैत वेदांत, इस्लाम, बौद्ध धर्म, ईसाई धर्म और विचारकों के साहित्य से भी प्रभावित थे। टॉल्स्टॉय, रस्किन और थोरो। 216 217 57 वर्ष की आयु में, उन्होंने अपने धार्मिक अनुनय में खुद को एक अद्वैतवादी हिंदू घोषित किया, लेकिन यह भी जोड़ा कि उन्होंने द्वैतवादी विचारों और धार्मिक बहुलवाद की वकालत की।

गांधी अपनी धर्मनिष्ठ वैष्णव हिंदू मां, क्षेत्रीय हिंदू मंदिरों और गुजरात में जैन परंपरा के साथ सह-अस्तित्व में रहने वाली संत परंपरा से प्रभावित थे। इतिहासकार आरबी क्रिब का कहना है कि गांधी के विचार समय के साथ विकसित हुए, उनके शुरुआती विचार उनके परिपक्व दर्शन के मूल या मचान बन गए। उन्होंने सत्यवादिता, संयम, शुद्धता और शाकाहार के लिए प्रारंभिक प्रतिबद्धता की।

गांधी की लंदन जीवनशैली ने उस उच्च मूल्य को मूर्त रूप दिया। 1891 में जब वे भारत लौटे, तो उनका दृष्टिकोण हिचकिचा रहा था और वे एक वकील के रूप में जीवनयापन नहीं कर सकते थे। इसने उनके इस विश्वास को चुनौती दी कि व्यावहारिकता और नैतिकता का मेल होना चाहिए। 1893 में दक्षिण अफ्रीका की यात्रा करते हुए, उन्होंने इस समस्या का समाधान खोजा और अपने परिपक्व दर्शन की केंद्रीय अवधारणाओं को विकसित किया।

भीखू पारेख के अनुसार, दक्षिण अफ्रीका में गांधी को जिन तीन पुस्तकों ने सबसे अधिक प्रभावित किया, वे थीं विलियम साल्टर्स मोरल रिलिजन (1889); हेनरी डेविड थोरो की ऑन द इ्यूटी ऑफ सविनय अवज्ञा (1849); और लियो टॉल्स्टॉय की द किंगडम ऑफ गॉड इज विदिन यू (1894)। जॉन रस्किन, कला समीक्षक और राजनीतिक अर्थव्यवस्था के

आलोचक, ने एक कम्यून में एक कठोर जीवन जीने के अपने निर्णय को प्रेरित किया, पहले नेटाल में फीनिक्स फार्म पर और फिर जोहान्सबर्ग, दक्षिण अफ्रीका के बाहर टॉल्स्टॉय फार्म पर। पारेख कहते हैं, गांधी हिंदू धर्म, ईसाई धर्म और जैन धर्म से सबसे अधिक प्रभावित थे, जिनके विचार "शास्त्रीय भारतीय परंपरा, विशेष रूप से अद्वैत या गैर-द्वैतवादी परंपरा के अनुरूप" थे।

इंदिरा कर और अन्य के अनुसार, गांधी वैष्णववाद, जैन धर्म और अद्वैत वेदांत से प्रभावित थे। 225 226 बालकृष्ण गोखले कहते हैं कि गांधी हिंदू धर्म और जैन धर्म से प्रभावित थे और उन्होंने ईसाई धर्म, रस्किन और टॉल्स्टॉय के सरमन ऑन द माउंट का अध्ययन किया था।

गांधी पर संभावित प्रभाव के अतिरिक्त सिद्धांत प्रस्तावित किए गए हैं। उदाहरण के लिए, 1935 में, एनए टूथी ने कहा कि गांधी हिंदू धर्म की स्वामीनारायण परंपरा के सुधारों और शिक्षाओं से प्रभावित थे। रेमंड विलियम्स के अनुसार, तुती ने जैन समाज के प्रभाव को नजरअंदाज किया हो सकता है और स्वामीनारायण परंपरा में सामाजिक सुधार और "अहिंसा, सत्य-कथन, स्वच्छता, संयम और जनता के उत्थान" पर आधारित गांधी के कार्यक्रमों के बीच समानताएं पाता है। 228 229 इतिहासकार हावर्ड कहते हैं कि गुजरात की संस्कृति ने गांधी और उनके तरीकों को प्रभावित किया।

ऊपर वर्णित पुस्तक के साथ, लियो टॉल्स्टॉय ने 1908 में हिंदुओं को एक पत्र लिखा था, जिसमें कहा गया था कि केवल निष्क्रिय प्रतिरोध के माध्यम से, प्रेम को एक हथियार के रूप में इस्तेमाल करके, भारतीय लोग औपनिवेशिक शासन को उखाड़ फेंक सकते हैं। 1909 में, गांधी ने टॉल्स्टॉय को एक पत्र लिखा और द हिंदू को गुजराती में पुनर्प्रकाशित करने की उनकी सलाह और अनुमति मांगी। टॉल्स्टॉय ने जवाब दिया, और दोनों ने 1910 में टॉल्स्टॉय की मृत्यु तक पत्राचार करना जारी रखा (टॉल्स्टॉय का अंतिम पत्र गांधी को था)। 231 पत्र अहिंसा के व्यावहारिक और धार्मिक अनुप्रयोगों से संबंधित हैं। 232 गांधी ने खुद को टॉल्सटॉय के शिष्य के रूप में देखा, क्योंकि वे राज्य के अधिकारों और उपनिवेशवाद के विरोध पर सहमत थे; दोनों ने हिंसा से घृणा की और अप्रतिरोध का उपदेश दिया। हालाँकि, राजनीतिक रणनीति पर उनके बीच तीखे मतभेद थे। गांधी ने राजनीतिक भागीदारी का आह्वान किया; वह एक राष्ट्रवादी थे और अहिंसक बल का प्रयोग करने के इच्छुक थे। वह समझौता करने को भी तैयार था। 233 यह टॉल्सटॉय फार्म में था जहां गांधी और हर्मन कालेनबैक ने अपने शिष्यों को अहिंसा के दर्शन में व्यवस्थित रूप से प्रशिक्षित किया।

गांधी ने कवि और जैन दार्शनिक श्रीमद राजचंद्र को अपने प्रभावशाली सलाहकार के रूप में श्रेय दिया। मॉडर्न रिव्यू, जून 1930 में गांधी ने 1891 में लिखा कि डॉ. पी.जे. मेहता के मुंबई स्थित आवास पर पहली मुठभेड़ के बारे में लिखा। उनके परिचित श्री डॉ. संचालन प्राणजीवन मेहता ने किया। 235 दक्षिण अफ्रीका में रहते हुए, गांधी ने राजचंद्र के साथ पत्रों का आदान-प्रदान किया, उन्हें कवि (शाब्दिक रूप से "कवि") के रूप में संबोधित किया।

गांधी ने 1930 में लिखा था, "एक आदमी था जिसने धार्मिक मामलों में मेरे दिल को इतना मोह लिया जैसा किसी और आदमी ने कभी नहीं किया।" 236 "मैंने कहीं और कहा है कि टॉल्सटॉय और रस्किन ने मेरे आंतरिक जीवन को आकार देने में कवि के साथ प्रतिस्पर्धा की। लेकिन कवि का प्रभाव निस्संदेह गहरा था क्योंकि मैं उनके साथ घनिष्ठ व्यक्तिगत संपर्क में आया था।"

अपनी आत्मकथा में, गांधी ने राजचंद्र को अपने "मार्गदर्शक और सहायक" और "आध्यात्मिक संकट के क्षणों में उनकी शरण" के रूप में संदर्भित किया। उन्होंने गांधी को दृढ़ता से हिंदू धर्म का गहन अध्ययन करने की सलाह दी।

दक्षिण अफ्रीका में अपने प्रवास के दौरान, गांधी ने हिंदू धर्म और अन्य भारतीय धर्मों के धर्मग्रंथों और दार्शनिक ग्रंथों के साथ-साथ बाइबिल का अध्ययन किया।खे ने कुरान जैसे ईसाई धर्म और इस्लाम के अनुवादित ग्रंथों को पढ़ा। 240 दक्षिण अफ्रीका में क्वेकर मिशन ने उन्हें ईसाई धर्म में परिवर्तित करने का प्रयास किया। गांधी उनके साथ प्रार्थना में शामिल हुए और उनके साथ ईसाई धर्मशास्त्र पर चर्चा की, लेकिन उन्होंने यह कहते हुए धर्मांतरण से इनकार कर दिया कि उन्होंने इसके धर्मशास्त्र को स्वीकार नहीं किया है या यह कि ईसा मसीह ईश्वर के एकमात्र भिखारी पुत्र थे।

धर्मों के उनके तुलनात्मक अध्ययन और विद्वानों के साथ बातचीत ने उन्हें सभी धर्मों का सम्मान करने और उन सभी में खामियों और लगातार गलत व्याख्याओं के बारे में चिंतित होने के लिए प्रेरित किया। 240 गांधी ने हिंदू धर्म में रुचि विकसित की, और भगवद गीता को अपने आध्यात्मिक शब्दकोश और अपने जीवन पर सबसे बड़े प्रभाव के रूप में उद्धृत किया। 240 243 244 बाद में 1930 में गांधी ने गीता का गुजराती में अनुवाद किया।

दक्षिण अफ्रीका में अपने प्रवास के दौरान, गांधी को सूफी इस्लाम के चिश्ती आदेश से परिचित कराया गया था। उन्होंने रिवरसाइड में खानकाह मेले में भाग लिया। मार्गरेट चटर्जी के अनुसार, एक वैष्णव हिंदू के रूप में गांधी ने गरीबों के लिए विनम्रता, भक्ति और भाईचारे जैसे मूल्यों को साझा किया जो सूफीवाद में भी पाए जाते हैं। 246 247 विंस्टन चर्चिल ने भी गांधी की तुलना एक सूफी फकीर से की थी।

1899 में, गांधी ने अंग्रेजों की तरफ से बोअर्स के खिलाफ दक्षिण अफ्रीकी युद्ध में भारतीय एम्बुलेंस कोर के गठन में भाग लिया। 248 डच बसने वाले, बोअर्स और शाही ब्रिटिश, दोनों ने रंगीन जातियों के साथ भेदभाव किया, जिन्हें वे उस समय हीन समझते थे, और गांधी ने बाद में बोअर युद्ध के दौरान उनके परस्पर विरोधी विश्वासों के बारे में लिखा। उन्होंने कहा कि "जब युद्ध की घोषणा की गई थी, मेरी व्यक्तिगत सहानुभूति बोअर्स के साथ थी, लेकिन ब्रिटिश शासन के प्रति मेरी निष्ठा ने मुझे उस युद्ध में अंग्रेजों के साथ भाग लेने के लिए प्रेरित किया। मुझे लगा कि, अगर मैं एक ब्रिटिश नागरिक के रूप में अधिकारों की मांग करता हूं, तो लेने के लिए ब्रिटिश साम्राज्य की रक्षा में भाग लेना।" यह मेरा कर्तव्य भी था, इसलिए मैंने जितने साथियों को इकट्ठा किया और बड़ी मुश्किल से एंबुलेंस के रूप

में उनकी सेवाएं स्वीकार कीं।"

प्रथम विश्व युद्ध (1914-1918) के दौरान, लगभग 50 वर्ष की आयु में, गांधी ने ब्रिटिश सेना में शामिल होने के लिए भारतीयों की भर्ती करके ब्रिटिश और उसके सहयोगी बलों का समर्थन किया, भारतीय सेना का लगभग 100,000 से 1.1 मिलियन तक विस्तार किया। 106 248 उन्होंने भारतीयों को यूरोप और अफ्रीका में युद्ध के एक तरफ अपने जीवन के साथ लड़ने के लिए प्रोत्साहित किया। 248 शंकर घोष के अनुसार, शांतिवादियों ने इन प्रथाओं के प्रति गांधी के बचाव की आलोचना की और यह कहते हुए सवाल उठाया, "जिस समाज से मैं संबंधित हूं, उसके साथ अपना संबंध तोड़ना मेरे लिए पागलपन होगा"। 248 कीथ रॉबिंस के अनुसार, प्रथम विश्व युद्ध की समाप्ति के बाद स्वराज्य (स्व-शासन) के माध्यम से भारतीयों की मदद करने के ब्रिटिश वादे से भाग लेने के प्रयास को प्रेरित किया गया था। 105 युद्ध के बाद, ब्रिटिश सरकार ने इसके बजाय मामूली सुधारों का सुझाव दिया, गांधी को बहुत निराशा हुई। 106 उन्होंने 1919 में अपना सत्याग्रह आंदोलन शुरू किया। इसी समय, गांधी के सहयोगियों को उनके शांतिवादी विचारों पर संदेह हो गया और वे राष्ट्रवाद और साम्राज्यवाद विरोधी से प्रेरित थे।

1920 के निबंध में, प्रथम विश्व युद्ध के बाद, गांधी ने लिखा, "जहां एकमात्र विकल्प कायरता और हिंसा है, मैं हिंसा की सलाह दूंगा।" राहुल सागर ने युद्ध के दौरान ब्रिटिश सैनिकों की भर्ती के गांधी के प्रयासों की व्याख्या की क्योंकि गांधी का मानना था कि उस समय, यह दिखाएगा कि भारतीय लड़ने के लिए तैयार थे। इसके अलावा, यह अंग्रेजों को यह भी दिखाएगा कि उनके साथी भारतीय "कायरता के बजाय पसंद के विषय" थे। 1922 में, गांधी ने लिखा था कि हिंसा से परहेज प्रभावी है और सच्ची क्षमा तभी है जब किसी के पास दंड देने की शक्ति हो, न कि तब जब कोई कुछ भी नहीं करना चाहता क्योंकि वह असहाय है।

द्वितीय विश्व युद्ध के बाद ब्रिटेन को घेर लिया, गांधी ने ब्रिटिश युद्ध के प्रयासों और युद्ध में किसी भी भारतीय भागीदारी के लिए किसी भी सहायता के खिलाफ सक्रिय रूप से अभियान चलाया। आर्थर हरमन के अनुसार, गांधी का मानना था कि उनका अभियान साम्राज्यवाद को एक बड़ा झटका देगा। 163 गांधी की स्थिति को कई भारतीय नेताओं ने समर्थन नहीं दिया और ब्रिटिश युद्ध के प्रयासों के खिलाफ उनका अभियान असफल रहा। 1941 में घोषित एक हिंदू नेता तेज बहादुर सप्रू हरमन कहते हैं, "कांग्रेस के कई नेता महात्मा के बंजर कार्यक्रम से तंग आ चुके हैं." 163 2.5 मिलियन से अधिक भारतीयों ने गांधी को नजरअंदाज किया, स्वेच्छा से भाग लिया और ब्रिटिश पक्ष में शामिल हो गए। वे यूरोप, उत्तरी अफ्रीका और द्वितीय विश्व युद्ध में विभिन्न मोर्चों पर मित्र राष्ट्रों के हिस्से के रूप में लड़े और मारे गए।

गांधी ने अपना जीवन सत्य या सत्य की खोज और खोज के लिए समर्पित कर दिया और अपने आंदोलन को सत्याग्रह कहा, जिसका अर्थ है "आह्वान करना, आग्रह करना या सत्य

पर भरोसा करना"। एक राजनीतिक आंदोलन और सिद्धांत के रूप में 252 सत्याग्रह पहली बार 1920 में तैयार किया गया था, जिसे उन्होंने उसी वर्ष सितंबर में भारतीय कांग्रेस के सत्र के समक्ष "असहयोग प्रस्ताव" के रूप में प्रस्तुत किया था। डेनिस डाल्टन बताते हैं कि सत्याग्रह का एक डिजाइन और फुटवर्क था जो अपने लोगों की मान्यताओं और संस्कृति के साथ गहराई से प्रतिध्वनित होता था, इसे लोकप्रिय चेतना में शामिल करता था, और जल्दी सेवे महात्मा हो गए।

"भगवान सत्य है। सत्य का मार्ग अहिंसा (अहिंसा) के माध्यम से है" - साबरमती, 13 मार्च 1927

गांधी ने आत्म-साक्षात्कार, अहिंसा (अहिंसा), शाकाहार और सार्वभौमिक प्रेम के वेदांतिक आदर्शों पर सत्याग्रह का अभ्यास किया। विलियम बोरमैन का कहना है कि उनके सत्याग्रह की कुंजी हिंदू उपनिषद ग्रंथों में निहित है। 254 इंदिरा कर के अनुसार, अहिंसा और सत्याग्रह पर गांधी के विचार अद्वैत वेदांत की दार्शनिक नींव पर आधारित थे। 255 I. ब्रूस वॉटसन बताते हैं कि इनमें से कुछ विचार न केवल हिंदू धर्म की परंपराओं में पाए जाते हैं, बल्कि जैन धर्म या बौद्ध धर्म में भी पाए जाते हैं, विशेष रूप से अहिंसा, शाकाहार और सार्वभौमिक प्रेम के बारे में, लेकिन गांधी का संश्लेषण इन विचारों का राजनीतिकरण करना था। 256 ग्लिन रिचर्ड्स कहते हैं, एक नागरिक आंदोलन के रूप में गांधी की सत्य की अवधारणा को धर्म और ता की हिंदू शब्दावली के संदर्भ में सबसे अच्छी तरह से समझा जा सकता है।

गांधी ने कहा कि लड़ने के लिए सबसे महत्वपूर्ण लड़ाई अपने स्वयं के राक्षसों, भय और असुरक्षाओं पर काबू पाना है। गांधी ने पहली बार अपने विश्वासों को अभिव्यक्त किया जब उन्होंने कहा "ईश्वर सत्य है"। बाद में उन्होंने इस कथन को "सत्य ही ईश्वर है" में बदल दिया। इस प्रकार, गांधी के दर्शन में सत्य (सत्य) "ईश्वर" है। 258 गांधी, रिचर्ड्स कहते हैं, "ईश्वर" शब्द को एक अलग शक्ति के रूप में नहीं बल्कि अद्वैत वेदांत परंपरा में एक इकाई (ब्रह्म, आत्मा) के रूप में वर्णित किया गया है, एक अद्वैत सार्वभौमिक है जो सभी चीजों, प्रत्येक व्यक्ति और सभी जीवन में व्याप्त है। 257 निकोलस गियर के अनुसार, गांधी के लिए इसका मतलब ईश्वर और मनुष्य के बीच एकता है, कि सभी प्राणियों की एक आत्मा है और इसलिए समानता है, वह आत्मा मौजूद है और ब्रह्मांड में हर चीज की तरह है, कि अहिंसा (अहिंसा) उसका स्वभाव है . इस आत्मा का।

नमक सत्याग्रह के दौरान, गांधी उस औपनिवेशिक कानून को तोड़ रहे थे जिसने अंग्रेजों को नमक संग्रह पर एकाधिकार दिया था। उनके सत्याग्रह ने बड़ी संख्या में भारतीय पुरुषों और महिलाओं को आकर्षित किया।

सत्याग्रह का सार एक राजनीतिक माध्यम के रूप में "आत्मा शक्ति" है, उत्पीड़क के खिलाफ क्रूर बल का उपयोग करने से इनकार, उत्पीड़क और उत्पीड़ित के बीच की दुश्मनी को खत्म करने का प्रयास, उत्पीड़क को बदलने या "शुद्ध" करने का उद्देश्य। यह

निष्क्रियता नहीं बल्कि दृढ़ प्रतिरोध और असहयोग है, जहां आर्थर हरमन कहते हैं, "नफरत पर प्यार की जीत"। 262 कभी-कभी सत्याग्रह के लिए इस्तेमाल किया जाने वाला शब्द यह है कि यह एक "साइलेंट फोर्स" या "स्पिरिट फोर्स" है (मार्टिन लूथर किंग जूनियर द्वारा अपने "आई हैव ए ड्रीम" भाषण में भी इस्तेमाल किया गया शब्द)। यह व्यक्ति को शारीरिक शक्ति के बजाय नैतिक शक्ति से लैस करता है। सत्याग्रह को "सार्वभौमिक शक्ति" भी कहा जाता है क्योंकि यह अनिवार्य रूप से "रिश्तेदार और अजनबी, युवा और बूढ़े, पुरुष और महिला, दोस्त और दुश्मन के बीच कोई भेद नहीं करता है।" 263

गांधी ने लिखा: "कोई अधीरता, बर्बरता, गुस्ताखी, कोई अनुचित दबाव नहीं होना चाहिए। अगर हम लोकतंत्र की सच्ची भावना पैदा करना चाहते हैं, तो हम असहिष्णु होने का जोखिम नहीं उठा सकते। असहिष्णुता किसी के विश्वास को धोखा देती है।" सविनय अवज्ञा और असहयोग, जैसा कि सत्याग्रह के तहत अभ्यास किया जाता है, "पीड़ित होने के नियम" पर आधारित है, जिसके अंत में पीड़ा एक साधन के रूप में है। यह अंत आमतौर पर किसी व्यक्ति या समाज की नैतिक उन्नति या प्रगति को इंगित करता है। अतः सत्याग्रह में असहयोग वास्तव में सत्य और न्याय के साथ विरोधी को निरन्तर सहयोग देने का साधन है।

एक राजनीतिक माध्यम के रूप में गांधी के सत्याग्रह के विचार ने भारतीयों के बीच बड़ी संख्या में अनुयायियों को आकर्षित किया, लेकिन समर्थन सार्वभौमिक नहीं था। उदाहरण के लिए, जिन्ना जैसे मुस्लिम नेताओं ने सत्याग्रह के विचार का विरोध किया, गांधी पर राजनीतिक सक्रियता के माध्यम से हिंदू धर्म को पुनर्जीवित करने का आरोप लगाया, और गांधी की मुस्लिम राष्ट्रवाद और मुस्लिम मातृभूमि की मांग का विरोध करना शुरू कर दिया। 267 268 269 अछूत नेता अम्बेडकर ने जून 1945 में बौद्ध धर्म में परिवर्तित होने का निर्णय लेने के बाद और आधुनिक भारत के संविधान के मुख्य वास्तुकार, गांधी के विचारों को "अंध हिंदू भक्तों" के रूप में खारिज कर दिया, आदिम, टॉल्स्टॉय और रस्किन के नकली से प्रभावित थे। और "उनके उपदेश में हमेशा कुछ सरलता होती है"। 270 271 विंस्टन चर्चिल ने गांधी को एक स्वार्थी "चालाक शिकारी", एक "महत्वाकांक्षी तानाशाह" और "बुतपरस्त हिंदू धर्म के नास्तिक प्रतिपादक" के रूप में चित्रित किया। चर्चिल ने कहा कि गांधी के सविनय अवज्ञा आंदोलन के तमाशे ने "ब्रिटिश भारत में गोरे लोगों के खतरे को बढ़ा दिया"।

हालांकि गांधी अहिंसा के सिद्धांत के प्रवर्तक नहीं थे, लेकिन वे इसे राजनीतिक क्षेत्र में व्यापक रूप से लागू करने वाले पहले व्यक्ति थे। 273 अहिंसा (अहिंसा) की अवधारणा का भारतीय धार्मिक विचारों में एक लंबा इतिहास है, जिसमें इसे सर्वोच्च धर्म (नैतिक मूल्य गुण) के रूप में माना जाता है, जिसे सभी जीवित प्राणियों (सर्वभूता) द्वारा हमेशा के लिए पालन करने की सलाह दी जाती है (सर्वदा)। सभी प्रकार से (सर्वार्थ), कर्म, वचन और विचार। 274 गांधी ने अपनी आत्मकथा द स्टोरी ऑफ माय एक्सपेरिमेंट्स विद ट्रूथ में एक

राजनीतिक माध्यम के रूप में अहिंसा के बारे में अपने दर्शन और विचारों की व्याख्या की।

भगत सिंह, सुखदेव, उधम सिंह और राजगुरु की फांसी का विरोध करने से इनकार करने के लिए गांधी की आलोचना की गई थी। उन पर राजा के प्रतिनिधि इरविन के साथ एक समझौते पर सहमत होने का आरोप लगाया गया, जिसने सविनय अवज्ञा के नेताओं को जेल से रिहा कर दिया और अत्यधिक लोकप्रिय क्रांतिकारी भगत सिंह के खिलाफ मौत की सजा दी।विकारली, जिन्होंने अपने परीक्षण में उत्तर दिया कि "क्रांति मानव जाति का अविच्छेद्य अधिकार है"। 133 हालांकि, अहिंसा के समर्थक कांग्रेसियों ने लाहौर में भगत सिंह और अन्य क्रांतिकारी राष्ट्रवादियों के मुकदमे का बचाव किया। 280

गांधी के विचारों की भारी आलोचना हुई जब नाजी जर्मनी द्वारा ब्रिटेन पर हमला किया गया और बाद में जब प्रलय का खुलासा हुआ। उन्होंने 1940 में ब्रिटिश जनता से कहा, "आपको अपने पास मौजूद हथियारों को छोड़ देना चाहिए क्योंकि वे आपको या मानवता को बचाने के लिए बेकार हैं। आप हेर हिटलर और सिग्नोर मुसोलिनी को उन देशों से लेने के लिए आमंत्रित करेंगे, जिन्हें आप अपनी संपत्ति कहते हैं। . . "यदि ये सज्जन आपके घरों पर कब्जा करने का फैसला करते हैं, तो आप इसे खाली कर देंगे। यदि वे आपको मुफ्त मार्ग नहीं देते हैं, तो आप अपने आप को, पुरुष, महिला और बच्चे को मारने की अनुमति देंगे, लेकिन आप वफादार होने से इंकार कर देंगे।" 281 जॉर्ज ऑरवेल ने टिप्पणी की कि गांधी के तरीकों ने "पुराने जमाने के और अस्थिर निरंकुशवाद का सामना किया, जिसने उनके साथ काफी शत्रुता का व्यवहार किया, न कि अधिनायकवाद, "जहां राजनीतिक विरोधी बस गायब हो जाते हैं।"

1946 में युद्ध के बाद के एक साक्षात्कार में, उन्होंने कहा, "हिटलर ने पचास मिलियन यहूदियों को मार डाला। यह हमारे समय का सबसे बड़ा अपराध है। लेकिन यहूदियों को खुद को कसाई के चाकू की पेशकश करनी चाहिए थी। उन्हें खुद को चट्टान से फेंक देना चाहिए था।" समुद्र। ... इसने दुनिया और जर्मनी के लोगों को झकझोर कर रख दिया होगा। सत्यापन असफल

गांधी एक राजनेता के रूप में, व्यवहार में, पूर्ण अहिंसा से कम के मार्ग पर चल पड़े। अहिंसक सत्याग्रह का उनका तरीका जनता को आसानी से आकर्षित कर सकता था और व्यापारिक समूहों, बेहतर और किसानों के हितों और भावनाओं के अनुरूप था, जो एक अनियंत्रित और हिंसक सामाजिक क्रांति नहीं चाहते थे जो उन्हें नुकसान पहुंचा सके। . उनका अहिंसा का सिद्धांत गांधीवादी कांग्रेस द्वारा निभाई गई एकीकृत भूमिका के मूल में था। लेकिन भारत छोड़ो आंदोलन में भी, कई कट्टर गांधीवादियों ने 'हिंसक साधनों' का सहारा लिया।

गांधी का मानना था कि बौद्ध धर्म, जैन धर्म और सिख धर्म हिंदू धर्म की परंपराएं हैं, जो अपने इतिहास, रीति-रिवाजों और विचारों को साझा करते हैं। अन्य अवसरों पर, उन्होंने स्वीकार किया कि वे एडविन अर्नोल्ड की एक पुस्तक को पढ़ने के अलावा बौद्ध धर्म के बारे

में कुछ नहीं जानते थे। उस ग्रंथ के आधार पर उसने बौद्ध धर्म को सुधार आन्दोलन माना और बुद्ध को हिन्दू माना। 287 उन्होंने कहा कि वे जैन धर्म के बारे में अधिक जानते हैं और जैनों को उन्हें गहराई से प्रभावित करने का श्रेय दिया। गांधी के लिए, सिख धर्म एक अन्य सुधार आंदोलन के रूप में हिंदू धर्म का एक अभिन्न अंग था। जबकि सिख और बौद्ध नेता गांधी से असहमत थे, गांधी को एक असंतुष्ट के रूप में सम्मान दिया गया था।

गांधी का आमतौर पर इस्लाम के प्रति सकारात्मक और सहानुभूतिपूर्ण दृष्टिकोण था और उन्होंने बड़े पैमाने पर कुरान का अध्ययन किया। उन्होंने इस्लाम को एक विश्वास के रूप में देखा जो सक्रिय रूप से शांति को बढ़ावा देता था, और महसूस किया कि कुरान में अहिंसा का प्रमुख स्थान था। 289 उन्होंने इस्लामिक पैगंबर मुहम्मद की जीवनी भी पढ़ी और तर्क दिया कि "यह तलवार नहीं थी जिसने इस्लाम को उस समय जीवन की योजना में रखा था। यह सरल सादगी थी, पैगंबर की नितांत स्वार्थीता, कट्टरता। प्रतिज्ञा , अपने दोस्तों और अनुयायियों के प्रति उनकी गहन भक्ति, उनकी निडरता, उनकी निडरता, ईश्वर में उनका पूर्ण विश्वास और उनका अपना मिशन।" 290 गांधी के पास भारतीय मुसलमानों का एक बड़ा अनुयायी था, जिसे उन्होंने अपने साथ शामिल होने के लिए प्रोत्साहित किया। अपने समय के सामाजिक उत्पीड़न के खिलाफ एक आपसी अहिंसक जिहाद। उनके अहिंसक प्रतिरोध आंदोलन में प्रमुख मुस्लिम सहयोगियों में मौलाना अबुल कलाम आज़ाद और अब्दुल गफ्फार खान शामिल थे। हालाँकि, इस्लाम के लिए गांधी की सहानुभूति, और शांतिपूर्ण मुस्लिम सामाजिक कार्यकर्ताओं की प्रशंसा करने की उनकी उत्सुकता, कई हिंदुओं द्वारा मुसलमानों के तुष्टिकरण के रूप में देखी गई और बाद में असहिष्णु हिंदू चरमपंथियों के हाथों उनकी हत्या का एक प्रमुख कारण बन गई।

हालांकि गांधी ने इस्लाम के बारे में ज्यादातर सकारात्मक विचार व्यक्त किए, लेकिन उन्होंने कभी-कभी मुसलमानों की आलोचना की। 289 उन्होंने 1925 में कहा कि उन्होंने कुरान की शिक्षाओं की आलोचना नहीं की, लेकिन उन्होंने कुरान की व्याख्या करने वालों की आलोचना की। गांधी का मानना था कि अनगिनत व्याख्याकारों ने अपनी पूर्वकल्पित धारणाओं के अनुसार इसकी व्याख्या की है। 292 उनका मानना था कि मुसलमानों को कुरान की आलोचना का स्वागत करना चाहिए, क्योंकि "हर सच्चा धर्मग्रंथ आलोचना के माध्यम से ही प्राप्त होता है"। गांधी ने मुसलमानों की आलोचना की, जो "किसी भी गैर-मुस्लिम द्वारा इस्लाम की आलोचना को धोखा देते हैं", जैसे कि इस्लामी कानून के तहत पत्थर मारने की सजा। गांधी के अनुसार, इस्लाम में "डरने की कोई बात नहीं है, भले ही आलोचना अनुचित हो"। उनका यह भी मानना था कि हिंदू धर्म और इस्लाम के बीच एक भौतिक विरोधाभास था, और हिंसा का सहारा लेने के लिए कम्युनिस्टों सहित मुसलमानों की आलोचना की।

भारतीय उपमहाद्वीप में और बाहर ब्रिटिश साम्राज्यवाद का विरोध करने के लिए पूर्व-विभाजन भारत में मुस्लिम नेताओं के साथ काम करने के लिए गांधी द्वारा अपनाई गई

एक रणनीति थी। प्रथम विश्व युद्ध के बाद, 1919-22 में, उन्होंने खिलाफत आंदोलन और मुस्तफा केमल अतात का समर्थन करके इस्लामिक खिलाफत और उनके ऐतिहासिक तुर्क खिलाफत का समर्थन किया।अली ब्रदर्स के मुस्लिम नेतृत्व ने तुर्कों का समर्थन करने वाले धर्मनिरपेक्ष इस्लाम का विरोध करके समर्थन प्राप्त किया। 1924 तक, अतातुर्क ने खिलाफत को समाप्त कर दिया था, खिलाफत आंदोलन समाप्त हो गया था, और गांधी के लिए मुस्लिम समर्थन बहुत कम हो गया था।

1925 में, गांधी ने एक और कारण बताया कि क्यों वह खिलाफत आंदोलन और ब्रिटेन और तुर्क साम्राज्य के बीच मध्य पूर्व के मामलों में उलझ गए। गांधी ने अपने सह-धर्मवादियों (हिंदुओं) को समझाया कि उन्हें इस्लामिक कारण से सहानुभूति है और उन्होंने प्रचार किया, इसलिए नहीं कि उन्हें सुल्तान की परवाह थी, बल्कि इसलिए कि "मैं गौरक्षा के मामले में मुसलमानों की सहानुभूति प्राप्त करना चाहता था"। 297 इतिहासकार एम. नईम कुरैशी के अनुसार, उस समय के अन्य भारतीय मुस्लिम नेताओं की तरह, जिन्होंने धर्म और राजनीति को जोड़ा, गांधी ने भी खिलाफत आंदोलन के दौरान अपने धर्म को अपनी राजनीतिक रणनीति में शामिल किया।

1940 के दशक में, गांधी ने खुद को कुछ मुस्लिम नेताओं के साथ जोड़ लिया, जिन्होंने धार्मिक सुलह का आह्वान किया और भारत और पाकिस्तान में ब्रिटिश भारत के प्रस्तावित विभाजन का विरोध किया। उदाहरण के लिए, उनके करीबी दोस्त बादशाह खान ने सुझाव दिया कि वह मुस्लिम प्रार्थनाओं के लिए हिंदू मंदिरों और हिंदू प्रार्थनाओं के लिए इस्लामी मस्जिदों को खोलकर दो धार्मिक समूहों को करीब लाने की दिशा में काम करते हैं। 299 गांधी ने इसे स्वीकार कर लिया और अपनी भूमिका निभाने के लिए हिंदू मंदिरों में मुस्लिम प्रार्थनाओं को पढ़ना शुरू कर दिया, लेकिन मस्जिदों में हिंदू प्रार्थनाओं को पढ़ने में असमर्थ थे। हिंदू राष्ट्रवादी समूहों ने आपत्ति जताई और गांधी के जीवन के अंतिम वर्षों में हिंदू मंदिरों में जप और विरोध करके इस एकतरफा प्रथा के लिए गांधी का सामना करना शुरू कर दिया।

गांधी जी ने ईसाई धर्म की आलोचना भी की और प्रशंसा भी की। उन्होंने ब्रिटिश भारत में ईसाई मिशनरियों के प्रयासों की आलोचना की, क्योंकि उन्होंने लाभार्थियों को ईसाई धर्म में परिवर्तित करने की मांगों के साथ चिकित्सा या शैक्षिक सहायता का मिश्रण किया। 302 गांधी के अनुसार, यह एक सच्ची "सेवा" नहीं थी बल्कि लोगों को धर्म परिवर्तन के लिए लुभाने और आर्थिक या चिकित्सकीय रूप से निराश लोगों का शोषण करने के गुप्त उद्देश्य वाली सेवा थी। यह आंतरिक परिवर्तन या नैतिक प्रगति या "प्रेम" की ईसाई शिक्षा की ओर नहीं ले गया, बल्कि अन्य धर्मों की झूठी एकतरफा आलोचना पर आधारित था, जब ईसाई समाजों को दक्षिण अफ्रीका और यूरोप में इसी तरह की समस्याओं का सामना करना पड़ा। इसने धर्मांतरित को अपने पड़ोसियों और अन्य धर्मों से घृणा करने के लिए प्रेरित किया और लोगों को करुणा के साथ एक साथ लाने के बजाय विभाजित किया। गांधी के अनुसार, "कोई भी धार्मिक परंपरा सत्य या मोक्ष पर एकाधिकार का दावा नहीं कर सकती है"। 302 303

गांधी ने मिशनरी गतिविधियों को प्रतिबंधित करने वाले कानूनों का समर्थन नहीं किया, लेकिन मांग की कि ईसाई पहले यीशु के संदेश को समझें और फिर अन्य धर्मों को गलत तरीके से पेश किए बिना जीने की कोशिश करें। गांधी के अनुसार, यीशु का संदेश अन्य लोगों को हीन या द्वितीय श्रेणी या दास के रूप में व्यवहार करना और उन पर शाही शासन करना नहीं था, बल्कि "जब भूखों को भोजन मिलता है और हमारे व्यक्तिगत और सामूहिक जीवन में शांति आती है, तो मसीह का जन्म होता है"।

गांधी का मानना था कि ईसाई धर्म के उनके लंबे संपर्क ने उन्हें इसके जैसा बना दिया और अधूरा महसूस किया। उन्होंने ईसाइयों से अपने देश और इसके लोगों को विधर्मी, मूर्तिपूजक और अन्य अपमानजनक भाषा के रूप में बदनाम करना बंद करने और भारत के बारे में अपने नकारात्मक विचारों को बदलने के लिए कहा। उनका मानना था कि ईसाइयों को "धर्म के सही अर्थ" का आत्मनिरीक्षण करना चाहिए और सार्वभौमिक भाईचारे की भावना में भारतीय धर्मों का अध्ययन करने और सीखने की इच्छा रखनी चाहिए। 304 एरिक शार्प - धार्मिक अध्ययन के प्रोफेसर के अनुसार, गांधी का जन्म एक हिंदू परिवार में हुआ था और बाद में वे पूरी तरह से हिंदू बन गए, लेकिन समय के साथ कई ईसाई उन्हें "एक अनुकरणीय ईसाई और यहां तक कि एक संत" के रूप में मानने लगे।

कुछ औपनिवेशिक युग के ईसाई प्रचारक और विश्वासी गांधी को संत मानते थे। 306 307 308 फ्रांस और ब्रिटेन में जीवनीकारों ने गांधी और ईसाई संत के बीच समानताएं खींची हैं। हाल के विद्वानों ने इन रोमांटिक जीवनियों पर सवाल उठाया है और तर्क दिया है कि गांधी न तो एक ईसाई व्यक्ति थे और न ही एक ईसाई संत के प्रतीक थे। 309 गांधी के जीवन को ईसाइयों और हिंदुओं की "विभिन्न आध्यात्मिकताओं के अभिसरण" में उनके विश्वास के उदाहरण के रूप में देखा जाता है, माइकल डे सेंट-चेरोन कहते हैं।

कुमारस्वामी के अनुसार, गांधी ने शुरू में फिलिस्तीन के संबंध में अरब मांगों का समर्थन किया था। उन्होंने जज़ीरत अल-अरब (अरब प्रायद्वीप) में "गैर-मुस्लिम संप्रभु क्षेत्राधिकार हासिल नहीं कर सकते" बताते हुए इस्लाम से अपील करके इस समर्थन का समर्थन किया। 310 यह तर्क, कुमारस्वामी कहते हैं, खिलाफत आंदोलन के दौरान मुस्लिम समर्थन हासिल करने की उनकी राजनीतिक रणनीति का हिस्सा था। खिलाफत के बाद की अवधि में, गांधी ने यहूदी मांगों को खारिज नहीं किया, न ही उन्होंने इजरायल के खिलाफ मुस्लिम दावों का समर्थन करने के लिए इस्लामी ग्रंथों या इतिहास का इस्तेमाल किया। खिलाफत काल के बाद गांधी की चुप्पी कुमारस्वामी के अनुसार, फिलिस्तीन पर परस्पर विरोधी धार्मिक दावों की उनकी समझ में एक विकास को दर्शा सकती है। 310 1938 में, गांधी ने यहूदी दावों के पक्ष में बात की और मार्च 1946 में उन्होंने ब्रिटिश संसद को संबोधित किया।सदस्य सिडनी सिल्वरमैन ने कहा, "यदि अरबों का फिलिस्तीन पर दावा है, तो यहूदियों का पहले का दावा है", उनकी स्थिति बहुत अलग है। उनकी पिछली भूमिका।

गांधी ने अपने सत्याग्रह के माध्यम से जर्मनी में यहूदियों के उत्पीड़न और यूरोप से फिलिस्तीन में यहूदियों के प्रवास पर चर्चा की। 187 312 1937 में गांधी ने अपने करीबी यहूदी मित्र हर्मन कैलेनबैक के साथ यहूदीवाद पर चर्चा की। 313 उन्होंने कहा कि यहूदीवाद यहूदियों के सामने आने वाली समस्याओं का सही उत्तर नहीं था 314 और इसके बजाय सत्याग्रह की सिफारिश की। गांधी ने महसूस किया कि फिलिस्तीन में यहूदी यूरोपीय साम्राज्यवाद का प्रतिनिधित्व करते हैं और अपने लक्ष्यों को प्राप्त करने के लिए हिंसा का इस्तेमाल करते हैं; उन्होंने तर्क दिया कि "यहूदियों को हथियारों की सुरक्षा के तहत अपनी आकांक्षाओं को पूरा करने के किसी भी इरादे को त्याग देना चाहिए और पूरी तरह से अरबों की सद्भावना पर निर्भर रहना चाहिए। यहूदियों की फिलिस्तीन में घर खोजने की स्वाभाविक इच्छा के लिए कोई अपवाद नहीं बनाया जा सकता है। लेकिन वे अरब जनमत बनने तक इसकी पूर्ति का इंतजार करना चाहिए।"

1938 में गांधी ने कहा कि उन्हें "यहूदियों के साथ पूरी सहानुभूति थी। दक्षिण अफ्रीका में मैं उन्हें करीब से जानता था। उनमें से कुछ जीवन भर के साथी बन गए।" दार्शनिक मार्टिन बुबेर गांधी के दृष्टिकोण के अत्यधिक आलोचक थे और उन्होंने 1939 में इस विषय पर उन्हें एक खुला पत्र लिखा था। गांधी ने अपना रुख दोहराया कि "यहूदी अरबों के दिलों को बदलने की कोशिश करते हैं", और 1947 में "अरबों का सामना करने के लिए सत्याग्रह" का इस्तेमाल किया। सिमोन पैन्टर-ब्रिक के अनुसार, यहूदी-अरब संघर्ष पर गांधी का राजनीतिक रुख 1917-1947 की अवधि में विकसित हुआ, अरब की स्थिति से पहले और 1940 के दशक में यहूदी स्थिति के लिए उनका समर्थन।

गांधी को उनकी धर्मपरायण मां ने शाकाहारी के रूप में पाला था। 317 318 शाकाहार का विचार भारत में हिंदू वैष्णव और जैन परंपराओं में गहराई से निहित है, जैसे कि इसके मूल गुजरात में, जहां मांस को पशु हिंसा के माध्यम से प्राप्त भोजन माना जाता है। शाकाहार के लिए गांधी के तर्क मुख्य रूप से हिंदू और जैन ग्रंथों में पाए जाते हैं। गांधी का मानना था कि किसी भी प्रकार का भोजन अनिवार्य रूप से किसी प्रकार के जीवित प्राणी को नुकसान पहुंचाता है, लेकिन किसी को जो भी खाता है उसमें हिंसा को समझने और कम करने की कोशिश करनी चाहिए क्योंकि "सभी जीवन में एकता की आवश्यकता होती है"।

गांधी का मानना था कि जीवन के कुछ रूप कष्ट सहने में अधिक सक्षम हैं और उनके लिए अहिंसा का अर्थ जीवन के सभी रूपों को नुकसान, चोट या पीड़ा पहुंचाने के इरादे और सक्रिय प्रयास की अनुपस्थिति है। गांधी ने खाद्य स्रोतों का आविष्कार किया जिसने खाद्य श्रृंखला में विभिन्न जीवन रूपों के बीच हिंसा को कम किया। उनका मानना था कि जानवरों को मारना अनावश्यक था, क्योंकि भोजन के अन्य स्रोत उपलब्ध थे। उन्होंने अपने जीवनकाल में शाकाहारी प्रचारकों से भी परामर्श किया, जैसे हेनरी स्टीफेंस साल्ट। गांधी के लिए, भोजन न केवल शरीर को बनाए रखने का एक साधन था, बल्कि अन्य जीवित प्राणियों पर इसके प्रभाव का एक स्रोत था और उनके मन, चरित्र और आध्यात्मिक स्वास्थ्य को

प्रभावित करता था। उन्होंने न केवल मांस बल्कि अंडे और दूध से भी परहेज किया। गांधी ने द मोरल बेसिस ऑफ वेजिटेरियनिज्म नामक पुस्तक लिखी और इसे लंदन वेजीटेरियन सोसाइटी के प्रकाशन के लिए लिखा।

अपने धार्मिक विश्वासों से परे, गांधी ने अपने आहार संबंधी प्रयोगों के लिए एक और प्रेरणा का हवाला दिया। सब्जियों और फलों का सावधानीपूर्वक ध्यान रखते हुए, और गुजरात में अपने आश्रम के बारे में ध्यान रखते हुए, उन्होंने एक अहिंसक शाकाहारी भोजन खोजने की कोशिश की, जिसे सबसे गरीब आदमी वहन कर सके। अपने डॉक्टर की सलाह और अपने दोस्तों की चिंता पर उन्होंने अपने पूर्व शाकाहारी भोजन को फिर से शुरू करने से पहले ताजे और सूखे मेवे (फ्रूटेरिज्म) आजमाए, फिर केवल धूप में सुखाए गए फल। भोजन के साथ उनका प्रयोग 1890 के दशक में शुरू हुआ और कई दशकों तक जारी रहा। इनमें से कुछ प्रयोगों के लिए, गांधी ने भारतीय योग ग्रंथों में पाए जाने वाले आहार पर अपने विचारों को जोड़ा। उनका मानना था कि प्रत्येक शाकाहारी को अपने आहार के साथ प्रयोग करना चाहिए क्योंकि, अपने आश्रम के अध्ययन में, उन्होंने देखा कि "एक व्यक्ति का भोजन दूसरे के लिए जहर हो सकता है"।

गांधी ने आम तौर पर पशु अधिकारों का समर्थन किया। शाकाहारी पसंद करने के अलावा, उन्होंने विज्ञान और चिकित्सा अध्ययन के नाम पर विच्छेदन अध्ययन और जीवित जानवरों पर प्रयोग (विविसेक्शन) के खिलाफ सक्रिय रूप से अभियान चलाया। उन्होंने इसे जानवरों के खिलाफ हिंसा माना, जिससे दर्द और पीड़ा होती है। उन्होंने लिखा, "मेरी राय में, विविसेक्शन उन सभी काले अपराधों में सबसे काला है जो मनुष्य वर्तमान में भगवान और उनकी धर्मी रचना के खिलाफ कर रहा है।"

गांधी ने एक राजनीतिक उपकरण के रूप में भूख हड़ताल का इस्तेमाल किया, मांग पूरी न होने पर अक्सर आत्महत्या की धमकी दी। कांग्रेस ने उपवास को एक राजनीतिक कृत्य के रूप में प्रचारित किया जिसने व्यापक सहानुभूति पैदा की। जवाब में, सरकार ने राज को उनकी चुनौती को कम करने के लिए समाचार कवरेज में हेरफेर करने की कोशिश की। दलितों के लिए स्वतंत्र राजनीतिक प्रतिनिधित्व के लिए मतदान योजना का विरोध करने के लिए उन्होंने 1932 में उपवास किया; गांधी इसे अलग नहीं करना चाहते थे। ब्रिटिश सरकार ने लंदन के प्रेस को उनके क्षत-विक्षत शरीर की तस्वीरें दिखाने से रोक दिया क्योंकि यह सहानुभूति जगाएगा। औरगांधी जी 1943 में भारत छोड़ो आंदोलन के लिए अपने दो साल के कारावास के दौरान भूख हड़ताल पर चले गए। सरकार ने अपने कार्यों की व्याख्या करने के लिए पोषण विशेषज्ञों को बुलाया और फिर से फ़ोटो की अनुमति नहीं दी। हालाँकि, भारत में ब्रिटिश शासन की समाप्ति के बाद 1948 में उनकी अंतिम भूख हड़ताल, ब्रिटिश प्रेस ने उनकी भूख हड़ताल की प्रशंसा की और इस बार पूरी लंबाई की तस्वीरें शामिल कीं।

ऑल्टर का कहना है कि गांधी के उपवास, शाकाहार और आहार राजनीतिक लाभ से अधिक थे, वे आत्म-संयम और स्वस्थ जीवन में उनके प्रयोगों का हिस्सा थे। वह "पारंपरिक

आयुर्वेद के गहरे संदेह" थे, वैज्ञानिक पद्धति के अध्ययन और इसकी प्रगतिशील शिक्षण पद्धति को अपनाने के लिए प्रोत्साहित करते थे। गांधी का मानना था कि योग से स्वास्थ्य लाभ होता है। उनका मानना था कि अच्छे स्वास्थ्य के लिए क्षेत्रीय खाद्य पदार्थों और स्वच्छता पर आधारित एक स्वस्थ पौष्टिक आहार आवश्यक है। हाल ही में आईसीएमआर ने 'गांधी एंड हेल्थ@150' किताब में गांधी के स्वास्थ्य रिकॉर्ड को सार्वजनिक किया है। ये रिकॉर्ड बताते हैं कि गांधी 46.7 किलो वजन कम करने के बावजूद आम तौर पर स्वस्थ थे। उन्होंने आधुनिक चिकित्सा से परहेज किया और पानी और मिट्टी के उपचार के साथ बड़े पैमाने पर प्रयोग किए। उनका कार्डियो रिकॉर्ड उनके दिल को सामान्य दिखाता है, लेकिन वे मलेरिया जैसी बीमारियों से पीड़ित थे और बवासीर और एपेंडिसाइटिस के लिए दो बार सर्जरी की गई थी। अपनी स्वास्थ्य संबंधी चुनौतियों के बावजूद, गांधी अपने जीवनकाल में लगभग 79000 किमी चलने में सक्षम थे, जो औसतन 18 किमी प्रति दिन आता है और पृथ्वी के दो बार चक्कर लगाने के बराबर है।

गांधी ने महिलाओं की मुक्ति की पुरजोर वकालत की और "महिलाओं से अपने स्वयं के विकास के लिए लड़ने का आग्रह किया।" उन्होंने पर्दा, बाल विवाह, दहेज और सती प्रथा का विरोध किया। लिन नॉरवेल के अनुसार गांधी ने कहा था कि पत्नी पति की गुलाम नहीं है, बल्कि उसकी साथी, अर्धांगिनी, साथी और मित्र है। हालाँकि, अपने स्वयं के जीवन में, सुरुचि थापर-बजोर्कर्ट के अनुसार, गांधी का अपनी पत्नी के साथ संबंध इनमें से कुछ मूल्यों के साथ असंगत था।

विभिन्न अवसरों पर, गांधी ने सत्याग्रह के पहले सबक का श्रेय अपनी सनातनी हिंदू माँ और अपनी पत्नी को दिया। उन्होंने महिलाओं की जन्मजात शक्ति, स्वायत्तता और "आत्मा की शेरनी" को चित्रित करने के लिए हिंदू देवी सीता की किंवदंतियों का इस्तेमाल किया, जिसका नैतिक कम्पास किसी भी राक्षस को "बकरी के रूप में असहाय" बना सकता है। 335 गांधी के लिए, भारत में महिलाएं "स्वदेशी आंदोलन" (भारतीय खरीदें) का एक महत्वपूर्ण हिस्सा थीं और इसका उद्देश्य भारतीय अर्थव्यवस्था को उपनिवेश बनाना था।

एंजेला वूलाकॉट और कुमारी जयवर्धने जैसे कुछ इतिहासकारों ने तर्क दिया है कि हालांकि गांधी अक्सर और सार्वजनिक रूप से लैंगिक समानता में अपना विश्वास व्यक्त करते थे, उनकी दृष्टि लैंगिक अंतर और पूरकता में से एक थी। गांधी के अनुसार महिलाओं को घरेलू क्षेत्र में अच्छी तरह से रहने और अगली पीढ़ी को शिक्षित करने के लिए शिक्षित किया जाना चाहिए। जयवर्धन कहते हैं, महिलाओं के अधिकारों पर उनके विचार कम उदार और महिलाओं की प्यूरिटन-विक्टोरियन अपेक्षाओं के अधिक समान थे, अन्य हिंदू नेताओं की तुलना में जिन्होंने आर्थिक स्वतंत्रता और सभी पहलुओं में समान लैंगिक अधिकारों का समर्थन किया था।

कई अन्य ग्रंथों के साथ, गांधी ने दक्षिण अफ्रीका में भगवद गीता का अध्ययन किया। इन हिंदू शास्त्रों में ज्ञान योग, भक्ति योग और कर्म योग के साथ-साथ अहिंसा, संयम,

अखंडता, पाखंड की कमी, आत्म-संयम और संयम जैसे गुणों की चर्चा है। गांधी ने इसका प्रयोग करना शुरू किया और 1906 में 37 साल की उम्र में, विवाहित और एक पिता होने के बावजूद, उन्होंने सेक्स से दूर रहने की कसम खाई।

बलिदान में गांधी का प्रयोग सेक्स से आगे बढ़कर भोजन तक बढ़ा। उन्होंने जैन विद्वान राजचंद्र से सलाह ली, जिन्हें वे प्यार से रायचंदभाई कहते थे। 340 राजचन्द्र उसे सलाह देते हैं कि दूध कामवासना को उतेजित करता है। गांधी ने 1912 में गाय के दूध से परहेज करना शुरू किया और ऐसा तब भी किया जब डॉक्टरों ने उन्हें दूध पीने की सलाह दी। 238 341 शंकर घोष के अनुसार, टैगोर ने गांधी को एक ऐसे व्यक्ति के रूप में वर्णित किया जो सेक्स या महिलाओं से नफरत नहीं करता था, लेकिन यौन जीवन को अपने नैतिक लक्ष्यों के साथ असंगत मानता था।

गांधी ने अपने स्वयं के ब्रह्मचर्य को परखने और सिद्ध करने का प्रयास किया। फरवरी 1944 में उनकी पत्नी की मृत्यु के तुरंत बाद प्रयोग शुरू हुए। प्रयोग की शुरुआत में, उन्होंने महिलाओं को एक ही कमरे में लेकिन अलग-अलग बिस्तरों पर सुला दिया। बाद में वह महिलाओं के साथ एक ही बिस्तर पर सोया लेकिन कपड़े पहने और अंत में वह महिलाओं के साथ नग्न होकर सोया। अप्रैल 1945 में, गांधी ने प्रयोगों के हिस्से के रूप में बिड़ला को लिखे एक पत्र में कई "महिलाओं या लड़कियों" के साथ नग्न होने का उल्लेख किया। 343 उनके पोते मनु की 1960 के दशक की यादों के अनुसार, गांधी को 1947 की शुरुआत में डर था कि अगस्त 1947 में भारत की आजादी के दौरान मुसलमानों द्वारा उनकी और उनकी हत्या की जा सकती है, और उनसे पूछा, जब वह 18 साल की थीं, अगर वह मदद करना चाहती थीं। उनके प्रयोगों ने उनकी "पवित्रता" का परीक्षण किया, जिसे उन्होंने सहजता से स्वीकार कर लिया। 344 गांधी मनु के साथ एक ही बिस्तर पर नग्न अवस्था में सोए, रात भर बेडरूम का दरवाजा खुला छोड़ कर। मनु ने कहा कि प्रयोग का उन पर कोई "बुरा प्रभाव" नहीं पड़ा। गांधी ने अपने पोते कानू से शादी कीउन्होंने अपनी पत्नी 18 वर्षीय आभा के साथ भी अपना बिस्तर साझा किया। गांधी मनु और आभा दोनों के साथ एक ही समय सोते थे। 344 345 गांधी के ब्रह्मचर्य प्रयोग में भाग लेने वाली महिलाओं में से किसी ने भी यह संकेत नहीं दिया कि उन्होंने सेक्स किया था या गांधी ने किसी तरह का यौन व्यवहार किया था। सार्वजनिक रूप से जाने वाले लोगों ने कहा कि उन्हें ऐसा लग रहा था कि वे अपनी बुजुर्ग मां के साथ सो रहे हैं।

सीन शाल्मर के अनुसार, गांधी अपने जीवन के अंतिम वर्षों में एक सन्यासी थे, और उनकी बीमार कंकाल की आकृति पश्चिमी मीडिया में कैरिकेचर की गई थी। 347 फरवरी 1947 में, उन्होंने बिड़ला और रामकृष्ण जैसे अपने विश्वासपात्रों से पूछा कि क्या उनके ब्रह्मचर्य के व्रत के साथ प्रयोग करना गलत है। 342 गांधी के सार्वजनिक प्रयोग, जैसे-जैसे आगे बढ़े, उनके परिवार के सदस्यों और प्रमुख राजनेताओं द्वारा व्यापक रूप से चर्चा और आलोचना की गई। हालाँकि, गांधी ने कहा कि यह कमजोरी का संकेत है अगर उन्होंने

मनु को अपने साथ सोने नहीं दिया। उनके कुछ कर्मचारियों ने इस्तीफा दे दिया, जिसमें उनके अखबार के दो संपादक भी शामिल थे जिन्होंने अपने प्रयोगों से संबंधित गांधी के कुछ उपदेशों को छापने से इनकार कर दिया था। 344 उदाहरण के लिए, गांधी के बंगाली दुभाषिया निर्मल कुमार बोस ने गांधी की आलोचना की, इसलिए नहीं कि गांधी ने कुछ गलत किया था, बल्कि इसलिए कि बोस उन महिलाओं पर मनोवैज्ञानिक प्रभाव के बारे में चिंतित थे जिन्होंने उनके प्रयोगों में भाग लिया था। 345 वीना हावर्ड बताती हैं कि ब्रह्मचर्य और धार्मिक त्याग प्रयोगों के बारे में गांधी के विचार उनके समय में महिलाओं की समस्याओं से निपटने का एक तरीका था।

गांधी ने अपने जीवन के शुरूआती दौर में ही अस्पृश्यता के खिलाफ आवाज उठाई थी। 349 1932 से पहले, उन्होंने और उनके सहयोगियों ने अछूतों के लिए अंत्यज शब्द का इस्तेमाल किया। 1920 में नागपुर में अस्पृश्यता पर एक प्रमुख भाषण में, गांधी ने इसे हिंदू समाज में एक बड़ी बुराई कहा, लेकिन गहरी जड़ों वाले हिंदू धर्म के लिए अद्वितीय नहीं था, और कहा कि दक्षिण अफ्रीका में यूरोपीय "हम सभी, हिंदुओं और मुसलमानों को अछूत मानते हैं; हम उनके बीच नहीं रह सकते हैं, न ही उन अधिकारों का आनंद उठा सकते हैं जिनका वे प्रयोग करते हैं।" 350 अस्पृश्यता के सिद्धांत को असहनीय घोषित करते हुए, उन्होंने जोर देकर कहा कि इस प्रथा को समाप्त किया जा सकता है, कि हिंदू धर्म उन्मूलन के लिए पर्याप्त रूप से लचीला है और गलत काम करने वालों को समझाने और उन्हें मिटाने के लिए आग्रह करने के लिए एक ठोस प्रयास की आवश्यकता है।

क्रिस्टोफ जैफ्रेलॉट के अनुसार, गांधी अस्पृश्यता को गलत और बुराई मानते थे, जबकि उनका मानना था कि जाति या वर्ग असमानता या हीनता पर आधारित नहीं है। 349 गांधी का मानना था कि व्यक्तियों को अपनी इच्छानुसार स्वतंत्र रूप से अंतर्विवाह करना चाहिए, लेकिन किसी को भी हर किसी से अपने मित्र होने की उम्मीद नहीं करनी चाहिए: पृष्ठभूमि की परवाह किए बिना, प्रत्येक व्यक्ति को यह चुनने का अधिकार है कि वह अपने घर में किसका स्वागत करे, किससे मित्रता करे, और किससे मित्रता करे ... उसके साथ समय बिताएंगे।

1932 में, गांधी ने अछूतों के जीवन को बेहतर बनाने के लिए एक नया अभियान शुरू किया, जिसे वे हरिजन, "ईश्वर के बच्चे" कहते थे। 351 8 मई 1933 को, गांधी ने आत्म-शुद्धि के लिए 21 दिन का उपवास और हरिजन आंदोलन की सहायता के लिए एक साल का अभियान शुरू किया। 352 यह अभियान दलित समुदाय द्वारा सार्वभौमिक रूप से स्वीकार नहीं किया गया था: अम्बेडकर और उनके सहयोगियों को लगा कि गांधी पितृसत्तात्मक हैं और दलितों के राजनीतिक अधिकारों का उल्लंघन कर रहे हैं। अम्बेडकर ने उन्हें "भ्रष्ट और अविश्वसनीय" बताया। 353 उन्होंने गांधी पर आरोप लगाया कि वे जाति व्यवस्था को बनाए रखना चाहते हैं। 155 अम्बेडकर और गांधी ने अपने विचारों और चिंताओं पर चर्चा की, प्रत्येक ने दूसरे को मनाने की कोशिश की। 354 355 यह हरिजन दौरे के दौरान

था कि उसे हत्या के अपने पहले प्रयास का सामना करना पड़ा। जबकि पूना में, एक अज्ञात हमलावर (प्रेस में केवल सनातनी 356 के रूप में वर्णित) ने उनके कार्यकर्ताओं की कार पर बम फेंका, लेकिन गांधी और उनका परिवार बच गए क्योंकि वे अगली कार में थे। गांधी ने बाद में घोषणा की कि "कोई भी समझदार सनातन कभी विश्वास नहीं कर सकता था कि वह इस तरह के पागल कृत्य को प्रोत्साहित करेगा ... दुखद घटना ने निस्संदेह हरिजन आंदोलन को आगे बढ़ाया। यह देखना आसान है कि यह उन लोगों की शहादत से समृद्ध हुआ जो इसके लिए खड़े थे। "

हत्या के प्रयास का कवरेज, द बॉम्बे क्रॉनिकल, 27 जून 1934

1935 में, अम्बेडकर ने हिंदू धर्म छोड़कर बौद्ध धर्म में शामिल होने के अपने इरादे की घोषणा की। 155 शंकर घोष के अनुसार, इस घोषणा ने गांधी को झकझोर कर रख दिया, जिन्होंने अपने विचारों का पुनर्मूल्यांकन किया और जाति, अंतर्विवाह और इस विषय पर हिंदू धर्म क्या कहता है, इस पर अपने विचारों से युक्त कई निबंध लिखे। ये विचार अम्बेडकर के विचारों से भिन्न थे। 358 फिर भी 1937 के चुनावों में, बंबई की कुछ सीटों को छोड़कर, जिसे अम्बेडकर की पार्टी ने जीता था, भारत में अछूतों ने गांधी के अभियान और उनकी पार्टी, कांग्रेस के पक्ष में भारी मतदान किया।

गांधी और उनके सहयोगी अंबेडकर को प्रभावशाली बनाए रखते हुए उनसे सलाह लेते रहे। अम्बेडकर ने 1940 के दशक में अन्य कांग्रेस नेताओं के साथ काम किया और 1940 के दशक के अंत में भारत के अधिकांश संविधान को लिखा, लेकिन 1956 में बौद्ध धर्म में परिवर्तित हो गए। 155 जैफ्रेलॉट के अनुसार 1920 से 19 तक गांधी के विचार40 के दशक के दौरान विकसित; 1946 तक उन्होंने अंतर्जातीय विवाह को सक्रिय रूप से प्रोत्साहित किया। अस्पृश्यता के प्रति उनका दृष्टिकोण भी अम्बेडकर से भिन्न था, जो संलयन, पसंद और मुक्त अंतःक्रिया का समर्थन कर रहा था, जबकि अम्बेडकर ने समाज के प्रत्येक वर्ग की समूह पहचान को बनाए रखने और प्रत्येक समूह को स्वतंत्र रूप से "समानता की राजनीति" करने की कल्पना की थी।

गांधी की मृत्यु के बाद, अम्बेडकर की गांधी की आलोचना ने दलित आंदोलन को प्रभावित करना जारी रखा। आर्थर हरमन के अनुसार, गांधी और गांधीवादी विचारों के प्रति अम्बेडकर की नफरत इतनी तीव्र थी कि जब उन्हें गांधी की हत्या के बारे में पता चला, तो उन्होंने एक पल की चुप्पी के बाद पश्चाताप व्यक्त किया और फिर कहा, "मेरा असली दुश्मन चला गया; भगवान का शुक्र है कि अब ग्रहण लग गया है।" 270 360 रामचंद्र गुहा के अनुसार, "अंबेडकर के नाम पर बोलने वाले राजनेताओं के बीच गांधी के राक्षसीकरण के साथ, बुद्धिजीवियों ने इस पुरानी प्रतिद्वंद्विता को वर्तमान में लाया है।"

नई तालीम, बेसिक शिक्षा

मुख्य लेख: नया प्रशिक्षण

गांधी ने शिक्षा प्रणाली के औपनिवेशिक पश्चिमी स्वरूप को खारिज कर दिया। उन्होंने कहा कि इससे शारीरिक श्रम के प्रति घृणा पैदा हुई, जो आम तौर पर एक विशिष्ट प्रशासनिक नौकरशाही की ओर ले जाती है। गांधी ने एक ऐसी शिक्षा प्रणाली का समर्थन किया जिसमें व्यावहारिक और उपयोगी कार्यों में सीखने के कौशल पर जोर दिया गया, जिसमें शारीरिक, मानसिक और आध्यात्मिक अध्ययन शामिल थे। उनका दृष्टिकोण सभी व्यवसायों के साथ समान व्यवहार करने और सभी को समान वेतन देने की मांग करता था। 362 363 इस वजह से वे अहमदाबाद, गुजरात विद्यापीठ में एक विश्वविद्यालय बनाते हैं।

गांधी ने अपने विचारों को नई तालीम (शाब्दिक रूप से, 'नई शिक्षा') कहा। उनका मानना था कि पश्चिमी शैली की शिक्षा ने स्वदेशी संस्कृतियों का उल्लंघन किया और नष्ट कर दिया। उनका मानना था कि एक अलग बुनियादी शिक्षा मॉडल बेहतर आत्म-जागरूकता की ओर ले जाएगा, लोगों को सभी कार्यों को समान सम्मान और मूल्य के साथ करने के लिए तैयार करेगा, और कम सामाजिक बुराइयों वाले समाज की ओर ले जाएगा। 364 365

नई तालीम दक्षिण अफ्रीका में टॉल्स्टॉय फार्म में अपने अनुभव से विकसित हुई, और गांधी ने 1937 के बाद सेवाग्राम आश्रम में एक नई प्रणाली बनाने की कोशिश की। 363 1947 के बाद, गाँधी के ग्रामोन्मुखी दृष्टिकोण का नेहरू सरकार के औद्योगीकृत, केन्द्रीकृत नियोजित अर्थव्यवस्था के दृष्टिकोण में बहुत कम स्थान था। 366

गांधी ने अपनी आत्मकथा में लिखा है कि उनका मानना था कि प्रत्येक हिंदू बच्चे को संस्कृत सीखनी चाहिए क्योंकि उनके ऐतिहासिक और आध्यात्मिक ग्रंथ उसी भाषा में थे। 46

स्वराज्य, स्वराज्य

मुख्य लेख: स्वराज

गांधी का मानना था कि न केवल अहिंसा से बल्कि अहिंसा से भी स्वशासन प्राप्त किया जा सकता है। एक सेना अनावश्यक है, क्योंकि किसी भी आक्रमणकारी को अहिंसक असहयोग विधियों का उपयोग करके बाहर निकाला जा सकता है। जबकि स्वराज के सिद्धांत के तहत संगठित राष्ट्र में सेना की कोई आवश्यकता नहीं थी, गांधी ने आगे तर्क दिया कि मानव प्रकृति को एक पुलिस बल की आवश्यकता है। हालांकि, राज्य उन्हें एक निवारक बल के रूप में उपयोग करने के उद्देश्य से पुलिस द्वारा हथियारों के उपयोग को न्यूनतम तक सीमित करेगा।

गांधी के अनुसार, एक अहिंसक राज्य "आदेशित अराजकता" जैसा है। 367 ज्यादातर अहिंसक व्यक्तियों के समाज में, जो हिंसक हैं वे देर-सबेर अनुशासन स्वीकार करेंगे या समुदाय छोड़ देंगे, गांधी ने कहा। 367 उन्होंने एक ऐसे समाज पर जोर दिया जहां व्यक्ति अपने कर्तव्यों और जिम्मेदारियों के बारे में सीखने में अधिक विश्वास करते हैं, अधिकारों और विशेषाधिकारों की मांग नहीं करते। दक्षिण अफ्रीका से लौटने पर, जब गांधी को मानवाधिकारों के लिए एक सार्वभौमिक चार्टर लिखने में भाग लेने के लिए एक पत्र मिला,

तो उन्होंने उत्तर दिया, "मेरे अनुभव में, मानव कर्तव्यों के लिए एक चार्टर होना अधिक महत्वपूर्ण है।"

स्वराज के लिए गांधी भारतीय हाथों को क्रोनिज्म, पक्षपातपूर्ण, नौकरशाही, वर्ग-शोषण संरचना और औपनिवेशिक युग की ब्रिटिश सत्ता की मानसिकता को सौंपने के बारे में नहीं थे। उन्होंने चेतावनी दी कि प्रतिस्थापन अंग्रेजों के बिना अंग्रेजी शासन होगा। "यह वह स्वराज नहीं है जो मैं चाहता हूं", गांधी ने कहा। 369 370 तिवारी कहते हैं कि गांधी ने लोकतंत्र को शासन की एक प्रणाली से अधिक के रूप में देखा; इसका अर्थ था वैयक्तिकता और सामुदायिक आत्म-अनुशासन दोनों को प्रोत्साहित करना। लोकतंत्र का अर्थ है अहिंसक तरीकों से विवादों को सुलझाना; इसके लिए विचार और अभिव्यक्ति की स्वतंत्रता की आवश्यकता है। गांधी के लिए, लोकतंत्र जीवन का एक तरीका था।

हिंदू राष्ट्रवाद और पुनरुत्थानवाद

कुछ विद्वानों का तर्क है कि गांधी ने धार्मिक रूप से विविध भारत की वकालत की, जबकि अन्य तर्क देते हैं कि मुस्लिम नेता जिन्होंने विभाजन का समर्थन किया और एक स्वतंत्र मुस्लिम पाकिस्तान का निर्माण किया, वे गांधी को एक हिंदू राष्ट्रवादी या पुनरुत्थानवादी मानते थे। उदाहरण के लिए, मोहम्मद इकबाल को लिखे अपने पत्रों में, जिन्ना ने गांधी पर हिंदू शासन और पुनरुत्थानवाद का पक्ष लेने का आरोप लगाया और कहा कि गांधी के अधीन भारतीय राष्ट्रीय कांग्रेस एक फासीवादी पार्टी थी।

सीएफ एंड्रयूज के साथ एक साक्षात्कार में, गांधी ने कहा कि अगर हम मानते हैं कि सभी धर्म सभी मनुष्यों के बीच प्रेम और शांति का एक ही संदेश साझा करते हैं, तो लोगों को एक धर्म से दूसरे धर्म में परिवर्तित करने या परिवर्तित करने के लिए कोई तर्क या आवश्यकता नहीं है। 376 गांधी ने उन मिशनरी संगठनों का विरोध किया जिन्होंने भारतीय धर्मों की आलोचना की और बाद में भारतीय धर्मों के अनुयायियों को इस्लाम या ईसाई धर्म में परिवर्तित करने का प्रयास किया। गांधी के अनुसार, जो लोग हिंदुओं को धर्मांतरित करने की कोशिश करते हैं, उन्हें अपने दिल में यह विश्वास रखना चाहिए कि "हिंदू धर्म एक गलती है" और यह कि उनका अपना धर्म "एकमात्र सच्चा धर्म" है। 376 377 गांधी का मानना था कि जो लोग धार्मिक सम्मान और अधिकारों की मांग करते हैं उन्हें समान सम्मान दिखाना चाहिए और अन्य धर्मों के अनुयायियों को समान अधिकार देना चाहिए। उन्होंने कहा कि आध्यात्मिक अध्ययन को "हिंदू को एक बेहतर हिंदू, मुस्लिम को एक बेहतर मुस्लिम और ईसाई को एक बेहतर ईसाई बनने के लिए प्रोत्साहित करना चाहिए।"

गांधी के अनुसार, धर्म इस बारे में नहीं है कि कोई व्यक्ति क्या मानता है, बल्कि यह है कि एक व्यक्ति कैसे रहता है, वह अन्य लोगों से कैसे संबंधित है, दूसरों के प्रति उसका व्यवहार और उसकी ईश्वर की अवधारणा क्या है। 378 गांधी का मानना था कि किसी भी धर्म में परिवर्तन करना या जुड़ना महत्वपूर्ण नहीं है, बल्कि किसी भी स्रोत और किसी भी धर्म से विचारों को आत्मसात करके अपनी जीवन शैली और आचरण में सुधार करना महत्वपूर्ण

है। 378

गांधीवादी अर्थशास्त्र

मुख्य लेख: गांधीवादी अर्थशास्त्र

गांधी सर्वोदय आर्थिक मॉडल में विश्वास करते थे, जिसका शाब्दिक अर्थ है "कल्याण, सभी का उत्थान"। 379 भट्ट कहते हैं, यह समाजवाद के मॉडल से बहुत अलग आर्थिक मॉडल था, जिसे स्वतंत्र भारत के पहले प्रधान मंत्री नेहरू ने अपनाया था। भट्ट के अनुसार, दोनों के लिए, लक्ष्य गरीबी और बेरोजगारी को खत्म करना था, लेकिन गांधीवादी आर्थिक और विकास दृष्टिकोण ने नेहरू के बड़े पैमाने के, सामाजिक राज्य के स्वामित्व वाले उद्यमों के विपरीत स्थानीय रूप से अनुकूलित प्रौद्योगिकी और बुनियादी ढांचे को प्राथमिकता दी।

गांधी के विचार में, "सबसे बड़ी संख्या के लिए सबसे बड़ा अच्छा" का लक्ष्य रखने वाला आर्थिक दर्शन मौलिक रूप से त्रुटिपूर्ण था, और उनके वैकल्पिक प्रस्ताव, सर्वोदय, का उद्देश्य "सभी के लिए सबसे बड़ा अच्छा" था। उनका मानना था कि सबसे अच्छी आर्थिक प्रणाली न केवल "गरीब, कम कुशल, गरीब पृष्ठभूमि" के उत्थान का ख्याल रखती है बल्कि "अमीर, अत्यधिक कुशल, पूंजी और जमींदारों" को भी सशक्त बनाती है। गांधी का मानना था कि गरीब या अमीर पैदा हुए किसी भी इंसान के खिलाफ हिंसा गलत है। 379 381 उन्होंने कहा कि बहुसंख्यक लोकतंत्र के कमांड सिद्धांत को बेतुकी चरम सीमा तक नहीं धकेला जाना चाहिए, व्यक्तिगत स्वतंत्रता से कभी इनकार नहीं किया जाना चाहिए और किसी भी व्यक्ति को "बहुमत के निर्णय" का सामाजिक या आर्थिक गुलाम नहीं बनाया जाना चाहिए।

1930 के दशक के अंत में गांधी ने नेहरू और आधुनिकतावादियों को चुनौती दी जिन्होंने सोवियत मॉडल पर तेजी से औद्योगीकरण का आह्वान किया; गांधी ने इसे अमानवीय और उन गांवों की जरूरतों के खिलाफ बताया जहां अधिकांश लोग रहते थे। 383 गांधी की हत्या के बाद, नेहरू ने अपनी व्यक्तिगत समाजवादी मान्यताओं के अनुसार भारत का नेतृत्व किया। 384 385 इतिहासकार कुरुविला पंडिकट्टू कहते हैं, "यह नेहरू की दृष्टि थी, गांधी की नहीं, जो अंततः भारतीय राज्य द्वारा समर्थित थी।"

गांधी ने बेहतर कृषि और छोटे पैमाने के ग्रामीण उद्योगों के माध्यम से गरीबी उन्मूलन का आह्वान किया। 387 राजनीतिक सिद्धांतकार और अर्थशास्त्री भीखू पारेख के अनुसार, गांधी की आर्थिक सोच मार्क्स की सोच से असहमत थी। गांधी ने इस दृष्टिकोण का समर्थन करने से इनकार कर दिया कि आर्थिक ताकतों को "वर्ग हितों के विरोध" के रूप में समझा जाता है। 388 उन्होंने तर्क दिया कि कोई भी व्यक्ति खुद को नीचा और क्रूरता किए बिना दूसरे को नीचा या क्रूर नहीं बना सकता है, और यह कि स्थायी आर्थिक विकास सेवा से आया है, शोषण से नहीं। इसके अलावा, गांधी का मानना था कि एक स्वतंत्र राष्ट्र में, पीड़ित तभी मौजूद होता है जब वे अपने उत्पीड़क के साथ सहयोग करते हैं, और यह कि एक आर्थिक और राजनीतिक प्रणाली जो बढ़ते विकल्पों की पेशकश करती है, सबसे गरीब आदमी को चुनने का अधिकार देती है।

समाजवादी आर्थिक मॉडल के बारे में नेहरू से असहमत होते हुए, गांधी ने पूंजीवाद की भी आलोचना की, जो अंतहीन जरूरतों और मनुष्य के भौतिकवादी दृष्टिकोण से प्रेरित था। उनका मानना था कि भौतिकवाद ने आध्यात्मिकता और सामाजिक संबंधों जैसी अन्य मानवीय आवश्यकताओं की कीमत पर एक बुराई अंतर्निहित व्यवस्था बनाई है। 388 गांधी के अनुसार, पारेख कहते हैं, साम्यवाद और पूंजीवाद दोनों ही गलत थे, क्योंकि दोनों ने केवल मनुष्य के भौतिकवादी दृष्टिकोण पर ध्यान केंद्रित किया था, और क्योंकि पूर्व ने हिंसा की अपनी असीमित शक्ति के साथ राज्य को देवता बना दिया था, जबकि बाद वाले ने पूंजी को देवता बना दिया था। उनका मानना था कि एक अच्छी आर्थिक प्रणाली वह है जो किसी की संस्कृति और आध्यात्मिक उपकरणों को खराब नहीं करती है। 389

गांधीवाद

मुख्य लेख: गांधीवाद

गांधीवाद गांधी द्वारा प्रचारित विचारों और सिद्धांतों को निर्दिष्ट करता है; केंद्रीय महत्व का अहिंसक प्रतिरोध है। एक गांधीवादी का अर्थ या तो अनुसरण करने वाला व्यक्ति या गांधीवाद के लिए जिम्मेदार एक विशेष दर्शन हो सकता है। 101 एमएम शंखधर का तर्क है कि गांधीवाद तत्वमीमांसा या राजनीतिक दर्शन में एक व्यवस्थित स्थिति नहीं है। बल्कि, यह एक राजनीतिक पंथ, एक आर्थिक सिद्धांत, एक धार्मिक दृष्टिकोण, एक नैतिक संहिता और एक विशेष रूप से मानवतावादी विश्वदृष्टि है। यह ज्ञान को व्यवस्थित करने का प्रयास नहीं है बल्कि समाज को बदलने का प्रयास है और मानव स्वभाव की अच्छाई में अटूट विश्वास पर आधारित है। 390 हालांकि, गांधी ने खुद "गांधीवाद" के विचार का समर्थन नहीं किया जैसा कि उन्होंने 1936 में समझाया था:

"गांधीवाद" जैसी कोई चीज नहीं है और मैं किसी संप्रदाय को पीछे नहीं छोड़ना चाहता। मैं किसी नए सिद्धांत या सिद्धांत को उत्पन्न करने का दावा नहीं करता। हमारे दैनिक जीवन मेंऔर मैंने अपने तरीके से शाश्वत सत्य को समस्याओं पर लागू करने की कोशिश की है ... मैंने जो राय बनाई है और जो निष्कर्ष निकाले हैं, वे अंतिम नहीं हैं। मैं इसे कल बदल सकता हूं। मेरे पास दुनिया को सिखाने के लिए कुछ भी नया नहीं है। सत्य और अहिंसा पर्वतों जितने पुराने हैं। 391

साहित्यिक कार्य

यंग इंडिया, 1919 से 1932 तक गांधी द्वारा प्रकाशित एक साप्ताहिक पत्रिका

गांधी एक विपुल लेखक थे। उनकी हस्ताक्षर शैली सरल, सटीक, स्पष्ट और कृत्रिमता से रहित थी। 392 गांधी के शुरुआती प्रकाशनों में से एक, हिंद स्वराज, जो 1909 में गुजराती में प्रकाशित हुआ, भारत के स्वतंत्रता आंदोलन के लिए "बौद्धिक खाका" बन गया। पुस्तक का अगले वर्ष अंग्रेजी में अनुवाद किया गया था, जिसमें कॉपीराइट किंवदंती "नो राइट्स रिजर्व्ड" पढ़ रही थी। 393 दशकों तक उन्होंने गुजराती, हिंदी और अंग्रेजी में हरिजन सहित कई समाचार पत्रों का संपादन किया; दक्षिण अफ्रीका में इंडियन ओपिनियन

और, यंग इंडिया, अंग्रेजी में और नवजीवन, एक गुजराती पत्रिका, भारत लौटने पर। बाद में नवजीवन हिन्दी में भी प्रकाशित हुआ। इसके अलावा, उन्होंने लगभग प्रतिदिन व्यक्तियों और समाचार पत्रों को पत्र लिखे।

गांधी ने अपनी आत्मकथा, द स्टोरी ऑफ माई एक्सपेरिमेंट्स विद ट्रूथ सहित कई किताबें लिखीं, जिन्हें उन्होंने खरीदा। यह सुनिश्चित करने के लिए कि पूरे प्रथम संस्करण को पुनर्मुद्रित किया गया है। 353 उनकी अन्य आत्मकथाओं में शामिल हैं: सत्याग्रह, हिंद स्वराज या इंडियन होम रूल, दक्षिण अफ्रीका में उनके संघर्ष के बारे में एक राजनीतिक पैम्फलेट, और जॉन रस्किन की अनटू दिस लास्ट का एक गुजराती संस्करण, जो राजनीतिक अर्थव्यवस्था के शुरुआती आलोचक थे। 395 इस अंतिम निबंध को अर्थशास्त्र पर उनका कार्यक्रम माना जा सकता है। उन्होंने शाकाहार, आहार और स्वास्थ्य, धर्म, सामाजिक सुधार आदि पर भी विस्तार से लिखा। गांधी ने ज्यादातर गुजराती में लिखा, लेकिन उन्होंने अपनी पुस्तकों के हिंदी और अंग्रेजी अनुवादों का संपादन भी किया।

गांधी के संपूर्ण कार्यों को भारत सरकार द्वारा 1960 में द कलेक्टेड वर्क्स ऑफ महात्मा गांधी के रूप में प्रकाशित किया गया था। लगभग सौ खंडों में लगभग 50,000 पृष्ठों का लेखन प्रकाशित किया गया है। 2000 में, संपूर्ण कार्यों के एक संशोधित संस्करण ने विवाद पैदा कर दिया, क्योंकि इसमें बड़ी संख्या में त्रुटियां और चूक थीं। 397 भारत सरकार ने बाद में संशोधित संस्करण को वापस ले लिया।

लोकप्रिय संस्कृति में विरासत और चित्रण

यह भी देखें: महात्मा गांधी के कलात्मक चित्रण की सूची, महात्मा गांधी के नाम पर चीजों की सूची, और महात्मा गांधी के नाम पर सड़कों की सूची पश्चिम में महात्मा शब्द को गलती से गांधी का दिया हुआ नाम समझ लिया जाता है, यह संस्कृत शब्द महा (महा) का एक संयोजन है। अर्थ महान) और आत्मा (अर्थात आत्मा) इन शब्दों से बना है। कहा जाता है कि रवींद्रनाथ टैगोर ने ही गांधी को यह उपाधि दी थी। 399 बी अपनी आत्मकथा में, गांधी बताते हैं कि उन्होंने कभी शीर्षक की सराहना नहीं की और इससे उन्हें अक्सर पीड़ा होती थी।

भारत में कई सड़कों, सड़कों और इलाकों का नाम गांधी के नाम पर रखा गया है। इनमें एमजी रोड (मुंबई और बैंगलोर सहित कई भारतीय शहरों का मुख्य मार्ग), गांधी मार्केट (सायन, मुंबई के पास) और गांधीनगर (गुजरात राज्य की राजधानी, गांधी का जन्मस्थान) शामिल हैं। 405

सितंबर 2020 में उनके सम्मान में फ्लोरियन क्षुद्रग्रह 120461 गांधी का नाम रखा गया। पालन और अंतरराष्ट्रीय प्रभाव

यॉर्क विश्वविद्यालय में महात्मा गांधी की प्रतिमा

सोवियत संघ के 1969 के डाक टिकट पर महात्मा गांधी

प्रसा तुलियो फोंटौरा, साओ पाउलो, ब्राजील में महात्मा गांधी

गांधी ने महत्वपूर्ण नेताओं और राजनीतिक आंदोलनों को प्रभावित किया। संयुक्त राज्य अमेरिका में नागरिक अधिकार आंदोलन के नेताओं, मार्टिन लूथर किंग जूनियर, जेम्स लॉसन और जेम्स बेवेल ने गांधी के लेखन से अहिंसा के अपने सिद्धांतों को विकसित किया। किंग ने कहा "ईसा ने हमें लक्ष्य दिए और महात्मा गांधी ने हमें रणनीति दी।" राजा कभी-कभी गांधी को "छोटे भूरे संत" के रूप में संदर्भित करते थे। रंगभेद विरोधी कार्यकर्ता और दक्षिण अफ्रीका के पूर्व राष्ट्रपति नेल्सन मंडेला से प्रेरित। गांधी द्वारा। अन्य लोगों में स्टीव बीको, वाक्लाव हावेल और आंग सान सू की शामिल हैं।

अपने शुरुआती दिनों में, दक्षिण अफ्रीका के पूर्व राष्ट्रपति नेल्सन मंडेला गांधी के अहिंसक प्रतिरोध के दर्शन के अनुयायी थे। 412 भाना और वहीद इन घटनाओं पर टिप्पणी करते हैं कि "गांधी ने दक्षिण अफ्रीका में श्वेत शासन को समाप्त करने के लिए कार्यकर्ताओं की अगली पीढ़ियों को प्रेरित किया। यह विरासत उन्हें नेल्सन मंडेला से जोड़ती है ... एक अर्थ में, मंडेला ने गांधी को शुरू किया था।"

गांधी के जीवन और शिक्षाओं ने कई लोगों को प्रेरित किया जिन्होंने गांधी को अपना गुरु बताया या जिन्होंने गांधी के विचारों को फैलाने के लिए अपना जीवन समर्पित कर दिया। यूरोप में, रोमैन रोलैंड पहले व्यक्ति थे जिन्होंने 1924 की अपनी पुस्तक महात्मा गांधी में गांधी पर चर्चा की थी, और ब्राजील की अराजकतावादी और नारीवादी मारिया लैसरडा डी मौरा ने शांतिवाद पर अपने काम में गांधी के बारे में लिखा था। 1931 में, प्रसिद्ध यूरोपीय भौतिक विज्ञानी अल्बर्ट आइंस्टीन ने गांधी के साथ पत्रों का आदान-प्रदान किया और उनके बारे में एक पत्र में उन्हें "भविष्य की पीढ़ियों के लिए एक आदर्श" कहा। 416 आइंस्टीन ने गांधी के बारे में कहा:

राजनीतिक इतिहास में महात्मा गांधी का जीवन कार्य अद्वितीय है। शोषित देश की मुक्तिमा के लिए उन्होंने एक पूरी तरह से नए और मानवीय साधन की खोज की है और बड़ी ऊर्जा और भक्ति के साथ इसका अभ्यास किया है। पूरी सभ्य दुनिया के जागरूक सोच वाले व्यक्ति पर इसका जो नैतिक प्रभाव पड़ा है, वह शायद हमारे समय में क्रूर हिंसक ताकतों के अतिरेक से अधिक स्थायी है। चिरस्थायी कार्य केवल उन्हीं राजनेताओं का होगा जो अपने उदाहरण और शैक्षिक कार्यों से अपने लोगों की नैतिक शक्ति को जगाते और मजबूत करते हैं। आइए हम सभी खुश और आभारी हों कि नियति ने हमें ऐसा प्रबुद्ध समकालीन, आने वाली पीढ़ियों के लिए एक आदर्श दिया है। आने वाली पीढ़ियां इस बात पर विश्वास नहीं करेंगी कि ऐसा आदमी खून और खून में धरती पर चला था।

सोमालिलैंड के एक राजनीतिक कार्यकर्ता फराह उमर ने 1930 में भारत का दौरा किया, जहां उन्होंने महात्मा गांधी से मुलाकात की और गांधी के अहिंसा के दर्शन से प्रभावित हुए, जिसे उन्होंने ब्रिटिश सोमालिलैंड में अपने अभियान में अपनाया।

लांज़ा डेल वास्तो 1936 में गांधी के साथ रहने के इरादे से भारत गए; बाद में वह गांधी के दर्शन का प्रसार करने के लिए यूरोप लौट आए और 1948 में कम्युनिटी ऑफ द आर्क की

स्थापना की (गांधी के आश्रमों के बाद मॉडल)। मेडेलीन स्लेड ("मीराबेहन" के रूप में जानी जाती हैं) एक ब्रिटिश एडमिरल की बेटी थीं, जिन्होंने अपना वयस्क जीवन गांधी के भक्त के रूप में भारत में बिताया था।

इसके अतिरिक्त, ब्रिटिश संगीतकार जॉन लेनन ने अहिंसा पर अपने विचारों पर चर्चा करते हुए गांधी का हवाला दिया। 420 2007 में, अमेरिका के पूर्व उपराष्ट्रपति और पर्यावरणविद् अल गोर ने जलवायु परिवर्तन पर एक भाषण में गांधी के सत्याग्रह के विचार को आकर्षित किया।

भारतीय संसद में 2010 के एक भाषण में, अमेरिकी राष्ट्रपति बराक ओबामा ने कहा:

मुझे पता है कि मैं आज संयुक्त राज्य अमेरिका के राष्ट्रपति के रूप में आपके सामने खड़ा नहीं होता अगर यह गांधी और अमेरिका और दुनिया के लिए उनका संदेश नहीं होता।

सितंबर 2009 में, ओबामा ने कहा कि उनकी सबसे बड़ी प्रेरणा गांधी से मिली। उनका जवाब इस सवाल के जवाब में था, "वह एक व्यक्ति कौन था, मृत या जीवित, जिसके साथ आप भोजन करेंगे?" उन्होंने आगे कहा कि "वह ऐसे व्यक्ति हैं जो मुझे बहुत प्रेरित करते हैं। उन्होंने डॉ. किंग को अपने अहिंसा के संदेश से प्रेरित किया। उन्होंने बहुत कुछ किया और अपनी नैतिकता से दुनिया को बदल दिया।"

टाइम पत्रिका ने 14वें दलाई लामा, लेक वालेसा, मार्टिन लूथर किंग जूनियर, सीजर शावेज, आंग सान सू की, बेनिग्नो एक्विनो जूनियर, डेसमंड टूटू और नेल्सन मंडेला को गांधी के बेटे और अहिंसा के उनके आध्यात्मिक उत्तराधिकारी के रूप में नामित किया। 424 महात्मा गांधी जिला, ह्यूस्टन, टेक्सास, संयुक्त राज्य अमेरिका में एक जातीय भारतीय एन्क्लेव है, जिसका नाम आधिकारिक तौर पर गांधी के नाम पर रखा गया है।

20वीं शताब्दी के दर्शन पर गांधी के विचारों का महत्वपूर्ण प्रभाव पड़ा। इसकी शुरुआत रोमेन रोलैंड और मार्टिन बुबेर के साथ उनकी सगाई से हुई। जीन-ल्यूक नैन्सी ने कहा कि फ्रांसीसी दार्शनिक मौरिस ब्लैंचोट ने "यूरोपीय आध्यात्मिकता" के प्रति अपने दृष्टिकोण में गांधी के साथ गंभीरता से काम किया। उसके बाद से 426 दार्शनिकों, जिनमें हन्ना अरेंड्ट, एटिएन बालिबार और स्लावोज ज़िज़ेक शामिल हैं, ने गांधी को राजनीति में नैतिकता पर चर्चा करने के लिए एक आवश्यक संदर्भ पाया है। हाल ही में, जलवायु परिवर्तन के आलोक में, प्रौद्योगिकी पर गांधी के विचार पर्यावरण दर्शन और प्रौद्योगिकी के दर्शन के क्षेत्र में महत्व प्राप्त कर रहे हैं।

विश्व दिवस गांधी मना रहा है

2007 में, संयुक्त राष्ट्र महासभा ने 2 अक्टूबर, गांधी के जन्मदिन को "अंतर्राष्ट्रीय अहिंसा दिवस" के रूप में घोषित किया। कई देशों में स्कूल जनवरी को अहिंसा और शांति के स्कूल दिवस के रूप में मनाते हैं। दक्षिणी गोलार्ध के स्कूल कैलेंडर वाले 429 देशों में यह 30 मार्च को मनाया जाता है। 429

पुरस्कार

क्रिस्टल क्लियर ऐप kedit.svg

विकिपीडिया के गुणवत्ता मानकों का अनुपालन करने के लिए इस लेख को फिर से लिखने की आवश्यकता है। आप मदद कर सकते हैं। वार्ता पृष्ठ पर सुझाव हो सकते हैं। (नवंबर 2021)

मैड्रिड, स्पेन में गांधी स्मारक

गांधी को 1930 में टाइम पत्रिका द्वारा पर्सन ऑफ द ईयर नामित किया गया था। इसी पत्रिका ने 1999 की सदी के सबसे महत्वपूर्ण लोगों की अपनी सूची में गांधी को "हमारे समय का सबसे महान व्यक्ति" कहा, जो अल्बर्ट आइंस्टीन के बाद दूसरे स्थान पर है। 430 नागपुर विश्वविद्यालय ने उन्हें एल.एल.डी. 1937 में। 431 भारत सरकार प्रतिष्ठित सामाजिक कार्यकर्ताओं, विश्व नेताओं और नागरिकों को वार्षिक गांधी शांति पुरस्कार प्रदान करती है। रंगभेद और अलगाव को समाप्त करने के लिए दक्षिण अफ्रीका के संघर्ष के नेता नेल्सन मंडेला एक प्रमुख गैर-भारतीय प्राप्तकर्ता थे। 2011 में, टाइम ने गांधी को सभी समय के शीर्ष 25 राजनीतिक प्रतीकों में से एक के रूप में नामित किया।

गांधी ने नोबेल शांति पुरस्कार नहीं जीता, हालांकि उन्हें 1937 और 1948 के बीच पांच बार नामांकित किया गया था, जिसमें पहली बार अमेरिकन फ्रेंड्स सर्विस कमेटी शामिल थी, 433 उन्होंने 1937 और 1947 में केवल दो बार शॉर्टलिस्ट किया। 434 दशकों बाद, नोबेल समिति ने सार्वजनिक रूप से चूक पर खेद व्यक्त किया और पुरस्कार को अस्वीकार करने में गहराई से विभाजित राष्ट्रीय राय को स्वीकार किया। 434 गांधी को 1948 में नामांकित किया गया था लेकिन नामांकन बंद होने से पहले ही उनकी हत्या कर दी गई थी। उस वर्ष, समिति ने कहा कि "कोई उपयुक्त जीवित उम्मीदवार नहीं था"।गुओं ने शांति पुरस्कार से सम्मानित नहीं होने का फैसला किया, और बाद में शोध से पता चला कि गांधी को मरणोपरांत पुरस्कार की संभावना पर चर्चा की गई थी और कोई उपयुक्त जीवित उम्मीदवार गांधी को नहीं भेजा गया था। 434 2006 में, नॉर्वेजियन नोबेल समिति के सचिव गीर लुंडेस्टैड ने कहा, "हमारे 106 साल के इतिहास में सबसे बड़ी गलती यह है कि महात्मा गांधी को कभी भी नोबेल शांति पुरस्कार नहीं मिला। चाहे गांधी नोबेल शांति पुरस्कार के बिना कर सकते थे, नोबेल समिति बिना नहीं कर सकती गांधी। यही सवाल है। 435 जब 1989 में 14वें दलाई लामा को पुरस्कार प्रदान किया गया, तो समिति के अध्यक्ष ने कहा कि यह "महात्मा गांधी की स्मृति को एक श्रद्धांजलि" है। 434 1995 की गर्मियों में, नॉर्थ अमेरिकन वेजीटेरियन सोसाइटी ने उन्हें मरणोपरांत वेजीटेरियन हॉल ऑफ फ़ेम में शामिल किया।

राष्ट्रपिता

भारतीय गांधी को राष्ट्रपिता के रूप में वर्णित करते हैं। 16 17 शीर्षक की उत्पत्ति 6 जुलाई 1944 को सुभाष चंद्र बोस के रेडियो पते (सिंगापुर रेडियो पर) में पाई जा सकती है, जहां बोस ने गांधी को "राष्ट्रपिता" के रूप में संबोधित किया था। 437 28 अप्रैल 1947

को, सरोजिनी नायडू ने एक सम्मेलन में गांधी को "राष्ट्रपिता" के रूप में संबोधित किया। 438 439 हालांकि, 2012 में एक आरटीआई आवेदन के जवाब में, भारत सरकार ने कहा कि भारत का संविधान शिक्षा या सैन्य सेवा के माध्यम से प्राप्त उपाधियों के अलावा किसी भी उपाधि की अनुमति नहीं देता है। 440

फिल्म, नाटक और साहित्य

विठ्ठलभाई झवेरी 442 द्वारा 1968 में बनाई गई पांच घंटे, नौ मिनट की जीवनी वृत्तचित्र, 441 महात्मा: गांधी का जीवन, 1869-1948, गांधी के शब्दों को उद्धृत करके और काले और सफेद अभिलेखीय फुटेज और तस्वीरों का उपयोग करके अवधि का इतिहास है। बेन किंग्सले ने रिचर्ड एटनबरो की 1982 की फिल्म गांधी, 443 में अपनी भूमिका दोहराई, जिसने सर्वश्रेष्ठ चित्र के लिए अकादमी पुरस्कार जीता। यह लुई फिशर की जीवनी पर आधारित थी। 444 1996 की फिल्म द मेकिंग ऑफ द महात्मा ने दक्षिण अफ्रीका में गांधी के समय और अनुभवहीन बैरिस्टर से मान्यता प्राप्त राजनीतिक नेता के रूप में उनके परिवर्तन का दस्तावेजीकरण किया। 445 गांधी 2006 की बॉलीवुड कॉमेडी फिल्म लगे रहो मुन्ना भाई में एक केंद्रीय व्यक्ति थे। जाह्नू बरुआ की मैंने गांधी को नहीं मारा (मैंने गांधी को नहीं मारा), समकालीन समाज को उनकी 2005 की फिल्म नायक की गांधी के मूल्यों की लुप्त होती स्मृति की पृष्ठभूमि के रूप में उनकी उम्र बढ़ने की विस्मृति के रूपक के रूप में सेट करता है, 446 विनय लाल लिखते हैं। 447

अमेरिकी संगीतकार फिलिप ग्लास का 1979 का ओपेरा सत्याग्रह गांधी के जीवन पर आधारित है। भगवद गीता से लिया गया ओपेरा का लिबरेटो, मूल संस्कृत में गाया जाता है।

गांधी विरोधी विषयों को फिल्मों और नाटकों में भी प्रस्तुत किया गया है। 1995 के मराठी नाटक गांधी विरुद्ध गांधी ने गांधी और उनके बेटे हरिलाल के बीच संबंधों का पता लगाया। 2007 की फिल्म गांधी, माई फादर इसी विषय से प्रेरित थी। 1989 के मराठी नाटक में नाथूराम गोडसे बोल्तॉय और 1997 के हिंदी नाटक गांधी अम्बेडकर ने गांधी और उनके सिद्धांतों की आलोचना की।

कई जीवनीकारों ने गांधी के जीवन का वर्णन करने का कार्य किया है। इसमें डीजी तेंदुलकर के साथ उनके महात्मा भी हैं। मोहनदास करमचंद गांधी का जीवन आठ खंडों में, गांधी चौकड़ी चमन नाहल द्वारा, और महात्मा गांधी प्यारेलाल और सुशीला नय्यर द्वारा 10 खंडों में। 2010 की एक जीवनी, ग्रेट सोल: महात्मा गांधी एंड हिज़ स्ट्रगल विथ इंडिया बाय जोसेफ लेलीवेल्ड, में गांधी के यौन जीवन के बारे में अनुमान लगाने वाली विवादास्पद सामग्री थी। 453 हालांकि, लेलीवेल्ड ने कहा कि प्रेस कवरेज ने पुस्तक के समग्र संदेश को "पूरी तरह विकृत" कर दिया। 454 2014 की फिल्म वेलकम बैक गांधी एक काल्पनिक कहानी है कि गांधी आधुनिक भारत में कैसे प्रतिक्रिया दे सकते हैं। 455 भारत भाग्य विधाता, पूज्य गुरुदेव श्री राकेशभाई द्वारा प्रेरित और संगीत नाटक अकादमी और श्रीमद राजचंद्र मिशन धरमपुर द्वारा निर्मित 2019 का एक नाटक, इस बात की पड़ताल

करता है कि गांधी ने सत्य और अहिंसा के मूल्यों की खेती कैसे की।

"महात्मा गांधी" का उपयोग कोल पोर्टर ने 1934 के म्यूजिकल एनीथिंग गोज़ में शामिल गीत यू आर द टॉप के लिए अपने गीतों में किया है। गीत में, पोर्टर "नेपोलियन ब्रांडी" के साथ "महात्मा गांधी" गाते हैं।

भारत में वर्तमान प्रभाव

कन्याकुमारी, तमिलनाडु, भारत में गांधी मंडपम एमके गांधी के सम्मान में बनाया गया था।

भारत ने अपने तीव्र आर्थिक आधुनिकीकरण और शहरीकरण के साथ, गांधी के अर्थशास्त्र को खारिज कर दिया है, लेकिन उनकी अधिकांश राजनीति को गले लगा लिया है और उनकी स्मृति का सम्मान करना जारी रखा है। रिपोर्टर जिम यार्डली कहते हैं, "आधुनिक भारत शायद ही कभी, अगर कभी, एक गांधीवादी राष्ट्र है। ग्रामीण-वर्चस्व वाली अर्थव्यवस्था की उनकी दृष्टि को उनके जीवनकाल में ग्रामीण रूमानियत के रूप में अलग कर दिया गया था, और व्यक्तिगत तपस्या और राष्ट्रीय नैतिकता के लिए उनका आह्वान किया गया था। अहिंसा आदर्श थी। महत्त्वाकांक्षी आर्थिक और सैन्य शक्ति के उद्देश्यों के विपरीत सिद्ध हुआ है।" इसके विपरीत, गांधी को "एक सहिष्णु, धर्मनिरपेक्ष लोकतंत्र के रूप में भारत की राजनीतिक पहचान का पूरा श्रेय दिया जाता है।"

गांधी का जन्मदिन, 2 अक्टूबर, भारत में राष्ट्रीय अवकाश, गांधी जयंती है। एक रुपये के नोट को छोड़कर भारतीय रिजर्व बैंक द्वारा जारी सभी मूल्यवर्ग की कागजी मुद्रा पर गांधी की छवि भी दिखाई देती है। 459 गांधी की मृत्यु की तारीख, 30 जनवरी को भारत में शहीद दिवस के रूप में मनाया जाता है।

भारत में गांधीको समर्पित तीन मंदिर हैं एक ओडिशा के संबलपुर में और दूसरा कर्नाटक के चिकमंगलूर जिले के कडुर के पास निद्घट्टा गांव में और तीसरा तेलंगाना के नलगोंडा जिले के चीतल में। कन्याकुमारी में गांधी स्मारक एक केंद्रीय भारतीय हिंदू मंदिर जैसा दिखता है, और मदुरै में तमुक्कम या समर पैलेस में अब महात्मा गांधी संग्रहालय है।

19
सरदार वल्लभभाई पटेल

सरदार वल्लभभाई पटेल

Freedom Fighters

Scan for Story Videos - www.itibook.com

सरदार वल्लभभाई पटेल भारतीय राष्ट्रीय कांग्रेस के एक वरिष्ठ नेता और भारतीय स्वतंत्रता संग्राम में एक प्रमुख व्यक्ति थे, जो बाद में भारत के पहले उप प्रधान मंत्री और पहले गृह मंत्री बने। नव स्वतंत्र भारत में 565 राज्यों के एकीकरण में सरदार पटेल का योगदान अविस्मरणीय है।

वल्लभभाई पटेल का जन्म 31 अक्टूबर 1875 को नडियाद, गुजरात में हुआ था (उनकी जयंती अब राष्ट्रीय एकता दिवस या राष्ट्रीय एकता दिवस के रूप में मनाई जाती है)

वह एक किसान परिवार से ताल्लुक रखते थे। अपने शुरुआती दिनों में, पटेल को कई लोगों द्वारा एक महत्वाकांक्षी व्यक्ति के रूप में माना जाता था, जो एक नीच नौकरी के लिए किस्मत में था। हालांकि, पटेल ने उन्हें गलत साबित कर दिया। उन्होंने अपनी कानून की परीक्षाएं अक्सर उधार की किताबों से खुद पढ़कर पास कीं।

बार परीक्षा उत्तीर्ण करने के बाद, पटेल ने गुजरात के गोधरा, बोरसद और आनंद में कानून का अभ्यास किया। उन्होंने एक तेज-तर्रार और कुशल वकील के रूप में ख्याति अर्जित की।

पटेल का सपना इंग्लैंड में कानून की पढ़ाई करने का था। अपनी गाढ़ी कमाई का उपयोग करते हुए, उन्होंने इंग्लैंड के लिए एक पास और टिकट हासिल किया।

हालांकि, टिकट 'वीजे पटेल' को संबोधित किया गया था। उनके बड़े भाई विठ्ठलभाई का भी वल्लभभाई के समान आद्याक्षर था। सरदार पटेल ने महसूस किया कि उनके बड़े भाई का भी शिक्षा के लिए इंग्लैंड जाने का सपना था।

अपने पारिवारिक सम्मान के लिए चिंतित (एक बड़े भाई के लिए अपने छोटे भाई का अनुसरण करना अपमानजनक था), वल्लभभाई पटेल ने विठ्ठलभाई पटेल को उनकी जगह लेने की अनुमति दी।

1911 में, 36 साल की उम्र में, अपनी पत्नी की मृत्यु के दो साल बाद, वल्लभभाई पटेल इंग्लैंड चले गए और लंदन में मिडिल टेंपल इन में दाखिला लिया। कॉलेज की कोई पूर्व पृष्ठभूमि नहीं होने के बावजूद, पटेल ने अपनी कक्षा में टॉप किया। उन्होंने 36 महीने का कोर्स 30 महीने में पूरा किया।

भारत लौटने पर, पटेल अहमदाबाद में बस गए और शहर के सबसे सफल बैरिस्टर बन गए।

स्वतंत्रता आंदोलन के शुरुआती दौर में, पटेल सक्रिय राजनीति या महात्मा गांधी के सिद्धांतों के प्रति उत्सुक नहीं थे। हालाँकि, गोधरा (1917) में मोहनदास करमचंद गांधी के साथ एक मुलाकात ने पटेल के जीवन को मौलिक रूप से बदल दिया।

पटेल कांग्रेस में शामिल हो गए और बाद में गुजरात सभा के सचिव बने, जो कांग्रेस का गढ़ बन गया।

गांधी के आग्रह पर, पटेल ने अपनी मेहनत की नौकरी छोड़ दी और प्लेग और अकाल (1918) के दौरान खेड़ा में कर छूट के लिए लड़ने के लिए आंदोलन में शामिल हो गए।

पटेल गांधी के असहयोग आंदोलन (1920) में शामिल हुए और 3,00,000 सदस्यों की भर्ती के लिए पूरे पश्चिमी भारत की यात्रा की। उन्होंने पार्टी फंड के लिए 15 लाख से ज्यादा जुटाए।

भारतीय ध्वज फहराने पर प्रतिबंध लगाने वाला एक ब्रिटिश कानून था। जब महात्मा गांधी जेल में थे, तब पटेल ही थे जिन्होंने 1923 में नागपुर में ब्रिटिश शासन के खिलाफ सत्याग्रह आंदोलन का नेतृत्व किया था।

1928 के बारदोली सत्याग्रह ने वल्लभभाई पटेल को 'सरदार' की उपाधि दी और उन्हें पूरे देश में लोकप्रिय बना दिया। इतना बड़ा प्रभाव था कि पंडित मोतीलाल नेहरू ने कांग्रेस अध्यक्ष पद के लिए गांधीजी को वल्लभभाई का नाम सुझाया।

1930 में नमक सत्याग्रह के दौरान, अंग्रेजों ने सरदार पटेल को गिरफ्तार कर लिया और बिना गवाहों के उन पर मुकदमा चलाया।

द्वितीय विश्व युद्ध (1939) के फैलने पर, पटेल ने केंद्रीय और प्रांतीय विधानसभाओं से कांग्रेस को वापस लेने के नेहरू के फैसले का समर्थन किया।

1942 में, जब उन्होंने महात्मा गांधी के आदेश पर देशव्यापी सविनय अवज्ञा आंदोलन शुरू करने के लिए मुंबई में ग्वालिया टैंक मैदान (जिसे अब अगस्त क्रांति मैदान कहा जाता है) में बात की, तो पटेल आश्वस्त हो गए।

भारत छोड़ो आंदोलन (1942) के दौरान पटेलों को अंग्रेजों ने गिरफ्तार कर लिया था। 1942 से 1945 तक वे पूरी कांग्रेस कार्यकारिणी के साथ अहमदनगर किले में कैद रहे।

गांधी-इरविन समझौते पर हस्ताक्षर करने के बाद, पटेल को 1931 सत्र (कराची) के लिए कांग्रेस अध्यक्ष के रूप में चुना गया था। कांग्रेस मौलिक अधिकारों और नागरिक स्वतंत्रता की रक्षा के लिए प्रतिबद्ध है। पटेल ने एक धर्मनिरपेक्ष राष्ट्र की स्थापना की वकालत की।

उनकी अन्य प्राथमिकताएँ श्रमिकों के लिए न्यूनतम मजदूरी और अस्पृश्यता का उन्मूलन थीं।

पटेल ने गुजरात में किसानों को जब्त की गई जमीन वापस करने के लिए कांग्रेस अध्यक्ष के रूप में अपने पद का इस्तेमाल किया। पटेल ने गुजरात और बाहर शराबबंदी, अस्पृश्यता, जातिगत भेदभाव और महिलाओं की मुक्ति के लिए बड़े पैमाने पर काम किया।

वह आजादी के बाद भारत के पहले उप प्रधान मंत्री बने। स्वतंत्रता की पहली वर्षगांठ पर पटेल को भारत का गृह मंत्री नियुक्त किया गया था। वह राज्य विभाग और सूचना और प्रसारण मंत्रालय के प्रभारी भी थे

भारत के पहले गृह मंत्री और उप प्रधान मंत्री के रूप में, पटेल ने पंजाब और दिल्ली से भागे शरणार्थियों के लिए राहत अभियान चलाया और शांति बहाल करने के लिए काम किया।

सरदार पटेल की सबसे स्थायी विरासत के रूप में, उन्होंने विदेश विभाग का कार्यभार संभाला और 565 राज्यों के भारतीय संघ में विलय के लिए जिम्मेदार थे। उन्हें श्रद्धांजलि देते हुए, नेहरू ने सरदारों को 'नए भारत के निर्माता और निर्माता' कहा। हालाँकि, सरदार पटेल की अमूल्य सेवाएँ केवल 3 वर्षों के लिए स्वतंत्र भारत को उपलब्ध थीं। 15 दिसंबर 1950 (आयु 75) को भारत के वीर सपूत का दिल का दौरा पड़ने से निधन हो गया।

सरदार पटेल द्वाराअपने खराब स्वास्थ्य और उम्र के बावजूद, उन्होंने अखंड भारत के निर्माण के बड़े उद्देश्य की दृष्टि नहीं खोई। भारत के पहले गृह मंत्री और उप प्रधान मंत्री के रूप में, सरदार पटेल ने भारतीय संघ में लगभग 565 राज्यों के एकीकरण में महत्वपूर्ण भूमिका निभाई। त्रावणकोर, हैदराबाद, जूनागढ़, भोपाल और कश्मीर जैसी कुछ संस्थाएँ भारत में शामिल होने के प्रतिकूल थीं।

सरदार पटेल ने रियासतों के साथ आम सहमति बनाने के लिए अथक प्रयास किया लेकिन जहां आवश्यक हो वहां साम, बांध, जुर्माना और भेड़ के तरीकों का उपयोग करने में संकोच नहीं किया।

उन्होंने नवाब शासित जूनागढ़ और निजाम शासित हैदराबाद के राज्यों पर कब्जा करने के लिए बल प्रयोग किया, दोनों चाहते थे कि उनके संबंधित राज्य भारत संघ के साथ विलय न करें।

सरदार वल्लभभाई पटेल ने रियासतों को ब्रिटिश भारतीय क्षेत्र में मिला लिया और भारत के विभाजन को रोका। सरदार पटेल का मत था कि यदि हमारे पास अच्छी अखिल भारतीय सेवा नहीं होगी तो हमारे पास अखंड भारत नहीं होगा।

पटेल स्पष्ट रूप से जानते थे कि स्वतंत्र भारत को अपनी नागरिक, सैन्य और प्रशासनिक नौकरशाही को चलाने के लिए एक फौलादी ढांचे की आवश्यकता थी। संगठित कमांड-आधारित सेना और व्यवस्थित नौकरशाही जैसे संगठनात्मक तंत्र में उनका विश्वास एक वरदान साबित हुआ। परिवीक्षाधीन अधिकारियों को प्रशासन की अत्यंत निष्पक्षता और

दृढ़ता बनाए रखने के लिए उनका उपदेश आज भी उतना ही प्रासंगिक है जितना उस समय था।

15 जनवरी 1942 को वर्धा में आयोजित AICC सम्मेलन में, गांधीजी ने औपचारिक रूप से जवाहरलाल नेहरू को अपना राजनीतिक उत्तराधिकारी नियुक्त किया। गांधीजी के अपने शब्दों में "... राजाजी नहीं, सरदार वल्लभभाई नहीं बल्कि जवाहरलाल मेरे उत्तराधिकारी होंगे... जब मैं चला जाऊंगा तो वह मेरी भाषा बोलेंगे"। इस प्रकार, यह देखा जा सकता है कि यह गांधी ही थे जो चाहते थे कि नेहरू भारत का नेतृत्व करें। पटेल ने हमेशा गांधी की बात सुनी और उनकी बात मानी - जिनकी स्वतंत्र भारत में कोई राजनीतिक महत्वाकांक्षा नहीं थी।

हालाँकि, 1946 में कांग्रेस अध्यक्ष पद के लिए, प्रदेश कांग्रेस कमेटी (PCC) के पास एक अलग विकल्प था - पटेल। नेहरू की व्यापक अपील और दुनिया पर व्यापक दृष्टिकोण के बावजूद, 15 पीसीसी में से 12 ने पटेल को कांग्रेस अध्यक्ष के रूप में पसंद किया। एक महान कार्यकारी, संगठनकर्ता और नेता के रूप में पटेल के गुणों की व्यापक रूप से प्रशंसा की गई।

जब नेहरू को पीसीसी के चयन के बारे में पता चला तो वे चुप रहे। महात्मा गांधी ने महसूस किया कि "जवाहरलाल दूसरा स्थान नहीं लेंगे", और पटेल को कांग्रेस अध्यक्ष पद के लिए अपनी उम्मीदवारी वापस लेने के लिए कहा। पटेल ने हमेशा की तरह गांधी की बात मानी। जेबी कृपलानी को सौंपने से पहले नेहरू ने 1946 में संक्षिप्त रूप से कांग्रेस की अध्यक्षता संभाली। नेहरू के लिए स्वतंत्र भारत का प्रधानमंत्रित्व काल अंतरिम मंत्रिमंडल में उनकी भूमिका का विस्तार था।

जवाहरलाल नेहरू ने 2 सितंबर 1946 से 15 अगस्त 1947 तक भारत की अंतरिम सरकार का नेतृत्व किया। नेहरू प्रधानमंत्री की शक्तियों के साथ वायसराय की कार्यकारी परिषद के उपाध्यक्ष थे। वल्लभभाई पटेल ने गृह विभाग और सूचना और प्रसारण विभाग के प्रमुख के रूप में परिषद में दूसरा सबसे शक्तिशाली पद संभाला।

1 अगस्त 1947 को, भारत के स्वतंत्र होने से दो सप्ताह पहले, नेहरू ने पटेल को पत्र लिखकर उन्हें मंत्रिमंडल में शामिल होने के लिए कहा। हालाँकि, नेहरू ने संकेत दिया कि वह पटेल को कैबिनेट का सबसे मजबूत स्तंभ मानते हैं। पटेल ने निर्विवाद निष्ठा और भक्ति का आश्वासन देकर उत्तर दिया। उन्होंने यह भी कहा कि उनका संयोजन अटूट है और यही उनकी ताकत है।

नेहरू और पटेल एक दुर्लभ संयोजन थे। वे एक दूसरे के पूरक हैं। भारतीय राष्ट्रीय कांग्रेस के दो महान नेताओं के बीच पारस्परिक प्रशंसा और सम्मान था। दृष्टिकोण में अंतर था - लेकिन दोनों का अंतिम लक्ष्य यह पता लगाना था कि भारत के लिए सबसे अच्छा क्या है।

मतभेद मुख्य रूप से कांग्रेस के पदानुक्रम, कार्यशैली या विचारधाराओं के बारे में थे। कांग्रेस में - नेहरू को वामपंथी (समाजवाद) माना जाता था, जबकि पटेल की विचारधारा दक्षिणपंथी (पूंजीवाद) थी।

नेहरू और पटेल के बीच 1950 में कांग्रेस के राष्ट्रपति पद के उम्मीदवारों के चयन को लेकर मतभेद थे। नेहरू ने जेबी कृपलानी का समर्थन किया। पटेल की पसंद पुरुषोत्तम दास टंडन थे। अंततः कृपलानी को पटेल के उम्मीदवार पुरुषोत्तम दास टंडन ने हरा दिया।

हालांकि, यह ध्यान दिया जाना चाहिए कि मतभेद इतने बड़े कभी नहीं थे कि कांग्रेस या सरकार में एक बड़ा विभाजन हो। पटेल हमेशा गांधी के प्रति वफादार रहे। हालाँकि, कुछ मुद्दों पर गांधी के साथ उनके मतभेद थे।

गांधीजी की हत्या के बाद, उन्होंने कहा: "मैं उन लाखों लोगों की तरह एक आज्ञाकारी सैनिक के अलावा और कुछ नहीं होने का दावा करता हूं, जिन्होंने उनकी पुकार का पालन किया। एक समय था जब सब मुझे अपना अंध भक्त कहते थे। लेकिन, वह और मैं दोनों जानते थे कि मैंने उसका पीछा किया क्योंकि हमारी समझ बढ़ी।"

13 नवंबर, 1947 को भारत के तत्कालीन उप प्रधान मंत्री सरदार पटेल ने सोमनाथ मंदिर के पुनर्निर्माण की शपथ ली। सोमनाथ को अतीत में कई बार नष्ट और पुनर्निर्मित किया गया था। उन्हें लगा कि इस समय के खंडहरों से पुनरुत्थान की कहानी भारत के पुनरुत्थान की कहानी का प्रतीक होगी।

आत्मनिर्भरता पटेल के आर्थिक दर्शन का प्रमुख सिद्धांत था। वे भारत का तेजी से औद्योगीकरण करना चाहते थे। बाहरी संसाधनों पर निर्भरता कम करना अत्यावश्यक था।

पटेल ने गुजरात में सहकारी आंदोलन का मार्गदर्शन किया और कैरा जिला सहकारी दुग्ध उत्पादक संघ की स्थापना में मदद की, जो एक संपूर्ण थायह देश भर के डेयरी उद्योग के लिए गेम चेंजर बन गया।

सरदार समाजवाद के नारों से प्रभावित नहीं थे और अक्सर बहस करने से पहले बोलते थे कि क्या भारत को धन बनाने की जरूरत है और इसे कैसे वितरित किया जाना चाहिए। सरकार के लिए उन्होंने जो भूमिका प्रस्तावित की वह एक कल्याणकारी राज्य की थी लेकिन उन्होंने महसूस किया कि अन्य देशों ने इस कार्य को विकास के अधिक उन्नत चरणों में लिया है।

सरदार वल्लभभाई पटेल ने राष्ट्रीयकरण को पूरी तरह से खारिज कर दिया था और विनियमन के खिलाफ थे। उनके लिए, लाभ का मकसद कड़ी मेहनत के लिए एक बड़ा प्रोत्साहन था, कलंक नहीं। पटेल निष्क्रिय रहने वाले लोगों के खिलाफ थे। 1950 में उन्होंने कहा था, "लाखों बेरोज़गारों को मशीनों पर रोज़गार नहीं मिल सकता"। उन्होंने मजदूरों से उचित हिस्से का दावा करने से पहले धन के निर्माण में भाग लेने का आग्रह किया।

सरदार ने निवेश नेतृत्व बढ़ाया। उन्होंने कहा, "कम खर्च करें, अधिक बचत करें और अधिक निवेश करें, यह प्रत्येक नागरिक का आदर्श वाक्य होना चाहिए।

सरदारों ने शुरू में ब्रिटिश भारत के विभाजन का विरोध किया। हालाँकि, उन्होंने दिसंबर 1946 तक भारत के विभाजन को स्वीकार कर लिया। वी.पी. मेनन और अबुल कलाम आज़ाद सहित कई लोगों ने महसूस किया कि नेहरू की तुलना में पटेल विभाजन के विचार

के प्रति अधिक ग्रहणशील थे।

अबुल कलाम आजाद अंत तक विभाजन के कट्टर आलोचक रहे, हालांकि पटेल और नेहरू के मामले में ऐसा नहीं था। आजाद ने अपने संस्मरण इंडिया विन्स फ्रीडम में कहा कि जब सरदार वल्लभभाई पटेल ने 'विभाजन की आवश्यकता क्यों थी' इस सवाल के जवाब में कहा कि 'मानो या नहीं, भारत में दो राष्ट्र थे' तो उन्हें आश्चर्य और पीड़ा हुई।

पटेल के सबसे सम्मानित जीवनीकारों में से एक, राज मोहन गांधी के अनुसार, पटेल भारतीय राष्ट्रवाद का हिंदू चेहरा थे। नेहरू भारतीय राष्ट्रवाद के धर्मनिरपेक्ष और वैश्विक चेहरे थे। हालाँकि, दोनों ने भारतीय राष्ट्रीय कांग्रेस की एक ही छत्रछाया में काम किया।

सरदार वल्लभभाई पटेल हिंदू हितों के मुखर रक्षक थे। लेकिन इसने पटेल को अल्पसंख्यकों के बीच कम लोकप्रिय बना दिया।

हालाँकि, पटेल कभी भी सांप्रदायिक नहीं थे। गृह मंत्री के रूप में, उन्होंने दिल्ली में दंगों के दौरान मुसलमानों की जान बचाने की पूरी कोशिश की। पटेल के पास एक हिंदू दिल था (उनकी परवरिश के कारण) लेकिन एक निष्पक्ष और धर्मनिरपेक्ष हाथ से शासन किया।

सरदार पटेल शुरू में राष्ट्रीय स्वयंसेवक संघ (आरएसएस) और हिंदू कल्याण के लिए उसके प्रयासों के प्रति संवेदनशील थे। हालाँकि, गांधी की हत्या के बाद, सरदार पटेल ने RSS पर प्रतिबंध लगा दिया।

1948 में संघ पर प्रतिबंध लगने के बाद, उन्होंने लिखा, "उनके सभी भाषण सांप्रदायिक ज़हर से भरे हुए थे"। "विषाक्तता के अंतिम परिणाम के रूप में राष्ट्र को गांधीजी के अनमोल जीवन का बलिदान भुगतना पड़ा।" गोलवलकर द्वारा प्रतिबंध हटाने की शर्त के रूप में कुछ वादे करने पर सहमत होने के बाद अंततः 11 जुलाई 1949 को आरएसएस पर से प्रतिबंध हटा लिया गया। प्रतिबंध हटाने की घोषणा करते हुए, भारत सरकार ने कहा कि संगठन और उसके नेता ने संविधान और ध्वज के प्रति वफादारी की शपथ ली थी।

सरदार वल्लभ भाई पटेल अपनी मृत्यु तक भारतीय राष्ट्रीय कांग्रेस के नेता थे। रामचंद्र गुहा जैसे कई इतिहासकारों को यह विडंबना लगती है कि पटेल पर भाजपा द्वारा दावा किया जा रहा है, जबकि वह "स्वयं आजीवन कांग्रेसी" हैं। कांग्रेस नेता शशि थरूर ने आरोप लगाया कि भाजपा स्वतंत्रता सेनानियों और पटेल जैसे राष्ट्रीय नायकों की विरासत को 'हाईजैक' करने की कोशिश कर रही है क्योंकि उनके पास इतिहास में जश्न मनाने के लिए अपना कोई नेता नहीं था। कई विपक्षी नेता पटेलों को बचाने और नेहरू परिवार को बदनाम करने की दक्षिणपंथी पार्टी की कोशिश में निहित स्वार्थ देखते हैं।

रुपये की लागत से बनाया गया है। 2,989 करोड़ रुपये की इस प्रतिमा में भारत के पहले गृह मंत्री सरदार वल्लभ भाई पटेल को पारंपरिक धोती और शॉल पहने नर्मदा नदी पर खड़े दिखाया गया है। 182 मीटर की मूर्ति को दुनिया की सबसे ऊंची मूर्ति के रूप में जाना जाता है - यह चीन में स्प्रिंग टेंपल बुद्धा से 177 फीट ऊंची है, जो वर्तमान में दुनिया की सबसे ऊंची मूर्ति है। भारत के लौह पुरुष कहे जाने वाले सरदार वल्लभभाई पटेल की प्रतिमा के लिए देश

भर से लोहा एकत्र किया गया था।

"काम पूजा है लेकिन हँसी ही जीवन है। जो जीवन को बहुत गंभीरता से लेता है उसे खुद को एक दयनीय अस्तित्व के लिए तैयार करना चाहिए। जो समान सुविधा के साथ खुशी और दुःख का स्वागत करता है वही वास्तव में सर्वश्रेष्ठ जीवन प्राप्त कर सकता है।"

"मेरी संस्कृति कृषि है।"

"हमने अपनी स्वतंत्रता अर्जित करने के लिए कड़ी मेहनत की; हमें इसका समर्थन करने के लिए और अधिक करना होगा।"

पटेल एक निःस्वार्थ नेता थे जिन्होंने देश के हितों को सर्वोपरि रखा और एकनिष्ठ समर्पण के साथ भारत की नियति को आकार दिया। एक आधुनिक और एकजुट भारत के निर्माण में सरदार वल्लभभाई पटेल के अमूल्य योगदान को हर भारतीय को याद रखना चाहिए क्योंकि देश दुनिया की सबसे बड़ी अर्थव्यवस्थाओं में से एक के रूप में आगे बढ़ता है।

20

अशफाकउल्ला खान

अशफाकउल्ला खान

Freedom Fighters

Scan for Story Videos - www.itibook.com

अशफाकउल्ला खान (22 अक्टूबर 1900 - 19 दिसंबर 1927) भारतीय स्वतंत्रता आंदोलन में एक भारतीय स्वतंत्रता कार्यकर्ता और हिंदुस्तान रिपब्लिकन एसोसिएशन के सह-संस्थापक थे।

खान का जन्म संयुक्त प्रांत के शाहजहाँपुर जिले में खैबर जनजाति के मुस्लिम पठान 3 4 शफीक उल्लाह खान और मजरुन्निसा के यहाँ हुआ था, जो जमींदार वर्ग के थे। 5 6 7 वह अपने पांच भाई-बहनों में सबसे छोटा था।

1918 में, जब खान सातवीं कक्षा में थे, पुलिस ने उनके स्कूल पर छापा मारा और एक छात्र, राजाराम भारतीय को मैनपुरी षडयंत्र के सिलसिले में गिरफ्तार किया, जिसमें कार्यकर्ताओं ने उपनिवेशवाद विरोधी साहित्य के प्रकाशन के लिए मैनपुरी में लूटपाट का आयोजन किया था। 9 इस गिरफ्तारी ने खान को संयुक्त प्रांत में क्रांतिकारी गतिविधियों में शामिल होने के लिए प्रेरित किया।

एक मित्र के माध्यम से, खान क्रांतिकारी राम प्रसाद बिस्मिल से मिले, जो मैनपुरी षडयंत्र में निकटता से शामिल थे। वह जल्द ही बिस्मिल के साथ घनिष्ठ रूप से जुड़ गए और असहयोग, स्वराज पार्टी और हिंदुस्तान रिपब्लिकन एसोसिएशन से संबंधित गतिविधियों में शामिल हो गए। 5 बिस्मिल और खान दोनों कवि थे, खान ने कलम नाम हसरत के तहत उर्दू कविता लिखी थी।

हिंदुस्तान रिपब्लिकन एसोसिएशन में अन्य लोगों की तरह, खान लेनिन और रूस में बोल्शेविक क्रांति से काफी प्रेरित थे। वह गरीबों की मुक्ति और पूंजीवादी हितों की अस्वीकृति में विश्वास करता था। उन्होंने धार्मिक सांप्रदायिकता के खिलाफ भी बात की, इसे भारतीय आबादी को नियंत्रित करने और भारतीय स्वतंत्रता को रोकने के लिए एक ब्रिटिश उपकरण के रूप में देखा।

हिंदुस्तान रिपब्लिकन एसोसिएशन के क्रांतिकारियों ने 8 अगस्त 1925 को शाहजहाँपुर में एक बैठक की, जिसमें यह तय किया गया कि हथियारों और गोला-बारूद के लिए धन कैसे जुटाया जाए। उन्होंने काकोरी के रास्ते सरकारी नकदी ले जा रही एक ट्रेन को लूटने का फैसला किया। HRA ने पहले इसी तरह की ट्रेन डकैतियों को अंजाम दिया था, क्रांतिकारी अभियानों को निधि देने के लिए रूसी बोल्शेविक तकनीकों का उपयोग किया था। 12 वह मूल रूप से काकोरी ट्रेन को लूटने का विरोध कर रहा था, लेकिन अंततः जब एचआरए में अन्य लोगों ने योजना का अनुमोदन व्यक्त किया तो वह भाग लेने के लिए सहमत हो गया।

9 अगस्त 1925 को, खान और अन्य क्रांतिकारियों, अर्थात् राम प्रसाद बिस्मिल, राजेंद्र लाहिड़ी, ठाकुर रोशन सिंह, सचिंद्र बखशी, चंद्रशेखर आज़ाद, केशव चक्रवर्ती, बनवारी लाल, मुरारी लाल गुप्ता, मुकुंदी लाल और मनमथनाथ गुप्ता ने हमला किया और सरकार को लूट लिया। लखनऊ के पास काकोरी में ट्रेन। 8 14 15 डकैती के बाद, ब्रिटिश सरकार ने अपराधियों को पकड़ने के लिए बड़े पैमाने पर जांच शुरू की। 8 26 अक्टूबर 1925 की सुबह बिस्मिल को पुलिस ने पकड़ लिया। कैद से बचने के लिए खान नेपाल भाग गया। नेपाल से, वह कानपुर और फिर डाल्टनगंज चले गए, जहाँ उन्होंने छद्म नाम से एक इंजीनियरिंग फर्म में क्लर्क के रूप में काम किया।

आखिरकार, खान ने अपनी क्रांतिकारी गतिविधियों को जारी रखने के लिए दिल्ली जाने का फैसला किया। दिल्ली में रहते हुए उसकी मुलाकात शाहजहाँपुर में अपने परिचित के एक पठान मित्र से हुई, जिसने चुपके से उसके ठिकाने की सूचना पुलिस को दे दी। 7 दिसंबर 1926 की सुबह, खान को दिल्ली पुलिस ने पकड़ लिया और गिरफ्तार कर लिया। वह फैजाबाद के जिला कारागार में बंद था और उसके खिलाफ मामला दर्ज किया गया था।

काकोरी रेल लुटेरों का मुकदमा लखनऊ में एक वर्ष से भी अधिक समय से चल रहा था और जनता ने इसमें विशेष रुचि ली थी। 16 एचआरए ने 1925 में एक आधिकारिक बयान जारी कर दावा किया कि वे खुद को आतंकवादी नहीं मानते थे और इसके बजाय अपनी क्रांतिकारी गतिविधियों को औपनिवेशिक सरकार की हिंसा के खिलाफ लड़ने के तरीके के रूप में देखते थे। जेल में रहते हुए, खान ने इसी तरह की भावनाओं को व्यक्त करते हुए एक पत्र लिखा, जिसमें पुष्टि की गई कि उनका एचआरए के माध्यम से हिंसा फैलाने का इरादा नहीं था, लेकिन केवल भारत की स्वतंत्रता सुनिश्चित करने की उम्मीद थी।

काकोरी डकैती मामले में बिस्मिल, खान, लाहिड़ी और रोशन को मौत की सजा सुनाई गई थी। अन्य को आजीवन कारावास की सजा सुनाई गई। 8 18 19 19 दिसम्बर 1927 को खान को फैजाबाद जेल में फाँसी दे दी गई। 20 उन्हें भारत की आजादी के लिए शहीद माना जाता है।

खान, बिस्मिल, लाहिड़ी और रोशन के निष्पादन के बाद, एचआरए ने अपना नाम हिंदुस्तान सोशलिस्ट रिपब्लिकन आर्मी में बदल दिया और आधिकारिक तौर पर समाजवादी और मार्क्सवादी विचारधारा की वकालत करना शुरू कर दिया।

21

जवाहर लाल नेहरू

जवाहर लाल नेहरू

Freedom Fighters

Scan for Story Videos - www.itibook.com

जवाहरलाल नेहरू (नवंबर 1889 - 27 मई 1964) एक भारतीय उपनिवेशवाद विरोधी राष्ट्रवादी, धर्मनिरपेक्ष मानवतावादी, सामाजिक लोकतंत्रवादी और लेखक थे जो मध्ययुगीन भारत में एक केंद्रीय व्यक्ति थे। 20 वीं सदी। नेहरू 1930 और 1940 के दशक में भारतीय राष्ट्रवादी आंदोलन के एक प्रमुख नेता थे। 1947 में भारत की स्वतंत्रता के बाद, उन्होंने 16 वर्षों तक देश के प्रधान मंत्री के रूप में कार्य किया। नेहरू ने 1950 के दशक में संसदीय लोकतंत्र, धर्मनिरपेक्षता और विज्ञान और प्रौद्योगिकी को बढ़ावा दिया और एक आधुनिक राष्ट्र के रूप में भारत के उदय को दृढ़ता से प्रभावित किया। अन्तर्राष्ट्रीय मामलों में उन्होंने भारत को शीतयुद्ध के दो गुटों से मुक्त कराया। एक प्रतिष्ठित लेखक, जेल में लिखी गई उनकी किताबें, जैसे लेटर्स फ्रॉम ए फादर टू हिज डॉटर (1929), एन ऑटोबायोग्राफी (1936) और द डिस्कवरी ऑफ इंडिया (1946), दुनिया भर में पढ़ी गई हैं। उनके जीवनकाल के दौरान, सम्मानित पंडित आमतौर पर भारत में उनके नाम के आगे लगाया जाता था।

मोतीलाल नेहरू, एक प्रमुख वकील और भारतीय राष्ट्रवादी, जवाहरलाल नेहरू के पुत्र, इंग्लैंड में हैरो स्कूल और ट्रिनिटी कॉलेज, कैम्ब्रिज में शिक्षित हुए, और इनर टेम्पल में कानून में प्रशिक्षित हुए। वह बैरिस्टर बन गए, भारत लौट आए, इलाहाबाद उच्च न्यायालय में प्रवेश किया और धीरे-धीरे राष्ट्रीय राजनीति में रुचि ली, जो अंततः एक पूर्णकालिक पेशा बन गया। वह भारतीय राष्ट्रीय कांग्रेस में शामिल हो गए, 1920 के दशक में प्रगतिशील गुट के नेता बने, और अंततः कांग्रेस, महात्मा गांधी का समर्थन हासिल किया, जिसे नेहरू अपने राजनीतिक उत्तराधिकारी के रूप में नामित करना चाहते थे। 1929 में कांग्रेस अध्यक्ष के रूप में, नेहरू ने ब्रिटिश शासन से पूर्ण स्वतंत्रता का आह्वान किया। 1930 के दशक में नेहरू और कांग्रेस का भारतीय राजनीति में दबदबा था। नेहरू ने 1937 के भारतीय प्रांतीय चुनावों में एक धर्मनिरपेक्ष राष्ट्र-राज्य के विचार को बढ़ावा दिया, जिसने कांग्रेस को चुनाव

जीतने और कई प्रांतों में सरकार बनाने की अनुमति दी। सितंबर 1939 में उन्होंने वायसराय लॉर्ड लिनलिथगो से परामर्श किए बिना युद्ध में शामिल होने के फैसले का विरोध करने के लिए कांग्रेस मंत्री के रूप में इस्तीफा दे दिया। अखिल भारतीय कांग्रेस कमेटी के 8 अगस्त 1942 के भारत छोड़ो प्रस्ताव के बाद, कांग्रेस के वरिष्ठ नेताओं को कैद कर लिया गया और संगठन को एक समय के लिए कुचल दिया गया। नेहरू, जिन्होंने अनिच्छा से तत्काल स्वतंत्रता के लिए गांधी के आह्वान पर ध्यान दिया था और द्वितीय विश्व युद्ध में मित्र देशों के युद्ध के प्रयासों का समर्थन करने की इच्छा व्यक्त की थी, एक लंबी जेल अवधि से उभरे और राजनीतिक परिदृश्य को बदल दिया। मुहम्मद अली जिन्ना के नेतृत्व में मुस्लिम लीग अंतरिम रूप से मुस्लिम राजनीति पर हावी हो गई। 1946 के प्रांतीय चुनावों में, कांग्रेस चुनाव जीत गई लेकिन लीग ने मुसलमानों के लिए आरक्षित सभी सीटों पर जीत हासिल की, जिसे अंग्रेजों ने पाकिस्तान के लिए स्पष्ट जनादेश के रूप में व्याख्यायित किया। सितंबर 1946 में नेहरू भारत के अंतरिम प्रधान मंत्री बने और अक्टूबर 1946 में लीग उनकी सरकार में शामिल हो गई।

15 अगस्त 1947 को भारत की आजादी पर, नेहरू ने समीक्षकों द्वारा प्रशंसित "भाग्य के साथ प्रयास" भाषण दिया; उन्होंने भारत के प्रधान मंत्री के रूप में शपथ ली और दिल्ली में लाल किले पर भारतीय ध्वज फहराया। 26 जनवरी 1950 को, जब भारत राष्ट्रमंडल राष्ट्रों में एक गणतंत्र बना, तो नेहरू भारत के पहले प्रधान मंत्री बने। उन्होंने आर्थिक, सामाजिक और राजनीतिक सुधारों का एक महत्वाकांक्षी कार्यक्रम शुरू किया। नेहरू ने बहुलवादी बहुदलीय लोकतंत्र की वकालत की। विदेशी मामलों में, उन्होंने गुटनिरपेक्ष आंदोलन की स्थापना में एक प्रमुख भूमिका निभाई, राष्ट्रों का एक समूह जो 1950 के दशक के दो मुख्य वैचारिक गुटों में शामिल नहीं हुआ।

नेहरू के नेतृत्व में, कांग्रेस एक सर्वदलीय पार्टी के रूप में उभरी, जो राष्ट्रीय और राज्य स्तर की राजनीति पर हावी रही और 1951, 1957 और 1962 में चुनाव जीती। 1962 के भारत-चीन युद्ध में भारत की हार के बावजूद, नेहरू भारतीयों के बीच लोकप्रिय बने रहे। जिसके लिए उन्हें व्यापक रूप से दोषी ठहराया गया था। 27 मई 1964 को दिल का दौरा पड़ने से उनकी मृत्यु के 16 साल, 286 दिन पूरे हुए - भारत का अब तक का सबसे लंबा प्रीमियरशिप। उनके जन्मदिन को भारत में बाल दिवस के रूप में मनाया जाता है। उनकी विरासत पर भारतीय और अंतर्राष्ट्रीय पर्यवेक्षकों द्वारा गर्मागर्म बहस की गई है। उनकी मृत्यु के बाद के वर्षों में, नेहरू को "आधुनिक भारत के वास्तुकार" के रूप में प्रतिष्ठित किया गया, जिन्होंने भारत में लोकतंत्र को सुरक्षित किया और सांप्रदायिक गृहयुद्ध को रोका। c हाल के वर्षों में, दक्षिणपंथी राजनीतिक हस्तियों ने नेहरू की आलोचना की है। भारत में खासकर नरेंद्र मोदी के प्रधानमंत्रित्व काल से ही।

जवाहरलाल नेहरू का जन्म 14 नवंबर 1889 को इलाहाबाद, ब्रिटिश भारत में हुआ था। उनके पिता, मोतीलाल नेहरू (1861-1931), एक स्व-निर्मित धनी बैरिस्टर, जो कश्मीरी

पंडित समुदाय से संबंधित थे, ने 1919 और 1928 में भारतीय राष्ट्रीय कांग्रेस के अध्यक्ष के रूप में दो बार सेवा की। 15 उनकी मां, स्वरूप रानी थुस्सू (1868-1938), जो लाहौर में बसे एक प्रसिद्ध कश्मीरी ब्राह्मण परिवार से थीं, 16 मोतीलाल की दूसरी पत्नी थीं, उनकी पहली पत्नी की प्रसव के दौरान मृत्यु हो गई थी। जवाहरलाल तीन बच्चों में सबसे बड़े थे। 17 बाद में उनकी बड़ी बहन, विजया लक्ष्मी ने संयुक्त राष्ट्र महासभा का दौरा कियाइली महिला राष्ट्रपति बनीं। 18 उनकी सबसे छोटी बहन, कृष्णा हुथीसिंह, एक प्रसिद्ध लेखिका बनीं और उन्होंने अपने भाई पर कई किताबें लिखीं।

नेहरू ने अपने बचपन को "आश्रय और आश्रयहीन" के रूप में वर्णित किया। वह आनंद भवन नामक एक महलनुमा संपत्ति वाले एक धनी घराने में एक विशेषाधिकार प्राप्त वातावरण में पले-बढ़े। उनके पिता ने उन्हें निजी प्रशासन और ट्यूटर्स के माध्यम से घर पर ही शिक्षित किया। आयरिश थियोसोफिस्ट फर्डिनेंड टी। ब्रूक्स की शिक्षाओं से प्रभावित होकर 22 नेहरू विज्ञान और धर्मशास्त्र में रुचि लेने लगे। 23 एक पारिवारिक मित्र, एनी बेसेंट, ने तेरह वर्ष की आयु में उन्हें थियोसोफिकल सोसायटी में दीक्षित किया। हालांकि, थियोसोफी में उनकी दिलचस्पी नहीं टिकी और ब्रूक्स के उनके शिक्षक के रूप में चले जाने के तुरंत बाद उन्होंने सोसाइटी छोड़ दी। उन्होंने लिखा: "ब्रूक्स लगभग तीन वर्षों से मेरे साथ थे और उन्होंने मुझे कई तरह से प्रभावित किया"।

नेहरू के थियोसोफिकल हितों ने उन्हें बौद्ध और हिंदू शास्त्रों का अध्ययन करने के लिए प्रेरित किया। बी.आर. नंदा के अनुसार, ये ग्रंथ नेहरू के "भारत की धार्मिक और सांस्कृतिक विरासत का पहला परिचय थे। ... उन्होंने नेहरू को उनकी लंबी बौद्धिक खोज के लिए प्रारंभिक प्रेरणा प्रदान की, जिसकी परिणति ...

नेहरू अपनी युवावस्था में एक उत्साही राष्ट्रवादी बन गए। द्वितीय बोअर युद्ध और रूस-जापानी युद्ध ने उनकी भावनाओं को तीव्र कर दिया। उन्होंने बाद में लिखा, "जापान की जीत ने मुझे खुश कर दिया। ... राष्ट्रवादी विचारों ने मेरे दिमाग को भर दिया। ... मैंने यूरोप में भारतीय स्वतंत्रता और एशियाई स्वतंत्रता के बारे में सोचा।" बाद में, 1905 में, जब उन्होंने इंग्लैंड के एक प्रमुख स्कूल हैरो में अपनी संस्थागत स्कूली शिक्षा शुरू की, जहाँ उन्हें "जो" उपनाम दिया गया था, तो वे जीएम ट्रेवेलियन की गैरीबाल्डी पुस्तकों से बहुत प्रभावित थे, जिसके लिए उन्होंने अकादमिक उत्कृष्टता के लिए एक पुरस्कार जीता था। 28 उन्होंने गैरीबाल्डी को एक क्रांतिकारी नायक के रूप में देखा। उन्होंने लिखा: "भारत में मेरी स्वतंत्रता के लिए मेरे शक्तिशाली संघर्ष, भारत में इसी तरह के कार्यों के दर्शन मेरे सामने आए थे, और मेरे दिमाग में, भारत और इटली अजीब तरह से एकजुट थे।"

अक्टूबर 1907 में नेहरू ट्रिनिटी कॉलेज, कैंब्रिज गए और 1910 में प्राकृतिक विज्ञान में सम्मान के साथ स्नातक हुए। इस अवधि में उन्होंने राजनीति, अर्थशास्त्र, इतिहास और साहित्य का रुचि के साथ अध्ययन किया। बर्नार्ड शॉ, एचजी वेल्स, जॉन मेनार्ड कीन्स, बर्ट्रेंड रसेल, लोव्स डिकिंसन और मेरेडिथ टाउनसेंड के लेखन ने उनकी अधिकांश राजनीतिक और

आर्थिक सोच का निर्माण किया।

1910 में स्नातक होने के बाद, नेहरू लंदन चले गए और इनर टेम्पल इन में कानून का अध्ययन किया। 30 इस अवधि के दौरान, उन्होंने फेबियन सोसाइटी के विद्वानों के साथ अध्ययन करना जारी रखा, जिसमें बीट्राइस वेब भी शामिल था। 1912 में उन्हें बार में बुलाया गया।

अगस्त 1912 में भारत लौटने के बाद, नेहरू ने इलाहाबाद उच्च न्यायालय में एक वकील के रूप में दाखिला लिया और एक बैरिस्टर के रूप में बसने का प्रयास किया। लेकिन, अपने पिता के विपरीत, उन्हें अपने पेशे में बहुत कम दिलचस्पी थी और कानून के अभ्यास या वकीलों की कंपनी का आनंद नहीं लेते थे: "निश्चित रूप से वातावरण बौद्धिक रूप से उत्तेजक नहीं था, और जीवन की अस्पष्टता की भावना मुझ पर बढ़ी।" राष्ट्रवादी राजनीति में उनकी भागीदारी ने धीरे-धीरे उनके कानूनी अभ्यास को बदल दिया।

नेहरू ब्रिटेन में एक छात्र और बैरिस्टर के रूप में भारतीय राजनीति में रुचि रखते थे। 1912 में भारत लौटने के कुछ महीनों के भीतर, नेहरू ने पटना में भारतीय राष्ट्रीय कांग्रेस के वार्षिक सत्र में भाग लिया। 1912 में कांग्रेस मध्य वर्ग और अभिजात्य वर्ग की पार्टी थी, और "अत्यधिक अंग्रेजी बोलने वाले उच्च वर्ग के मामलों" के रूप में जो देखा उससे परेशान थी। नेहरू ने कांग्रेस की प्रभावशीलता पर संदेह किया लेकिन 1913 में महात्मा गांधी के नेतृत्व में भारतीय नागरिक अधिकार आंदोलन का समर्थन करने के लिए दक्षिण अफ्रीका में पार्टी के लिए काम करने के लिए सहमत हुए, आंदोलन के लिए धन जुटाने के लिए 35। बाद में, उन्होंने ब्रिटिश उपनिवेशों में भारतीयों द्वारा सामना किए गए गिरमिटिया श्रम और इस तरह के अन्य भेदभाव के खिलाफ अभियान चलाया।

जब प्रथम विश्व युद्ध छिड़ा तो भारत में सहानुभूति बंट गई। हालाँकि शिक्षित भारतीयों ने "बड़े पैमाने पर" ब्रिटिश शासकों को अधीनता देखकर आनंद लिया, शासक अभिजात वर्ग ने मित्र राष्ट्रों का पक्ष लिया। नेहरू ने स्वीकार किया कि उन्होंने युद्ध को मिश्रित भावनाओं के साथ देखा। जैसा कि फ्रैंक मोरेस ने लिखा है, "यदि नेहरू की सहानुभूति किसी देश के साथ थी, तो वह फ्रांस के साथ थी, जिसकी संस्कृति की वे बहुत प्रशंसा करते थे"। युद्ध के दौरान, नेहरू ने सेंट जॉन एम्बुलेंस के लिए स्वेच्छा से काम किया और इलाहाबाद में संगठन के प्रांतीय सचिवों में से एक के रूप में सेवा की। उन्होंने भारत में ब्रिटिश सरकार द्वारा पेश किए गए सेंसरशिप कानूनों के खिलाफ भी बात की।

नेहरू युद्ध के वर्षों से एक ऐसे नेता के रूप में उभरे जिनके राजनीतिक विचारों को कट्टरपंथी माना जाता था। हालांकि उस समय के राजनीतिक विमर्श पर नरमपंथी गोपाल कृष्ण गोखले का प्रभुत्व था, जिन्होंने कहा कि "स्वतंत्रता के बारे में सोचना पागलपन है", 33 नेहरू ने "असहयोग की राजनीति के बारे में खुले तौर पर बात की, मानद पदों से इस्तीफा देने के लिए सरकार और प्रतिनिधित्व की निरर्थक राजनीति को जारी नहीं रखने की जरूरत है।" उन्होंने ब्रिटिश नीतियों का समर्थन करने के लिए भारतीय सिविल सेवा का मज़ाक उड़ाया।

उन्होंने बताया कि एक बार किसी ने भारराष्ट्रीय सिविल सेवा को इस रूप में परिभाषित किया गया था, "जिससे हम दुर्भाग्य से इस देश में अभी भी पीड़ित हैं, न भारतीय, न सिविल, न ही सेवा"। एक प्रमुख उदारवादी नेता, मोतीलाल नेहरू ने संवैधानिक आंदोलन की सीमाओं को स्वीकार किया, लेकिन अपने बेटे को सलाह दी कि कोई अन्य "व्यावहारिक विकल्प" नहीं था। हालाँकि, नेहरू राष्ट्रीय आंदोलन की गति से असंतुष्ट थे। वह आक्रामक राष्ट्रवादी नेताओं के साथ शामिल थे जिन्होंने भारतीयों के लिए होम रूल की मांग की थी।

1915 में गोखले की मृत्यु के बाद, कांग्रेस की राजनीति पर मध्य वर्ग का प्रभाव कम हो गया। ऐनी बेसेंट और बाल गंगाधर तिलक जैसे उदारवादी विरोधी 33 नेताओं ने होम रूल के लिए एक राष्ट्रीय आंदोलन का आह्वान करने का अवसर लिया। हालाँकि, 1915 में, इस तरह की कट्टरपंथी कार्रवाई के लिए मध्य वर्ग की अनिच्छा के कारण प्रस्ताव को अस्वीकार कर दिया गया था।

नेहरू ने 1916 में कमला कौल से शादी की। उनकी इकलौती बेटी इंदिरा का जन्म एक साल बाद 1917 में हुआ। कमला ने नवंबर 1924 में एक पुत्र को जन्म दिया, लेकिन वह केवल एक सप्ताह ही जीवित रहा।

फिर भी, बेसेंट ने 1916 में होम रूल के समर्थन में एक लीग का गठन किया। अप्रैल 1916 में जेल से छूटने के बाद तिलक ने अपनी लीग बनाई। 33 नेहरू दोनों लीगों में शामिल हुए, लेकिन मुख्य रूप से पूर्व टीमों के लिए काम किया। उन्होंने बाद में टिप्पणी की कि "बचपन में बेसेंट का मुझ पर गहरा प्रभाव था ... राजनीतिक जीवन में प्रवेश करने पर भी उनका प्रभाव जारी रहा।" भारतीय राजनीति में आमूल-चूल परिवर्तन लाने वाला एक और घटनाक्रम था दिसंबर 1916 में कांग्रेस की वार्षिक बैठक में लखनऊ समझौते के साथ हिंदू-मुस्लिम एकता की। इलाहाबाद में आणंद में नेहरू के आवास पर आयोजित अखिल भारतीय कांग्रेस कमेटी की बैठक में इस साल के शुरू में समझौता किया गया था। इमारत नेहरू ने दो भारतीय समुदायों के बीच मित्रता का स्वागत किया और उसे प्रोत्साहित किया।

1916 में, ब्रिटिश साम्राज्य में स्वशासन की मांग को उठाने के लिए एनी बेसेंट के नेतृत्व में कई राष्ट्रवादी नेता एक साथ आए, जिसका उस समय ऑस्ट्रेलिया, कनाडा, दक्षिण अफ्रीका, न्यूजीलैंड और न्यूफाउंडलैंड ने आनंद लिया था। नेहरू आंदोलन में शामिल हुए और बेसेंट की होम रूल लीग के सचिव बने।

जून 1917 में, ब्रिटिश सरकार ने बेसेंट को गिरफ्तार कर लिया और उन्हें नजरबंद कर दिया। कांग्रेस और अन्य भारतीय संगठनों ने उसे रिहा न करने पर विरोध प्रदर्शन की धमकी दी। इसके बाद, तीव्र विरोध की अवधि के बाद, ब्रिटिश सरकार को बेसेंट को रिहा करने और महत्वपूर्ण रियायतें देने के लिए मजबूर होना पड़ा।

नेहरू की पहली बड़ी राष्ट्रीय भागीदारी 1920 में असहयोग आंदोलन की शुरुआत में हुई। उन्होंने संयुक्त प्रांत (अब उत्तर प्रदेश) में आंदोलन का नेतृत्व किया। सरकार विरोधी गतिविधियों के आरोप में नेहरू को 1921 में गिरफ्तार किया गया और कुछ महीने बाद रिहा

कर दिया गया। चौरी चौरा कांड के बाद, गांधी ने असहयोग आंदोलन को अचानक बंद कर दिया, नेहरू कांग्रेस के प्रति वफादार रहे और अपने पिता मोतीलाल नेहरू और सीआर दास द्वारा स्थापित स्वराज पार्टी में शामिल नहीं हुए। 1923 में, नेहरू को नाभा राज्य में जेल में डाल दिया गया था, जब वे वहां भ्रष्ट महंतों के खिलाफ सिखों द्वारा छेड़े गए संघर्ष को देखने गए थे।

नेहरू ने भारतीय स्वतंत्रता संग्राम के लिए एक अंतरराष्ट्रीय दृष्टिकोण विकसित करने में एक प्रमुख भूमिका निभाई। उन्होंने भारत के लिए विदेशी सहयोगियों की तलाश की और दुनिया भर में स्वतंत्रता और लोकतंत्र आंदोलनों के साथ संबंध बनाए। 1927 में, उनके प्रयासों का भुगतान किया गया और कांग्रेस को ब्रसेल्स, बेल्जियम में शोषित राष्ट्रीयताओं की कांग्रेस में भाग लेने के लिए आमंत्रित किया गया। बैठक को सुलह और एक आम संघर्ष की योजना बनाने के लिए बुलाया गया था। नेहरू ने भारत का प्रतिनिधित्व किया और इस बैठक से पैदा हुए साम्राज्यवाद के खिलाफ लीग की कार्यकारी परिषद के लिए चुने गए।

तेजी से, नेहरू ने ब्रिटिश साम्राज्यवाद से स्वतंत्रता के लिए संघर्ष को साम्राज्य के विभिन्न उपनिवेशों को अपने अधीन करने और हावी करने के बहुराष्ट्रीय प्रयास के रूप में देखा; हालाँकि, इस मामले पर उनके कुछ बयानों की व्याख्या हिटलर के उदय और उनके समर्थक उद्देश्यों के साथ मिलीभगत के रूप में की गई थी। इन आरोपों का सामना करने पर नेहरू ने उत्तर दिया:

हम फिलिस्तीन में अरब राष्ट्रीय आंदोलन के प्रति सहानुभूति रखते हैं क्योंकि यह ब्रिटिश साम्राज्यवाद के खिलाफ है। तथ्य यह है कि राष्ट्रीय आंदोलन हिटलर के हितों के साथ मेल खाता था, हमारी सहानुभूति को कमजोर नहीं कर सका।

नेहरू ने 1929 में कांग्रेस और भावी भारतीय राष्ट्र की नीतियां तैयार कीं। उन्होंने घोषणा की कि धर्म की स्वतंत्रता कांग्रेस का उद्देश्य था; संघ बनाने का अधिकार; अभिव्यक्ति की स्वतंत्रता; जाति, रंग, पंथ या धर्म के भेद के बिना प्रत्येक व्यक्ति के लिए कानून के समक्ष समानता; क्षेत्रीय भाषाओं और संस्कृतियों की सुरक्षा, किसानों और श्रमिकों के हितों की रक्षा; अस्पृश्यता का उन्मूलन; वयस्क मताधिकार की शुरूआत; निषेध, उद्योगों का राष्ट्रीयकरण; समाजवाद और धर्मनिरपेक्ष भारत की स्थापना। इन सभी उद्देश्यों ने 1929-1931 में नेहरू द्वारा तैयार किए गए "मौलिक अधिकार और आर्थिक नीति" संकल्प के मूल का गठन किया और 1931 में वल्लभभाई पटेल की अध्यक्षता में कराची में कांग्रेस पार्टी के सत्र में अपनाया गया।

नेहरू पहले नेता थे जिन्होंने मांग की कि कांग्रेस पार्टी को ब्रिटिश साम्राज्य के साथ सभी संबंधों को पूरी तरह और स्पष्ट रूप से समाप्त करने का निर्णय लेना चाहिए। 1927 में कांग्रेस के मद्रास अधिवेशन में गांधीकी आलोचना के बावजूद उन्होंने स्वतंत्रता प्रस्ताव पारित किया उस समय, उन्होंने इंडिपेंडेंस फॉर इंडिया लीग की स्थापना की, जो कांग्रेस के भीतर एक दबाव समूह था। 1928 में, गांधी ने नेहरू की मांगों को स्वीकार कर लिया और

दो साल के भीतर भारत को डोमिनियन का दर्जा देने के लिए अंग्रेजों से आह्वान करते हुए एक प्रस्ताव पेश किया। यदि अंग्रेज समय सीमा को पूरा करने में विफल रहे, तो कांग्रेस सभी भारतीयों से पूर्ण स्वतंत्रता के लिए लड़ने की अपील करेगी। अंग्रेजों को दिए गए समय पर आपत्ति जताने वाले नेताओं में नेहरू भी थे - उन्होंने गांधी से अंग्रेजों से तत्काल कार्रवाई की मांग की। गांधी ने दो साल की अवधि कम करके समझौता किया। 1929 में अंग्रेजों ने डोमिनियन स्टेटस की मांग को खारिज कर दिया। 29 दिसंबर 1929 को लाहौर सत्र के दौरान, नेहरू ने कांग्रेस पार्टी की अध्यक्षता ग्रहण की और पूर्ण स्वतंत्रता के लिए एक सफल प्रस्ताव पेश किया। नेहरू ने भारतीय स्वतंत्रता की घोषणा का मसौदा तैयार किया, जिसमें कहा गया था:

हम मानते हैं कि अन्य लोगों की तरह, भारतीय लोगों को भी स्वतंत्रता का अविच्छेद्य अधिकार है और अपने श्रम के फल का आनंद लेने और जीवन की आवश्यक वस्तुओं को प्राप्त करने का अधिकार है, ताकि उनके पास विकास के पूर्ण अवसर हों। हम मानते हैं कि यदि कोई सरकार इन अधिकारों को छीन लेती है और उनका दमन करती है, तो लोगों को उन्हें बदलने या समाप्त करने का एक और अधिकार है। भारत में ब्रिटिश सरकार ने न केवल भारतीय लोगों की स्वतंत्रता छीन ली बल्कि लोगों के शोषण पर आधारित थी और भारत को आर्थिक, राजनीतिक, सांस्कृतिक और आध्यात्मिक रूप से बर्बाद कर दिया। इसलिए, हमारी राय है कि भारत को अंग्रेजों से नाता तोड़ लेना चाहिए और पूर्ण स्वशासन या पूर्ण स्वतंत्रता प्राप्त करनी चाहिए।

नव वर्ष 1929 की आधी रात को नेहरू ने लाहौर में रावी के तट पर भारत का तिरंगा झंडा फहराया। स्वतंत्रता की शपथ पढ़ी गई, जिसमें करों को वापस लेने की इच्छा शामिल थी। समारोह में भाग लेने वाले लोगों की बड़ी भीड़ से पूछा गया कि क्या वे इससे सहमत हैं, और बहुमत ने अनुमोदन में अपने हाथ खड़े कर दिए। इस प्रस्ताव के समर्थन में और भारतीय जनभावना के अनुरूप केंद्रीय और प्रांतीय विधानसभाओं के 172 भारतीय सदस्यों ने इस्तीफा दे दिया। कांग्रेस ने भारत के लोगों से 26 जनवरी को स्वतंत्रता दिवस के रूप में मनाने के लिए कहा। कांग्रेस के स्वयंसेवकों, राष्ट्रवादियों और जनता ने पूरे भारत में सार्वजनिक रूप से भारतीय ध्वज फहराया। सामूहिक सविनय अवज्ञा की भी योजनाएँ थीं।

1929 में कांग्रेस के लाहौर अधिवेशन के बाद, नेहरू धीरे-धीरे भारतीय स्वतंत्रता आंदोलन के सर्वोच्च नेता के रूप में उभरे। गांधी ने फिर से एक आध्यात्मिक भूमिका में कदम रखा। हालाँकि गांधी ने 1942 तक स्पष्ट रूप से नेहरू को अपने राजनीतिक उत्तराधिकारी के रूप में नामित नहीं किया था, लेकिन 1930 के दशक के मध्य तक, देश ने नेहरू को गांधी के स्वाभाविक उत्तराधिकारी के रूप में देखा।

नेहरू और अधिकांश कांग्रेस नेता शुरू में ब्रिटिश नमक कर के उद्देश्य से सत्याग्रह के माध्यम से सविनय अवज्ञा शुरू करने की गांधी की योजना के बारे में अस्पष्ट थे। विपक्ष के भाप लेने के बाद उन्होंने नमक की ताकत को प्रतीक के रूप में समझा। नेहरू ने अभूतपूर्व

लोकप्रिय प्रतिक्रिया के बारे में टिप्पणी की, "ऐसा लग रहा था जैसे कोई झरना अचानक फट गया हो"। 14 अप्रैल 1930 को इलाहाबाद से रायपुर जाते समय उन्हें गिरफ्तार कर लिया गया। इससे पहले, एक विशाल सभा को संबोधित करने और एक विशाल जुलूस का नेतृत्व करने के बाद, उन्होंने औपचारिक रूप से कुछ वर्जित नमक तैयार किया था। उन पर नमक अधिनियम का उल्लंघन करने का आरोप लगाया गया और उन्हें सेंट्रल जेल में छह महीने की कैद की सजा सुनाई गई।

उन्होंने जेल में नहीं रहते हुए गांधी को कांग्रेस अध्यक्ष के रूप में नामित किया, लेकिन गांधी ने मना कर दिया और नेहरू ने अपने पिता को अपने उत्तराधिकारी के रूप में नामित किया। नेहरू की गिरफ्तारी के साथ, सविनय अवज्ञा ने एक नई गति प्राप्त की और गिरफ्तारी, भीड़ पर गोलीबारी और लाठीचार्ज आम हो गया।

नमक सत्याग्रह ("निष्क्रिय प्रतिरोध के माध्यम से सुधार के लिए दबाव") विश्व का ध्यान आकर्षित करने में सफल रहा। भारतीय, ब्रिटिश और विश्व जनमत ने तेजी से स्वतंत्रता के लिए कांग्रेस पार्टी के दावों की वैधता को मान्यता दी। नेहरू ने नमक सत्याग्रह को गांधी के साथ अपने जुड़ाव के उच्च जल चिह्न के रूप में माना, और महसूस किया कि भारतीय दृष्टिकोण को बदलने में इसका स्थायी महत्व था:

बेशक इन आंदोलनों ने ब्रिटिश सरकार पर काफी दबाव डाला और सरकारी तंत्र हिल गया। लेकिन वास्तविक महत्व, मेरी राय में, हमारे लोगों और विशेष रूप से ग्रामीणों पर उनका प्रभाव है। ... असहयोग ने उन्हें दलदल से बाहर निकाला और उन्हें स्वाभिमान और आत्मनिर्भरता प्रदान की। ... उन्होंने साहसपूर्वक कार्य किया और इतनी आसानी से अन्यायपूर्ण उत्पीड़न के आगे नहीं झुके; उनका दृष्टिकोण व्यापक हो गया और वे संपूर्ण भारत के संदर्भ में थोड़ा सोचने लगे। ... यह एक उल्लेखनीय परिवर्तन था और इसका श्रेय गांधी के नेतृत्व वाली कांग्रेस को दिया जाना चाहिए।

1936 में नेहरू का यूरोपीय दौरा उनकी राजनीतिक और आर्थिक मानसिकता में एक महत्वपूर्ण मोड़ था। इस यात्रा ने मार्क्सवाद और उनकी समाजवादी सोच में उनकी रुचि जगाई। बाद में जेल में बिताए समय ने उन्हें मार्क्सवाद पर और गहराई से शोध करने में सक्षम बनाया। उनके विचारों से आकर्षित लेकिन उनकी कुछ युक्तियों से विमुख, वह कार्ल मार्क्स के शब्दों को प्रकट सुसमाचार के रूप में नहीं खरीद सके। हालाँकि, उसके बाद से, उनके आर्थिक दृष्टिकोण का मानदंड मार्क्सवादी बना रहा, जहाँ भी भारतीय परिस्थितियों के लिए आवश्यक था, अनुकूलित किया गया।

नेहरू 1936 के शुरुआती महीने स्विट्जरलैंड में लुसाने में अपनी बीमार पत्नी के पास गए, जहाँ मार्च में उनकी मृत्यु हो गई। यूरोप में रहते हुए, वह द्वितीय विश्व युद्ध की संभावना को लेकर बहुत चिंतित हो गए। उस समय, उन्होंने इस बात पर जोर दिया कि, युद्ध की स्थिति में, भारत की स्थिति लोकतंत्र के पक्ष में थी, हालांकि उन्होंने जोर देकर कहा कि भारत केवल ग्रेट ब्रिटेन और फ्रांस के समर्थन से एक स्वतंत्र देश के रूप में लड़ सकता है।

1936 के लखनऊ अधिवेशन में, कांग्रेस पार्टी ने नेहरू के विरोध के बावजूद, 1937 में भारत सरकार अधिनियम 1935 के तहत होने वाले प्रांतीय चुनाव लड़ने के लिए सहमति व्यक्त की, जो पार्टी अध्यक्ष के रूप में चुने गए थे। इन चुनावों ने अधिकांश प्रांतों में कांग्रेस पार्टी को नेहरू की लोकप्रियता और शक्ति प्रदान की। जैसा कि मुहम्मद अली जिन्ना (जो पाकिस्तान का निर्माता बन जाएगा) के नेतृत्व में मुस्लिम लीग ने चुनावों में खराब प्रदर्शन किया, नेहरू ने घोषणा की कि भारत में केवल दो पार्टियां ब्रिटिश औपनिवेशिक सत्ता और कांग्रेस थीं। जिन्ना का यह दावा कि मुस्लिम लीग एक तीसरी पार्टी थी और भारतीय राजनीति में "समान भागीदार" थी, को व्यापक रूप से खारिज कर दिया गया था। नेहरू ने मौलाना आज़ाद को भारतीय मुसलमानों के अग्रणी नेता के रूप में उभारने की उम्मीद की थी, लेकिन गांधी, जिन्होंने जिन्ना को भारतीय मुसलमानों की आवाज़ के रूप में देखा, ने उन्हें छोटा कर दिया।

1930 के दशक में, कांग्रेस के भीतर कांग्रेस सोशलिस्ट पार्टी गुट का गठन किया गया, जिसका नेतृत्व जयप्रकाश नारायण, नरेंद्र देव और अन्य ने किया। हालाँकि नेहरू इस समूह में कभी शामिल नहीं हुए, लेकिन उन्होंने उनके और गांधी के बीच एक सेतु का काम किया। उन्हें वामपंथी कांग्रेसियों मौलाना आज़ाद और सुभाष चंद्र बोस का समर्थन प्राप्त था। इन तीनों ने मिलकर 1936 में राजेंद्र प्रसाद को कांग्रेस अध्यक्ष पद से बेदखल कर दिया। उनके स्थान पर नेहरू चुने गए और दो साल (1936-37) तक राष्ट्रपति के रूप में कार्य किया। 85 उनके समाजवादी सहयोगियों बोस (1938-39) और आज़ाद (1940-46) ने उनका उत्तराधिकारी बनाया। कांग्रेस के महासचिव के रूप में नेहरू के दूसरे कार्यकाल के दौरान, उन्होंने भारत की विदेश नीति के संबंध में कुछ प्रस्तावों का प्रस्ताव रखा। तब से, उन्हें किसी भी भावी भारतीय राष्ट्र की विदेश नीति को आकार देने के लिए कार्टे ब्लैंच ("ब्लैंक चेक") दिया गया। दुनिया भर के मुक्त देशों की सरकारों के साथ अच्छे संबंध विकसित करने के लिए नेहरू ने बोस के साथ मिलकर काम किया।

नेहरू भारतीय राजकुमारों द्वारा शासित राज्यों में लोगों की दुर्दशा को समझने वाले पहले राष्ट्रवादी नेताओं में से एक थे। राष्ट्रवादी आंदोलन सीधे ब्रिटिश शासन के अधीन क्षेत्रों तक सीमित था। उन्होंने रियासतों के लोगों के संघर्ष को स्वतंत्रता के लिए राष्ट्रवादी आंदोलन का हिस्सा बनाने में मदद की। नेहरू को भारत की भविष्य की अर्थव्यवस्था की योजना बनाने का काम भी सौंपा गया था और ऐसी नीतियों को तैयार करने के लिए 1938 में राष्ट्रीय योजना आयोग नियुक्त किया गया था। हालाँकि, नेहरू और उनके सहयोगियों द्वारा तैयार की गई कई योजनाएँ 1947 में भारत के अप्रत्याशित विभाजन से पूर्ववत हो गईं।

1927 में ऑल इंडिया स्टेट्स पीपुल्स कांफ्रेंस (AISPC) का गठन किया गया और कई वर्षों तक राज्यों के लोगों की वकालत करने वाले नेहरू को 1939 में संगठन का अध्यक्ष बनाया गया। इसने राजनीतिक स्पेक्ट्रम में सदस्यता के लिए अपनी रैंक खोली। AISPC

को भारत के राजनीतिक एकीकरण के दौरान एक महत्वपूर्ण भूमिका निभानी थी, जिससे भारतीय नेताओं वल्लभभाई पटेल और वीपी मेनन (जिन्हें नेहरू ने भारत में रियासतों के एकीकरण का काम सौंपा था) को सैकड़ों राजकुमारों के साथ बातचीत करने में मदद मिली।

जब द्वितीय विश्व युद्ध छिड़ गया, वायसराय लिनलिथगो ने चुने हुए भारतीय प्रतिनिधियों से परामर्श किए बिना भारत को ब्रिटेन के पक्ष में एकतरफा जुझारू घोषित कर दिया। लोकतंत्र और फासीवाद के बीच संघर्ष में, नेहरू जल्दबाजी में चीन की यात्रा से लौटे और घोषणा की कि "हमारी सहानुभूति अनिवार्य रूप से लोकतंत्र के साथ होनी चाहिए, ... मैं चाहता हूं कि भारत अपनी पूरी भूमिका निभाए और अपने सभी संसाधनों को एक नई व्यवस्था के लिए संघर्ष में झोंक दे।" "।

काफी विचार-विमर्श के बाद, नेहरू के नेतृत्व वाली कांग्रेस ने सरकार को सूचित किया कि वह अंग्रेजों के साथ सहयोग करेगी लेकिन कुछ शर्तों पर। सबसे पहले, ब्रिटेन को युद्ध के बाद भारत को पूर्ण स्वतंत्रता का वादा करना चाहिए और एक संविधान सभा के चुनाव को एक नया संविधान बनाने की अनुमति देनी चाहिए; दूसरा, हालांकि भारतीय सशस्त्र बल ब्रिटिश कमांडर-इन-चीफ के अधीन रहेंगे, भारतीयों को तुरंत केंद्र सरकार में शामिल किया जाना चाहिए और सत्ता और जिम्मेदारी साझा करने का अवसर दिया जाना चाहिए। जब नेहरू ने इन मांगों को लॉर्ड लिनलिथगो के सामने रखा, तो उन्होंने उन्हें अस्वीकार करने का फैसला किया। एक गतिरोध आया: "फिर से वही पुराना खेल खेला जाता है," नेहरू ने गांधी को कड़वाहट से लिखा, "पृष्ठभूमि वही है, विभिन्न उपनाम समान हैं और अभिनेता समान हैं और परिणाम समान होना चाहिए"।

23 अक्टूबर 1939 को कांग्रेस ने वायसराय के रवैये की निंदा की और इसके विरोध में विभिन्न प्रांतों में कांग्रेस के मंत्रियों के इस्तीफे की मांग की। इस महत्वपूर्ण घोषणा से पहले नेहरू ने जिन्ना और मुस्लिम लीग से आंदोलन में शामिल होने की अपील की, लेकिन जिन्ना ने इनकार कर दिया।

जब दुनिया फासीवाद से खतरे में थी, तब नेहरू ने भारत को लोकतंत्र और स्वतंत्रता के रास्ते पर मजबूती से खड़ा कर दिया था, लेकिन 1930 के दशक के अंत में जब वे अंग्रेजों को बाहर करने के लिए फासीवादियों की मदद लेने के लिए सहमत हुए, तो वे और बोस अलग हो गए। भारत। वहउसी समय, नेहरू ने स्पेनिश गृहयुद्ध में फ्रांसिस्को फ्रेंको की सेना से लड़ने वाले रिपब्लिकन का समर्थन किया। नेहरू और उनके सहयोगी वीके कृष्ण मेनन ने स्पेन का दौरा किया और रिपब्लिकन के लिए अपने समर्थन की घोषणा की। जब इटली के तानाशाह बेनिटो मुसोलिनी ने मिलने की इच्छा जताई तो नेहरू ने उसे ठुकरा दिया।

मार्च 1940 में, मुहम्मद अली जिन्ना ने पाकिस्तान प्रस्ताव पारित किया, जिसमें घोषित किया गया, "राष्ट्र की किसी भी परिभाषा से मुसलमान एक राष्ट्र हैं और उनके पास अपनी मातृभूमि, अपना क्षेत्र और अपना राज्य होना चाहिए।" इस राज्य को पाकिस्तान के नाम से जाना जाना था, जिसका अर्थ है 'शुद्ध भूमि'। नेहरू ने क्रोधपूर्वक घोषणा की कि

"सभी पुरानी समस्याएं ... लाहौर में मुस्लिम लीग के नेता द्वारा उठाए गए नवीनतम स्टैंड से पहले तुच्छ हैं"। 8 अक्टूबर 1940 को, लिन्लिथगो ने नेहरू को एक प्रस्ताव दिया, जिसमें कहा गया कि भारत के लिए डोमिनियन का दर्जा ब्रिटिश सरकार का उद्देश्य था। हालाँकि, इसे पूरा करने के लिए किसी तिथि या विधि का कोई उल्लेख नहीं है। केवल जिन्ना को कुछ और सटीक मिला: "ब्रिटिश लोग कांग्रेस-प्रभुत्व वाली राष्ट्रीय सरकार को सत्ता हस्तांतरित करने पर विचार नहीं करेंगे, जिसके अधिकार को भारत के राष्ट्रीय जीवन के विभिन्न तत्वों ने खारिज कर दिया था"।

अक्टूबर 1940 में, गांधी और नेहरू ने ब्रिटेन का समर्थन करने के अपने मूल रुख को त्यागते हुए, एक सीमित सविनय अवज्ञा अभियान शुरू करने का फैसला किया, जिसमें भाग लेने के लिए भारतीय स्वतंत्रता के प्रमुख अधिवक्ताओं को एक-एक करके चुना गया। नेहरू को गिरफ्तार कर लिया गया और उन्हें चार साल जेल की सजा सुनाई गई। 15 जनवरी 1941 को गांधी ने कहा:

कोई कहता है कि जवाहरलाल और मैं अलग हो गए थे। हमें विचलित करने के लिए मतभेदों से अधिक की आवश्यकता होती है। हमारे सहयोगी बनने के बाद से हमारे मतभेद हैं और फिर भी मैं कुछ वर्षों से कह रहा हूं और अब जवाहरलाल मेरे उत्तराधिकारी होंगे न कि राजाजी।

जेल में एक साल से अधिक समय बिताने के बाद, हवाई में पर्ल हार्बर पर बमबारी से तीन दिन पहले नेहरू को अन्य कांग्रेस कैदियों के साथ रिहा कर दिया गया था।

1942 के वसंत में जब जापानियों ने बर्मा (अब म्यांमार) के माध्यम से भारतीय सीमा पर हमला किया, तो ब्रिटिश सरकार ने इस नए सैन्य खतरे का सामना करते हुए भारत के लिए कुछ पहल करने का फैसला किया, जैसा कि नेहरू मूल रूप से चाहते थे। प्रधान मंत्री विंस्टन चर्चिल ने सर स्टैफ़ोर्ड क्रिप्स, युद्ध मंत्रिमंडल के एक सदस्य, जो राजनीतिक रूप से नेहरू के करीबी थे और जिन्ना को जानते थे, को संवैधानिक मुद्दे को हल करने के प्रस्ताव के साथ भेजा। जैसे ही वह पहुंचे, उन्होंने महसूस किया कि भारत जितना उन्होंने सोचा था उससे कहीं अधिक गहराई से विभाजित था। समझौते के इच्छुक नेहरू आशावादी थे; गांधी नहीं थे। जिन्ना ने कांग्रेस का विरोध करना जारी रखा: "पाकिस्तान हमारी एकमात्र मांग है, और भगवान के द्वारा, हम इसे प्राप्त करेंगे," उन्होंने मुस्लिम लीग के समाचार पत्र डॉन में घोषणा की। क्रिप्स का मिशन विफल हो गया क्योंकि गांधी को स्वतंत्रता से कम कुछ भी स्वीकार नहीं था। बाद में क्रिप्स के साथ सहयोग करने से इनकार करने के कारण नेहरू और गांधी के बीच संबंध ठंडे पड़ गए, लेकिन बाद में दोनों में सुलह हो गई।

1942 में गांधी ने अंग्रेजों को भारत छोड़ने का आह्वान किया; हालाँकि नेहरू मित्र देशों के युद्ध के प्रयासों को शर्मिंदा करने के लिए अनिच्छुक थे, उनके पास गांधी के साथ शामिल होने के अलावा कोई विकल्प नहीं था। 8 अगस्त 1942 को बंबई में कांग्रेस पार्टी द्वारा पारित भारत छोड़ो प्रस्ताव के बाद, गांधी और नेहरू सहित पूरी कांग्रेस कार्यकारिणी को गिरफ्तार

कर लिया गया और कैद कर लिया गया। 15 जून 1945 तक नेहरू, अब्दुल कलाम आज़ाद, सरदार पटेल सहित अधिकांश कांग्रेस कार्यकर्ता अहमदनगर किले में कैद थे।

जिस अवधि में कांग्रेस के सभी नेता जेल में थे, जिन्ना के नेतृत्व में मुस्लिम लीग सत्ता में आई। अप्रैल 1943 में, लीग ने बंगाल की सरकारों और एक महीने बाद उत्तर पश्चिम सीमांत प्रांत पर अधिकार कर लिया। इनमें से किसी भी राज्य में पहले लीग बहुमत नहीं था-केवल कांग्रेसियों की गिरफ्तारी ने इसे संभव बनाया। पंजाब के अपवाद के साथ, सभी मुस्लिम-बहुल प्रांत जिन्ना के नियंत्रण में थे, एक अलग मुस्लिम राज्य की अवधारणा अमल में आने लगी। हालाँकि, 1944 तक जिन्ना की शक्ति और प्रतिष्ठा कम होने लगी थी।

कैद कांग्रेस नेताओं के लिए मुसलमानों में एक सामान्य सहानुभूति विकसित हो रही थी, और 1943-44 के विनाशकारी बंगाल अकाल के लिए अधिकांश दोष उस प्रांत की मुस्लिम लीग सरकार के कंधों पर डाल दिया गया था। जिन्नों की सभाओं में संख्या, जो एक बार हजारों में थी, शीघ्र ही कुछ सौ की संख्या में ही रह गई। निराश होकर जिन्ना ने कश्मीर में बसने के लिए राजनीतिक परिदृश्य छोड़ दिया। उनकी प्रतिष्ठा अनजाने में गांधी द्वारा बहाल की गई, जिन्हें मई 1944 में चिकित्सा आधार पर जेल से रिहा कर दिया गया और सितंबर में बंबई में जिन्ना से मुलाकात की। वहां, उन्होंने मुस्लिम नेता को युद्ध के बाद मुस्लिम क्षेत्रों में एक जनमत संग्रह कराने की पेशकश की, यह देखने के लिए कि क्या वे शेष भारत से अलग होना चाहते हैं। अनिवार्य रूप से, यह पाकिस्तान के सिद्धांत की स्वीकृति थी- लेकिन इतने शब्दों में नहीं। जिन्ना ने मांग की कि सटीक शब्दों का इस्तेमाल किया जाए। गांधी ने मना कर दिया और चर्चा टूट गई। हालाँकि, जिन्ना ने खुद को और लीग की स्थिति को बहुत मजबूत कर लिया था। कांग्रेस के सबसे प्रभावशाली सदस्य उनसे बराबरी की शर्तों पर बातचीत करते देखे गए।

भारत में ब्रिटिश 1946 के कैबिनेट मिशन से पहले, Neसत्ता हस्तांतरण की योजना का प्रस्ताव करने के लिए हारु और उनके सहयोगियों को छोड़ दिया गया था। 1946 में एक योजना पर सहमति हुई जिसके कारण प्रांतीय विधानसभाओं के चुनाव हुए। बदले में, विधान सभाओं के सदस्य संविधान सभा के सदस्यों का चुनाव करते हैं। कांग्रेस ने विधान सभा में अधिकांश सीटें जीतीं और नेहरू के प्रधान मंत्री रहते हुए अंतरिम सरकार का नेतृत्व किया। मुस्लिम लीग बाद में सरकार में लियाकत अली खान के रूप में वित्त सदस्य के रूप में शामिल हुई।

नेहरू ने 18 वर्षों तक प्रधान मंत्री के रूप में कार्य किया, पहले अंतरिम प्रधान मंत्री के रूप में और 1950 से भारत गणराज्य के प्रधान मंत्री के रूप में।

जुलाई 1946 में, नेहरू ने स्पष्ट रूप से देखा कि स्वतंत्र भारत की ताकतों के खिलाफ कोई भी रियासत सैन्य रूप से नहीं जीत सकती। जनवरी 1947 में उन्होंने कहा कि स्वतंत्र भारत राजाओं के दैवीय अधिकार को स्वीकार नहीं करेगा। मई 1947 में, उन्होंने घोषणा की कि संविधान सभा में शामिल होने से इनकार करने वाले किसी भी राज्य को दुश्मन राज्य माना

जाएगा। वल्लभभाई पटेल और वीपी मेनन राजकुमारों के प्रति अधिक मिलनसार थे और जिन लोगों पर राज्यों को मजबूत करने का आरोप लगाया गया था, वे इस कार्य में सफल रहे। भारतीय संविधान का मसौदा तैयार करते समय, कई भारतीय नेता (नेहरू को छोड़कर) प्रत्येक रियासत या संधि राज्यों को एक संघ के रूप में स्वतंत्र होने की अनुमति देने के पक्ष में थे, जैसा कि मूल रूप से भारत सरकार अधिनियम 1935 द्वारा सुझाया गया था। लेकिन जैसे-जैसे संविधान एक मसौदे के रूप में आगे बढ़ा, और पुनर्प्रकाशन के विचार ने ठोस रूप धारण किया, यह निर्णय लिया गया कि सभी संघ/संबद्ध राज्यों का भारत गणराज्य में विलय हो जाएगा।

1969 में नेहरू की बेटी इंदिरा गांधी ने प्रधान मंत्री के रूप में राष्ट्रपति के आदेश से सभी शासकों की मान्यता रद्द कर दी, एक निर्णय जिसे भारत के सर्वोच्च न्यायालय ने पलट दिया। आखिरकार, 26वें संशोधन के माध्यम से, उनकी सरकार इन पूर्व शासकों को मान्यता देने और 1971 में उन्हें दिए गए प्रिवी पर्स को समाप्त करने में सफल रही।

1947 की शुरुआत में स्वतंत्रता-पूर्व की अवधि सांप्रदायिक हिंसा और राजनीतिक अव्यवस्था के प्रकोप और मुहम्मद अली जिन्ना के नेतृत्व वाली मुस्लिम लीग के विरोध से प्रभावित थी, जिसने पाकिस्तान के एक अलग मुस्लिम राज्य की मांग की थी। उन्होंने 15 अगस्त को भारत के प्रधान मंत्री के रूप में कार्यभार संभाला और "ट्रिस्ट विद डेस्टिनी" शीर्षक से अपना उद्घाटन भाषण दिया।

कई साल पहले हमने नियति के साथ एक प्रयास किया और अब समय आ गया है कि हम अपना वादा पूरा करें, पूरी तरह या पूरी तरह से नहीं, बल्कि काफी हद तक। आधी रात को, जब दुनिया सोती है, भारत जीवन और स्वतंत्रता के लिए जागेगा। ऐसा क्षण आता है, इतिहास में विरले ही आता है, जब युग के अंत में हम पुराने से नए की ओर जाते हैं, और जब लंबे समय से दबे राष्ट्र की भावना को अभिव्यक्ति मिलती है। यह उचित है कि इस शुभ अवसर पर हम भारत और उसके लोगों की सेवा और मानवता के महान कार्य के प्रति समर्पण की शपथ लेते हैं।

30 जनवरी, 1948 को, गांधी को बिड़ला हाउस के बगीचे में प्रार्थना सभा को संबोधित करने के दौरान गोली मार दी गई थी। हत्यारा, नाथूराम गोडसे, एक हिंदू राष्ट्रवादी था, जिसका चरमपंथी हिंदू महासभा पार्टी से संबंध था, जिसने गांधी को पाकिस्तान को भुगतान करने पर जोर देकर भारत को कमजोर करने के लिए जिम्मेदार ठहराया था। नेहरू ने रेडियो द्वारा राष्ट्र को संबोधित किया:

दोस्तों और दोस्तों, हमारे जीवन से प्रकाश चला गया है, और हर जगह अंधेरा है, और मुझे नहीं पता कि मैं आपसे क्या कहूं या कैसे बोलूं। राष्ट्रपिता कहे जाने वाले हमारे प्रिय नेता बापू नहीं रहे। शायद मैं गलत हूँ; फिर भी, हम उसे दोबारा नहीं देख पाएंगे, जैसा कि हमने उसे इतने सालों से देखा है, हम उसके पास सलाह के लिए नहीं दौड़ेंगे या उससे आराम नहीं लेंगे, और यह एक भयानक सदमा है, न केवल मेरे लिए, बल्कि लाखों-करोड़ों लोगों के

लिए लोगों की। यह देश

यास्मीन खान का तर्क है कि गांधी की मृत्यु और अंतिम संस्कार ने नेहरू और पटेल के नेतृत्व वाले नए भारतीय राज्य के अधिकार को मजबूत करने में मदद की। कांग्रेस ने दो सप्ताह की अवधि के दौरान शोक के महाकाव्य सार्वजनिक प्रदर्शनों को कसकर नियंत्रित किया - अंत्येष्टि, मुर्दाघर की रस्में और शहीदों की अस्थियों का वितरण, जिसमें लाखों लोगों ने विभिन्न आयोजनों में भाग लिया। इसका उद्देश्य सरकार की शक्ति का दावा करना, कांग्रेस पार्टी के नियंत्रण को वैध बनाना और सभी धार्मिक अर्धसैनिक समूहों का दमन करना था। नेहरू और पटेल ने लगभग 200,000 को गिरफ्तार करके राष्ट्रीय स्वयंसेवक संघ (RSS), मुस्लिम नेशनल गार्ड और खाकसार को दबा दिया। गांधी की मृत्यु और अंतिम संस्कार ने दूर के राज्य को भारतीय लोगों से जोड़ा और भारतीय लोगों को स्वतंत्रता के संक्रमण के दौरान धार्मिक दलों को दबाने की आवश्यकता को समझने में मदद की। बाद के वर्षों में, इतिहास का एक संशोधनवादी स्कूल उभरा जिसने भारत के विभाजन के लिए नेहरू को दोषी ठहराने की कोशिश की, मुख्य रूप से 1947 में स्वतंत्र भारत के लिए उनकी अत्यधिक केंद्रीकृत नीतियों का हवाला दिया, जिसका जिन्ना ने अधिक विकेंद्रीकृत भारत के पक्ष में विरोध किया।

ब्रिटिश भारतीय साम्राज्य, जिसमें वर्तमान भारत, पाकिस्तान और बांग्लादेश शामिल थे, को दो प्रकार के क्षेत्रों में विभाजित किया गया था: ब्रिटिश भारत के प्रांत, जो ब्रिटिश अधिकारियों द्वारा सीधे भारत के वायसराय के लिए जिम्मेदार थे; और रियासतों, स्थानीय वंशानुगत शासकों के अधीन, जोसी ने स्वायत्तता के बदले में, ज्यादातर मामलों में संधि द्वारा स्थापित ब्रिटिश आधिपत्य को स्वीकार कर लिया। 1947 और 1950 के बीच, रियासतों को नेहरू और सरदार पटेल के नेतृत्व में भारतीय संघ में राजनीतिक रूप से एकीकृत किया गया था। अधिकांश को मौजूदा प्रांतों में मिला दिया गया; अन्य को राजपूताना, हिमाचल प्रदेश, मध्य भारत और विंध्य प्रदेश जैसे नए प्रांतों में संगठित किया गया, जो कई रियासतों से बने थे; कुछ मैसूर, हैदराबाद, भोपाल और बिलासपुर सहित स्वतंत्र प्रांत बन गए। भारत सरकार अधिनियम 1935 नए संविधान को अपनाने तक भारत का संवैधानिक कानून बना रहा।

26 जनवरी 1950 (गणतंत्र दिवस) को लागू हुए भारत के नए संविधान ने भारत को एक संप्रभु लोकतांत्रिक गणराज्य बनाया। नए गणतंत्र को "राज्यों का परिसंघ" घोषित किया गया था।

26 नवंबर 1949 को संविधान को अपनाने के बाद, नए चुनाव होने तक संविधान सभा एक अंतरिम संसद के रूप में काम करती रही। नेहरू के अंतरिम मंत्रिमंडल में विभिन्न समुदायों और दलों के 15 सदस्य थे। भारतीय विधायिकाओं (राष्ट्रीय संसद और राज्य विधानसभाओं) के पहले चुनाव 1952 में भारत के नए संविधान के तहत आयोजित किए गए थे। कैबिनेट के विभिन्न सदस्यों ने अपने पदों से इस्तीफा दे दिया और चुनाव लड़ने के

लिए अपनी-अपनी पार्टियों का गठन किया। उस दौरान कांग्रेस पार्टी के तत्कालीन अध्यक्ष पुरुषोत्तम दास टंडन ने भी नेहरू से मतभेदों के चलते अपने पद से इस्तीफा दे दिया था और चुनाव जीतने के लिए नेहरू की लोकप्रियता जरूरी थी। नेहरू, प्रधान मंत्री रहते हुए, 1951 और 1952 के लिए कांग्रेस अध्यक्ष चुने गए। चुनावों में, कई प्रतिद्वंद्वी दलों के बावजूद, नेहरू के नेतृत्व वाली कांग्रेस पार्टी ने राज्य और राष्ट्रीय दोनों स्तरों पर भारी बहुमत हासिल किया।

दिसंबर 1953 में, नेहरू ने भाषाई आधार पर राज्यों के निर्माण की तैयारी के लिए राज्य पुनर्गठन आयोग की नियुक्ति की। न्यायमूर्ति फ़ज़ल अली की अध्यक्षता वाले आयोग को फ़ज़ल अली आयोग के नाम से भी जाना जाता था। गोविंद बल्लभ पंत, जिन्होंने दिसंबर 1954 से नेहरू के गृह मंत्री के रूप में कार्य किया, ने आयोग के प्रयासों की देखरेख की। आयोग ने 1955 में भारत के राज्यों के पुनर्गठन की सिफारिश करते हुए एक रिपोर्ट प्रस्तुत की।

सातवें संशोधन के तहत, भाग ए, भाग बी, भाग सी और भाग डी राज्यों के बीच मौजूदा भेद को समाप्त कर दिया गया। भाग ए और भाग बी राज्यों के बीच के अंतर को हटा दिया गया था, जिसे केवल 'राज्यों' के रूप में जाना जाता था। एक नए प्रकार की इकाई, केंद्र शासित प्रदेश, भाग सी या भाग डी राज्य के रूप में वर्गीकरण को बदल दिया। नेहरू ने भारतीयों के बीच समानता पर जोर दिया और धार्मिक या जाति के आधार पर राज्यों को पुनर्गठित करने से इनकार करते हुए अखिल भारतीयता को बढ़ावा दिया।

1957 के चुनावों में, नेहरू के नेतृत्व में, भारतीय राष्ट्रीय कांग्रेस ने आसानी से 494 सीटों में से 371 सीटों के साथ सत्ता में दूसरा कार्यकाल जीता। उन्होंने अतिरिक्त सात सीटें जीतीं (लोकसभा का आकार पांच से बढ़ा दिया गया) और उनका वोट शेयर 45.0% से बढ़कर 47.8% हो गया। कांग्रेस ने दूसरी सबसे बड़ी पार्टी, कम्युनिस्ट पार्टी की तुलना में लगभग पांच गुना अधिक वोट हासिल किए।

1962 में, नेहरू ने कांग्रेस को कम बहुमत से जीत दिलाई। हालाँकि भारतीय जनसंघ जैसे दक्षिणपंथी समूहों ने भी अच्छा प्रदर्शन किया, कम्युनिस्ट और सोशलिस्ट पार्टियों के मतदाताओं की संख्या में वृद्धि हुई।

आज तक, नेहरू को 45% वोट के साथ लगातार तीन चुनाव जीतने वाले सबसे लोकप्रिय प्रधान मंत्री माना जाता है। नेहरू की मृत्यु की घोषणा करने वाले एक पाथे न्यूज आर्काइव वीडियो ने "राजनीतिक मंच या नैतिक उच्च आधार पर उनके नेतृत्व को कभी चुनौती नहीं दी"। नेहरू रामचंद्र गुहा ने अपनी पुस्तक वर्डिक्ट्स ऑन नेहरू में एक समकालीन विवरण का हवाला देते हुए वर्णन किया है कि नेहरू का 1951-52 का भारतीय आम चुनाव अभियान कैसा था:

कस्बे, गांव, गांव या सड़क के किनारे तकरीबन हर जगह देश के नेता के स्वागत के लिए लोगों ने रात भर इंतजार किया था. स्कूल और दुकानें बंद; दूधवाले और ग्वाले विदा

ले चुके थे; किसान और उसके सहायकों ने अपने सुबह से शाम तक के कृषि और घरेलू श्रम के कार्यक्रम से एक अस्थायी ब्रेक लिया। नेहरू के नाम पर सोडा और नींबू पानी के स्टॉक बेचे गए; पानी की भी किल्लत हो गई थी। . . नेहरू की सभाओं के लिए, उत्साही लोगों को न केवल फुटबोर्ड पर बल्कि ट्रेनों पर भी यात्रा करने की अनुमति देने के लिए बाहरी स्थानों से विशेष ट्रेनें चलाई गईं। संचार की हड़बड़ी में अनगिनत लोग बेहोश हो गए।

1950 के दशक में, ब्रिटिश प्रधान मंत्री विंस्टन चर्चिल और अमेरिकी राष्ट्रपति इवाइट डी। आइजनहावर जैसे विश्व नेताओं ने नेहरू की प्रशंसा की। 27 नवंबर, 1958 को नेहरू को आइजनहावर का पत्र, पढ़ें:

आपको विश्व स्तर पर शांति और सुलह के लिए सबसे शक्तिशाली प्रभावों में से एक के रूप में पहचाना जाता है। मेरा मानना है कि आप अपनी व्यक्तिगत क्षमता में शांति के विश्व नेता हैं, साथ ही सबसे बड़े तटस्थ राष्ट्र के प्रतिनिधि भी हैं...

1955 में, चर्चिल ने नेहरू को एशिया का प्रकाश और गौतम बुद्ध से भी बड़ा प्रकाश कहा। 165 नेहरू को दुर्लभ आकर्षण वाले करिश्माई नेता के रूप में वर्णित किया गया है।

भीखू पारेख के अनुसार, नेहरू को आधुनिक भारतीय राज्य का संस्थापक माना जा सकता है। पारेख नेहरू के राष्ट्रीय दर्शन का श्रेय भारत को देते हैं। उनके लिए, आधुनिकीकरण एक राष्ट्रीय दर्शन था, जिसके सात लक्ष्य थे: राष्ट्रीय एकता, संसदीय लोकतंत्र, औद्योगिकरण, समाजवाद, वैज्ञानिक चरित्र का विकास और संरेखण। देहातरेख के अनुसार, इसके दर्शन और नीतियों ने समाज के एक बड़े वर्ग जैसे सार्वजनिक क्षेत्र के श्रमिकों, औद्योगिक परिवारों, मध्यम और उच्च किसानों को लाभान्वित किया। हालांकि, यह शहरी और ग्रामीण गरीबों, बेरोजगारों और हिंदू कट्टरपंथियों को लाभ नहीं पहुंचा सका।

सुभाष चंद्र बोस के भारतीय राजनीति की मुख्यधारा से बाहर हो जाने के बाद (अंग्रेजों को भारत से बाहर निकालने के लिए हिंसा का समर्थन करने के कारण), 172 कांग्रेस पार्टी में समाजवादियों और रूढ़िवादियों के बीच सत्ता संघर्ष संतुलित हो गया। हालाँकि, 1950 में वल्लभभाई पटेल की मृत्यु ने नेहरू को एकमात्र सम्मानित राष्ट्रीय नेता के रूप में छोड़ दिया, और जल्द ही स्थिति ऐसी हो गई कि नेहरू अपनी कई मौलिक नीतियों को बिना किसी बाधा के लागू करने में सक्षम हो गए173 नेहरू की बेटी इंदिरा गांधी उन्हें पूरा करने में सक्षम थीं। उनके पिता का सपना आपातकाल के दौरान भारतीय संविधान (1976) में 42वें संशोधन के माध्यम से लागू किया गया था, जिसके माध्यम से भारत आधिकारिक तौर पर "समाजवादी" और "धर्मनिरपेक्ष" बन गया।

नेहरू ने आयात प्रतिस्थापन औद्योगीकरण पर आधारित नीतियों को लागू किया और एक मिश्रित अर्थव्यवस्था की वकालत की जहां सरकार द्वारा नियंत्रित सार्वजनिक क्षेत्र निजी क्षेत्र के साथ सह-अस्तित्व में था। उनका मानना था कि बुनियादी और भारी उद्योगों की स्थापना भारतीय अर्थव्यवस्था के विकास और आधुनिकीकरण के लिए मौलिक थी। इसलिए सरकार ने सब्सिडी और संरक्षणवादी नीतियों के साथ उनके विकास को प्रोत्साहित

करने के लिए मुख्य रूप से सार्वजनिक क्षेत्र के उद्योगों - इस्पात, लोहा, कोयला और बिजली में निवेश का निर्देश दिया।

शीत युद्ध के दौरान संरेखण की नीति का अर्थ था कि नेहरू को भारत के औद्योगिक आधार को खरोंच से बनाने के लिए दोनों शक्ति समूहों से वित्तीय और तकनीकी सहायता प्राप्त हुई। सोवियत संघ और पश्चिमी जर्मनी की मदद से बोकारो और राउरकेला में स्टील मिल परिसरों का निर्माण किया गया। काफी औद्योगिक विकास हुआ था। 1950 और 1965 के बीच उद्योग प्रति वर्ष 7.0% की दर से बढ़ा-औद्योगिक उत्पादन लगभग तीन गुना हो गया और भारत दुनिया का सातवां सबसे बड़ा औद्योगिक देश बन गया। हालाँकि, नेहरू के आलोचकों ने जोर देकर कहा कि भारत का आयात प्रतिस्थापन औद्योगीकरण, जो नेहरू युग के बाद भी जारी रहा, ने इसके निर्माण उद्योगों की अंतर्राष्ट्रीय प्रतिस्पर्धा को कमजोर कर दिया। विश्व व्यापार में भारत की हिस्सेदारी 1951-1960 में 1.4% से घटकर 1981-1990 में 0.5% हो गई। हालांकि, यह तर्क दिया जाता है कि इस अवधि में भारत के निर्यात प्रदर्शन में वास्तविक स्थिर सुधार हुआ है। निर्यात 1951-1960 में 2.9% की वार्षिक दर से बढ़कर 1971-1980 में 7.6% हो गया।

1950 और 1951 और 1964-1965 के बीच सकल घरेलू उत्पाद और जीएनपी प्रति वर्ष 3.9 और 4.0% की वृद्धि हुई। यह ब्रिटिश औपनिवेशिक युग से एक क्रांतिकारी विराम था, लेकिन यूरोप और पूर्वी एशिया में अन्य औद्योगिक शक्तियों की तुलना में विकास दर को कमजोर माना गया। भारत चमत्कारिक अर्थव्यवस्थाओं (जापान, पश्चिम जर्मनी, फ्रांस और इटली) से पीछे रह गया। यह तर्क दिया गया था कि आर्थिक विकास राज्य की योजना, नियंत्रण और विनियमों से प्रभावित था। जबकि भारत की अर्थव्यवस्था यूनाइटेड किंगडम और संयुक्त राज्य दोनों की तुलना में तेजी से बढ़ी, कम प्रारंभिक आय और तेजी से जनसंख्या वृद्धि का मतलब था कि अमीर आय वाले देशों के साथ पकड़ने के लिए कोई भी विकास अपर्याप्त था।

बड़े राज्य-नियंत्रित उद्योगों के लिए नेहरू की प्राथमिकता ने मात्रात्मक नियमों, कोटा और टैरिफ, औद्योगिक लाइसेंस और कई अन्य नियंत्रणों की एक जटिल प्रणाली बनाई। यह प्रणाली, जिसे भारत में परवाना राज के रूप में जाना जाता है, आर्थिक अक्षमताओं के लिए जिम्मेदार थी, जिसने उद्यमिता को दबा दिया और दशकों तक आर्थिक विकास को प्रभावित किया, जब तक कि पीवी नरसिम्हा राव के तहत कांग्रेस सरकार ने 1991 में उदारीकरण नीतियों की शुरुआत नहीं की।

नेहरू के नेतृत्व में, सरकार ने कृषि सुधारों और तेजी से औद्योगीकरण के माध्यम से भारत के तेजी से विकास की मांग की। एक सफल भूमि सुधार पेश किया गया जिसने अत्यधिक ज़मींदारी को समाप्त कर दिया, लेकिन भूमि के स्वामित्व को सीमित करके भूमि के पुनर्वितरण के प्रयास विफल रहे। बड़े पैमाने पर सहकारी खेती शुरू करने के प्रयास ग्रामीण कुलीन जमींदारों द्वारा निराश किए गए, जिन्होंने कांग्रेस के शक्तिशाली

दक्षिणपंथी विंग का मूल गठन किया और नेहरू के प्रयासों का विरोध करने के लिए प्रमुख राजनीतिक समर्थन प्राप्त किया। 1960 के दशक की शुरुआत तक कृषि उत्पादन का विस्तार जारी रहा, क्योंकि अतिरिक्त भूमि को खेती के तहत लाया गया और कुछ सिंचाई परियोजनाएं प्रभावी होने लगीं। संयुक्त राज्य अमेरिका में भूमि-अनुदान कॉलेजों के बाद तैयार किए गए कृषि विश्वविद्यालयों की स्थापना ने अर्थव्यवस्था के विकास में योगदान दिया। इन विश्वविद्यालयों ने गेहूं और चावल की उच्च उपज वाली किस्मों के साथ काम किया, जो शुरू में मैक्सिको और फिलीपींस में विकसित हुई, जिसने 1960 के दशक में हरित क्रांति की शुरुआत की, फसल उत्पादन में विविधता लाने और बढ़ाने का प्रयास किया। साथ ही, असफल मानसून की एक श्रृंखला कृषि उत्पादन में स्थिर प्रगति और वृद्धि के बावजूद गंभीर भोजन की कमी का कारण बनेगी।

नेहरू भारत के बच्चों और युवाओं के लिए शिक्षा के प्रबल समर्थक थे और इसे भारत की भावी प्रगति के लिए आवश्यक मानते थे। उनकी सरकार ने अखिल भारतीय आयुर्विज्ञान संस्थान, भारतीय प्रौद्योगिकी संस्थान, भारतीय प्रबंधन संस्थान और राष्ट्रीय प्रौद्योगिकी संस्थान सहित उच्च शिक्षा के कई संस्थानों की स्थापना का निरीक्षण किया। नेहरू ने अपनी पंचवर्षीय योजनाओं में भारत में सभी बच्चों को मुफ्त और अनिवार्य प्राथमिक शिक्षा प्रदान कीइसमें शिक्षा की गारंटी देने की प्रतिबद्धता का उल्लेख किया गया है। इसके लिए, नेहरू ने बड़े पैमाने पर गांव पंजीकरण कार्यक्रम और हजारों स्कूलों के निर्माण का निरीक्षण किया। नेहरू ने कुपोषण से लड़ने के लिए बच्चों को मुफ्त दूध और भोजन देने जैसी पहल भी शुरू की। प्रौढ़ शिक्षा केंद्र, व्यावसायिक और तकनीकी विद्यालय वयस्कों के लिए विशेष रूप से ग्रामीण क्षेत्रों में आयोजित किए गए थे।

नेहरू के तहत, भारतीय संसद ने जातिवाद का अपराधीकरण करने और महिलाओं के कानूनी अधिकारों और सामाजिक स्वतंत्रता को बढ़ाने के लिए हिंदू कानून में कई बदलाव किए।

नेहरू ने विशेष रूप से भारत के संविधान के अनुच्छेद 44 को राज्य नीति के निर्देशक सिद्धांतों के रूप में लिखा था, जिसमें कहा गया है: "राज्य भारत के पूरे क्षेत्र में अपने नागरिकों के लिए एक समान नागरिक संहिता को सुरक्षित करने का प्रयास करेगा।" इस लेख ने भारत में धर्मनिरपेक्षता की नींव रखी। हालांकि, कानून के असंगत आवेदन के लिए नेहरू की आलोचना की गई है। विशेष रूप से, उन्होंने मुसलमानों को विवाह और विरासत के मामलों में अपना निजी कानून रखने की अनुमति दी। छोटे से राज्य गोवा में, पुराने पुर्तगाली परिवार कानूनों पर आधारित एक नागरिक संहिता को जारी रखने की अनुमति दी गई थी, और नेहरू द्वारा मुस्लिम पर्सनल लॉ पर प्रतिबंध लगा दिया गया था। इसके परिणामस्वरूप 1961 में भारत द्वारा गोवा का विलय किया गया, जब नेहरू ने लोगों से वादा किया कि उनके कानून बरकरार रहेंगे। इसने चयनात्मक धर्मनिरपेक्षता के आरोपों को जन्म दिया है।

नेहरू ने 1954 में विशेष विवाह अधिनियम पारित करके मुस्लिम कानून को कानून से मुक्त कर दिया और इसे अपरिवर्तित छोड़ दिया। इस कानून के पीछे का विचार भारत में हर किसी को सिविल मैरिज के तहत पर्सनल लॉ के बाहर शादी करने की क्षमता प्रदान करना था। यह अधिनियम जम्मू और कश्मीर को छोड़कर पूरे भारत में लागू हुआ, जिससे फिर से चयनात्मक धर्मनिरपेक्षता के आरोप लगे। कई मामलों में यह अधिनियम हिंदू विवाह अधिनियम, 1955 के समान था, जो दर्शाता है कि हिंदुओं से संबंधित कानून कितना धर्मनिरपेक्ष हो गया था। विशेष विवाह अधिनियम ने मुसलमानों को इसके तहत शादी करने की अनुमति दी और सुरक्षा थी, जो आम तौर पर मुस्लिम महिलाओं के लिए फायदेमंद थी, जो पर्सनल लॉ में नहीं पाई जा सकती थी। कानून के अनुसार, बहुविवाह अवैध था और विरासत और विरासत मुस्लिम पर्सनल लॉ के बजाय भारतीय उत्तराधिकार अधिनियम द्वारा शासित होगी। तलाक धर्मनिरपेक्ष कानून द्वारा शासित होगा और तलाकशुदा पत्नी का भरण-पोषण नागरिक कानून के अनुसार होगा।

अनुसूचित जातियों और अनुसूचित जनजातियों के सामने आने वाली सामाजिक असमानता और नुकसान को दूर करने के लिए सरकारी सेवाओं और शैक्षणिक संस्थानों में आरक्षण की व्यवस्था बनाई गई थी। नेहरू ने ठोस सफलता के साथ धर्मनिरपेक्षता और धार्मिक सद्भाव को बढ़ावा दिया और सरकार में अल्पसंख्यकों के प्रतिनिधित्व में वृद्धि की।

नेहरू ने कांग्रेस पार्टी के एक गुट का नेतृत्व किया, जिसने हिंदी को भारतीय राष्ट्र की भाषा के रूप में बढ़ावा दिया। गैर-हिंदी भाषियों के साथ एक विस्तृत और विभाजनकारी बहस के बाद, 1950 में हिंदी को भारत की आधिकारिक भाषा के रूप में अपनाया गया, 15 वर्षों तक अंग्रेजी एक सहयोगी आधिकारिक भाषा के रूप में बनी रही, जिसके बाद हिंदी एकमात्र आधिकारिक भाषा बन जाएगी। 1965 के बाद हिंदी को एकमात्र आधिकारिक भाषा बनाने के भारत सरकार के प्रयास कई गैर-हिंदी भारतीय राज्यों के लिए अस्वीकार्य थे, जो अंग्रेजी का निरंतर उपयोग चाहते थे। द्रविड़ मुनेत्र कड़गम (DMK), द्रविड़ कज़गम के वंशज, हिंदी के विरोध का नेतृत्व करते हैं। उनके डर को दूर करने के लिए, नेहरू ने 1963 में राजभाषा अधिनियम बनाया ताकि 1965 के बाद अंग्रेजी का उपयोग जारी रहे। कानून के पाठ ने DMK को संतुष्ट नहीं किया और संदेह पैदा किया कि भविष्य के प्रशासन अपने वादों का सम्मान नहीं कर सकते। इंदिरा गांधी के नेतृत्व वाली कांग्रेस सरकार ने अंततः आधिकारिक भाषा के रूप में हिंदी और अंग्रेजी के अनिश्चितकालीन उपयोग की गारंटी देने के लिए 1967 में राजभाषा अधिनियम में संशोधन किया। इसने प्रभावी रूप से भारत गणराज्य की "द्विभाषावाद की आभासी अनिश्चितकालीन नीति" को सुनिश्चित किया।

प्रधान मंत्री के रूप में अपने लंबे कार्यकाल के दौरान, नेहरू ने विदेश मंत्रालय का प्रभार भी संभाला। उनका आदर्शवादी दृष्टिकोण भारत को गुटनिरपेक्षता में नेतृत्व की स्थिति देने पर केंद्रित था। उन्होंने शीत युद्ध में लगे दो प्रतिद्वंद्वी महाशक्तियों के खिलाफ एशिया

और अफ्रीका के नए स्वतंत्र राष्ट्रों के बीच समर्थन बनाने की मांग की।

स्वतंत्रता के बाद, नेहरू ब्रिटेन और अन्य ब्रिटिश राष्ट्रमंडल देशों के साथ अच्छे संबंध बनाए रखना चाहते थे। भारत के डोमिनियन के प्रधान मंत्री के रूप में, उन्होंने 1949 के लंदन घोषणापत्र पर हस्ताक्षर किए, जिसके तहत भारत जनवरी 1950 में गणतंत्र बनने के बाद राष्ट्रमंडल राष्ट्रों में बने रहने के लिए सहमत हुआ और ब्रिटिश सम्राट को "एक स्वतंत्र संघ के प्रतीक" के रूप में मान्यता दी। स्वतंत्र सदस्य राज्यों और इस तरह राष्ट्रमंडल के प्रमुख"। राष्ट्रमंडल के अन्य देशों ने संगठन में भारत की निरंतर सदस्यता को स्वीकार कर लिया।

अंतरराष्ट्रीय स्तर पर, नेहरू सैन्य कार्रवाई और सैन्य गठजोड़ के विरोधी थे। वह संयुक्त राष्ट्र के कट्टर समर्थक थे सिवाय इसके कि जब उसने कश्मीर मुद्दे को हल करने की कोशिश की। उन्होंने गुटनिरपेक्षता की नीति का बीड़ा उठाया और राष्ट्रों के गुटनिरपेक्ष आंदोलन की सह-स्थापना की, जिसने अमेरिका और यूएसएसआर के नेतृत्व वाले राष्ट्रों के प्रतिद्वंद्वी समूहों के बीच तटस्थता का दावा किया। चीन की स्थापना के तुरंत बाद, पीपुल्स रिपब्लिक ऑफ चाइना को मान्यता दी (ज्यादातर पश्चिमी गुटों ने ताइवान के साथ संबंध जारी रखा(युद्ध के दौरान), नेहरू ने संयुक्त राष्ट्र में शामिल करने के लिए तर्क दिया और कोरिया के साथ संघर्ष में चीन को हमलावर के रूप में नाम देने से इनकार कर दिया। उन्होंने 1950 के दशक में चीन के साथ मधुर और मैत्रीपूर्ण संबंध स्थापित करने की मांग की और कम्युनिस्ट राज्यों और पश्चिमी ब्लॉक के बीच की खाई और तनाव को पाटने के लिए मध्यस्थ के रूप में कार्य करने की आशा की।

नेहरू अप्रैल 1955 के बांडुंग सम्मेलन के मुख्य आयोजक थे, जिसने एशिया और अफ्रीका के 29 नए स्वतंत्र राष्ट्रों को एक साथ लाया और नेहरू के नेतृत्व में संरेखण आंदोलन को बढ़ावा देने के लिए डिजाइन किया गया था। उन्होंने इसे वैश्विक मंच पर अपने प्रमुख नेतृत्व के अवसर के रूप में देखा, जहां वे उभरते हुए देशों को एक साथ लाएंगे। इसके बजाय, चीनी प्रतिनिधि, झोउ एनलाई, जिन्होंने क्रांतिकारी साम्यवाद को कम करके आंका और सभी देशों के अपने स्वयं के आर्थिक और राजनीतिक तंत्र, यहां तक कि पूंजीवाद को चुनने के अधिकार को मान्यता दी, ने उन्हें पछाड़ दिया। इसके विपरीत, नेहरू और उनके शीर्ष विदेश नीति सहयोगी, वीके कृष्ण मेनन ने कुंद और कूटनीतिक होने के लिए एक अंतरराष्ट्रीय ख्याति प्राप्त की। झोउ ने निजी तौर पर कहा, "मैं मिस्टर नेहरू से ज्यादा अहंकारी व्यक्ति से कभी नहीं मिला।" भारतीय विदेश कार्यालय के एक वरिष्ठ अधिकारी ने मेनन को "सर्वश्रेष्ठ विश्व राजनेता लेकिन दुनिया के सबसे खराब राजनयिक" के रूप में वर्णित किया, यह कहते हुए कि वह अक्सर "दबंग, प्रतिशोधी और प्रतिशोधी" थे।

युद्ध का विरोध करते हुए नेहरू ने कश्मीर में पाकिस्तान के खिलाफ अभियानों का नेतृत्व किया। उन्होंने 1948 में हैदराबाद और 1961 में गोवा पर कब्जा करने के लिए सैन्य बल का इस्तेमाल किया। 1949 में, राष्ट्रीय रक्षा प्रबोधन की आधारशिला रखते हुए उन्होंने

कहा:

हमें अब एक तरह से अपनी सेना, नौसेना और वायु सेना का महिमामंडन करना चाहिए, जिन्होंने पीढ़ियों से शांति की हर बात की बात की है और अहिंसा का प्रयास और अभ्यास किया है। इसके बहुत मायने हैं। हालांकि यह अजीब है, यह जीवन की विचित्रता को दर्शाता है। यद्यपि जीवन तर्कसंगत है, हम सभी आकस्मिकताओं का सामना करते हैं और जब तक हम उनका सामना करने के लिए तैयार नहीं होंगे, हम नीचे जाएंगे। महात्मा गांधी की तुलना में कोई भी शांति का राजकुमार और अहिंसा का दूत नहीं था ... लेकिन फिर भी, उन्होंने कहा, आत्मसमर्पण करने, असफल होने या भाग जाने की तुलना में तलवार उठाना बेहतर है। हम यह विश्वास करके शांति से नहीं रह सकते कि हम सुरक्षित हैं। ऐसा मानव स्वभाव है। हम जोखिम नहीं उठा सकते और अपनी कड़ी मेहनत से अर्जित स्वतंत्रता को जोखिम में नहीं डाल सकते। हमें सभी आधुनिक रक्षा प्रणालियों और सुसज्जित सेना, नौसेना और वायु सेना के साथ तैयार रहना होगा।"

नेहरू परमाणु भौतिक विज्ञानी होमी जे. भाभा को सभी परमाणु संबंधी मामलों और कार्यक्रमों पर पूर्ण अधिकार सौंपा गया था और वह केवल प्रधान मंत्री के प्रति जवाबदेह थे।

कोरियाई युद्ध (1950-1953) के बाद, वैश्विक तनाव और परमाणु हथियारों के खतरे को कम करने के लिए काम करने के लिए कई लोगों ने नेहरू की प्रशंसा की। उन्होंने मानव स्वास्थ्य पर परमाणु विस्फोटों के प्रभावों का पहला अध्ययन किया और "विनाश के इन भयानक इंजनों" को नष्ट करने के लिए अथक अभियान चलाया। उनके पास परमाणु निरस्त्रीकरण को बढ़ावा देने के व्यावहारिक कारण भी थे, उन्हें डर था कि परमाणु हथियारों की होड़ एक अति-सैन्यीकरण की ओर ले जाएगी जिसे उनके जैसे विकासशील देश वहन नहीं कर सकते।

लॉर्ड माउंटबेटन के आग्रह पर, 1948 में, नेहरू ने संयुक्त राष्ट्र के तत्वावधान में कश्मीर में जनमत संग्रह कराने का वादा किया। 1947 में दोनों के बीच युद्ध के बाद से कश्मीर भारत और पाकिस्तान के बीच एक विवादित क्षेत्र रहा है। हालाँकि, उन्होंने इनकार कर दिया क्योंकि पाकिस्तान संयुक्त राष्ट्र के प्रस्तावों के अनुसार सैनिकों को वापस लेने में विफल रहा और नेहरू संयुक्त राष्ट्र के प्रति सतर्क हो गए। 1953 में एक जनमत संग्रह हुआ था। कश्मीर पर उनकी नीतियों और भारत में राज्य के एकीकरण का उनके सहयोगी वीके कृष्ण मेनन द्वारा संयुक्त राष्ट्र के समक्ष बार-बार बचाव किया गया, जिन्होंने अपने भावपूर्ण भाषणों के लिए भारत में प्रतिष्ठा प्राप्त की।

1953 में, नेहरू ने कश्मीर के प्रधान मंत्री शेख अब्दुल्ला को हटा दिया और गिरफ्तार कर लिया, जिसका उन्होंने पहले समर्थन किया था, लेकिन अब अलगाववादी महत्वाकांक्षाओं को आश्रय देने का संदेह था; उनकी जगह बख्शी गुलाम मोहम्मद ने ली।

मेनन को 1957 में कश्मीर पर भारत की स्थिति के समर्थन में एक अभूतपूर्व आठ घंटे का भाषण देने का निर्देश दिया गया था; आज तक, भाषण संयुक्त राष्ट्र सुरक्षा परिषद में

दिया गया अब तक का सबसे लंबा भाषण है, जिसमें 23 जनवरी को 762वीं बैठक के पांच घंटे और 24 तारीख को दो घंटे अड़तालीस मिनट शामिल हैं, जिसकी परिणति सुरक्षा परिषद के पटल पर मेनन के पतन के साथ हुई। फिल्मबस्टर अवधि के दौरान, नेहरू कश्मीर में (तब बड़ी उथल-पुथल में) भारतीय शक्ति को मजबूत करने के लिए तेजी से और सफलतापूर्वक चले गए। कश्मीर में भारतीय संप्रभुता की मेनन की भावुक रक्षा ने भारत में उनके समर्थन को बढ़ा दिया और भारतीय प्रेस ने उन्हें अस्थायी रूप से "कश्मीर का नायक" करार दिया। उस समय नेहरू भारत में अपनी लोकप्रियता के चरम पर थे; केवल (मामूली) आलोचना दूर-दराज़ से आई थी।

1954 में, नेहरू ने चीन के साथ शांतिपूर्ण सह-अस्तित्व के पांच सिद्धांतों पर हस्ताक्षर किए, जिसे भारत में पंचशील (संस्कृत शब्द, पंच: पांच, शील: सदाचार) के रूप में जाना जाता है, जो दो राज्यों के बीच संबंधों को नियंत्रित करने के लिए सिद्धांतों का एक समूह है। उनका प्राथमिक उपचार अनुबंध के रूप मेंकोड चीन और भारत के बीच 1954 की एक संधि में निहित था, जिसने तिब्बत पर चीन की संप्रभुता को मान्यता दी थी। 29 अप्रैल 1954 को पेकिंग में हस्ताक्षरित "चीन और भारत के तिब्बती क्षेत्र (नोट्स के आदान-प्रदान सहित) के बीच व्यापार और संबंधों पर समझौते" की प्रस्तावना में इसका उल्लेख किया गया था। दिल्ली में दिसंबर 1953 से अप्रैल 1954 तक बातचीत हुई। अक्साई चीन और दक्षिण तिब्बत के विवादित क्षेत्रों के संबंध में दोनों देशों के बीच संबंधों पर पीपुल्स रिपब्लिक ऑफ चाइना (पीआरसी) की सरकार का एक प्रतिनिधिमंडल और भारत सरकार का एक प्रतिनिधिमंडल। 1957 तक, चीनी प्रधान मंत्री झोउ एनलाई ने नेहरू को तिब्बत पर चीन की स्थिति को स्वीकार करने के लिए राजी कर लिया था, इस प्रकार तिब्बत को भारत से संभावित मित्रता और सैन्य सहायता से वंचित कर दिया था। 1960 के दशक में इस समझौते का विरोध किया गया था, लेकिन 1970 के दशक में, पांच सिद्धांतों को फिर से चीन-भारतीय संबंधों में महत्वपूर्ण और आमतौर पर राज्यों के बीच संबंधों के नियमों के रूप में देखा गया। इंदिरा गांधी के प्रधानमंत्रित्व काल और तीन साल के जनता पार्टी शासन (1977-1980) के दौरान पूरे क्षेत्र में इसे व्यापक रूप से मान्यता और स्वीकार किया गया था। हालांकि शांतिपूर्ण सह-अस्तित्व के पांच सिद्धांतों ने 1954 के चीन-भारतीय सीमा समझौते का आधार बनाया, बाद के वर्षों में नेहरू की विदेश नीति सीमा विवादों पर चीनी मुखरता और 14 वें दलाई लामा को शरण देने के फैसले से परेशान थी।

संयुक्त राष्ट्र के दूसरे महासचिव डैग हैमरस्कॉल्ड ने कहा कि जहां नेहरू नैतिक दृष्टिकोण से श्रेष्ठ थे, झोउ एनलाई वास्तविक राजनीति में अधिक कुशल थे।

1956 में, नेहरू ने ब्रिटिश, फ्रांसीसी और इजरायलियों द्वारा स्वेज नहर पर संयुक्त हमले की आलोचना की। उनकी भूमिका भारत के प्रधान मंत्री और गुटनिरपेक्ष आंदोलन के नेता दोनों के रूप में महत्वपूर्ण थी; उन्होंने एंथोनी ईडन और आक्रमण के सह-प्रायोजकों की कड़ी निंदा करते हुए दोनों पक्षों को एकजुट करने का प्रयास किया। अमेरिकी राष्ट्रपति

इवाइट आइजनहावर के रूप में नेहरू के एक शक्तिशाली सहयोगी थे, जो सार्वजनिक रूप से अपेक्षाकृत शांत रहते हुए, ब्रिटेन और फ्रांस को पछाड़ने के लिए अंतर्राष्ट्रीय मुद्रा कोष पर अमेरिकी प्रभाव का उपयोग करने के लिए इतनी दूर चले गए। स्वेज़ संकट के दौरान, नेहरू के दाहिने हाथ, मेनन ने अप्रचलित गमाल नासर को पश्चिम के साथ समझौता करने के लिए मनाने की कोशिश की और पश्चिमी शक्तियों को यह महसूस कराने में महत्वपूर्ण भूमिका निभाई कि नासिर समझौता करने के लिए तैयार थे।

स्वेज़ संकट के दौरान अमेरिका द्वारा नासिर के पक्ष में हस्तक्षेप करने के बाद नेहरू को एक अदालती मामले की उम्मीद थी। हालाँकि, शीत युद्ध के संदेह और नेहरूवादी समाजवाद के अमेरिकी अविश्वास ने भारत और अमेरिका के बीच संबंधों को ठंडा कर दिया, जिससे संदेह पैदा हुआ कि नेहरू खुले तौर पर सोवियत संघ का समर्थन कर रहे थे। स्वेज संकट के बाद भी नेहरू ने ब्रिटेन के साथ अच्छे संबंध बनाए रखे। उन्होंने पंजाब क्षेत्र में प्रमुख नदियों के स्रोतों के बंटवारे पर लंबे समय से चल रहे विवाद को हल करने के लिए पाकिस्तानी शासक अयूब खान के साथ 1960 में सिंधु जल संधि पर हस्ताक्षर करके यूके और विश्व बैंक की मध्यस्थता को स्वीकार कर लिया।

वर्षों की असफल वार्ता के बाद, नेहरू ने 1961 में पुर्तगाली-नियंत्रित पुर्तगाली भारत (गोवा) पर आक्रमण करने के लिए भारतीय सेना को अधिकृत किया, और बाद में इसे औपचारिक रूप से भारत में मिला लिया। इससे भारत में उनकी लोकप्रियता में वृद्धि हुई, लेकिन सैन्य बल का उपयोग करने के लिए भारत में कम्युनिस्ट विपक्ष द्वारा उनकी आलोचना की गई।

1959 से, 1961 में तेज हुई एक प्रक्रिया में, नेहरू ने चीन-भारतीय सीमा के साथ विवादित क्षेत्रों में सैन्य चौकियों की स्थापना की "आगे की नीति" अपनाई, जिसमें पहले से भारत के कब्जे वाले क्षेत्रों में 43 पद शामिल थे। चीन ने इनमें से कुछ चौकियों पर हमला किया और भारत-चीन युद्ध छिड़ गया, जिसमें भारत की हार हुई। चीन तवांग में पूर्वी क्षेत्र में पूर्व-युद्ध रेखा पर पीछे हट गया लेकिन ब्रिटिश भारत में अक्साई चिन को बनाए रखा और स्वतंत्रता के बाद भारत को सौंप दिया गया। बाद में, पाकिस्तान ने सियाचिन के पास कश्मीर का हिस्सा, जो 1948 से पाकिस्तान के नियंत्रण में था, चीन को सौंप दिया।

युद्ध ने भारत की सेना की खराब तैयारी को उजागर किया, जो कि एक बड़ी चीनी सेना के खिलाफ केवल 14,000 सैनिकों को खड़ा कर सकती थी, और नेहरू की उनकी सरकार द्वारा रक्षा पर ध्यान न देने के लिए व्यापक रूप से आलोचना की गई थी। इसके जवाब में, नेहरू ने रक्षा मंत्री वीके कृष्ण मेनन को बर्खास्त कर दिया और अमेरिकी सैन्य सहायता मांगी। जॉन एफ. कैनेडी के तहत अमेरिका के साथ नेहरू के बेहतर संबंध युद्ध के दौरान उपयोगी साबित हुए, क्योंकि 1962 में, अयूब खान, पाकिस्तान के राष्ट्रपति (तब अमेरिकियों के साथ निकटता से जुड़े) को भारत के प्रति तटस्थता का आश्वासन दिया गया था, जिसे "कम्युनिस्ट आक्रामकता से खतरा था।" चीन"। मुक्त बाजार नीतियों का समर्थन

करने वाले दक्षिणपंथी समूहों द्वारा आलोचना की गई सोवियत संघ के साथ भारत के संबंध भी मान्य प्रतीत होते हैं। कुछ लोगों द्वारा उन्हें स्थायी सहयोगी बनाने की मांग के बावजूद नेहरू अलगाववादी आंदोलन के प्रति अपनी प्रतिबद्धता बनाए रखेंगे।

युद्ध के बाद की अवधि में भारतीय सेना में भविष्य के समान संघर्षों की तैयारी के लिए भारी बदलाव देखा गया, नेहरू पर दबाव डाला गया, जिन्हें भारत पर चीनी हमले की आशंका न करने के लिए जिम्मेदार ठहराया गया था। अमेरिकी सलाह पर (अमेरिकी राजदूत जॉन केनेथ गालब्रेथ ने युद्ध पर अमेरिकी नीति बनाई और संचालित की क्योंकि अन्य सभी प्रमुख अमेरिकी नीति निर्माताओं ने संयोग सेयुबन मिसाइल संकट में समा गया था) नेहरू ने चीनी अग्रिम को हराने के लिए भारतीय वायु सेना का उपयोग करने से परहेज किया। . CIA ने बाद में खुलासा किया कि उस समय तिब्बत में अपनी वायु सेना का प्रभावी ढंग से उपयोग करने के लिए चीनियों के पास ईंधन या रनवे नहीं थे। सामान्य तौर पर भारतीय चीन और उसकी सेना के प्रति अत्यधिक शंकालु हो गए। कई भारतीयों ने युद्ध को चीन के साथ दीर्घकालिक शांति स्थापित करने के भारत के प्रयासों के विश्वासघात के रूप में देखा, और नेहरू ने हिंदी-चीनी भाई-भाई (भारतीय और चीनी भाई हैं) शब्द के उपयोग पर सवाल उठाया। युद्ध ने नेहरू की पहले की उम्मीदों को भी समाप्त कर दिया कि शीत युद्ध महाशक्तियों के बढ़ते प्रभाव का मुकाबला करने के लिए भारत और चीन एक मजबूत एशियाई अक्ष बनाएंगे।

सेना की तैयारी की कमी का दोष रक्षा मंत्री मेनन पर मढ़ दिया गया, जिन्होंने किसी ऐसे व्यक्ति को अनुमति देने के लिए अपने सरकारी पद से "इस्तीफा" दे दिया जो भारत की सेना का और आधुनिकीकरण कर सके। स्वदेशी संसाधनों का उपयोग करते हुए भारत की शस्त्रीकरण और आत्मनिर्भरता की नीति नेहरू के तहत ईमानदारी से शुरू हुई, जिसे उनकी बेटी इंदिरा गांधी ने पूरा किया, जिसने बाद में भारत को 1971 में प्रतिद्वंद्वी पाकिस्तान पर एक कुचल सैन्य जीत का नेतृत्व किया। युद्ध के अंत में, भारत ने उसे उठाया। तिब्बती शरणार्थियों और क्रांतिकारियों के लिए समर्थन, जिनमें से कुछ भारत में बस गए, क्योंकि वे इस क्षेत्र में एक आम दुश्मन से लड़ रहे थे। नेहरू ने 1965 और 1971 में पाकिस्तान के खिलाफ भविष्य के युद्धों में खुद को प्रतिष्ठित करने वाले तिब्बती शरणार्थियों से बने एक कुलीन भारतीय-प्रशिक्षित "तिब्बती सशस्त्र बल" के निर्माण का आदेश दिया।

संघर्ष के दौरान, नेहरू ने अमेरिकी राष्ट्रपति जॉन एफ कैनेडी को दो जरूरी पत्र लिखे और 12 लड़ाकू विमानों और एक आधुनिक रडार प्रणाली का अनुरोध किया। इन जेट विमानों को भारतीय वायु शक्ति को बढ़ाने के लिए जरूरी देखा गया था ताकि हवा से हवा का मुकाबला भारतीय दृष्टिकोण से सुरक्षित रूप से लॉन्च किया जा सके (बमवर्षक बल को चीनी प्रतिशोध के डर से अकल्पनीय के रूप में देखा गया था)। नेहरू ने अमेरिकी पायलटों से इन विमानों को तब तक उड़ाने के लिए कहा जब तक कि भारतीय वायु सेना को उन्हें बदलने के लिए प्रशिक्षित नहीं किया जा सकता। कैनेडी प्रशासन (जो ज्यादातर चीन-भारतीय युद्ध

के दौरान क्यूबा मिसाइल संकट में शामिल था) ने इन अनुरोधों को खारिज कर दिया, जिसने भारत-अमेरिका संबंधों को ठंडा कर दिया। पूर्व भारतीय राजनयिक जी पार्थसारथी के अनुसार, "सोवियत संघ ने भारत को हथियारों की आपूर्ति तभी शुरू की जब हमें अमेरिका से कुछ नहीं मिला"। टाइम पत्रिका के 1962 के युद्ध पर संपादकीय के अनुसार, हालांकि, ऐसा नहीं हो सकता था। संपादकीय ने कहा,

जब वाशिंगटन ने अंततः भारत पर अपना ध्यान केंद्रित किया, तो उसने 60 अमेरिकी विमानों को $5,000,000 मूल्य के स्वचालित हथियारों, भारी मोर्टार और बारूदी सुरंगों से लोड करके राजदूत की प्रतिज्ञा का सम्मान किया। बारह विशाल सी-130 हरक्यूलिस ट्रांसपोर्ट, अमेरिकी कर्मचारियों और निगरानी टीमों के साथ, भारतीय सैनिकों और उपकरणों को युद्ध क्षेत्र में ले जाने के लिए नई दिल्ली के लिए रवाना हुए। ब्रिटेन भारत में ब्रेन और स्टेन गन सहित 150 टन हथियार लेकर आया। कनाडा छह परिवहन विमान भेजने को तैयार ऑस्ट्रेलिया ने $1,800,000 मूल्य के युद्ध सामग्री के लिए भारतीय क्रेडिट खोला।

नेहरू पर हत्या के चार ज्ञात प्रयास थे। पहला प्रयास 1947 में किया गया था जब वे विभाजन के दौरान कार द्वारा उत्तर-पश्चिम सीमांत प्रांत (अब पाकिस्तान में) का दौरा कर रहे थे। दूसरा बाबुराव लक्ष्मण कोचले का था, जो 1955 में नागपुर के पास चाकू से चलने वाले रिक्शा चालक थे। 1961 में महाराष्ट्र में ट्रैक। अपने जीवन के लिए खतरे के बावजूद, नेहरू को अपने आसपास बहुत अधिक सुरक्षा होने से नफरत थी और यातायात को बाधित करने वाली उनकी हरकतों को पसंद नहीं करते थे।

1962 के बाद, नेहरू के स्वास्थ्य में गिरावट शुरू हुई और उन्होंने 1963 तक कुछ महीने कश्मीर में स्वस्थ होने में बिताए। कुछ इतिहासकार इस नाटकीय गिरावट का श्रेय भारत-चीन युद्ध को लेकर अपने आश्चर्य और गुस्से को देते हैं, जिसे वे विश्वासघात मानते थे। 26 मई 1964 को वह बहुत निश्चिंत थे और देहरादून से लौटने पर हमेशा की तरह 23:30 बजे बिस्तर पर चले गए। लगभग 06:30 बजे तक उनके पास एक शांत रात थी। स्नान करके लौटने के बाद नेहरू ने कमर दर्द की शिकायत की। उन्होंने डॉक्टर से बात की जिन्होंने कुछ देर उनका इलाज किया और तुरंत गिर पड़े। 13:44 पर अपनी मृत्यु तक वह बेहोश रहा। 256 लोक सभा में 27 मई 1964 को स्थानीय समयानुसार 14:00 बजे उनकी मृत्यु की घोषणा की गई; मौत का कारण हार्ट अटैक माना जा रहा था। भारतीय राष्ट्रीय तिरंगे झंडे में लिपटे, जवाहरलाल नेहरू के शरीर को जनता के दर्शन के लिए रखा गया था। जैसे ही शव को मंच पर रखा गया, 'रघुपति राघव राजाराम' के नारे लगे। 28 मई को, यमुना के तट पर शांतिवन में हिंदू संस्कारों के अनुसार नेहरू का अंतिम संस्कार किया गया, जिसके गवाह 1.5 मिलियन शोक मनाने वाले थे, जो दिल्ली की सड़कों और कब्रिस्तानों में उमड़ पड़े थे।

नेहरू की मृत्यु ने भारत को उनके नेतृत्व के लिए कोई स्पष्ट राजनीतिक उत्तराधिकारी नहीं छोड़ा; बाद में लाल बहादुर शास्त्री प्रधानमंत्री बने। 259 गांधी की हत्या के समय,

भारतीय संसद में मृत्यु की घोषणा करने के लिए नेहरू के अपने शब्दों का इस्तेमाल किया गया था: "प्रकाश बाहर है।" 260 261 वहाँ, भारत के भावी प्रधान मंत्री अटल बिहारी वाजपेयी ने नेहरू को बढ़ावा दिया। 262 उन्होंने नेहरू को भारत माता का "पसंदीदा राजकुमार" कहा और उनकी तुलना महान योद्धा-राजा राम से की।

नेहरू अठारह साल तक प्रधानमंत्री रहेब्रिटिश शासन के अंतिम वर्षों के दौरान 1946-1947 तक पहले अंतरिम प्रधान मंत्री के रूप में और फिर 15 अगस्त 1947 से 27 मई 1964 तक स्वतंत्र भारत के प्रधान मंत्री के रूप में सेवा की। अंतरिम कैबिनेट में कानून मंत्री बी.आर. अम्बेडकर ने संविधान मसौदा समिति की अध्यक्षता भी की।

वल्लभभाई पटेल ने अंतरिम सरकार में गृह मंत्री के रूप में कार्य किया। विभाजन के पक्ष में कांग्रेस पार्टी की कार्यकारिणी को वोट दिलाने में उनकी महत्वपूर्ण भूमिका थी। उन्हें भारत की अधिकांश रियासतों को शांतिपूर्वक एकीकृत करने का श्रेय भी दिया जाता है। पटेल लंबे समय तक नेहरू के साथी थे, लेकिन 1950 में उनकी मृत्यु हो गई, नेहरू को 1964 में उनकी मृत्यु तक भारत के निर्विवाद नेता के रूप में छोड़ दिया गया।

अबुल कलाम आज़ाद मानव संसाधन विकास मंत्री (25 सितंबर 1958 तक, शिक्षा मंत्रालय) भारत सरकार में पहले शिक्षा मंत्री थे। भारत में शैक्षिक प्रतिष्ठान की स्थापना में उनके योगदान की मान्यता में उनकी जयंती पूरे भारत में राष्ट्रीय शिक्षा दिवस के रूप में मनाई जाती है।

जगजीवन राम नेहरू की भारत की अंतरिम सरकार में सबसे कम उम्र के मंत्री, श्रम मंत्री और भारत की संविधान सभा के सदस्य बने, जहाँ दलित जाति के सदस्य के रूप में, उन्होंने यह सुनिश्चित किया कि सामाजिक न्याय संविधान में निहित है। उन्होंने नेहरू के कार्यकाल के दौरान और शास्त्री और इंदिरा गांधी की सरकारों में विभिन्न विभागों के मंत्री के रूप में कार्य किया।

मोरारजी देसाई एक भ्रष्टाचार विरोधी झुकाव वाले राष्ट्रवादी थे, लेकिन सामाजिक रूप से रूढ़िवादी, व्यापार समर्थक और प्रधान मंत्री जवाहरलाल नेहरू की समाजवादी नीतियों के खिलाफ मुक्त उद्यम सुधारों के पक्ष में थे। बंबई राज्य के मुख्यमंत्री के रूप में कार्य करने के बाद, वह 1956 में भारत के वित्त मंत्री के रूप में नेहरू के मंत्रिमंडल में शामिल हुए। उन्होंने 1963 तक पद संभाला, जब उन्होंने कामराज योजना के तहत नेहरू कैबिनेट के अन्य वरिष्ठ मंत्रियों के साथ इस्तीफा दे दिया। मद्रास के मुख्यमंत्री के. कामराज द्वारा प्रस्तावित योजना एक निश्चित अवधि के बाद सरकार के मंत्रियों को पार्टी के पदों पर वापस लाने के लिए थी। 1960 के दशक की शुरुआत में, नेहरू की उम्र और गिरते स्वास्थ्य के साथ, देसाई को प्रधान मंत्री पद के लिए एक संभावित दावेदार माना जाता था। देसाई ने बाद में आरोप लगाया कि नेहरू ने कामराज योजना का इस्तेमाल अपनी बेटी इंदिरा गांधी के रास्ते से सभी संभावित दावेदारों को हटाने के लिए किया। 1977 में देसाई इंदिरा गांधी के बाद प्रधान मंत्री बने, जब उन्हें विजयी जनता अघाड़ी द्वारा संसदीय नेता चुना गया।

गोविंद बल्लभ पंत (1887-1961) भारतीय स्वतंत्रता आंदोलन और बाद में उत्तर प्रदेश (यूपी) और भारत सरकार की राजनीति में एक प्रमुख व्यक्ति थे। पंत ने 1955 से 1961 में अपनी मृत्यु तक नेहरू के मंत्रिमंडल में केंद्रीय गृह मंत्री के रूप में कार्य किया। गृह मंत्री के रूप में उनकी प्रमुख उपलब्धि भाषाई आधार पर राज्यों का पुनर्गठन था। वह केंद्र सरकार और कुछ राज्यों की आधिकारिक भाषा के रूप में हिंदी की स्थापना के लिए जिम्मेदार थे। पंत को गृह मंत्री के रूप में उनके कार्यकाल के दौरान भारत रत्न से सम्मानित किया गया था।

सीडी देशमुख उन पांच सदस्यों में से एक थे, जब 1950 में एक कैबिनेट प्रस्ताव द्वारा योजना आयोग की स्थापना की गई थी। देशमुख ने योजना आयोग को कुछ शक्तियों के हस्तांतरण के विरोध में मथाई के इस्तीफा देने के बाद 1950 में जॉन मथाई को केंद्रीय वित्त मंत्री नियुक्त किया। वित्त मंत्री के रूप में देशमुख योजना आयोग के सदस्य बने रहे। देशमुख का कार्यकाल - जिसके दौरान उन्होंने छह बजट और एक अंतरिम बजट पेश किया - को भारतीय अर्थव्यवस्था के प्रभावी प्रबंधन और 1940 के दशक की घटनाओं के बाद इसकी स्थिर वृद्धि के लिए जाना जाता है। देशमुख के कार्यकाल के दौरान, 1955 में इंपीरियल बैंक का राष्ट्रीयकरण करके और कई छोटे बैंकों के साथ विलय करके भारतीय स्टेट बैंक का गठन किया गया था। उन्होंने भारतीय जीवन बीमा निगम अधिनियम, 1956 के माध्यम से बीमा कंपनियों के राष्ट्रीयकरण और भारतीय जीवन बीमा निगम की स्थापना को पूरा किया। देशमुख ने बॉम्बे शहर को केंद्र शासित प्रदेश बनाते हुए बॉम्बे राज्य को गुजरात और महाराष्ट्र में विभाजित करने के लिए संसद में एक बिल पेश करने के सरकार के प्रस्ताव पर इस्तीफा दे दिया।

वीके कृष्णा मेनन (1896-1974) नेहरू के करीबी सहयोगी थे और नेहरू के प्रधान मंत्री के कार्यकाल के दौरान कुछ लोगों द्वारा भारत में दूसरे सबसे शक्तिशाली व्यक्ति के रूप में वर्णित किया गया है। नेहरू के कार्यकाल के दौरान, उन्होंने यूके में भारत के उच्चायुक्त, संयुक्त राष्ट्र में राजदूत और केंद्रीय रक्षा मंत्री के रूप में कार्य किया। 1962 के चीन युद्ध में हार के बाद उन्हें इस्तीफा देना पड़ा था।

स्वतंत्रता के बाद के वर्षों में, नेहरू अक्सर अपने व्यक्तिगत मामलों को अपनी बेटी इंदिरा गांधी को संदर्भित करते थे। इंदिरा ने नेहरू के आधिकारिक आवास पर उनसे मुलाकात की और पूरे भारत और दुनिया भर में उनकी यात्राओं में उनकी निरंतर साथी बनीं। उन्हें वस्तुतः नेहरू की चीफ ऑफ स्टाफ बनना था। 1950 के दशक के अंत तक, इंदिरा गांधी कांग्रेस की अध्यक्ष थीं। उस क्षमता में, वह 1959 में केरल की कम्युनिस्ट के नेतृत्व वाली राज्य सरकार को उखाड़ फेंकने में सहायक थी। 1959 में, इंदिराजी को कांग्रेस पार्टी का अध्यक्ष चुना गया, कथित वंशवाद के लिए आलोचना की गई, हालांकि नेहरू ने उनके चुनाव को अस्वीकार कर दिया, जिसे उन्होंने "जातिवाद" की बू महसूस की; उन्होंने कहा, वास्तव में यह "पूरी तरह से अलोकतांत्रिक और अवांछनीय" था और उसे कैबिनेट में जगह

नहीं दी। 295 नीति को लेकर इंदिराजी का अपने ही पिता से मतभेद था; विशेष रूप से, उसने अपनी आपत्तियों पर केरल राज्य में भारतीय कम्युनिस्ट पार्टी की सरकार को हटाने के लिए कांग्रेस कार्यकारिणी के लिए अपने व्यक्तिगत सम्मान का इस्तेमाल किया। 295 नेहरू उनकी निर्दयता और संसदीय परंपरा की अवहेलना से शर्मिंदा थे और एक स्वतंत्र पहचान बनाने के अलावा किसी अन्य उद्देश्य के साथ अपने पिता की मुखरता से "आहत" थे।

22

के एम मुंशी

के एम मुंशी

Freedom Fighters

Scan for Story Videos - www.itibook.com

कन्हैयालाल मानेकलाल मुंशी (30 दिसंबर 1887 - 8 फरवरी 1971), घनश्याम व्यास के नाम से लोकप्रिय। गुजरात राज्य में भारतीय स्वतंत्रता आंदोलन में कार्यकर्ता, राजनेता, लेखक और शिक्षाविद्। पेशे से वकील, वह बाद में एक लेखक और राजनीतिज्ञ बने। वे गुजराती साहित्य में एक प्रसिद्ध नाम हैं। उन्होंने 1938 में एक शैक्षिक ट्रस्ट, भारतीय विद्या भवन की स्थापना की।

मुंशी ने तीन भाषाओं, गुजराती, अंग्रेजी और हिंदी में लिखा। भारत की आजादी से पहले, मुंशी भारतीय राष्ट्रीय कांग्रेस का हिस्सा थे और आजादी के बाद वे स्वतंत्र पार्टी में शामिल हो गए। मुंशी ने भारत की संविधान सभा के सदस्य, भारत के कृषि और खाद्य मंत्री और उत्तर प्रदेश के राज्यपाल जैसे कई महत्वपूर्ण पदों पर कार्य किया। अपने बाद के जीवन में वे विश्व हिंदू परिषद के संस्थापक सदस्यों में से एक थे।

मुंशी का जन्म 30 दिसंबर 1887 को ब्रिटिश भारत के गुजरात राज्य के भरूच में हुआ था। मुंशी 1902 में बड़ौदा कॉलेज में शामिल हुए और 'अंबालाल सकरलाल पुरस्कार' में प्रथम रैंक हासिल की। 1907 में, उन्हें कला की डिग्री के साथ-साथ अंग्रेजी में अधिकतम अंक प्राप्त करने के लिए 'एलीट प्राइज' से सम्मानित किया गया था। बाद में, उन्हें उसी विश्वविद्यालय द्वारा मानद उपाधि प्रदान की गई। उन्होंने 1910 में बॉम्बे में एलएलबी की डिग्री प्राप्त की और बॉम्बे उच्च न्यायालय में एक वकील के रूप में नामांकित हुए।

बड़ौदा कॉलेज में उनके एक प्रोफेसर अरबिंदो घोष (बाद में श्री अरबिंदो) थे, जिनका उन पर गहरा प्रभाव था। मुंशी बड़ौदा के महाराजा सयाजीराव गायकवाड़ तृतीय, महात्मा गांधी, सरदार पटेल और भूलाभाई देसाई से भी प्रभावित थे।

अरबिंदो के प्रभाव के कारण मुंशी का झुकाव क्रांतिकारी समूह की ओर हो गया और उन्होंने खुद को बम बनाने की प्रक्रिया में शामिल कर लिया। लेकिन बंबई में बसने के बाद, वह भारतीय होम रूल आंदोलन में शामिल हो गए और 1915 में सचिव बने। 1917 में,

वे बॉम्बे प्रेसीडेंसी एसोसिएशन के सचिव बने। 5 1920 में, उन्होंने अहमदाबाद में वार्षिक कांग्रेस अधिवेशन में भाग लिया और इसके अध्यक्ष सुरेंद्रनाथ बनर्जी को प्रभावित किया।

1927 में, वे बंबई विधान सभा के लिए चुने गए लेकिन बारडोली सत्याग्रह के बाद महात्मा गांधी के प्रभाव में उन्होंने इस्तीफा दे दिया। उन्होंने 1930 के दशक में सविनय अवज्ञा आंदोलन में भाग लिया और शुरू में उन्हें छह महीने के लिए गिरफ्तार किया गया था। उसी आंदोलन के दूसरे हिस्से में भाग लेने के बाद, उन्हें फिर से गिरफ्तार कर लिया गया और 1932 में दो साल जेल में बिताने पड़े। 5 1934 में, वे कांग्रेस संसदीय बोर्ड के सचिव बने।

1937 के बॉम्बे प्रेसीडेंसी चुनाव में मुंशी फिर से चुने गए और बॉम्बे प्रेसीडेंसी के गृह मंत्री बने। गृह मंत्री के रूप में अपने कार्यकाल के दौरान, उन्होंने मुंबई में सांप्रदायिक दंगों को दबा दिया। 5 मुंशी को एक व्यक्तिगत सत्याग्रह में भाग लेने के बाद 1940 में फिर से गिरफ्तार कर लिया गया।

जैसे ही पाकिस्तान की मांग जोर पकड़ने लगी, उन्होंने अहिंसा का त्याग कर दिया और मुसलमानों को अपनी मांग छोड़ने के लिए मजबूर करने के लिए गृहयुद्ध के विचार का समर्थन किया। उनका मानना था कि हिंदुओं और मुसलमानों का भविष्य "अखंड हिंदुस्तान" में एकता में निहित है। 1941 में कांग्रेस से मतभेदों के कारण उन्होंने कांग्रेस छोड़ दी, लेकिन 1946 में महात्मा गांधी ने उन्हें वापस आमंत्रित किया।

वह मसौदा समिति, सलाहकार समिति, मौलिक अधिकारों पर उप-समिति सहित कई समितियों का हिस्सा थे। मुंशी ने प्रारूपण के लिए मौलिक अधिकारों पर विधेयक पेश किया और मांग की कि प्रगतिशील अधिकारों को मौलिक अधिकारों का एक हिस्सा बनाया जाए।

भारत की आजादी के बाद मुंशी, सरदार पटेल और एन.वी. गाडगिल ने भारतीय सेना की मदद से राज्य को स्थिर करने के लिए जूनागढ़ राज्य का दौरा किया। जूनागढ़ में, पटेल ने ऐतिहासिक रूप से महत्वपूर्ण सोमनाथ मंदिर के पुनर्निर्माण की घोषणा की। पुनर्निर्माण पूरा होने से पहले पटेल की मृत्यु हो गई। जवाहरलाल नेहरू के विरोध के बावजूद मुंशी सोमनाथ मंदिर के जीर्णोद्धार के पीछे मुख्य प्रेरक शक्ति बने।

मुंशी को हैदराबाद की रियासत में राजनयिक दूत और व्यापार प्रतिनिधि (एजेंट-जनरल) नियुक्त किया गया, जहां उन्होंने 1948 में भारत के विलय तक सेवा की। मुंशी एड हॉक फ्लैग कमेटी में थे जिसने अगस्त 1947 में भारत के झंडे का चयन किया था और बीआर अंबेडकर की अध्यक्षता में भारत के संविधान का मसौदा तैयार करने वाली कमेटी में थे।

मुंशी राजनेता और शिक्षाविद होने के साथ-साथ पर्यावरणविद् भी थे। उन्होंने 1950 में वन महोत्सव की शुरुआत की, जब वे केंद्रीय खाद्य और कृषि मंत्री थे, वन क्षेत्र को बढ़ाने के लिए। तब से, वन महोत्सव पूरे देश में हर साल जुलाई के महीने में एक सप्ताह तक चलने वाला वृक्षारोपण उत्सव है, और लाखों पेड़ लगाए जाते हैं।

मुंशी ने 1952 से 1957 तक उत्तर प्रदेश के राज्यपाल के रूप में कार्य किया। 8 1959 में, मुंशी ने नेहरू-प्रभुत्व (समाजवादी) कांग्रेस पार्टी से नाता तोड़ लिया और अखंड हिंदुस्तान आंदोलन शुरू किया। वह एक मजबूत विपक्ष में विश्वास करते थे, इसलिए उन्होंने चक्रवर्ती राजगोपालाचारी के साथ एक स्वतंत्र पार्टी का गठन किया, जो राजनीति में दक्षिणपंथी, व्यापार समर्थक, मुक्त बाजार अर्थव्यवस्था और निजी संपत्ति के अधिकार थे। पार्टी को काफी सफलता मिली और अंततः उसकी मृत्यु हो गई।

अगस्त 1964 में, उन्होंने संदीपिनी आश्रम में एक हिंदू राष्ट्रवादी संगठन, विश्व हिंदू परिषद की स्थापना बैठक की अध्यक्षता की।

मुंशी ने 1923 वि. से अपने विचारों और आदर्शों को संस्थागत आधार प्रदान कियाचार कर रहे थे। 7 नवंबर 1938 को, उन्होंने अंधेरी, बॉम्बे में हर्षिदभाई दिवतिया और उनकी पत्नी लीलावती मुंशी के साथ भारतीय विद्या भवन की स्थापना की। उन्होंने पारंपरिक पद्धति के अनुसार संस्कृत और प्राचीन हिंदू शास्त्रों को पढ़ाने के लिए मुंबादेवी संस्कृत कॉलेज की स्थापना की।

भारतीय विद्या भवन की स्थापना के अलावा, मुंशी ने भवन कॉलेज, हंसराज मोरारजी पब्लिक स्कूल, राजहंस विद्यालय, राजहंस बालवाड़ी और पंचगनी हिंदू विद्यालय (1922) की स्थापना में महत्वपूर्ण भूमिका निभाई थी। उन्हें बॉम्बे विश्वविद्यालय का फेलो चुना गया, जहाँ वे क्षेत्रीय भाषाओं को पर्याप्त प्रतिनिधित्व प्रदान करने के लिए जिम्मेदार थे। उन्होंने रासायनिक प्रौद्योगिकी विभाग शुरू करने में भी महत्वपूर्ण भूमिका निभाई थी।

उन्होंने एग्रीकल्चर सोसाइटी के अध्यक्ष आनंद (1951-71), बिड़ला एजुकेशन ट्रस्ट के ट्रस्टी (1948-71), इंडियन लॉ सोसाइटी के कार्यकारी अध्यक्ष (1957-60) और संस्कृत विश्व परिषद के अध्यक्ष (1951-1961) के रूप में कार्य किया।). .

मुंशी, कलम का नाम घनश्याम व्यास, गुजराती और अंग्रेजी में एक विपुल लेखक थे, जिन्होंने गुजरात के महान साहित्यकारों में से एक के रूप में ख्याति अर्जित की। एक लेखक और कर्तव्यनिष्ठ पत्रकार होने के नाते, मुंशी ने भार्गव नामक एक गुजराती पत्रिका शुरू की। वे यंग इंडिया के संयुक्त संपादक थे और 1954 में भवन की पत्रिका शुरू की जो आज तक भारतीय विद्या भवन द्वारा प्रकाशित की जाती है। मुंशी गुजराती साहित्य परिषद और हिन्दी साहित्य सम्मेलन के अध्यक्ष थे

मुंशी एक साहित्यकार भी थे, जिनकी रुचियों की एक विस्तृत श्रृंखला थी। वह गुजराती में अपने ऐतिहासिक उपन्यासों, विशेष रूप से अपने त्रयी पाटन-नी-प्रभुता (पाटन की महिमा), गुजरात-नो-नाथ (गुजरात के भगवान और मास्टर) और राजाधिराज (राजाओं के राजा) के लिए जाने जाते हैं। जय सोमनाथ (सोमनाथ मंदिर पर), कृष्णावतार (भगवान कृष्ण पर), भगवान परशुराम (परशुराम पर) और तपस्विनी (शक्ति का लालच) महात्मा गांधी के नेतृत्व में भारत के स्वतंत्रता आंदोलन में काल्पनिक समानांतर उपन्यास हैं। . मुंशी ने अंग्रेजी में कई उल्लेखनीय रचनाएँ भी लिखीं।

23
तात्या टोपे

तात्या टोपे

Freedom Fighters

Scan for Story Videos - www.itibook.com

तात्या टोपे (16 फरवरी 1814 - 18 अप्रैल 1859) 1857 के भारतीय विद्रोह के एक जनरल और उल्लेखनीय नेताओं में से एक थे। कोई औपचारिक सैन्य प्रशिक्षण नहीं होने के बावजूद, तात्या टोपे को भारतीय स्वतंत्रता संग्राम के सबसे अच्छे और प्रभावी विद्रोही जनरलों में से एक माना जाता है।

येवला (नासिक के पास) में एक मराठी देशस्थ ब्राह्मण 2 परिवार में रामचंद्र पांडुरंग यावलकर के रूप में जन्मे। तांता ने टोपे की उपाधि धारण की, जिसका अर्थ कमांडिंग ऑफिसर होता है। उनका पहला नाम टंट्या है जिसका अर्थ है जनरल। बिठूर के नाना साहब के एक व्यक्तिगत अनुयायी, अंग्रेजों द्वारा कानपुर (तब कानपुर के नाम से जाना जाता था) पर कब्जा करने के बाद वे ग्वालियर की टुकड़ी पर आगे बढ़े और जनरल व्याधम को शहर से हटने के लिए मजबूर किया। बाद में तांत्या टोपे झाँसी की रानी लक्ष्मीबाई की सहायता के लिए आए और उन्होंने ग्वालियर शहर पर कब्जा कर लिया। हालाँकि, वह जनरल नेपियर की ब्रिटिश भारतीय सेना द्वारा रानौद में हार गया था और सीकर में आगे हार के बाद अभियान छोड़ दिया था।

एक आधिकारिक बयान के अनुसार, तांत्या टोपे के पिता पंडियारंगा वर्तमान महाराष्ट्र के पाटोदा जिला नगर के जोला परगना के निवासी थे। 4 टोपे जन्म से मारा वशिष्ठ ब्राह्मण थे। एक सरकारी पत्र में उन्हें बड़ौदा का मंत्री बताया गया, जबकि एक अन्य बातचीत में वे नाना साहब के समान थे। उनके मुकदमे के एक गवाह ने तांत्या टोपे को "मध्यम कद का, गेहुँए रंग का और हमेशा सफ़ेद चुकारी-दार पगड़ी पहने" बताया।

टोपे को ब्रिटिश सरकार ने 18 अप्रैल, 1859 को शिवपुरी में फाँसी दे दी थी।

5 जून 1857 को कानपुर (कानपुर) में हुए विद्रोह के बाद नाना साहब विद्रोहियों के नेता बन गए। नाना को जून के अंत में पेशवा घोषित किया गया था जब कानपुर में ब्रिटिश सेना ने 25 जून 1857 को आत्मसमर्पण कर दिया था। हार के बाद नाना की सेना को बिठूर की

ओर पीछे हटना पड़ा, जिसके बाद हैवलॉक ने गंगा को पार किया और अवध की ओर पीछे हट गया। तांत्या टोपे ने बिठूर से नाना साहेब के नाम से व्यापार करना शुरू किया।

तांत्या टोपे 27 जून 1857 को कानपुर नरसंहार के नेताओं में से एक थे। इसके बाद, टोपे ने 16 जुलाई 1857 को ब्रिटिश सेना द्वारा उन्हें खदेड़ने तक एक अच्छी रक्षात्मक स्थिति बनाए रखी। उसने तब जनरल सिरिल को हराया था। कानपुर की दूसरी लड़ाई, जो 19 नवंबर 1857 को शुरू हुई, सत्रह दिनों तक चली। जब सर कॉलिन कैंपबेल के तहत अंग्रेजों ने जवाबी हमला किया तो टोपे और उनकी सेना हार गई। टोपे और अन्य विद्रोही घटनास्थल से भाग गए और उन्हें झाँसी की रानी के पास शरण लेनी पड़ी और उनकी भी मदद की।

बाद में झांसी की मदद करने के बाद टंट्या और राव साहब ने रानी लक्ष्मीबाई को अंग्रेजों के हमले से बचने में मदद की। रानी लक्ष्मीबाई के साथ उन्होंने ग्वालियर के नाना साहेब पेशवा के नाम से हिंदवी स्वराज्य (स्वतंत्र राज्य) की घोषणा की और ग्वालियर किले पर अधिकार कर लिया। ग्वालियर को अंग्रेजों से हारने के बाद, नाना साहब के भतीजे टोपे और रावसाहेब राजपुताना भाग गए। वह टोंक की सेना को अपने साथ मिलाने में सफल रहा।

हालाँकि, टोपे बूंदी शहर में प्रवेश करने में असमर्थ था, और यह घोषणा करते हुए कि यह दक्षिण की ओर जा रहा था, यह वास्तव में पश्चिम की ओर और निमच की ओर चला गया। कर्नल होम्स के अधीन एक ब्रिटिश फ्लाइंग कॉलम ने इसका पीछा किया, जबकि राजपुताना में ब्रिटिश कमांडर, जनरल अब्राहम रॉबर्ट, विद्रोही बलों पर हमला करने में सक्षम थे, जब वे सांगानेर और भीलवाड़ा के बीच एक स्थान पर पहुंच गए। टोपे फिर से खेतों से उदयपुर की ओर भाग गया और 13 अगस्त को एक हिंदू मंदिर में दर्शन के बाद बनास नदी पर अपनी सेना का गठन किया। रॉबर्ट्स की सेना ने उन्हें फिर से हरा दिया और टोपे फिर से भाग गए। वह चंबल नदी को पार कर झालावाड़ राज्य के झालरापाटन गांव में पहुंचा।

1857 के विद्रोह को अंग्रेजों द्वारा कुचल दिए जाने के बाद भी, तांत्या टोपे ने जंगल में गुरिल्ला सेनानी के रूप में प्रतिरोध जारी रखा। उसने राजा के खिलाफ विद्रोह करने के लिए राज्य की सेना को प्रेरित किया और बनास नदी पर खोई हुई तोपों को बदलने में सक्षम था। टोपे ने तब इंदौर की ओर अपनी सेना का नेतृत्व किया, लेकिन अंग्रेजों द्वारा पीछा किया गया, जिसका नेतृत्व अब जनरल जॉन मिशेल कर रहे थे, जो सिरोंज की ओर भाग गए। राव साहब के साथ टोपे ने अपनी संयुक्त सेना को विभाजित करने का फैसला किया ताकि वे एक बड़ी सेना के साथ चंदेरी की ओर बढ़ सकें और दूसरी तरफ राव साहब एक छोटी सेना के साथ झाँसी की ओर बढ़ सकें। हालाँकि, वे अक्टूबर में फिर से संगठित हुए और छोटा उदयपुर में एक और हार का सामना करना पड़ा।

जनवरी 1859 तक, वह जयपुर राज्य में पहुँच गया और उसे दो और हार का सामना करना पड़ा। इस दौरान उन्होंने नरवर के राजा मान सिंह और उनके परिवार से मुलाकात की और उनके दरबार में रहने का फैसला किया। जबकि मान सिंह ग्वालियर के महाराजा के साथ संघर्ष कर रहे थे, अंग्रेजों ने टोपे के जीवन के बदले में और महाराजा द्वारा किसी

भी प्रतिशोध से उनके परिवार की रक्षा करने के लिए बातचीत करने में कामयाबी हासिल की थी। इस घटना के बाद, टोपे को अंग्रेजों को सौंप दिया गया और अपने भाग्य का सामना करने के लिए छोड़ दिया गया।

तांत्या टोपे ने अपने खिलाफ लगाए गए आरोपों को स्वीकार किया, लेकिन कहा कि वह केवल अपने स्वामी पेशवा के लिए जिम्मेदार होंगे। उन्हें 18 अप्रैल 1859 को शिवपुरी में फाँसी दे दी गई।

24
दादाभाई नौरोजी

दादाभाई नौरोजी

Freedom Fighters

Scan for Story Videos - www.itibook.com

दादाभाई नौरोजी एक भारतीय सामाजिक-राजनीतिक नेता और भारतीय राष्ट्रीय कांग्रेस के संस्थापकों में से एक थे। एक प्रमुख राष्ट्रवादी लेखक और वक्ता, वे ब्रिटिश संसद के लिए चुने जाने वाले पहले भारतीय थे।

1825 में मुंबई में एक गुजराती भाषी पारसी परिवार में जन्मे, नौरोजी ने भारतीय कारणों के लिए एक बौद्धिक और प्रचारक के रूप में करियर बनाने से पहले एलफिंस्टन इंस्टीट्यूट स्कूल में शिक्षा प्राप्त की थी। एक समय जब ईस्ट इंडिया कंपनी ब्रिटिश भारत पर शासन कर रही थी, नौरोजी भारत के समकालीन स्वतंत्रता संग्राम की नींव रख रहे थे, 1852 में भारत के पहले राजनीतिक संगठन, बॉम्बे एसोसिएशन की स्थापना की। 1855 में उन्हें एल्फिन्स्टन में गणित और प्राकृतिक दर्शनशास्त्र का प्रोफेसर नियुक्त किया गया। मुंबई में कॉलेज। अकादमिक नियुक्ति करने वाले पहले भारतीय, उन्हें संस्थान में एक अन्य प्रोफेसर द्वारा 'भारत का वादा' कहा जाता था। काम परिवार में पहली भारतीय व्यापारिक फर्म में शामिल होने के लिए लंदन जाने के कुछ समय बाद, ब्रिटेन में स्थापित होने वाली पहली भारतीय कंपनी कामा एंड कंपनी के लिए लिवरपूल स्थान खोला गया। हालाँकि, तीन साल के भीतर उन्होंने नैतिक आधार पर इस्तीफा दे दिया और 1859 तक अपनी खुद की कपास ट्रेडिंग कंपनी, दादाभाई नौरोजी एंड कंपनी की स्थापना की। इसके साथ ही उन्हें यूनिवर्सिटी कॉलेज लंदन (1856-65) में गुजराती का प्रोफेसर नियुक्त किया गया।

1867 में उन्होंने ईस्ट इंडिया एसोसिएशन की स्थापना में मदद की जिसका उद्देश्य एशियाई लोगों की हीन भावना का मुकाबला करना और अंग्रेजों के सामने भारतीय दृष्टिकोण प्रस्तुत करना था। यह संगठन अंततः 1885 में भारतीय राष्ट्रीय संघ के साथ विलय हो गया, भारतीय राष्ट्रीय कांग्रेस बन गया - ब्रिटिश शासन से भारतीय स्वतंत्रता के लिए अभियान चलाने वाली मुख्य राष्ट्रवादी पार्टी, बाद में गांधी की पार्टी, और आज भी भारतीय राजनीति में एक प्रमुख पार्टी है। इस बीच, 1874 में, भारत लौटने के बाद, नौरोजी

ने बाराडो के महाराजा के दीवान (मंत्री) के रूप में सार्वजनिक जीवन शुरू किया और बाद में बंबई की विधान परिषद के सदस्य थे।

नौरोजी के जीवनकाल के दौरान, भारत की जनसंख्या में ब्रिटिश साम्राज्य का चौथा भाग शामिल था, लेकिन इसके 250 मिलियन लोगों का ब्रिटिश संसद में प्रतिनिधित्व नहीं था। अपनी राजनीतिक भागीदारी को जारी रखते हुए, नौरोजी एक बार फिर ब्रिटेन चले गए और हाउस ऑफ कॉमन्स के चुनाव में कई बार खड़े हुए, हर बार व्यापक नस्लवाद का सामना करना पड़ा। 1886 में लंदन में जोरदार कंजर्वेटिव होलबॉर्न सीट के लिए लिबरल पार्टी के उम्मीदवार के रूप में उनकी बोली असफल रही, और उनकी हार के बाद, प्रधान मंत्री लॉर्ड सैलिसबरी ने टिप्पणी की कि एक अंग्रेजी निर्वाचन क्षेत्र 'अश्वेत व्यक्ति' का चुनाव करने के लिए तैयार नहीं था। बयान ने नौरोजी को बदनामी में ला दिया, और लोकप्रिय व्यंग्य पत्रिका पंच ने नौरोजी को ओथेलो और सैलिसबरी को 'वेस्टमिंस्टर के कुत्ते' के रूप में चित्रित करने वाले एक कार्टून में इसका उल्लेख किया।

'ग्रैंड ओल्ड मैन ऑफ इंडिया' के रूप में जाने जाने वाले, नौरोजी एक लोकप्रिय सार्वजनिक व्यक्ति बन गए, जिन्हें फ्लोरेंस नाइटिंगेल और मताधिकार प्रचारकों का समर्थन प्राप्त हुआ। 1892 में उन्हें क्लेरकेनवेल (अब इस्लिंगटन के लंदन बरो का हिस्सा) में सेंट्रल फिन्सबरी की भारी कामकाजी वर्ग की सीमांत सीट के लिए लिबरल उम्मीदवार के रूप में चुना गया और ग्लैडस्टोन की सरकार में शामिल हो गए।

"यदि हमने बीस भारतीयों को ब्रिटिश संसद में केवल एक सदस्य भेजने का अधिकार दिया होता, तो इसमें कोई संदेह नहीं है कि हम सर्वसम्मति से दादाभाई नौरोजी को उस पद के लिए चुनते।" - बाल गंगाधर तिलक

एंग्लो-इंडियन सांसद डेविड ऑक्टरलोनी डाइस सोम्ब्रे के बावजूद नौरोजी ब्रिटिश सांसद बनने वाले पहले एशियाई थे, जिन्हें 1841 में सफ़ोल्क में सडबरी की सीट पर रेडिकल-लिबरल के रूप में चुना गया था, लेकिन 1842 में भ्रष्टाचार के कारण उन्हें मताधिकार से वंचित कर दिया गया था (संसद को रद्द कर दिया गया था) परिणाम। चुनाव अभियान के दौरान 'कुल, व्यवस्थित और व्यापक रिश्वतखोरी', और वह और सडबरी खंड के अन्य सदस्य अपनी सीट हार गए)। चूंकि वे ईसाई नहीं थे, नौरोजी ने बाइबिल पर पद की शपथ लेने से इनकार कर दिया, लेकिन उन्हें खोरदेह अवेस्ता (जोरास्ट्रियन धार्मिक पाठ) की एक प्रति पर भगवान के नाम पर शपथ लेने की अनुमति दी गई।

हाउस ऑफ कॉमन्स में रहते हुए, नौरोजी ने अपना समय भारत में स्थितियों में सुधार के लिए समर्पित किया और भारतीय स्वतंत्रता के लिए अभियान चलाया। हालांकि, उन्होंने महिलाओं के लिए वोट, वृद्धों के लिए पेंशन, आयरिश होम रूल और हाउस ऑफ लॉर्ड्स के उन्मूलन का समर्थन किया। भविष्य के मुस्लिम राष्ट्रवादी और पाकिस्तान के संस्थापक मुहम्मद अली जिन्ना ने एक सांसद के रूप में उनके कर्तव्यों में उनकी सहायता की। हालांकि 1895 के आम चुनाव में जब परंपरावादियों ने सत्ता हासिल की तो नौरोजी अपनी सीट हार

गए, उन्होंने अपने जीवन के अंत तक अभियान जारी रखा, 1906 में तीसरी बार भारतीय राष्ट्रीय कांग्रेस के अध्यक्ष चुने गए। वे बाल गंगाधर तिलक, गोपाल कृष्ण गोखले और कांग्रेस में कट्टर उदारवादी मोहनदास करमचंद (महात्मा) गांधी के गुरु थे।

"भारतीय आपको बच्चों से लेकर पिताओं तक के रूप में देखते हैं। यहाँ वास्तव में यही भावना है।' - महात्मा गांधी

25
कुंवर सिंह

कुंवर सिंह

Scan for Story Videos - www.itibook.com

कुंवर सिंह (13 नवंबर 1777 - 26 अप्रैल 1858), जिन्हें बाबू कुंवर सिंह के नाम से भी जाना जाता है, 1857 के भारतीय विद्रोह के दौरान एक नेता और सैन्य कमांडर थे। वह परमार राजपूतों के उज्जैनिया कबीले के थे। जगदीशपुर, अब भोजपुर जिला, बिहार, भारत का एक हिस्सा है। 80 वर्ष की आयु में, उन्होंने ब्रिटिश ईस्ट इंडिया कंपनी के नेतृत्व वाली सेना के खिलाफ सशस्त्र सैनिकों के एक चुनिंदा समूह का नेतृत्व किया। वे बिहार में अंग्रेजों के विरुद्ध संघर्ष के मुख्य सूत्रधार थे। उन्हें वीर कुंवर सिंह या वीर बाबू कुंवर सिंह के नाम से जाना जाता है।

कुंवर सिंह का जन्म 13 नवंबर 1777 को बिहार राज्य के शाहाबाद (अब भोजपुर) जिले के जगदीशपुर में महाराजा शहाबजादा सिंह और महारानी पंचरतन देवी के घर हुआ था। वह उज्जैन के राजपूत वंश के थे। 4 एक ब्रिटिश न्यायिक अधिकारी ने कुंवर सिंह को "एक लंबा आदमी, लगभग छह फीट ऊंचाई" के रूप में वर्णित किया। 5 उन्होंने आगे उसे एक विशाल नाक के साथ एक व्यापक चेहरे के रूप में वर्णित किया। उनके शौक के संदर्भ में, ब्रिटिश अधिकारियों ने उन्हें एक उत्सुक शिकारी के रूप में वर्णित किया, जो घुड़सवारी का भी आनंद लेते थे।

1826 में अपने पिता की मृत्यु के बाद, कुंवर सिंह जगदीशपुर के तालुकदार बने। उनके भाइयों को कुछ गाँव विरासत में मिले लेकिन उनके सटीक वितरण को लेकर विवाद पैदा हो गए। विवाद अंततः सुलझ गया और भाई सौहार्दपूर्ण संबंधों में लौट आए।

उन्होंने गया जिले में देव राज एस्टेट के एक धनी जमींदार राजा फतेह नारायण सिंह की बेटी से शादी की, जो राजपूतों के सिसोदिया कबीले के थे।

सिंह ने बिहार में 1857 के भारतीय विद्रोह का नेतृत्व किया। वह लगभग अस्सी वर्ष का था और तबीयत खराब थी जब उसे हथियारों के लिए बुलाया गया था। उनके भाई बाबू अमर सिंह और सेनापति हरे कृष्ण सिंह दोनों ने उनकी सहायता की। कुछ लोगों का तर्क है कि

कुंवर सिंह की शुरुआती सैन्य सफलता के पीछे असली कारण बाद वाला था। उन्होंने अच्छी लड़ाई लड़ी और लगभग एक वर्ष तक ब्रिटिश सेना को हराया और अंत तक अजेय रहे। वह गुरिल्ला कावा कला में पारंगत थे। उनकी रणनीति ने अंग्रेजों को भ्रमित कर दिया।

सिंह ने 25 जुलाई को दानापुर में विद्रोही सैनिकों की कमान संभाली। दो दिन बाद उन्होंने जिला मुख्यालय अरहा पर कब्जा कर लिया। मेजर विंसेंट आइरे ने 3 अगस्त को शहर को आजाद कराया, सिंह की सेना को हराया और जगदीशपुर को नष्ट कर दिया। विद्रोह के दौरान उनकी सेना को गंगा नदी पार करनी पड़ी। ब्रिगेडियर डगलस के सैनिकों ने उनकी नावों पर गोलीबारी शुरू कर दी। एक गोली सिंह की बायीं कलाई में लगी। सिंह ने महसूस किया कि उनका हाथ बेकार था और गोली के घाव से संक्रमण का एक अतिरिक्त खतरा पैदा हो गया था। उन्होंने अपनी तलवार खींची और कोहनी के पास अपना बायां हाथ काट कर गंगा को अर्पित कर दिया। अविश्वसनीय स्रोत?

सिंह अपने पैतृक गाँव को छोड़कर दिसंबर 1857 में लखनऊ पहुँचे जहाँ उन्होंने अन्य विद्रोही नेताओं से मुलाकात की। उन्होंने मार्च 1858 में आजमगढ़ पर कब्जा कर लिया और इसे लेने के शुरुआती ब्रिटिश प्रयासों को विफल कर दिया। हालाँकि, उन्हें जल्द ही जगह छोड़नी पड़ी। वह डगलस के पीछे-पीछे बिहार के आरा में अपने घर गया। 23 अप्रैल को, सिंह ने जगदीशपुर के पास कैप्टन ले ग्रैंड (हिंदी में ले गार्ड) के नेतृत्व वाली सेना को हराया। 26 अप्रैल 1858 को उनके गांव में उनकी मृत्यु हो गई। वृद्ध सरदार की जिम्मेदारी अब उनके भाई अमर सिंह द्विवतीय पर आ गई, जिन्होंने बड़ी प्रतिकूलता के बावजूद संघर्ष जारी रखा और लंबे समय तक शाहाबाद जिले में समानांतर सरकार चलाई। अक्टूबर 1859 में, अमर सिंह द्विवतीय नेपाल तराई में विद्रोही नेताओं में शामिल हो गए

23 अप्रैल 1858 को जगदीशपुर के पास उनकी अंतिम लड़ाई में, ब्रिटिश ईस्ट इंडिया कंपनी के नियंत्रण वाली सेना पूरी तरह से हार गई थी। 22 और 23 अप्रैल को, घायल होने के दौरान, उन्होंने ब्रिटिश सेना के खिलाफ बहादुरी से लड़ाई लड़ी और अपने सैनिकों की मदद से ब्रिटिश सेना को भगाया, जगदीशपुर किले पर यूनियन जैक को उतारा और झंडा फहराया। वह 23 अप्रैल 1858 को अपने महल लौट आया और 26 अप्रैल 1858 को जल्द ही उसकी मृत्यु हो गई।

भारत के स्वतंत्रता आंदोलन में उनके योगदान का सम्मान करने के लिए, भारत गणराज्य ने 23 अप्रैल 1966 को एक स्मारक डाक टिकट जारी किया। बिहार सरकार ने 1992 में वीर कुंवर सिंह विश्वविद्यालय, आरा की स्थापना की।

2017 में, वीर कुंवर सिंह सेतु, जिसे आरा-छपरा पुल के रूप में भी जाना जाता है, का उद्घाटन उत्तर और दक्षिण बिहार को जोड़ने के लिए किया गया था। 14 2018 में, कुंवर सिंह की 160वीं पुण्यतिथि के अवसर पर, बिहार सरकार ने उनकी प्रतिमा को हार्डिंग पार्क में स्थानांतरित कर दिया। पार्क को आधिकारिक तौर पर 'वीर कुंवर सिंह आजादी पार्क' नाम भी दिया गया था।

कई भोजपुरी लोक गीतों में उन्हें एक ऐसे नायक के रूप में संदर्भित किया जाता है जिसने ब्रिटिश उत्पीड़न के खिलाफ लड़ाई लड़ी थी। एक सामान्य लोकगीत कहता है:

अब फिरंगिया छोड़ो! हमर देसवा! लुत्पत कैल तुज, मजवा उड़ैले कैलास, देस पार जुलम जोर। सहर गांव लूटी, फंकी, दीहत फिरंगिया, सुनी सुनी कुंवर के हृदय में लागल अगिया! अब फिरंगिया छोड़ो! हमर देसवा!

अंग्रेजी अनुवाद :-

हे अंग्रेजों! अभी देश छोड़ो! क्योंकि आपने हमें लूटा है, हमारे देश की सुख-सुविधाओं का आनंद लिया है और हमारे देशवासियों पर अत्याचार किया है। आपने हमारे शहरों और कस्बों को लूटा, नष्ट किया और जला दिया। यह सब जानकर कुंवर के हृदय मेंजलता हे। हे अंग्रेजों! अभी देश छोड़ो!

1970 के दशक में, बिहार में राजपूत युवाओं ने नक्सली विद्रोह का मुकाबला करने के लिए एक निजी जमींदार मिलिशिया का गठन किया, जिसे 'कुर सेना/कुंवर सेना' (कुंवर की सेना) के रूप में जाना जाता है। यह कुंवर सिंह के नाम पर किया गया था।